Informatik — Fachberichte

Band 99: K. Küspert, Fehlererkennung und Fehlerbehandlung in Speicherungsstrukturen von Datenbanksystemen. IX, 294 Seiten. 1985.

Band 100: W. Lamersdorf, Semantische Repräsentation komplexer Objektstrukturen. IX, 187 Seiten. 1985.

Band 101: J. Koch, Relationale Anfragen. VIII, 147 Seiten. 1985.

Band 102: H.-J. Appelrath, Von Datenbanken zu Expertensystemen. VI, 159 Seiten. 1985.

Band 103: GWAI-84. 8th German Workshop on Artificial Intelligence. Wingst/Stade, October 1984. Edited by J. Laubsch. VIII, 282 Seiten. 1985.

Band 104: G. Sagerer, Darstellung und Nutzung von Expertenwissen für ein Bildanalysesystem. XIII, 270 Seiten. 1985.

Band 105: G. E. Maier, Exceptionbehandlung und Synchronisation. IV, 359 Seiten. 1985.

Band 106: Österreichische Artificial Intelligence Tagung. Wien, September 1985. Herausgegeben von H. Trost und J. Retti. VIII, 211 Seiten. 1985.

Band 107: Mustererkennung 1985. Proceedings, 1985. Herausgegeben von H. Niemann. XIII, 338 Seiten. 1985.

Band 108: GI/OCG/ÖGJ-Jahrestagung 1985. Wien, September 1985. Herausgegeben von H. R. Hansen. XVII, 1086 Seiten. 1985.

Band 109: Simulationstechnik. Proceedings, 1985. Herausgegeben von D. P. F. Möller. XIV, 539 Seiten. 1985.

Band 110: Messung, Modellierung und Bewertung von Rechensystemen. 3. GI/NTG-Fachtagung, Dortmund, Oktober 1985. Herausgegeben von H. Beilner. X, 389 Seiten. 1985.

Band 111: Kommunikation in Verteilten Systemen II. GI/NTG-Fachtagung, Karlsruhe, März 1985. Herausgegeben von D. Heger, G. Krüger, O. Spaniol und W. Zorn. XII, 236 Seiten. 1985.

Band 112: Wissensbasierte Systeme. GI-Kongreß 1985. Herausgegeben von W. Brauer und B. Radig. XVI, 402 Seiten, 1985.

Band 113: Datenschutz und Datensicherung im Wandel der Informationstechnologien. 1. GI-Fachtagung, München, Oktober 1985. Proceedings, 1985. Herausgegeben von P. P. Spies. VIII, 257 Seiten. 1985.

Band 114: Sprachverarbeitung in Information und Dokumentation. Proceedings, 1985. Herausgegeben von B. Endres-Niggemeyer und J. Krause. VIII, 234 Seiten. 1985.

Band 115: A. Kobsa, Benutzermodellierung in Dialogsystemen. XV, 204 Seiten. 1985.

Band 116: Recent Trends in Data Type Specification. Edited by H.-J. Kreowski. VII, 253 pages. 1985.

Band 117: J. Röhrich, Parallele Systeme. XI, 152 Seiten. 1986.

Band 118: GWAI-85. 9th German Workshop on Artificial Intelligence. Dassel/Solling, September 1985. Edited by H. Stoyan. X, 471 pages. 1986.

Band 119: Graphik in Dokumenten. GI-Fachgespräch, Bremen, März 1986. Herausgegeben von F. Nake. X, 154 Seiten. 1986.

Band 120: Kognitive Aspekte der Mensch-Computer-Interaktion. Herausgegeben von G. Dirlich, C. Freksa, U. Schwatlo und K. Wimmer. VIII, 190 Seiten. 1986.

Band 121: K. Echtle, Fehlermaskierung durch verteilte Systeme. X, 232 Seiten. 1986.

Band 122: Ch. Habel, Prinzipien der Referentialität. Untersuchungen zur propositionalen Repräsentation von Wissen. X, 308 Seiten. 1986.

Band 123: Arbeit und Informationstechnik. GI-Fachtagung. Proceedings, 1986. Herausgegeben von K. T. Schröder. IX, 435 Seiten. 1986.

Band 124: GWAI-86 und 2. Österreichische Artificial-Intelligence-Tagung. Ottenstein/Niederösterreich, September 1986. Herausgegeben von C.-R. Rollinger und W. Horn. X, 360 Seiten. 1986.

Band 125: Mustererkennung 1986. 8. DAGM-Symposium, Paderborn, September/Oktober 1986. Herausgegeben von G. Hartmann. XII, 294 Seiten, 1986.

Band 126: GI-16. Jahrestagung. Informatik-Anwendungen – Trends und Perspektiven. Berlin, Oktober 1986. Herausgegeben von G. Hommel und S. Schindler. XVII, 703 Seiten. 1986.

Band 127: GI-17. Jahrestagung. Informatik-Anwendungen – Trends und Perspektiven. Berlin, Oktober 1986. Herausgegeben von G. Hommel und S. Schindler. XVII, 685 Seiten. 1986.

Band 128: W. Benn, Dynamische nicht-normalisierte Relationen und symbolische Bildbeschreibung. XIV, 153 Seiten. 1986.

Band 129: Informatik-Grundbildung in Schule und Beruf. GI-Fachtagung, Kaiserslautern, September/Oktober 1986. Herausgegeben von E. v. Puttkamer. XII, 486 Seiten. 1986.

Band 130: Kommunikation in Verteilten Systemen. GI/NTG-Fachtagung, Aachen, Februar 1987. Herausgegeben von N. Gerner und O. Spaniol. XII, 812 Seiten. 1987.

Band 131: W. Scherl, Bildanalyse allgemeiner Dokumente. XI, 205 Seiten. 1987.

Band 132: R. Studer, Konzepte für eine verteilte wissensbasierte Softwareproduktionsumgebung. XI, 272 Seiten. 1987.

Band 133: B. Freisleben, Mechanismen zur Synchronisation paralleler Prozesse. VIII, 357 Seiten. 1987.

Band 134: Organisation und Betrieb der verteilten Datenverarbeitung. 7. GI-Fachgespräch, München, März 1987. Herausgegeben von F. Peischl. VIII, 219 Seiten. 1987.

Band 135: A. Meier, Erweiterung relationaler Datenbanksysteme für technische Anwendungen. IV, 141 Seiten. 1987.

Band 136: Datenbanksysteme in Büro, Technik und Wissenschaft. GI-Fachtagung, Darmstadt, April 1987. Proceedings. Herausgegeben von H.-J. Schek und G. Schlageter. XII, 491 Seiten. 1987.

Band 137: D. Lienert, Die Konfigurierung modular aufgebauter Datenbanksysteme. IX, 214 Seiten. 1987.

Band 138: R. Männer, Entwurf und Realisierung eines Multiprozessors. Das System „Heidelberger POLYP". XI, 217 Seiten. 1987.

Band 139: M. Marhöfer, Fehlerdiagnose für Schaltnetze aus Modulen mit partiell injektiven Pfadfunktionen. XIII, 172 Seiten. 1987.

Band 140: H.-J. Wunderlich, Probabilistische Verfahren für den Test hochintegrierter Schaltungen. XII, 133 Seiten. 1987.

Band 141: E. G. Schukat-Talamazzini, Generierung von Worthypothesen in kontinuierlicher Sprache. XI, 142 Seiten. 1987.

Band 142: H.-J. Novak, Textgenerierung aus visuellen Daten: Beschreibungen von Straßenszenen. XII, 143 Seiten. 1987.

Band 143: R. R. Wagner, R. Traunmüller, H. C. Mayr (Hrsg.), Informationsbedarfsermittlung und -analyse für den Entwurf von Informationssystemen. Fachtagung EMISA, Linz, Juli 1987. VIII, 257 Seiten. 1987.

Band 144: H. Oberquelle, Sprachkonzepte für benutzergerechte Systeme. XI, 315 Seiten. 1987.

Band 145: K. Rothermel, Kommunikationskonzepte für verteilte transaktionsorientierte Systeme. XI, 224 Seiten. 1987.

Informatik-Fachberichte 185

Herausgegeben von W. Brauer
im Auftrag der Gesellschaft für Informatik (GI)

Bernhard Mitschang

Ein Molekül-Atom-Datenmodell für Non-Standard-Anwendungen

Anwendungsanalyse, Datenmodell-entwurf und Implementierungskonzepte

Springer-Verlag
Berlin Heidelberg New York
London Paris Tokyo

Autor

Bernhard Mitschang
Universität Kaiserslautern, Fachbereich Informatik
Postfach 3049, 6750 Kaiserslautern

CR Subject Classifications (1987): H.2, J.6

ISBN-13: 978-3-540-50346-0   e-ISBN-13: 978-3-642-74122-7
DOI: 10.1007/978-3-642-74122-7

2145/3140 – 543210 – Gedruckt auf säurefreiem Papier

Vorwort

Diese Arbeit entstand während meiner Tätigkeit als wissenschaftlicher Mitarbeiter im Teilprojekt D2 "Arbeitsplatzorientierte DB-Architekturen für Anwendungen mit hoher algorithmischer Parallelität" des Sonderforschungsbereichs 124 "VLSI-Entwurfsmethoden und Parallelität" am Fachbereich Informatik der Universität Kaiserslautern von 1983 bis 1988.

Für die Anregung, mich mit dem Thema "Datenmodellierung in Non-Standard-Anwendungen" zu befassen, die fortlaufende Unterstützung und Diskussionsbereitschaft sowie schließlich auch die Hinweise zur Gestaltung der Arbeit bin ich meinem akademischen Lehrer, Herrn Prof. Dr. Theo Härder, zu besonderem Dank verpflichtet.

Herrn Prof. Dr. G. Zimmermann danke ich dafür, daß er sich trotz des engen Zeitrahmens bereiterklärt hat, die Arbeit durchzusehen und die zweite Berichterstattung zu übernehmen.

Auch meinen Kollegen an der Universität und auch meinen früheren Kollegen, die mittlerweile weggegangen sind, gilt es zu danken, weil sie mir ein kritisches Forum für meine Ideen waren und mich oft veranlaßten, Konzepte genauer zu untersuchen. Die allgemeinen Überlegungen zum PRIMA-System, die einen wesentlichen Teil meines Forschungsrahmens mitbestimmten, sind in solchen Arbeitsgruppendiskussionen entstanden.

Mein Dank gilt weiterhin den vielen Diplomanden, ohne die es gar nicht möglich wäre, Prototypen in einer Hochschulumgebung zu entwickeln.

Einer Reihe von Personen habe ich für ihre unermüdliche Hilfe bei der Umsetzung des Manuskripts in eine druckfertige Form dieser Arbeit zu danken.

Schließlich geht mein herzlicher Dank an alle hier Ungenannten, besonders auch an meine Eltern und Geschwister, die mit ihrer moralischen Unterstützung entscheidend zum Gelingen der vorliegenden Arbeit beigetragen haben.

Teile dieser Arbeit wurden im Zusammenhang mit anderen Personen erarbeitet. Im folgenden schließt sich deshalb eine Aufstellung an, die die einzelnen Themenkreise den Personen zuordnet, die wesentlichen Anteil an deren Bearbeitung hatten. Alle hier nicht erwähnten Bereiche wurden vom Verfasser selbst bearbeitet.

Die Prototypsysteme KUNICAD, DBGEO, DBCHIP, mit Ausnahme des DBMED-Systems [HMP87], wurden ausschließlich im Rahmen von Diplomarbeiten unter der Betreuung durch den Verfasser entwickelt. Die Kooperation mit dem SFB-Teilprojekt B4 sei im Rahmen der DBCHIP-Entwicklung und der Folgearbeiten hier erwähnt. Die Implementierungsarbeiten am PRIMA-System wurden ebenfalls mit Diplomanden durchgeführt. Die mehr konzeptionellen Architekturfragen wurden im Kreise des SFB-Projekt-Kollegiums erarbeitet.

Abschließend seien noch einige wichtige Veröffentlichungen aufgeführt, die wesentliche Teile der vorliegenden Arbeit berühren: [HHMM87, HHMS87, HR85, Mi88].

Dem Springer-Verlag danke ich für die Veröffentlichung dieser Arbeit.

Kaiserslautern, im August 1988   Bernhard Mitschang

Zusammenfassung

Ziel der vorliegenden Arbeit ist die Erarbeitung und Nutzbarmachung von Datenbankkonzepten für sog. Non-Standard-Anwendungen. Darunter versteht man im DB-Bereich Anwendungen aus den Gebieten CAD/CAM, VLSI-Entwurf, Software-Entwicklung, Büroautomatisierung, Expertensysteme etc. Die zentralen Fragestellungen, zu denen es Antworten zu finden gilt, sind:

- Welche Anforderungen werden von den Non-Standard-Anwendungen an die Datenhaltung gestellt?
- Wie sehen dazu passende Architekturen und Datenmodelle für NDBS (das sind DBS für Non-Standard-Anwendungen) aus?
- Nach welchen Konzepten sind solche NDBS zu entwerfen und zu implementieren?

Dazu werden verschiedene DB-basierte Prototypen analysiert und vergleichend einander gegenübergestellt. Im einzelnen wurden basierend auf konventionellen Datenbanksystemen verschiedenen Typs (Netzwerk- und Relationenmodell) Anwendungssysteme aus unterschiedlichen ingenieurwissenschaftlichen Bereichen (3D-Modellierung, Verwaltung geographischer Daten und VLSI-Entwurfswerkzeug) sowie aus dem Expertensystembereich (Diagnosesystem) entwickelt; ihr Leistungsverhalten wurde unter einer praxisnahen Last aufgezeichnet und detailliert untersucht. Ausgehend von diesen Analyse- und Vergleichsergebnissen wird ein Anforderungskatalog erstellt, der konkrete Aussagen über die Datenstrukturen der Anwendungsobjekte und die zugehörigen Verarbeitungscharakteristika zusammenfaßt. Dieser Katalog dient dann als Leitlinie für den Entwurf eines NDBS.

Die wesentlichen Zielvorgaben umfassen die dynamische Aggregation von Objekten sowie die effektive Unterstützung von höheren anwendungsbezogenen Operationen. Diese werden vom Molekül-Atom-Datenmodell (MAD-Modell) in adäquater Weise berücksichtigt. Die geforderte Objektunterstützung wird im MAD-Modell durch das Konzept der dynamischen Molekülbildung und Molekülverarbeitung erfüllt. Die zugehörige Sprache MQL (molecule query language) wird anhand der Teilsprachen zur Daten- und Lastdefinition sowie zur Datenmanipulation, durch Beispiele ergänzt, erklärt. Die definierte Molekülalgebra dient, als Formalisierung des MAD-Modells, zur präzisen Semantikdefinition.

Die sogenannte NDBS-Kern-Architektur wird dann als Rahmenarchitektur zur MAD-Implementierung im Prototypsystem PRIMA (Prototyp-Implementierung des MAD-Modells) verwendet. Das MAD-Modell mit seiner deskriptiven Spezifikation von dynamisch aggregierten Objekten definiert neue Aufgaben bzgl. der Objektabbildung und Objektverarbeitung und erlaubt daher im Gegensatz zu den herkömmlichen Datenmodellen neue Konzepte bei seiner Implementierung zu berücksichtigen. Die verwendeten Implementierungskonzepte werden erläutert und innerhalb des zugrundeliegenden Prototyps aufgezeigt.

InhaltsverzeichnisSeite

Anhang

1. Einleitung und Motivation

Die betriebswirtschaftlichen und verwaltungstechnischen Anwendungen der kommerziellen und administrativen Datenverarbeitung stellten im Verlauf der letzten beiden Dekaden immer höhere Anforderungen an ihre Datenhaltung. Da die Aufgaben der Datenverwaltung jeweils ziemlich ähnlich waren, lag es nahe, die gemeinsamen Funktionen aus den einzelnen Anwendungssystemen herauszulösen und in einem separaten Subsystem, effizient implementiert, bereitzustellen. Durch eine schrittweise Verallgemeinerung und Standardisierung der Funktionen zur Datendefinition und -manipulation sowie zur Integritätsüberprüfung und Zugriffskontrolle der Daten entwickelten sich aus einfachen Dateisystemen allgemeine *Datenbanksysteme* (DBS). Ein DBS [Da81, HR83a, Hä87, LS87] zeichnet sich vor allem durch einen hohen Grad an Datenunabhängigkeit, ein logisches Datenmodell und eine deskriptive Sprache aus. Weiterhin unterstützen sie in der Regel den Mehrbenutzerbetrieb und bieten ein Transaktionskonzept sowie verschiedene Maßnahmen zur Datensicherung.

Datenbanksysteme werden heute erfolgreich eingesetzt in den sogenannten "kommerziellen" ("klassischen") Anwendungsbereichen wie zum Beispiel Material-, Bibliotheks-, und Personal- verwaltung oder etwa Produktionsplanung und -steuerung. Diese "Standard"-Datenbank- anwendungen erzielen in den einzelnen Teilbereichen einer Unternehmung einen beachtlichen Integrationsgrad in der Datenhaltung. Zusammen mit einem TP-Monitor (transaction-processing monitor) realisieren sie Transaktionssysteme (DB/DC-Systeme) [MW86, MW87], welche hauptsächlich zur interaktiven Bearbeitung von Auskunfts-, Buchungs- und Datenerfassungsvorgängen benutzt werden. Solche Systeme zur Platz- oder Kontenbuchung, Auftragserfassung oder etwa aktenlosen Sachbearbeitung zeichnen sich durch typischerweise einfache und kurze Transaktionen sowie durch Forderungen nach hoher Leistungsfähigkeit, hoher Verfügbarkeit, modularem Wachstum, leichter Handhabbarkeit und einfacher Verwaltung (single system image) aus [HR87a]. Einhergehend mit der Zunahme verteilter Systeme wird seit einiger Zeit auch eine verteilte Datenbankverarbeitung gefordert. Dabei stehen der Fernzugriff auf Datenbanken und seine Standardisierung durch Protokolle - also die Kommunikation und Datenhaltung in heterogenen Netzen autonomer Rechner - im Mittelpunkt der Betrachtungen [Ef87].

In den letzten Jahren verstärkte sich zunehmend der Einsatz "nicht-kommerzieller" Rechner- anwendungen, die aus der Perspektive heutiger Datenbanksysteme als *Non-Standard- Anwendungen* bezeichnet werden. Hierbei handelt es sich u.a. um

- wissenschaftliche Anwendungen wie etwa Versuchsdatenerfassung und -auswertung,
- Prozeßdatenverarbeitung und Prozeßautomatisierung,
- Bild- und Sprachverarbeitung,
- Textverarbeitung zusammen mit Information Retrieval,
- geographische Informationssysteme

und vor allem

- unter dem Sammelbegriff wissensbasierte Systeme zusammengefaßte Anwendungen (insbesondere Expertensysteme) sowie die
- unter dem Acronym CA* subsumierten Teilgebiete der rechnergestützten (computer aided) Ingenieuranwendungen.

Hinter dem Kürzel CA* verbergen sich etwa Rechnerunterstützung beim Entwurf (CAD, computer aided design), bei der Fertigung (CAM, computer aided manufacturing), Planung (CAP, computer aided planning) oder Qualitätssicherung (CAQ, computer aided quality-assurance). Vorzufinden sind diese Teilgebiete beispielsweise in den Bereichen Bauingenieurwesen und Architektur (Tief-, Hoch-, Stahl-, Rohrleitungsbau) oder etwa Elektrotechnik (VLSI-Entwurf) sowie im Maschinen-, Flugzeug-, Schiff- und Automobilbau. Selbst bestimmte Anwendungen aus der Informatik, wie etwa die Software-Konstruktion, können hinzugezählt werden.

In allen Non-Standard-Anwendungen gibt es erhebliche Probleme bzgl. der Datenhaltung. Die meisten Systeme zeichnen sich durch die Verwendung eines einfachen *Dateikonzeptes* aus. Das Gesamtsystem besteht aus einzelnen voneinander abgegrenzten Teilsystemen, die jeweils ihre eigene Datenhaltung mit Hilfe von separaten Dateien abwickeln [Eb84]. Beim Entwurf solcher Systeme waren eine

- anwendungsfreundliche Benutzerschnittstelle (graphische Ein/Ausgabe und in jüngster Zeit Mehr-Window-Techniken),
- effiziente Algorithmen (z.B. zur graphischen Ausgabe Hidden-Line- oder Schattierungs- und Reflexionsalgorithmen sowie etwa effiziente Graph- und Suchstrategien für Optimierungsprobleme) und eine
- angepaßte Datendarstellung (wie adäquate Darstellungsschemata für technische Objekte - etwa Begrenzungsflächenmodell oder Zellzerlegung für dreidimensionale geometrische Objekte)

von übergeordneter Wichtigkeit. Auf die gemeinsame Datenhaltung wurde kein besonderer Wert gelegt. Als Konsequenz der separaten und bzgl. des Zugriffs unkoordinierten Dateien müssen z.T. die gleichen Funktionen in verschiedenen Programmen eines Anwendungsgebietes realisiert werden. Dies trifft z.B. auf spezielle Zugriffsfunktionen sowie auf die Maßnahmen zur Datensicherheit und zur Integritätskontrolle zu. Durch die private Datenverwaltung werden Querauswertungen, d.h. Verknüpfungen über Dateigrenzen hinweg, erheblich erschwert. Mit Hilfe von Abbildungs- oder Umsetzprogrammen wird eine Koordinierungsmöglichkeit angeboten, jedoch für den Preis einer hohen Datenredundanz, was zudem enorme Konsistenzprobleme nach sich zieht und entsprechende Validierungsprogramme erforderlich macht. Aus Effizienzgründen nutzen die Anwendungsprogramme Kenntnisse über die Zugriffstechnik und die Dateiorganisation aus. Dadurch besitzen sie nur ein geringes Maß an Datenunabhängigkeit von der zugrundeliegenden Dateistruktur. Dies bedeutet, daß Änderungen der zu speichernden Information sich direkt in kostspieligen Modifikationen der Programme niederschlagen, was zudem in eine Inflexibilität gegenüber der Integration neuer Teilanwendungen mündet.

Mit der Erweiterung und Vergrößerung der Anwendungen wuchsen auch die zu verwaltenden Datenbestände und die Anzahl der notwendigen Verknüpfungen zwischen den einzelnen Dateien. Diese Entwicklung brachte zum einen verschärfte Modellierungs- und Verarbeitungsprobleme und zum anderen auch erhöhte Sicherheits- und Konsistzenzprobleme mit sich. Eine gemeinsame Benutzung von Daten wurde immer schwieriger und aufwendiger. Ein hoher Akzeptanzverlust von diesen so "gewachsenen" komplexen Systemen war die Folge. Die erhöhten Anforderungen sollten durch den Einsatz konventioneller DBS, die sich mittlerweile in den administrativ-betriebswirtschaftlichen Anwendungen etabliert hatten, befriedigt werden. In einem ersten Ansatz wurden die einzelnen Anwendungsprogramme unter Benutzung des zugrundeliegenden DBS realisiert.

Der Nutzen dieser Methode liegt in der deutlich verringerten Systementwicklungszeit und in der Übernahme der Vorteile, die die allgemeinen DBS anbieten, seien es nun hierarchische, netzwerkartige oder relationale. Durch die zentrale Kontrolle und Verwaltung der operationalen Daten werden Querauswertungen über alle Daten ermöglicht und die Redundanzen in den Daten eliminiert. Die Funktionen zur Datenhaltung sind nun in das DBS integriert und daher nur noch einmal vorhanden. Das DBS realisiert eine logische Sicht auf die Daten und erlaubt deren Verarbeitung ausschließlich über die von ihm zur Verfügung gestellten Operationen. Der hohe Grad an Datenunabhängigkeit bewirkt eine hohe Stabilität der Anwendungsprogramme gegenüber Änderungen in der Datenorganisation, reduziert deren Wartungskosten und erhöht die Flexibilität des Systems hinsichtlich der Integration von neuen Teilanwendungen.

Die Daten, die man zuvor getrennt in privaten Dateien abgelegt hatte, werden nun zusammengefaßt und mit Hilfe des zur Verfügung stehenden Datenmodells dargestellt. Die Komplexität der Modellierung und der erhebliche Aufwand der damit oft verbundenen umständlichen Datenbankprogrammierung stellen jedoch schwerwiegende Nachteile dieses Ansatzes dar. Außerdem erzwingt hier die im Vergleich zum Dateiansatz recht lose Bindung der Programme an die Daten einen erhöhten Aufwand beim Datenzugriff, was sich zusammen mit den zuvor genannten Aspekten in einem schlechten Leistungsverhalten des Gesamtsystems äußert.

Basierend auf einer Reihe von Pilot-Einsätzen und Untersuchungen wird die Brauchbarkeit herkömmlicher DBS zunehmend in Frage gestellt [Ea80, HR85, Lo81, Lo85, Lo83, Si80], da Qualität und Quantität der geforderten Datenhaltung um Größenordungen über den Möglichkeiten der kommerziellen Datenbankverarbeitung liegen - man denke etwa an den Entwurf eines VLSI-Chips, an die Analyse bewegter Szenen und Bildfolgen oder an die diagnostische Unterstützung von medizinischen Expertensystemen. Als Hauptargumente gegen den Einsatz allgemeiner DBS in solchen Anwendungen werden u.a. folgende genannt:
- mangelnder Anwendungsbezug und unzureichende Semantik bei der Datenmodellierung,
- ungenügende Datentypunterstützung,
- damit einhergehend eine umständliche Programmierung aufgrund schlecht angepaßter Datenbankoperationen, inadäquates Einbettungskonzept der Daten in die Anwendung sowie

- wenig systeminhärente Integritätszusagen zusammen mit einem unbrauchbaren Transaktionskonzept, das beispielsweise den Besonderheiten des Entwurfsvorgangs nicht gerecht wird.

Alle hier aufgeführten Einzelargumente zusammengenommen zeigen, daß herkömmliche DBS mit ihrer allgemeinen Datenmodellschnittstelle nur schlecht dazu geeignet sind, die Anwendungsobjekte zu verwalten. Dies äußert sich, wie oben schon bemerkt, in einem insgesamt sehr schlechten Leistungsverhalten.

Das Leistungsargument wiegt natürlich im Zeichen der vorherrschenden interaktiven Entwurfs- und Bearbeitungsvorgänge besonders schwer. Um die Dimension dieser Problematik anschaulicher zu skizzieren, werden im folgenden einige charakteristische Aussagen bzgl. einiger Pilotanwendungen angeführt. In [GS82] wurde ein CAD-Paket, basierend auf dem Dateikonzept, mit einer äquivalenten, auf dem relationalen DBS INGRES [SWKH76] installierten Anwendung in bezug auf das Leistungsverhalten verglichen. Die Dateilösung schnitt dabei etwa um den Faktor 5 besser ab. Vergleichstests, die sich auf spezielle Operationen, wie etwa die räumliche Suche oder Flächen-schnittverfahren bezogen, offenbarten sogar Unterschiede vom Faktor 20 bis 50 [Eb84, GS82] zugunsten der zugeschnittenen Dateilösung. Ein quantitativ gleichwertiges Ergebnis wird in [Fi83] bei der Betrachtung der Kollisionsprüfung von Außenkonturen zweier Blechteile ermittelt. In [Eb84] wird zusätzlich noch folgendes einfache, aber sehr aussagekräftige Beispiel aufgeführt: Das Auslesen von Linien aus einem relationalen DBS und deren anschließende graphische Ausgabe mittels eines geräteunabhängigen Graphiksystems erreichte einen maximalen Durchsatz von 15 Linien pro Sekunde. Bei vergleichbarer Programmierung mit Hilfe konventioneller Dateibearbeitung und Verwendung einer niedrigeren Schnittstelle des Graphiksystems ließen sich etwa 100 Linien pro Sekunde ausgeben. Weitere Aussagen zur Betonung dieser Leistungsproblematik sind in [BMW82, Fi83] zu finden.

Alle bisherigen Ausführungen bestätigen die in [HR83b] aufgestellte und offensichtlich sehr treffende Hypothese:

"The general purpose database management systems are general only for the purpose of commercial applications, and their data models are general only for modeling commercial views of the world".

In [HR85] wird erwähnt, daß es allein für die Aufgaben des Entwurfs heute schon über 300 CAD-Pakete gibt, die durchweg auf eine DBS-Unterstützung im strengeren Sinne verzichten, obwohl die grundsätzlichen Überlegungen, die das Herauslösen von Datenverwaltungsaufgaben aus den Anwendungsprogrammen und deren Bereitstellung in DBS bewirkten, prinzipiell nicht falsch sind. Bei den kommerziellen Anwendungen haben sich diese Konzepte bewährt - die hohe Akzeptanz von DB-basierten Systemen in diesen Anwendungsbereichen ist dafür ein deutliches Indiz. Auch für die Non-Standard-Anwendungen ist der DBS-Ansatz aufgrund der vielen damit verbundenen Vorteile (u.a. zentrale Verwaltung und Kontrolle der Daten, Datenintegration, Redundanzminimierung) interessant und im Hinblick auf die zunehmende Kopplung der Anwendungen über die Integration der Daten immer dringlicher. Heute wird nur in wenigen Anwendungen von einem DBS-Ansatz Gebrauch gemacht. Als Beispielsystem läßt sich hier das System PHILIKON [Fi83] nennen, welches auf dem Datenbanksystem PHIDAS aufsetzt. Das System PHIDAS [Fi83] orientiert sich im wesentlichen an dem Netzwerkdatenmodell nach dem CODASYL-Vorschlag [CODA79], erlaubt allerdings eine sehr enge und damit auch effiziente Ankopplung (im wesentlichen mittels Unterprogrammtechnik) an die Anwendungskomponenten sowie das Ausnutzen von zuge-schnittenen Speicherungsstrukturen und Zugriffsfunktionen.

Das PHIDAS/PHILIKON-Beispiel zeigt die prinzipielle Gangbarkeit des DBS-Ansatzes auf, allerdings unter der Prämisse, ein entsprechend angepaßtes und optimiertes DBS zur Verfügung zu haben. Es müssen also für die Realisierung des DBS-Ansatzes die oben aufgezählten Nachteile und Schwächen herkömmlicher DBS vermieden werden, damit die daraus resultierenden *DBS für Non-Standard-Anwendungen (NDBS)* in der Praxis akzeptiert werden. Das erfordert einerseits neue Datenmodelle mit neuen Implementierungskonzepten und andererseits Überlegungen hinsichtlich besserer Architekturansätze für die entstehenden NDBS.

Das primäre Ziel der vorliegenden Arbeit läßt sich damit sehr kurz und treffend beschreiben:

"Erarbeitung und Nutzbarmachung von
Datenbankkonzepten für Non-Standard-Anwendungen".

Ausgehend von detaillierten Analysen einiger DB-basierter Prototypen aus verschiedenen Non-Standard-Anwendungsbereichen wird ein Anforderungskatalog erstellt, der konkrete Aussagen über Datenmodellierung und Verarbeitung in den Non-Standard-Anwendungen enthält. Dieser Katalog dient dann als Leitlinie für den Entwurf eines NDBS. Sowohl ein adäquates Datenmodell als auch dessen effiziente Implementierung, basierend auf einem zugeschnittenen Architekturkonzept, lassen sich daraus entwickeln. In dieser Arbeit wird damit nach Wissensstand des Autors zum erstenmal in zusammenhängender und detaillierter Art und Weise gezeigt,

- welche Anforderungen von den Non-Standard-Anwendungen an die Datenhaltung gestellt werden,
- wie dazu passende NDBS (d.h. deren Architektur und Datenmodell) aussehen können und
- nach welchen Konzepten solche NDBS zu realiseren und zu implementieren sind.

In anderen von der Thematik her verwandten Arbeiten [Ap85, Be86, Eb84, Fi83, La85] werden entweder nur Analysen bestehender DBS und allenfalls motivierende Ideen hinsichtlich NDBS gemacht oder nur gewisse Teilaspekte bzw. nur spezielle Anwendungsgebiete betrachtet.

Die vorliegende Arbeit setzt Kenntnisse der wesentlichen Datenbankkonzepte [Da81, LS87] und von Entwurfs- und Implementierungskonzepten komplexer Systeme, wie etwa von DBS [Hä78], voraus.

Gemäß dem oben Gesagten gliedert sich diese Arbeit in vier weitere Kapitel auf. Das nachfolgende zweite Kapitel gibt einen Überblick über die Charakteristika von Non-Standard-Anwendungen. Nach einer groben Einteilung der Anwendungen in unterschiedliche Klassen werden vier Prototypsysteme aus jeweils verschiedenen Anwendungsbereichen detailliert vorgestellt und hinsichtlich ihrer Datenhaltung analysiert. Der daraus resultierende Anforderungskatalog stellt die Rahmen-bedingungen für das im dritten Kapitel beschriebene Molekül-Atom-Datenmodell (MAD-Modell) dar.

Die Sprache MQL (molecule query language) des MAD-Modells wird vorgestellt und alle dazugehörigen Teilsprachen der Daten- und Lastdefinition wie auch der Datenmanipulation werden, durch Beispiele ergänzt. erklärt. Zur präzisen Semantikdefinition des Datenmodells wird eine Molekülalgebra angegeben. Das MAD-Modell wird mit anderen existierenden Datenmodellen verglichen, und die in den verschiedenen Vorschlägen enthaltenen Konzepte werden gegeneinander abgegrenzt. Dabei kommen die MAD-spezifischen Eigenschaften nochmals deutlich zum Vorschein. Die Implementierungskonzepte von MAD werden im vierten Kapitel erläutert. Dazu werden verschiedene Architekturvorschläge einander gegenübergestellt und vergleichend bewertet. Die sogenannte NDBS-Kern-Architektur dient dann als Rahmenarchitektur zur MAD-Implementierung im Prototypsystem PRIMA (Prototyp-Implementierung des MAD-Modells). Die Mächtigkeit des MAD-Modells erlaubt im Gegensatz zu den herkömmlichen Datenmodellen größere Freiheitsgrade der Implementierung. Die verwendeten Implementierungskonzepte werden erläutert und innerhalb des zugrundeliegenden Prototyps aufgezeigt. Eine kurze Zusammenfassung und ein Ausblick auf nächste und weiterführende Arbeiten im letzten Kapitel schließen die Betrachtungen ab.

2. Analyse von Non-Standard-Anwendungen

Um angepaßte Konzepte, Schnittstellen und Architekturen entwickeln zu können, muß ausreichend Wissen über die beabsichtigten Anwendungen und deren Anforderungen an eine geeignete Datenhaltung vorhanden sein. Information über die Anwendungsobjekte umfaßt die den Objektdarstellungen zugrundeliegenden Datenstrukturen, deren Mengengerüste, Größen, Anzahlen, Verteilungen sowie die zugehörigen Operationen inklusive Zeitbedingungen, Aufrufreihenfolgen und Aufrufhäufigkeiten. Einerseits dienen schon die o.g. Kriterien dazu die Anwendungen genauer zu beschreiben. Andererseits können und müssen Prototypentwicklungen helfen das erforderliche Wissen zu ergänzen und zu konkretisieren.

Im ersten Abschnitt dieses Kapitels sollen obige Kriterien dazu benutzt werden, einen ersten recht allgemeinen und wenig spezifischen Eindruck vom erforderlichen Leistungsangebot eines NDBS zu vermitteln. Da das Spektrum der Non-Standard-Anwendungen sehr breit und in sich relativ heterogen ist, werden dort eine Klasseneinteilung vorgenommen und nur noch die charakteristischen Eigenschaften einer Klasse diskutiert.

Der zweite Abschnitt beschreibt drei DB-basierte Prototypsysteme aus verschiedenen Teilgebieten der Ingenieuranwendungen. Das genauere Aufspüren sowie die qualitative und quantitative Bewertung der Schwachstellen des DBS-Einsatzes und das Ableiten angepaßter DB-Konzepte ist dort der Gegenstand der Untersuchungen. Durch den Bau von "realitätsnahen" Anwendungssystemen erhält man neben dem Studium von praxistauglichen Systemschnittstellen und dem Aneignen von anwendungsspezifischem Fachwissen, eine explizite Beschreibung der relevanten Daten in einem DB-Schema, eine genaue und möglichst vollständige Verkörperung der Anwendungsobjekte sowie eine Analyse der konkreten "Modellabbildung" (vgl. Abb. 2.1). Der Begriff *Modellabbildung* bezeichnet hierbei die Transformation der Anwendungsobjekte in die Objekte eines bereitgestellten Datenmodells. Dieser Transformationsschritt ist bei Non-Standard-Anwendungen i.a. von erheblich höherer Komplexität als bei Anwendungen im konventionellen Bereich. Können die Objekte konventioneller Anwendungen meist durch eine feste Anzahl skalarer Werte beschrieben werden (ein Bankkunde ist durch elementare Eigenschaften wie Namen, Anschrift, Kundennummer etc. charakterisiert), so ist dies für "Non-Standard"-Objekte in aller Regel nicht der Fall (z.B. Dokumente im Büro, Zeichnungen oder Bauteile im Bereich der Technik, geologische Schichtungen auf dem Gebiet der Geo-Wissenschaften). Mit der aufwendigeren Repräsentation der Objekte geht eine Zunahme der Komplexität der Verarbeitung einher. Daneben erscheint die vergleichende Analyse solcher Prototypimplementierungen äußerst interessant. Können doch gemeinsame Schwachstellen, ähnliche oder total verschiedene Verarbeitungsstrategien, ähnliche "Muster" in den entsprechenden Datenstrukturen oder Gemeinsamkeiten der Systemarchitektur jeweils Anhaltspunkte für die Festlegung von Anforderungen bzw. für die Definition neuer und angepaßter DB-Konzepte bieten.

Ergänzend zur Analyse der Ingenieuranwendungen werden dann im dritten Abschnitt wissensbasierte Systeme untersucht. Am Beispiel des Prototypsystems DBMED werden wesentliche Aspekte der Datenhaltung in Expertensystemen aufgezeigt und die Wissensrepräsentation mit Frames vorgestellt.

Der vierte Abschnitt faßt dann die Ergebnisse der vorherigen Abschnitte zusammen. Als allgemeine Eigenschaften der Non-Standard-Anwendungen definiert dieser Abschnitt gleichzeitig die zentralen Anforderungen an NDBS.

Die Projektion dieser Anwendungscharakteristika auf adäquate Datenmodell-Konzepte wird im fünften Abschnitt nochmals explizit in Form eines Anforderungskatalogs zusammengestellt.

2.1 Beschreibung verschiedener Anwendungsklassen

Es erscheint aussichtslos jede Anwendung einzeln beschreiben zu wollen, da sich das Spektrum der Non-Standard-Anwendungen zum einen sehr breit gefächert und zum anderen auch sehr inhomogen darstellt. Deshalb soll hier eine Einteilung in verschiedene Anwendungsklassen zugrundegelegt werden. Für jede Klasse können dann die zugehörigen Anwendungsbereiche, deren Informationsstrukturen und die operationalen Bedürfnisse sowie auftretende bzw. vorherrschende Organisationskonzepte aufgezeigt werden. Trotz des breiten Anwendungsspektrums lassen sich die diversen Eigenschaften der Anwendungen in den klassenspezifischen Charakteristika wiederfinden. Aus Platzgründen kann hier allerdings keine bis ins Detail vollständige Beschreibung gegeben werden. Hierfür muß auf die einschlägige Literatur [DKML85, HR85, Lo85, Si80] verwiesen werden. Es sollen jedoch die wichtigsten Eigenschaften der verschiedenen Anwendungen zusammengestellt werden, um dann zusammen mit den Abschnitten 2.2 und 2.3 die wesentlichen Anforderungen an NDBS begründen zu können.

"Standard"-Anwendungen

Zum besseren Vergleich soll zunächst eine ganz besondere und sehr gut bekannte Anwendungsklasse beschrieben werden. Alle Standard-Anwendungen lassen sich unter dem Sammelbegriff der administrativ-betriebswirtschaftlichen Anwendungen [Da81, LS87] diskutieren. Zu deren Charakterisierung sollen die nun folgenden Punkte dienen. Jedes Objekt der Anwendung (z.B. Konto, Lieferant, Lieferung, Lagerbestand) kann i.a. durch genau einen einfach strukturierten Datensatz beschrieben und repräsentiert werden. Die Daten weisen eine feste vordefinierte Struktur auf, die durch die vereinbarten Attribute festgelegt ist. Die Attributwerte sind i.a. kurz (<< 1 KByte), die durchschnittliche Länge der Datensätze beträgt 50-200 Byte und die Maximallänge 2 und 4 KByte. Der operationale Datenbestand eines Unternehmens oder etwa einer Verwaltung kann trotzdem recht groß werden (100 MByte bis ca. 10 GByte oder auch mehr). Allerdings gibt es meist nur relativ wenige unterschiedliche Strukturen, dafür aber sehr viele Datensätze (Satzausprägungen) zu jeweils einer Struktur. Es werden in flexibler Art und Weise Daten über die Inhalte bestimmter Attribute bzw.

Attributkombinationen ausgewählt. Einfügen, Modifizieren und Löschen sind ebenfalls recht häufige Operationen. Zu einem Zeitpunkt können mehrere Benutzer die gleichen operationalen Daten bearbeiten. Die Kontrolle dieses Mehrbenutzerbetriebs und auch die Konsistenzerhaltung werden durch das Transaktionsparadigma [Gr81] gewährleistet. Die Transaktionen sind typischerweise recht einfach und kurz und berühren nur wenige Objekte. Auf logischer Ebene werden alle Transaktionen im Einbenutzerbetrieb und damit serialisierbar ausgeführt. Weiterhin ist sichergestellt, daß die Daten gegen Bedienungsfehler, Systemausfälle, Datenträgerverluste u.ä. wirksam geschützt werden.

Wissenschaftliche Anwendungen

Wissenschaftliche Anwendungen [DBE84, SOW84] sind durch den Rechnereinsatz bei Experimenten und Simulationen in den verschiedensten Bereichen der Natur- und Ingenieurwissenschaften gekennzeichnet. Die gemeinsamen Bedürfnisse der unterschiedlichen Disziplinen der wissenschaftlichen DB-Anwendungen - auch als "scientific database" bezeichnet - können anhand statistischer DB-Anwendungen diskutiert werden, da (statistische) Versuchsauswertungen ein wesentliches Aufgabengebiet darstellen. Die primären Eigenschaften lassen sich wie folgt beschreiben. Versuchs- oder Meßdaten werden entweder bei der Beobachtung eines physikalischen Prozesses gemessen oder durch eine Simulation erzeugt. Die Handhabung von historischen, d.h. zeitbezogenen Daten ist eine wichtige Forderung. Die Daten lassen sich nach den Kriterien Regelmäßigkeit, Dichte und Zeitvariation klassifizieren. Sie besitzen typischerweise einen zusammengesetzten Schlüssel (raum- und zeitbezogene Daten) mit oftmals sehr schiefer Werteverteilung. Der Datenumfang kann sehr groß werden (ca. 10-100 GByte und mehr). Die Konfigurationsdaten bleiben während der Versuchs- bzw. Simulationsdurchführung unverändert, ebenso wie die diversen Beschreibungskataloge (in Form von Texten, Bildern und graphischen Daten) etwa für Materialeigenschaften. Die Aktualisierung und Verbesserung der gespeicherten Daten ist sehr selten. Es bietet sich deshalb an, eine Optimierung des Retrieval zu verfolgen. Bei der Auswertung entstehen vielfältige aggregierte Ergebnisdaten, die wiederum explizit beschrieben und organisiert werden müssen und in hierarchischer Weise weiter verdichtet werden können. Charakterisierende Operationen sind das Suchen von speziellen Werten, das "Browsing" durch Versuchsreihen, Ähnlichkeitssuche bei Histogrammen oder die Nachbarschaftssuche in einem Teilbereich des Versuchsdatenraums.

Büroanwendungen

Systeme zur Büroautomatisierung [EN80, Gü83, La85] unterstützen die vielfältigen Aspekte der Büroarbeit. Dazu gehören u.a. das Editieren und Verwalten von Texten, Formularen und Nachrichten, die Analyse und Verifikation verschiedenster Informationen, das Durchführen von einfachen Vorgängen sowie die Kommunikation innerhalb eines Büros wie auch zwischen verschiedenen Büros. Zu den Aufgaben der Datenhaltung gehören: die Verwaltung von Dokumenten, die Speicherung von Texten, Bildern und Graphiken - auch in kombinierter Form (multimedia databases), die Repräsentation von Sprache inklusive der zugehörigen Zugriffsfunktionen (aus dem Bereich des Information Retrieval). Die Objekte sollten strukturiert dargestellt werden. Dazu sind neben den herkömmlichen Datentypen neue Typen wie Liste, Tabelle und langes Feld erforderlich. Ferner sollte es möglich sein, einem Objekt, im Sinne eines Bürovorgangs, weitere Informationen anzuhängen wie etwa formale Anweisungen (zur Kontrolle der Verarbeitung oder zur Beschreibung des Formats) oder mehr informelle Anmerkungen (Merkzettel, Sitzungsprotokoll, Aktennotiz etc.). Der alte Buchhaltungsgrundsatz, daß in den Büchern nicht radiert werden darf, erfordert die Darstellung der "Geschichte", d.h., jede Änderung an einem Objekt erzeugt eine neue Version des Objektes. Die notwendigen Such- und Zugriffsfunktionen umfassen neben der Schlüssel-, Ähnlichkeits- und Synonymsuche auch speziellere Funktionen, die mehr die Semantik der verschiedenen Objekte berücksichtigen (etwa alle Dokumente eines Vorgangs, alle Information zu einem Stichwort, die zeitliche Entwicklung eines Objekts oder Funktionen zur Revisionsunterstützung). Für Routinevorgänge und zur Integritätskontrolle sind bestimmte vordefinierte Prozeduren bereitzuhalten bzw. zu verwalten, die aufgrund von definierten Ereignissen und vorgegebenen Zeitmarken zu aktivieren und zu kontrollieren sind.

Die Bereiche Bild- und Sprachverarbeitung (Bildanalyse, Auswertung bewegter Szenen, Sprach- und Textverstehen) stellen zusätzliche Anforderungen an die Datenhaltung, die später im Diskursbereich wissensbasierter Anwendungen aufgegriffen werden.

Technische Anwendungen

Technische Anwendungen [DKML85, Lo85] betreffen im wesentlichen den Ingenieurbereich. Auch die Gebiete der geographischen und geodätischen Anwendungen sowie Anwendungen aus den Bereichen Bauwesen, Architektur und Landschaftsplanung sind hier hinzuzuzählen. Zu den zentralen Aufgaben der Datenhaltung gehört die Verwaltung der technischen Objekte (etwa ein Schiffsrumpf, geologische Schichtungen, ein Getriebe oder ein VLSI-Schaltkreis), deren Darstellung zu umfangreichen und tief strukturierten Datenobjekten führt. Ein wesentliches Teilgebiet im Ingenieurbereich ist durch die verschiedensten Aspekte des Entwurfs von sog. technischen Objekten ausgezeichnet. Darunter werden alle anfallenden Aufgaben von der ersten Produktkonzeption, über die Konstruktion, bis hin zur Fertigung (inklusive Versuchs- und Musteraufbau, Fertigungsvorbereitung sowie Werkzeugbau) und Qualitätskontrolle verstanden. Am Beispiel der Konstruktionsobjekte aus dem Ingenieurbereich lassen sich alle wesentlichen Eigenschaften technischer Objekte aufzeigen. Zum Aufbau der Konstruktionsobjekte werden entweder vorgegebene primitve Objekte oder schon vorab konstruierte (Teil-)Objekte benutzt, die als Bausteine auch in anderen Konstruktionen verwendet werden dürfen. Dies führt zu i.a. netzartigen Stücklisten, die mitunter aus mehreren tausend Primitivteilen aufgebaut sind. Die meisten Zugriffsanforderungen beziehen sich auf Einzelheiten des gerade aktuellen Konstruktionsobjekts. Sozusagen repräsentiert dieses den momentanen Verarbeitungskontext, d.h., es entsteht eine gewisse Zugriffslokalität bzgl. dieses Kontextes. Räumliche bzw. nachbarschaftsbezogene Anfragen auf den flächen- und raumbezogenen Daten sind häufig festzustellen, und eine Erweiterung auf Ähnlichkeitsanfragen erscheint recht wünschenswert. Die Änderungsoperationen fügen im wesentlichen neue Information hinzu.

Die Objekte besitzen oft mehrere unterschiedliche Beschreibungen, die sich als einzelne Aspekte zu einer Gesamtbeschreibung ergänzen. Z.B. organisiert man für die dreidimensionalen Körper im Maschinenbau die Konstruktionsdaten in einzelne Teilbereiche, die sog. Repräsentationen, gemäß den physikalischen, geometrischen, technologischen und strukturellen Eigenschaften der Konstruktionsobjekte. In [Eb84] wird dies als Produktmodell bezeichnet. Der physikalische Bereich umfaßt etwa die Material-, Massen- und Volumeneigenschaften etc., während im geometrischen Bereich die Geometrie und Topologie sowie die Zeichnungsinformation verwaltet wird. Die technologische Repräsentation enthält Werkzeug- und Maschinendaten, Bearbeitungshinweise oder NC-Programme, Toleranzinformation etc. Im strukturellen Teilbereich schließlich wird die Objektstruktur, d.h. die Informationen über den Aufbau und die Zusammensetzung aus Teilobjekten, zusammengefaßt. Für einen elektronischen Schaltkreis beispielsweise werden meistens die Repräsentationen funktionale Spezifikation, Schaltkreisdiagramm und Layout voneinander unterschieden.

Da der Entwurfsprozeß als evolutionärer Vorgang anzusehen ist, hat man es hier ebenfalls mit einer besonderen Art von Objektgeschichte zu tun, die es auch zu verwalten gilt. Die Fixpunkte der Konstruktion heißen Versionen und spiegeln als Zwischenergebnisse und Änderungsstände dessen zeitlichen Verlauf wider. Verschiedene Entwurfsphilosophien und die Verwendung unterschiedlicher Technologien, Basisteile etc. führen in der Praxis dazu, daß von einem Produkt mehrere Alternativen nebeneinander konstruiert und ausprobiert werden. Dabei sind die Versionen unterhalb der Alternativen anzuordnen.

Konstruktionsprozesse dauern oft Wochen und Monate und erfordern entsprechend angepaßte Maßnahmen gegen den Verlust der Daten und zur Erhaltung der Konsistenz. Der herkömmliche Transaktionsbegriff [Gr81] taugt nur wenig zur Unterstützung dieser sog. Entwurfstransaktionen. Die zu garantierenden Integritätsbedingungen sind aufgrund der vorherrschenden Vielfalt an Strukturen und abgeleiteten bzw. ableitbaren Daten sehr vielschichtig und recht komplex. Sie umfassen sowohl die zulässigen Zustände einer Repräsentation als auch die Beziehungen zu anderen Repräsentationen oder Objekten. Weiterhin sind einzelne Zustandsübergänge auf ihre Zulässigkeit hin (definiert durch Konstruktionsvorschriften) zu überwachen sowie vorgegebene Verfahrensablaufpläne und Konstruktionsvorgänge zu erzwingen. Am Ende des Entwurfsprozesses wird die favorisierte Lösung, auch Konfiguration genannt, durch Auswählen der jeweils besten Alternativen und der zugehörigen Version festgelegt.

Prozeßautomatisierung

Die Prozeßautomatisierung [AF83, Ba81], d.h. die Steuerung technischer Prozesse, ist ein breit gefächerter und anspruchsvoller Teilbereich technischer Anwendungen. Die wichtigsten Aufgaben der Datenhaltung sind das Erfassen von Prozeßparametern und Anlagenzuständen sowie die Versorgung der Automatisierungssysteme mit Parametern zur Steuerung des Prozesses. Aufbauend auf diesen primitiven Funktionen werden die eigentlichen Funktionen der Prozeßautomatisierung wie Fertigungssteuerung, Auftragsverfolgung und -verwaltung, Störfallerkennung und -behandlung etc. realisiert. Die gesamte Prozeßsteuerung wird heute nicht mehr als ein autonomer Anwendungsbereich angesehen, sondern in die Gesamtheit aller Planungs-, Steuerungs-, Kontroll- und Vertriebsvorgänge einer Unternehmung eingebunden. Diese funktionale Integration erfordert auch eine entsprechend integrierte Datenhaltung. Zusätzlich zu den Anforderungen aus dem Ingenieurbereich kommen hier vor allem noch die Aspekte Realzeitverarbeitung, hohe Verfügbarkeit und

Fehlertoleranz hinzu. Besonders der Realzeitcharakter stellt hohe Anforderungen an die Leistungsfähigkeit und Effizienz des Datenhaltungssystems, wobei die Aspekte hohe Datenrate, variierendes Datenvolumen, kurze Antwortzeit, zeitweise hoher Parallelitätsgrad und prioritäts-gesteuerte Verarbeitung sowie die längerfristige Archivierung z.T. verdichteter Daten die Rahmen-bedingungen setzen. Eine funktionierende Prozeßdatenverarbeitung benötigt zusätzliche Funktionen, die es erlauben, komplexe Alarmbedingungen (fehlerhafte, gefährliche Zustände) zu erkennen und angemessen darauf zu reagieren. Ein einfaches Beispiel sind Mechanismen zur zeitgesteuerten Auslösung bestimmter vorgegebener Aktionen.

Wissensbasierte Anwendungen

Wissensbasierte Anwendungen [BM86, BR85, Pu86a] erwecken seit wenigen Jahren große Erwartungen für die "intelligente" Unterstützung von Aufgaben in u.a. wissenschaftlichen, technischen und administrativ-betriebswirtschaftlichen Bereichen. Expertensysteme, als die wohl bekanntesten Vertreter, arbeiten hauptsächlich in den Bereichen Diagnostik, Interpretation, Entwurf, Planung und Simulation. Die Anwendungsklasse zeichnet sich dadurch aus, daß zur Problemlösung eine heuristische Strategie eingesetzt wird, die immer den vielversprechendsten Lösungsansatz weiterverfolgt. Hierzu fließt das vielfältige Wissen über das jeweilige Anwendungsgebiet ein, welches über das gesamte System "verteilt" ist. Man unterscheidet im wesentlichen zwei verschiedene Arten von Wissen: Das "passive" Wissen beschreibt die betreffende Anwendung, wohingegen das "aktive" Wissen aussagt, wie das vorliegende (passive) Wissen zu interpretieren bzw. auszuwerten ist, um zu der gesuchten Problemlösung zu kommen. Zwischen beiden Arten besteht ein fließender Übergang.

Die verwendete Wissenrepräsentation definiert, wie das passive Anwendungswissen in der sog. Wissensbasis dargestellt wird. Dieses Wissen über eine konkrete Anwendung liegt oftmals in verschiedenen Formen vor, etwa als Fakten, Regeln, Gesetzmäßigkeiten, Konventionen, Erfahrungen o.ä. Die Fakten können durch Attribute näher strukturiert sein oder auch als Bild- bzw. Textinformation oder als Meßreihe etc. vorliegen. Je nachdem, ob man die Wissensinhalte für einen aktiv-prozeduralen oder für einen passiv-deklarativen Gebrauch beschreibt, gelangt man zu verschiedenen Formen, etwa logische Aussagen (z.B. Fakten, Prädikate), Methoden (z.B. Prozeduren und Berechnungsvorschriften), Heuristiken (gewichtete Schätzungen) etc.

Das aktive Wissen umfaßt alle Methoden zur Wissensmanipulation, welche definieren, wie das passive Wissen für die Bearbeitung der Aufgaben benutzt und umgesetzt wird. Die Problemlösungs-komponente wendet den Inhalt der Wissensbasis an, um eine Lösung für ein vom Benutzer/ Anwendung gestelltes Problem zu finden. Hierzu bedient sie sich zum einen verschiedener anwendungsunabhängiger Inferenzstrategien (z.B. Forward- und Backward-Reasoning), die zu jedem Zeitpunkt die Herleitung neuer Fakten durchführen. Es werden somit u.a. Operationen benötigt, die die relevanten Fakten für eine gegebene Regel auffinden, die für eine zu überprüfende Entscheidung alle zugehörigen Regeln suchen, die die Ableitung neuer Information (Fakten) aus Fakten und Regeln bewirken oder die eine Berechnung bzw. Bewertung durchführen. Zum anderen bestimmen die anwendungsorientierten Problemlösungsstrategien (u.a. Phaseneinteilung für den

Entwurfsbereich, Establish-and-Refine und Hypothesize-and-Test für den Diagnostikbereich) die Reihenfolge von einzelnen Aktionen (wie z.B. Inferenzen, Rückfragen, Berechnungen) zur Herleitung der gewünschten Lösung. Als Unterstützung der Wissensakquisition müssen Operationen zur Konstruktion bzw. Änderung der Wissensbasis bereitstehen. Zum Erklären der berechneten Resultate und der dazu beschrittenen Herleitungswege sind ebenfalls entsprechende Retrieval-Funktionen anzubieten.

Die meisten der heute verfügbaren wissensbasierten Systeme zeichnen sich durch die nachstehenden Rahmenbedingungen aus. Der Datenumfang der Wissensbasis überschreitet kaum 0.1-10 MByte und kann damit vollständig im Hauptspeicher gehalten werden. Zu einem Zeitpunkt arbeitet immer nur ein Benutzer/Anwendung auf einer Wissensbasis. Die häufigsten Operationstypen sind Lesen und einfache Wertänderung. Die Sicherung der Daten wird meistens nicht durch das wissensbasierte System oder dessen Wissensverwaltung gewährleistet, sondern wenn überhaupt durch die gewählte Betriebsumgebung. Für einen relevanten praktischen Einsatz sind diese Systemeigenschaften allerdings noch entscheidend zu verbessern. Die Verwaltung sehr großer Datenmengen (in praktischen Anwendungen bedeutet dies Datenvolumina von 10^8 - 10^9 Byte) sowie die Mehrbenutzbarkeit, ein gewisses Maß an Fehlertoleranz und u.U. auch ortsverteilte Organisationsformen werden zunehmend dringlicher. Damit einhergehend stellen sich die Forderungen nach der Verwaltung der Wissensbasis auf Externspeicher, Synchronisationsverfahren für die Fakten und Regeln der Wissensbasis, Recovery-Maßnahmen für diverse Fehlerfälle und nach der Verwaltung einer verteilten Wissensbasis.

Dieser Überblick über die Charakteristika der verschiedenen Anwendungsklassen und deren Anforderungen an eine geeignete Datenhaltung soll durch die nachfolgend beschriebenen Analysen von DB-basierten Prototypsystemen konkretisiert werden. Besonderes Augenmerk wird dabei auf die Gesamtarchitektur, das Verarbeitungskonzept sowie auf die vorherrschenden Objekte und Operationen gelegt.

2.2 Einige Prototypsysteme aus den Ingenieuranwendungen

Im folgenden werden drei DB-basierte Prototypimplementierungen aus unterschiedlichen Teilbereichen der Ingenieuranwendungen vorgestellt, die im Rahmen von mehreren Diplomarbeiten an der Universität Kaiserslautern entwickelt wurden. Diese Systeme sind keineswegs für einen praktischen Einsatz bestimmt. Aus Aufwandsgründen wurden eine Reihe von Vereinfachungen vorgenommen, der volle Funktionsumfang also nicht angestrebt. Vielmehr lösen die einzelnen Systeme abgrenzbare, charakteristische Aufgaben aus den entsprechenden Anwendungsbereichen.

Allen Prototypen gemeinsam ist die in Abb. 2.1 dargestellte Grobarchitektur einer DB-Anwendung. Aufbauend auf der *Datenmodellschnittstelle* der zugrundeliegenden Datenhaltungskomponente realisiert die Anwendungskomponente die sog. *Anwendungsmodellschnittstelle*, an der die *Anwendungsmodellobjekte* und die zugehörigen *(Anwendungsmodell-)Operationen* verfügbar sind. Dazu müssen die relevanten Daten des Anwendungsmodells in die Objekte des bereitgestellten Datenmodells transformiert und die Anwendungsmodelloperationen unter Ausnutzung der operationalen Möglichkeiten des Datenmodells *(DML-Operationen)* realisiert werden. Die erforderliche Abbildung wird meistens durch die Bereitstellung von Transformationsprogrammen durchgeführt. Dies wurde schon in der Einleitung zu Kapitel 2 erwähnt und dort als Modellabbildung bezeichnet. Die *Benutzerschnittstelle* ist die Schnittstelle nach außen. Sie wird durch die Dialog- und Graphikkomponente realisert, die die Anwendungsmodellschnittstelle in geeigneter Form zur Verfügung stellt (entweder mittels einfacher Terminal-Ein-Ausgabe, maskengesteuerter Ein-Ausgabe oder graphischer Ein-Ausgabe).

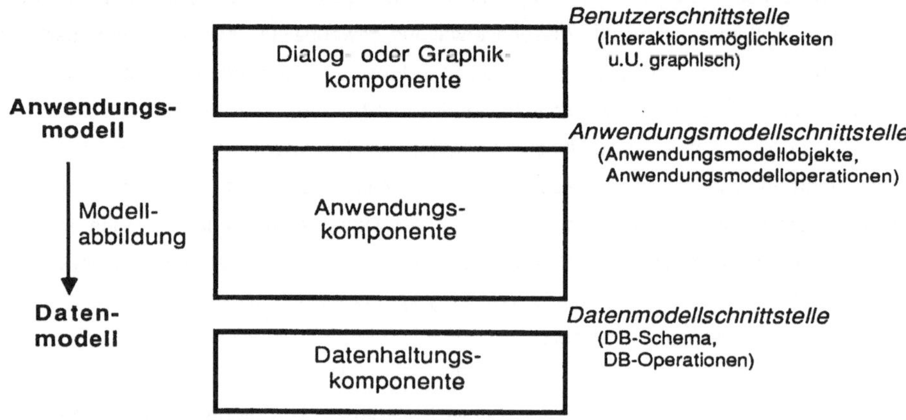

Abb. 2.1: Grobarchitektur von DB-Anwendungen

Eine wesentliche Aufgabe dieses Abschnitts ist die *qualitative und quantitative Analyse der Modellabbildungen* der verschiedenen Prototypsysteme, wobei aus Aufwandsgründen jeweils nur bestimmte systemspezifische (und damit auch anwendungsspezifische) Aspekte aufgeführt und bewertet werden. Alle hier untersuchten Prototypsysteme sind gemäß der Klassifikation aus 2.1 als technische Anwendungen einzuordnen. Sie gehören dem großen Bereich des rechnergestützten Entwerfens (CAD) an. Es werden dreidimensionale (3D), zweieinhalbdimensionale ($2^1/2$D) und zweidimensionale (2D) Entwurfsbereiche vorgestellt, wobei die jeweils unterstützten Anwendungsgebiete allerdings sehr verschieden sind:

- Das KUNICAD-System stellt ein geometrisches Modellierungssystem für 3D-Werkstücke zur Verfügung.
- Das DBGEO-System verwaltet Liegenschaftskataster und gehört in die Klasse der geographischen Informationssysteme oder Landinformationssysteme.
- Den Entwurf von VLSI-Bausteinen - hier den abgegrenzten Bereich des Chip-Planning - unterstützt das System DBCHIP.

Alle drei Systeme bilden komplexe Anwendungen des netzwerkorientierten Datenbanksystems UDS [UDS86] der Firma Siemens. Zwei von ihnen besitzen eine interaktive Graphikschnittstelle basierend auf dem GKS-Derivat WKS [WKS86] der Firma Sigmex.

Die einzelnen Systembeschreibungen sind nach einem einheitlichen Muster aufgebaut, um eine vergleichende Betrachtung der Prototypsysteme zu erleichtern bzw. überhaupt erst zu ermöglichen. Ausgehend von der konkreten Systemarchitektur werden jeweils die charakterisierenden internen Schnittstellen und die wichtigsten Komponenten aufgezeigt. Insbesondere erfolgt stets eine genaue Beschreibung der vorliegenden Anwendungsmodell- und Datenmodellschnittstelle sowie der zugehörigen Modellabbildung. Die Charakterisierung des Anwendungsmodells enthält eine möglichst genaue und vollständige Verkörperung der Ingenieur- oder Entwurfsobjekte und aller zugehörigen Operationen an dieser Schnittstelle. Zur Abbildung der Objekte und Operationen der Anwendungsmodellebene auf die Datenmodellebene wird eine Beschreibung der wichtigsten Komponenten der Modellabbildung angegeben. Die Darstellung der zu verwaltenden Konstruktionsdaten an der Datenmodellschnittstelle erfolgt mittels des zugehörigen netzwerkartigen Datenbankschemas.

Jedes Schemadiagramm besteht aus Vierecken, Pfeilen und Kringeln. Die Vierecke symbolisieren die verwendeten Satztypen und enthalten deren Namen. Die Pfeile repräsentieren (1:n)-Beziehungstypen, welche in der Sprechweise des Netzwerkmodells "Settypen" genannt werden. Der kleine Kringel steht stellvertretend für den sog. Hilfssatztyp, der zur Modellierung von (n:m)-Beziehungen benötigt wird. Die Namen dieser Satztypen wurden aus Gründen der Übersichtlichkeit ebenso weggelassen wie die der Beziehungstypen (bis auf wenige Ausnahmen). Die zu den Beziehungstypen gehörenden Zahlenwerte stellen Kardinalitätsrestriktionen dar. Die Zeichenfolge 4:n beispielsweise symbolisiert eine (1:(4:n))-Beziehung, d.h., einem Satz sind über die so spezifizierte Beziehung mindestens 4 evtl. auch mehr Sätze eines anderen Satztyps zugeordnet.

Eine Bewertung der Systemarchitektur und -eigenschaften schließt die einzelnen Beschreibungen ab. Zur quantitativen Analyse der Prototypsysteme wurde das eigens dafür entwickelte Meß- und Analysesystem MESASU [Su87] verwendet. Es werden jeweils eine Leistungsanalyse des Gesamtsystems (insbesondere der Modellabbildung) und eine Bestimmung des durch die DB-Verwaltung verursachten Aufwands durchgeführt. Die Untersuchung der Aufrufhäufigkeiten an den verschiedenen Systemebenen dient zum einen einer Aufwandsgrobabschätzung von komplexen Anwendungsmodelloperationen. Zum anderen lassen sich auch Aussagen über die Tauglichkeit des eingeschlagenen Weges zur Abbildung des Anwendungsmodells auf das Datenmodell ableiten - d.h. Auffinden und Untersuchen von Software-Engineering-Prinzipien bei der Entwicklung von DB-gestützten Ingenieursystemen. Darüberhinaus können Hinweise für andere, bessere Lösungsmöglichkeiten gefunden werden.

Im Anhang A ist eine genauere Beschreibung von MESASU und dessen Analysemöglichkeiten und -verfahren enthalten. Die Unterstützung von MESASU zur Durchführung der vergleichenden

Systemanalysen erstreckt sich im wesentlichen auf die folgenden Punkte:

- Analyse der internen Systemdynamik (z.B. Analyse des Lastaufkommens in den unterschiedlichen Systemebenen),
- Analyse der DB-seitigen Last (Aufrufhäufigkeiten, Verfeinerung nach verschiedenen Arten von DML-Operationen etc.)
- Aufdecken von Anforderungen an Systemarchitekturen, an Schnittstellenkonzepte (insbesondere Datenmodelle) und an Verarbeitungskonzepte.

2.2.1 Das KUNICAD-System

In diesem Abschnitt wird die Prototypimplementierung aus dem 3D-Entwurfsbereich vorgestellt. Beim KUNICAD-System [HHLM87] handelt es sich um ein DB-gestütztes geometrisches Modellierungssystem für Werkstücke. Die Repräsentation und die Verarbeitung dreidimensionaler Modelle spielen für die CAD-Teilbereiche Maschinenbau, Architektur, Bauingenieurwesen etc., die sich mit dem Entwurf körperhafter Gebilde befassen, eine zentrale Rolle. Die geometrische Modellierung [RV82] bildet für diese Gebiete das "Herz" eines jeden CAD-Systems. Das KUNICAD-System ist als sog. "dual representation"-System ausgelegt, d.h., es basiert auf zwei verschiedenen internen Darstellungsschemata zur Repräsentation von 3D-Objekten. Zum einen gibt es das Begrenzungsflächenmodell (boundary representation model, BREP), durch das die Geometrie eines Körpers durch die ihn begrenzenden Flächen festgelegt wird. Die Begrenzungsflächen selbst sind durch ihre Kanten und diese wiederum durch ihre Punkte definiert. Zum anderen kennt das KUNICAD-System das Volumenmodell (constructive solid geometry model, CSG). Bei diesem Darstellungsschema wird ein Körper durch einen Strukturbaum beschrieben, in dem die Art und Weise seiner "Entstehung" aus sog. Basiskörpern festgehalten wird. Die Blätter des Strukturbaumes repräsentieren Basiskörper. Die inneren Knoten beinhalten zulässige, reguläre Operatoren (z.B. Vereinigung, Durchschnitt, Differenz). Da die Konsistenz der Basiskörper per Definition gegeben ist und die verwendeten Operatoren als konsistenzerhaltend angesehen werden können, ist stets sichergestellt, daß eine interne Repräsentation tatsächlich einem möglichen realen Körper entspricht. Im KUNICAD-System dominiert die CSG-Struktur. Aus ihr wird bei Bedarf automatisch eine entsprechende BREP-Darstellung abgeleitet. Einmal abgeleitete Darstellungen bleiben erhalten, solange ihre zugehörige CSG-Struktur gültig ist.

2.2.1.1 Systembeschreibung

Die Architektur des KUNICAD-Systems ist durch drei Komponenten bestimmt: die Graphik- und Dialogsteuerungskomponente, die Datenhaltungskomponente sowie die Modellabbildungs- bzw. Anwendungskomponente (siehe Abb. 2.2).

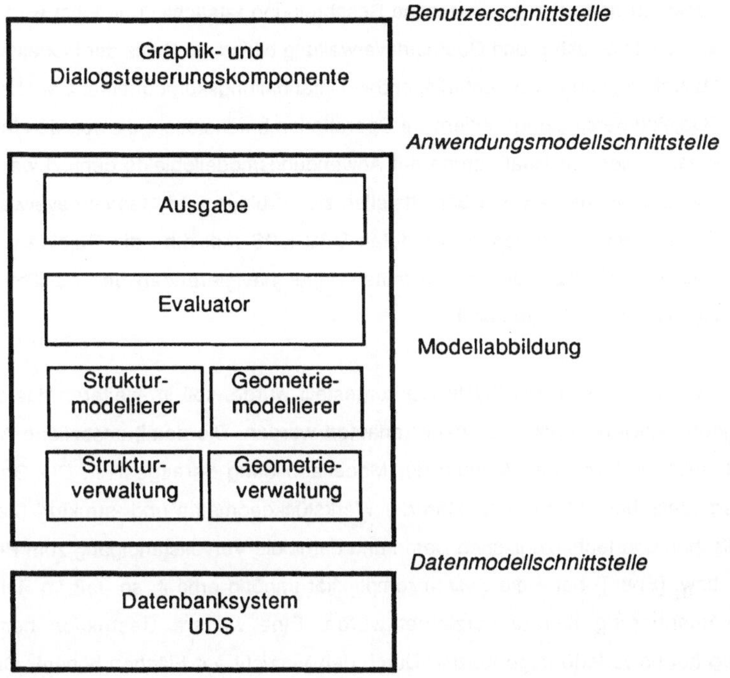

Abb. 2.2: KUNICAD-Systemarchitektur

Die Graphik- und Dialogsteuerung erlaubt der Anwendungskomponente die Ein- und Ausgabe graphischer und textueller Information. Die Funktionalität der Graphikschnittstelle entspricht der von GKS [GKS82]. Die Hauptaufgabe der Dialogsteuerung besteht in der Vorverarbeitung der Ein- und Ausgabe sowie in der Entkopplung der implementierten Benutzerschnittstelle von der darunterliegenden Anwendungsmodellschnittstelle. Auf der Ebene des Anwendungsmodells spielt es keine Rolle, ob die Benutzerschnittstelle menü- oder kommandogesteuert arbeitet bzw. ob eine Selektion durch eine "Pick"-Eingabe möglich ist oder nicht. Die Moduln der Anwendungs-komponente dienen der Modellabbildung, d.h. der Umsetzung der Anwendungsmodellobjekte auf Datenstrukturen und die damit assoziierten Operationen der Datenhaltungskomponente. Das Modul Strukturmodellierer verwaltet und aktualisiert im wesentlichen die strukturellen Konstruktionsdaten. Dabei werden Funktionen des Moduls Strukturverwaltung verwendet. Das Ausgabemodul übernimmt vorwiegend die Transformation der gespeicherten 3D-Information in eine 2D-Darstellung, die unmittelbar auf einem Graphik-Terminal sichtbar gemacht werden kann. Im Modul Geometrie-modellierer wird die eigentliche Verarbeitung der Geometriedaten durchgeführt. Geometrische Körperbeschreibungen können durch reguläre Mengenoperationen zu komplexeren Körper-beschreibungen aggregiert werden. Das Modul Geometrieverwaltung stellt die hierzu erforderlichen Grundfunktionen bereit. Das Modul Evaluator schließlich repräsentiert das Bindeglied zwischen der strukturellen (CSG) und der geometrischen (BREP) Interndarstellung eines Werkstücks. Dieser Programmbaustein steuert die Berechnung der BREP-Darstellung eines Körpers aus seiner CSG-Repräsentation. Hiermit ist es möglich, vom Aufbau des CSG-Baumes ausgehend, erst zu einem späteren Zeitpunkt, zu dem eine geometrische Beschreibung tatsächlich benötigt wird, diese auch herzuleiten. Die Moduln Struktur- und Geometrieverwaltung bilden die Basis der Modellabbildung. Sie erlauben die Abstraktion von der darunterliegenden Datenhaltungskomponente. Daneben leisten sie eine gewisse "Objektunterstützung", indem sie Operationen bereitstellen, die von den Moduln in den höheren Systemschichten zur Realisierung der Anwendungsmodellobjekte genutzt werden können. Alle Objekte und Operationen an den Schnittstellen zur Struktur- und Geometrieverwaltung bauen auf der CODASYL-Schnittstelle des verwendeten DBS UDS auf; d.h., die Objekte werden durch DB-Objekte realisiert und die Operationen mittels einer navigierenden und positionsorientierten Datenmanipulationssprache ausgedrückt.

Nachdem nun die Architektur von KUNICAD vorgestellt wurde, soll im weiteren das dem System zugrundeliegende Anwendungsmodell näher erläutert werden. Die damit assoziierte Anwendungs-modellschnittstelle wird von den Moduln der Modellabbildung bereitgestellt. Die Grundlage des Anwendungsmodells besteht aus Aspekten der Werkstückgeometrie und -struktur. Die Integration von physikalischen und technologischen Daten und damit die Vervollständigung zum Produktmodell (s. Kapitel 1 bzw. [Eb84]) hätte die Systemkomplexität unnötig erhöht, so daß im Rahmen dieser Prototypimplementierung hierauf verzichtet wurde. Eine weitere Restriktion besteht in der Beschränkung auf polyederförmige Körper. Durch den Verzicht auf Flächen höherer Ordnung bzw. auf Freiformflächen sollte der Implementierungsaufwand auf ein realistisches Maß begrenzt werden.

Das Anwendungsmodell unterscheidet drei Körperarten (siehe Abb. 2.3): den Basiskörper, den Bauteilkörper und den Baugruppenkörper. Die Basiskörper entsprechen den Grundbausteinen des CSG-Modells, d.h., sie stellen die Primitiven dar, aus denen komplexere Körper konstruiert werden können. In unserem Modell sind dies u.a. Quader und zylinderförmige (n+2)-flächige Polyeder (hier "POLYZYL" genannt). Die möglichen Körperaggregationen werden durch die binären Modell-operatoren Vereinigung, Durchschnitt und Differenz sowie durch die unären Operatoren Translation, Rotation und Skalierung bestimmt. Zusätzlich unterstützt das Modell noch einen Operator 'Zusammensetzung'. Dies ist ein Spezialfall der Vereinigung, bei dem sich die Operanden nicht überlappen dürfen. Unter einem Bauteilkörper versteht man eine Verknüpfung aus Basis- bzw. wiederum Bauteilkörpern mittels der Vereinigung, des Durchschnitts und der Differenz. Hingegen sind Baugruppenkörper definiert als reine Zusammensetzung von Basis-, Bauteil- bzw. Baugruppen-körpern. Sie lassen sich in ihre Bestandteile zerlegen und beschreiben damit mehr den Aufbau eines Körpers. Dagegen repräsentiert der Bereich der Bauteile die Konstruktionsgeschichte von Körpern.

Das Anwendungsmodell klassifiziert nicht nur Körperarten, sondern unterscheidet auch zwischen Körper und Körperklasse. Man spricht in diesem Zusammenhang auch von Ausprägung und Typ. Von allen drei Körperarten können sowohl Ausprägungen als auch Typen existieren. Mit Hilfe des Instanziierungsoperators lassen sich Ausprägungen als Elemente einer durch einen Typ bestimmten Körperklasse generieren. Umgekehrt ist auch eine Typisierung von Körperausprägungen möglich. Dabei wird die Strukturbeschreibung der Ausprägung zur Definition der Körperklasse verwendet. Die Typisierung stellt damit das Hilfsmittel zur Einführung neuer, komplexerer Typen dar. Der weiteren

Flexibilisierung des Konstruktionsprozesses dient die Parametrisierung. Sowohl für Typen als auch für Ausprägungen können Parameter (zur Positions- und Ausdehnungsbestimmung) definiert werden.

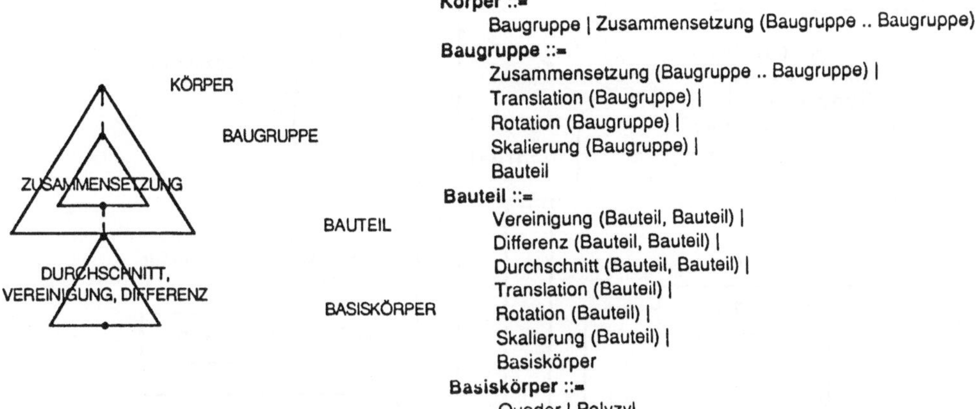

Abb. 2.3: Struktur der modellierbaren Körper

Ein weiteres, wichtiges Konzept des Anwendungsmodells ist die Konstruktionsumgebung. Sie stellt den organisatorischen Rahmen dar, in dem Körperausprägungen und -typen entwickelt werden können. Als zugehörige Operatoren sind definiert: Beginnen, Beenden, Öffnen und Schließen. Das Öffnen und Schließen einer Konstruktionsumgebung bestimmt Bearbeitungsphasen, innerhalb derer ein vom Benutzer veranlaßtes Zurücksetzen möglich ist. Zusätzlich wird im Falle eines Systemzusammenbruchs ein Überleben der zuletzt erfolgreich durchgeführten Anwendungsmodelloperation garantiert. Bei Beendigung der Konstruktion wird vom System eine Globalisierung durchgeführt. Dabei werden lokale Körpertypen global bekannt gemacht, wohingegen lokale Körperausprägungen ihre Bedeutung verlieren und gelöscht werden. Diese Konstruktionsvorgänge werden bislang allerdings nicht DB-seitig nachgebildet, da dies eine entsprechende Anpassung des Transaktionskonzeptes von UDS implizieren würde (beispielsweise wird in [KLMP84] unterschieden zwischen langen Entwurfstransaktionen und darin enthaltenen kurzen Recovery-Transaktionen).

Die durch das Anwendungsmodell beschriebene Information muß mittels des vom Datenbanksystem UDS zur Verfügung gestellten netzwerkorientierten Datenmodells dargestellt werden. Im zugehörigen Datenbankschema (Abb. 2.4) werden drei Arten von Anwendungsinformation unterschieden, nämlich organisatorische, strukturelle und geometrische Information.

Der Organisationsteil beschreibt den Zustand der einzelnen Konstruktionsumgebungen. Für jede definierte Umgebung existiert eine Satzausprägung vom Typ Konstruktionsumgebung, dem eine Menge von Synonym-Sätzen zugeordnet ist, die die Variablen- und Parameterinformation enthalten. Der (1:n)-Beziehungstyp zum Satztyp Strukturknoten verknüpft die Konstruktionsumgebung mit der rechnerinternen Darstellung der in ihr definierten Typen und Ausprägungen.

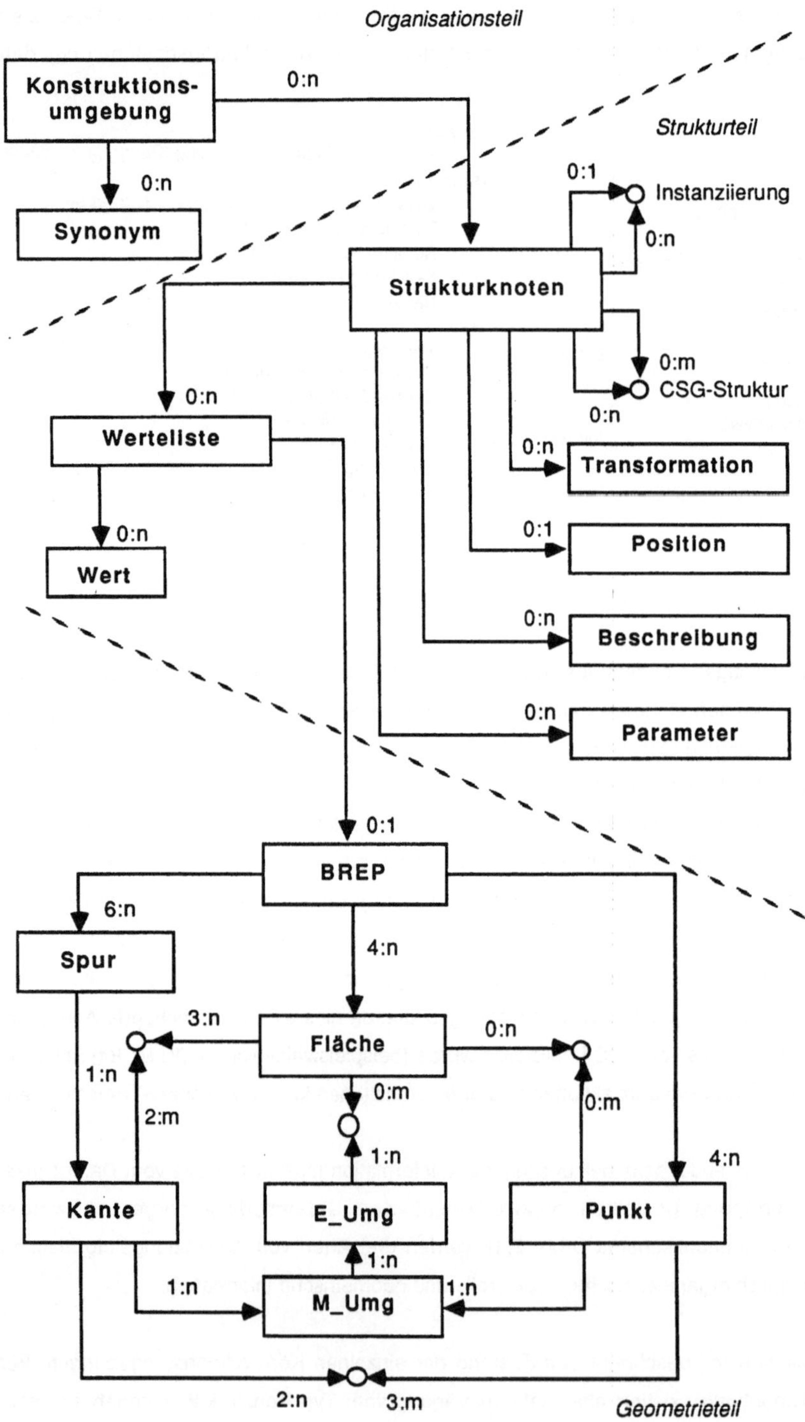

Abb. 2.4: Das Datenbankschema des KUNICAD-Systems

Der Strukturteil realisiert hauptsächlich ein Netz von Knoten (über die reflexiven Beziehungstypen auf dem Strukturknoten-Satztyp), durch das die CSG-Struktur des zugehörigen Typ- oder Ausprägungskörpers festgelegt ist. Ein Operatorattribut bestimmt, ob der Körper durch Vereinigung, Durchschnitt, Differenz oder Addition der assoziierten Körper entstanden ist. Die zugeordneten Satzausprägungen vom Typ Parameter repräsentieren die aktuellen Parameter einer Instanziierung. Zusätzlich sind jedem Strukturknoten-Satz Satzausprägungen vom Typ Beschreibung, vom Typ Transformation sowie vom Typ Position zugeordnet. Der Position-Satz enthält eine sog. Positionsmatrix, in die alle konstanten Verschiebungen, Rotationen und Skalierungen des Körpers eingearbeitet werden. Dagegen werden die parametrisierten Körperbewegungen in einer Liste von Transformations-Sätzen gespeichert. Die Ausprägungen des Satztyps Werteliste verbinden den Strukturteil mit dem Geometrieteil. Die Existenz der geometrischen Information eines Körpers ist optional, da sie aus der stets vorhandenen Strukturinformation leicht abgeleitet werden kann (dies ist Aufgabe des Moduls Evaluator, s.o.).

Der Geometrieteil benutzt zur Darstellung der geometrischen und topologischen Körperdaten das Begrenzungsflächenmodell, in dem die Körpergeometrie durch die Körpermantelflächen charakterisiert wird. Die Flächen selbst sind durch die begrenzenden Kanten und diese wiederum durch ihre Randpunkte bestimmt. Verknüpfungsmäßig handelt es sich dabei jeweils um (n:m)-Beziehungen. Der BREP-Satztyp enthält als beschreibendes Attribut u.a. die sog. Körperhülle. Sie besteht aus den Endpunkten der Raumdiagonalen eines den eigentlichen Körper umhüllenden Quaders. Diese Information wird zur Erkennung von etwaigen Körperüberlappungen genutzt. Der Spur-Satztyp dient der Partitionierung der Kantenmenge eines Körpers. Einer Ausprägung, im wesentlichen dargestellt durch die Geradengleichung, sind jeweils alle auf dieser Geraden liegenden Kanten zugeordnet. Die Attribute des Fläche-Satztyps bestehen u.a. aus der Flächenhülle in Form eines umhüllenden Rechtecks und einer Ebenengleichung. Die Ebenengleichung definiert zusätzlich zur assoziierten Ebene noch die Ausrichtung des Körperinneren relativ zur Fläche. Der Punkt-Satztyp definiert die Punktkoordinaten, die die eigentliche geometrische Information beinhalten. Der Kanten-Satztyp benötigt keine nennenswerten Attribute, da seine Bedeutung allein auf den mit ihm assoziierten Satztypen beruht. Der M_Umg-Satztyp (Mehrfachumgebung) und der E_Umg-Satztyp (Einfachumgebung) dienen der genaueren Beschreibung der geometrischen Umgebung eines Punktes bzw. einer Kante bezogen auf einen Körper. Diese Information ist insbesondere bei einer Körperberührung von Bedeutung. Da sich Körper quasi selbst berühren können, sind "Mehrfachumgebungen", bestehend aus mehreren "Einfachumgebungen", denkbar. Daher bewirkt der M_Umg-Satz lediglich eine Gruppierung der E_Umg-Sätze. Das Attribut Umgebungsart erlaubt Flächen-, Kanten- und Eckpunktumgebungen zu unterscheiden. Zusätzlich sind mit einem E_Umg-Satz alle die Einfachumgebung bestimmenden Flächen über eine (n:m)-Beziehung verbunden. Ein M_Umg-Satz repräsentiert entweder eine Kanten- oder eine Punktumgebung; d.h., die (1:n)-Beziehungen zwischen Kante- und M_Umg-Satz bzw. zwischen Punkt- und M_Umg-Satz sind alternativ zueinander. Ebenfalls eine besondere Bedeutung besitzt der (n:m)-Beziehungstyp zwischen dem Flächen- und Punkt-Satztyp. Er wird nur temporär zur Repräsentation von sog. Durchdringungspunkten während der Verknüpfungsphase zweier Begrenzungsflächendarstellungen benutzt.

Das dargestellte DB-Schema enthält eine Reihe von Redundanzen, durch die zum einen das hier gewählte Verarbeitungsverfahren unterstützt und zum anderen eine Verbesserung des Zugriffsverhaltens erreicht werden soll. Neben der inhaltlichen Redundanz von Geometrie- und Strukturteil existiert innerhalb des Geometrieteils Redundanz auf unterschiedlichen Ebenen. Umgebungs- und Spurinformationen sind ebenso wie die Hüllenattribute sowie die Geraden- und Ebenengleichungen des BREP-, Fläche und Spur-Satztyps jeweils ableitbar. Zusätzlich zu dieser sog. "Satz- und Attributredundanz" gibt es noch eine "strukturelle Redundanz". Beispielsweise tritt diese Art der Redundanz zum Vorschein durch die Beziehungen der Kante- und Punkt-Sätze zu den Umgebungsrepräsentationen und damit auch zu denjenigen Fläche-Sätzen, mit denen sie direkt über die Fläche-Kante-Beziehung bzw. indirekt über die Kante-Punkt-Beziehung bereits assoziiert sind. Die Erhaltung der Konsistenz dieser teilweise redundanten Information liegt vollständig in der Verantwortung derjenigen Algorithmen, die auf diesen Schemaausschnitten operieren.

Nachdem nun sowohl das konkrete Anwendungsmodell als auch das zugehörige DB-Schema aufgezeigt wurden, soll im weiteren die Frage geklärt werden, wie im KUNICAD-System die offensichtliche Diskrepanz der Darstellungsebenen überbrückt wird. Betrachtet man die Moduln der Modellabbildungskomponente, so spiegelt sich in ihrem Zusammenspiel die Dualität des internen Repräsentationsschemas (CSG/BREP) wider. Eine zentrale Rolle bei der Realisierung des BREP-Modells einerseits und des CSG-Modells andererseits spielen die Module Geometrie- und Strukturmodellierer. In ihnen sind die wesentlichen Anwendungsalgorithmen implementiert. Das Anwendungsmodell wird in großen Teilen unmittelbar durch den Strukturmodellierer unterstützt. Dies gilt allerdings nicht für die Aspekte, die mit der graphischen Wiedergabe der Körpergeometrie in Zusammenhang stehen. Hier geschieht die Modellabbildung über die Moduln Ausgabe und Evaluator unter Benutzung des Moduls Geometriemodellierer. Sowohl auf seiten der CSG- als auch auf seiten der BREP-Modellierung existieren Moduln zur Unterstützung der Modellabbildung. Strukturverwaltung und Geometrieverwaltung stellen Funktionen bereit, die anwendungsbezogene Teilaufgaben bewältigen. Daher soll die von diesen Funktionen gebildete Schnittstelle im folgenden als *anwendungsunterstützende Schnittstelle (AUSS)* bezeichnet werden. Eine überblickartige Darstellung der Schnittstellenfunktionen bieten Tab. 2.1 und Tab. 2.2. Ihre detaillierte Erörterung würde den Rahmen dieser Arbeit sprengen, so daß hier nur eine Charakterisierung gegeben wird. Die von beiden Verwaltungsmoduln erfüllten Teilaufgaben umfassen sowohl Aspekte der Datenhaltung als auch der Verarbeitung. Es werden also nicht nur Funktionen wie z.B. das Lesen, das Einspeichern, das Löschen oder das Ändern angeboten, sondern es werden darüberhinaus Routinen bereitgestellt, die eine komplexere Verarbeitung bewerkstelligen. Betrachtet man die gesamte Schnittstelle von Struktur- und Geometrieverwaltung, so kann man weiterhin feststellen, daß der "Gegenstand der Verarbeitung" (*Verarbeitungseinheit, kurz VE*) von genau einem Satz eines Satztyps aus dem DB-Schema bis hin zu einer strukturierten Satzmenge unterschiedlicher Satztypen reicht.

Die Charakterisierung der Verarbeitung an dieser Schnittstelle kann durch die nachfolgend beschriebenen drei Operationstypen verdeutlicht werden:

- Satzorientierte Operationen: Die VE ist genau eine Satzausprägung der DB. Hierzu zählen u.a. die AUSS-Operationen GET_ATTRIBUTES_OF_FACE, SET_ATTRIBUTES_OF_EDGE, GET_NEXT_EDGE_OF_FACE, wobei entweder einfache charakterisierende Attribute oder die gesamte Satzausprägung als Argumente übergeben werden. In der Regel ist eine solche Operation auf wenige DB-Befehle abzubilden.

- Strukturorientierte Operationen: Die VE umfaßt eine strukturierte Menge von heterogenen Sätzen. Die Verarbeitung ist geprägt durch das "Herausziehen" solcher Satzmengen aus der bzw. ihr "Einbringen" in die DB. Als Beispiele sind etwa GET_NBHD_OF_POINT, SET_NBHD_OF_POINT oder DEFINE_EDGE_BY_POINTS_AND_NBHD zu nennen.

- Objektorientierte Operationen: Die VE entspricht ebenfalls einer strukturierten Menge heterogener Sätze. Allerdings ist hier die Verarbeitung durch eine "semantisch höherwertige" Aktivität bestimmt. Durch die Operation ADD_CROSSPOINT etwa wird ein Punkt als Durchdringungspunkt, d.h. als gemeinsamer Kanten- und Flächenpunkt, in eine BREP-Struktur eingebracht. Als komplexestes Beispiel dient die AUSS-Operation MERGE_BREPS. Sie ist auf der Verarbeitungseinheit BREP_VE definiert, welche sich auf Schemaebene aus dem gesamten Geometieteil zusammensetzt und auf Ausprägungsebene alle diejenigen Satzausprägungen umfaßt, die mit einem einzigen BREP-Satz über entsprechende Beziehungen (Set-Ausprägungen) verbunden sind. MERGE_BREPS stellt durch ein algorithmisch äußerst aufwendiges "Mischen" zweier BREP-Körperdarstellungen eine Arbeitsgrundlage bereit, auf der die eigentliche Körperverknüpfung durch den Geometriemodellierer abgewickelt werden kann.

Der Übergang zwischen den Operationstypen erscheint fließend. Es gibt Operationen, wie etwa GET_COMMON_POINTS_OF_FACES, die Aspekte mehrerer Typen aufweisen.

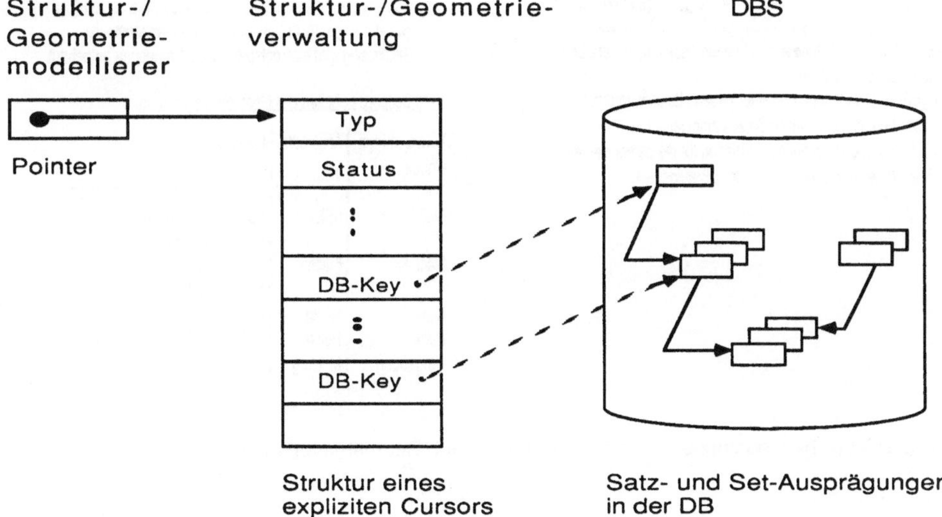

Abb. 2.5: Schematisierte Darstellung eines expliziten Cursors

Operationen auf BREP-Strukturen:

- MERGE-BREPS: Es werden zwei BREP-Körperdarstellungen
  "gemischt". Hierdurch wird eine Arbeitsgrundlage für wei-
  tere Modifikationen geschaffen.
- GET_ATTRIBUTES_OF_BREP: Die einfach strukturierten
  Attribute werden übergeben (z.B. Körperhülle in Form der
  Koordinaten zweier Eckpunkte).
- GET_FIRST/NEXT_FACE_OF_BREP: Die Übergabe einer
  Fläche erfolgt als "expliziter" Cursor.
- GET_FIRST/NEXT_EDGE_OF_BREP: - selbsterklärend -
- CHECK_BREP: Die Körper- und Flächenattribute, die sich als
  Aggregation aus Attributwerten der Objektkonstituenten
  (Kante, Punkt) ergeben, werden aktualisiert (z.B. das
  Hüllenattribut des BREP- bzw. Fläche-Satzes).
- ADD_BREP: Die Generierung einer neuen BREP-Struktur
  (Aufbau eines Basiskörpers) wird vorbereitet. Es erfolgt
  die Speicherung eines "Dummy"-BREP-Satzes.
- DELETE_BREP: - selbsterklärend -
- UP_BREP: Das BREP-Hüllenattribut wird mit den entsprechen-
  den Fläche-Hüllenattributen aktualisiert.

Operationen auf Flächen:

- GET_ATTRIBUTES_OF_FACE: - selbsterklärend -
- GET_FIRST/NEXT_EDGE_OF_FACE: - selbsterklärend -
- GET_COMMON_POINTS_OF_FACES: Alle gemeinsamen Punkte,
  insbesondere die Durchdringungspunkte, werden aufgesucht
  und in einer Argumentliste übergeben.
- GET_EDGES_OF_FACES_ON_SAME_TRACK: selbsterklärend -
- GET_FACES_ON_SAME_SURFACE: - selbsterklärend -
- DELETE_FACE: - selbsterklärend -
- CONNECT_FACE: Zwei Flächen werden zu einer zusammenge-
  faßt, falls sie in einer gemeinsamen Ebene liegen und sich für
  beide das Körperinnere auf der gleichen Seite befindet.
- MARK_FACE: Eine Fläche wird mit einem bestimmten Verarbei-
  tungszustand markiert.
- ADD_FACE: Die Generierung einer neuen Fläche wird durch die
  Speicherung eines Fläche-Satzes eingeleitet.
- CONFACES: Die Umgebungsinformation für die gemeinsamen
  Kanten zweier Flächen wird in der DB aufgebaut.

Operationen auf Kanten:

- GET_ATTRIBUTES_OF_EDGE: - selbsterklärend -
- GET_POINTS_OF_EDGE: - selbsterklärend -
- GET_NBHD_OF_EDGE: Die Umgebungsbeschreibung einer
  Kante wird aus dem mit der Kante assoziierten Umgebungs-
  objekt (M_Umg, E_Umg, Fläche) aggregiert und als Haupt-
  speicherstruktur übergeben.
- SET_NBHD_OF_EDGE: - selbsterklärend -
- DEFINE_EDGE_BY_POINTS_AND_EDGE: Zwei Punkte wer-
  zu einer neuen Kante zusammengefügt. Diese erhält die
  Umgebung einer Bezugskante.
- DEFINE_EDGE_BY_POINTS_AND_NBHD: Die Umgebung
  einer neuen Kante, die durch zwei Punkte bestimmt ist, wird
  explizit als Argument übergeben (sonst wie DEFINE_EDGE_
  BY_POINTS_AND_EDGE)
- DELETE_EDGE: - selbsterklärend -
- CONNECT_EDGES: Zwei Kanten, die einen Randpunkt gemeinsam haben und auf einer Geraden liegen, werden zu einer
  einzigen Kante zusammengefaßt.
- MARK-EDGE: Eine Kante wird mit einem bestimmten Verarbei-
  tungszustand markiert.
- ADDEDGE: Eine Kante wird mit ihren konstituierenden Punkten
  als Kante einer bestimmten Fläche in eine BREP-Struktur eingebracht.

Operationen auf Punkten:

- GET_ATTRIBUTES_OF_POINT: - selbsterklärend -
- GET_NBHD_OF_POINT: Die Umgebungsbeschreibung eines
  Punktes wird aus dem mit dem Punkt assoziierten Umge-
  bungsobjekt (M_Umg, E_Umg, Fläche) aggregiert und als
  Hauptspeicherstruktur übergeben.
- SET_NBHD_OF_POINT: - selbsterklärend -
- ADD_CROSSPOINT: Ein "Durchdringungspunkt", also der
  Schnittpunkt einer Kante mit einer Fläche wird in die BREP-
  Struktur eingebracht (falls er noch nicht vorhanden ist).
  Gleichzeitig wird eine entsprechende Umgebung aufgebaut.

Verarbeitungseinheiten der Geometrieverwaltung:

Verarbeitungs-einheit	Ankersatz-typ	konstituierende Satztypen
BREP	BREP	Spur, Fläche, Kante, Punkt, M_Umg, E_Umg
Fläche	Fläche	Spur, Fläche, Punkt, M_Umg, E_Umg
Kante	Kante	Punkt, M_Umg, E_Umg, Fläche
Punkt	Punkt	M_Umg, E_Umg, Fläche
Umgebung	M_Umg	E_Umg, Fläche

Tab. 2.1: Verarbeitungseinheiten und Operationen der Geometrieverwaltung

<u>Verarbeitungseinheiten der Strukturverwaltung:</u>

Verarbeitungs- einheit	Ankersatz- typ	konstituierende Satztypen
Konstruktions- umgebung	Konstruktions- umgebung	Synonym, Strukturknoten (gesamtes Schema)
Synonym	Synonym	-
Instanz/Typ	Strukturknoten	Position, Beschreibung, Transformation, Parameter, Werteliste, Wert, BREP, ...

<u>Operationen auf Konstruktionsumgebungen:</u>

- GET_CONSTRUCTION_BY_NAME: - selbsterklärend -
- GET/SET_ATTRIBUTES_OF_CONSTRUCTION: "
- DELETE_CONSTRUCTION: "
- GET_SYNONYM_OF_CONSTRUCTION_BY_NAME: "
- GET_FIRST/NEXT_INSTANCE_OF_CONSTRUCTION: "
- GET_FIRST/NEXT_TYPE_OF_CONSTRUCTION: "
- GET_INSTANCE_OF_CONSTRUCTION_BY_NAME: "
- GET_TYPE_OF_CONSTRUCTION_BY_NAME: "

<u>Operationen auf Synonymen:</u>

- GET/SET_ATTRIBUTES_OF_SYNONYM: - selbsterklärend -

<u>Operationen auf Instanzen/Typen:</u>

Instanzen und auch Typen werden durch Aus-
prägungen des Satztyps Strukturknoten dargestellt.
- GET_PREDECESSOR_OF_NODE: Es wird der
    "Typvorgänger" eines Strukturknoten-Satzes
    über die "Ist_Instanziierung_von"-Beziehung
    ermittelt.
- GET_CHILD_INSTANCE_BY_INDEX: Die durch
    einen Index spezifizierte Komponentenausprä-
    gung wird bestimmt ("setzt_sich_zusammen_
    aus"-Beziehung).
- GET/SET_ATTRIBUTES_OF_NODE: - selbsterklärend -
- ATTACH_INSTANCE_TO_TYPE: "
- ATTACH_CHILD_NODES_TO_INSTANCE: "
- DELETE_TYPE: "
- DELETE_INSTANCE: "
- MAKE_TYPE: "
- GET/SET_POSITION_OF_NODE: "
- GET/SET_PARAMLIST_OF_NODE: "
- GET_FIRST/NEXT_VALUES_OF_NODE: "
- ATTACH_VALUE_TO_NODE: "
- DELETE_VALUES_OF_NODE: "
- GET_BREP_OF_NODE: "
- ATTACH_BREP_OF_NODE: "

Tab. 2.2: Verarbeitungseinheiten und Operationen der Strukturverwaltung

Zur Identifikation der zu verarbeitenden Einheiten wird in KUNICAD ein "explizites" Cursor-Konzept (Abb. 2.5) eingesetzt. In der Cursor-Struktur sind neben der notwendigen Verwaltungsinformation eine Reihe von Datenbankschlüsseln (DB-Keys) zusammengefaßt, durch die auf aktuell benötigte Satzausprägungen bestimmter, durch die konkrete VE festgelegter Satztypen verwiesen wird. Mit Hilfe dieser Sätze und unter Ausnutzen der DB-internen Beziehungsausprägungen kann dann die tatsächliche "Verarbeitungseinheit" aufgebaut werden. Die Moduln Geometrie- bzw. Struktur-modellierer besitzen keinen direkten Zugriff auf den expliziten Cursor. Sie können nicht zwischen dem Cursor und der damit verbundenen VE unterscheiden. Der Cursor stellt somit einen Repräsentant der zugehörigen VE dar. Explizite Cursor können in beliebiger Anzahl und von beliebiger Struktur generiert werden. Die verfügbaren Cursor-Operationen sind das Aktivieren und Deaktivieren sowie das Zuweisen, d.h. Binden an die Satzausprägungen.

2.2.1.2 Systembewertung

Die adäquate Unterstützung des Konstruktionsvorganges ist die zentrale Aufgabe eines CAD-Systems. Hierfür bietet das Anwendungsmodell des KUNICAD-Systems die folgenden allgemeinen konstruktionsunterstützenden Konzepte an:

- Die Unterscheidung von drei Körperarten (Basis-, Bauteil- und Baugruppenkörper) ermöglicht eine verfeinerte Konstruktionssemantik.
- Die Typisierung/Instanziierung erlaubt ein Arbeiten mit Ausprägungen und Typen und ermöglicht somit die Konstruktion von neuen und komplexen Körperklassen.
- Das Konzept der Typen und Ausprägungsparametrisierung liefert eine zusätzliche Flexibilisierung des Konstruktionsprozesses.
- Schließlich stellt die Konstruktionsumgebung einen benutzerkontrollierten organisatorischen Rahmen zur Verfügung, in dem Körperausprägungen und -typen nach bestimmten Verar-beitungsregeln entwickelt werden können.

Das KUNICAD-System ist ein körperorientiertes "dual representation"-Modellierungssystem, dessen rechnerinterne Darstellung der Konstruktionskörper einer CSG/BREP-Kombination entspricht. Die primäre CSG-artige Darstellung dient der direkten und einfachen Abbildung des Anwendungs-modells, während die optionale BREP-Darstellung eine Visualisierung der Konstruktionskörper unterstützt.

Beide Darstellungen wie auch die erforderliche CSG/BREP-Transformation werden durch die anwendungsunterstützende Schnittstelle AUSS gezielt unterstützt. Von zentraler Bedeutung ist die Unabhängigkeit dieser Schnittstelle von dem darunterliegenden DBS sowie ihre einfache anwendungsbezogene Erweiterbarkeit. Analog zur Struktur- und Geometrieverwaltung läßt sich auch die Unterstützung von Material- und Festigkeitsberechnungen durchführen, oder nach einer Schemaerweiterung können CAM- bzw. CIM-orientierte Verarbeitungen ermöglicht werden. Weiterhin läßt sich AUSS einerseits nach den zu verarbeitenden Objekten, den VE, und andererseits nach den darauf wirkenden Operationen charakterisieren:

- Die bereitgestellten Objekte reichen von einem Satz eines Satztyps bis hin zu einer strukturierten Satzmenge unterschiedlicher Satztypen (heterogene Satzmenge) und sind damit z.T. von weitaus komplexerer Struktur als herkömmliche, flache DB-Sätze.
- Die operationale Mächtigkeit wird gebildet durch die drei unterschiedlich mächtigen Operationsklassen (satz-, struktur- und objektorientierte Operationen).

Der erreichte Grad an "Objektunterstützung" läßt sich vorteilhaft zur Ableitung und Darstellung der Anwendungsmodellobjekte nutzen.

Betrachtet man dagegen den Implementierungsaufwand, der zur AUSS-Realisierung notwendig ist, so stellt man eine deutliche Unangemessenheit des benutzten DBS und der Implementierungssprache fest. Aus diesen Gründen mußten u.a. das "explizite" Cursor-Konzept zur objektbezogenen Verarbeitung realisiert und Redundanzen zur angepaßteren Modellierung von Verarbeitungsobjekten und Zwischenergebnissen eingebaut werden.

Zur quantitativen Analyse der DB-seitigen Last sowie der internen Systemdynamik wurden die Häufigkeiten von Funktionsaufrufen an den unterschiedlichen Systemebenen gemessen. Eine umfassende Analyse ist in [Hü86] zu finden. Hier soll die Anwendungsmodelloperation "Generiere eine Ausprägung des Basiskörpers POLYZYL mit n Seitenflächen" für die Aufwandsbetrachtungen genügen. Der Parameter n zur Variation der Seitenflächenanzahl des POLYZYL erlaubt eine hinreichende Lastvariation. Abb. 2.6 enthält neben der graphischen Darstellung eines POLYZYL den prinzipiellen Aufbau der zugehörigen Generierungsprozedur allerdings nur mit den wichtigsten AUSS-Operationen zum Aufbau der BREP-Struktur. Der Aufwand zur Generierung der strukturellen Information ist gegenüber den überraschend hohen Kosten zur Erzeugung der geometrischen Information vernachlässigbar.

Es existieren drei Systemebenen, an denen die Aufrufhäufigkeiten interessieren: die Anwendungsmodellschnittstelle, die anwendungsunterstützende Schnittstelle AUSS und die Datenmodellschnittstelle. Tab. 2.3 stellt die konkreten Werte für die Generierung eines POLYZYL mit 5, 25 und 50 Seitenflächen einander gegenüber. Der Aufwand an der AUSS-Ebene nimmt proportional mit dem Lastparameter zu, was als Indiz für einen "natürlichen" Anwendungsbezug dieser Schnittstelle gewertet werden kann. Die Anzahl der Aufrufe an der Datenmodellschnittstelle wächst dagegen stark überproportional. Durch eine genauere Untersuchung entsprechender AUSS-Operationen lassen sich die folgenden Optimierungsmöglichkeiten aufdecken [Hü86] (vgl. Tab. 2.3):

a) Die AUSS-Operationen werden direkt in Operationen der Datenmodellschnittstelle umgesetzt. Durch häufiges Rereferenzieren innerhalb der Verarbeitungseinheit, die von einer AUSS-Operation betroffen ist, entsteht eine hohe Zugriffslokalität. Diese kann allerdings nicht explizit, sondern nur unzureichend durch Lokalität im DBS-internen Puffer ausgenutzt werden.

b) Innerhalb bestimmter AUSS-Operationen wird eine adäquate Hauptspeicherstruktur aufgebaut. Hierdurch wird eine indirekte Abbildung der AUSS-Ebene auf die Datenmodellschnittstelle

möglich. Der Aufbau von Hauptspeicherstrukturen entspricht einer Pufferung von Verarbeitungseinheiten und unterstützt die Nutzung der Zugriffslokalität sehr "nahe" an ihrem "Entstehungsort".

c) Unter der Voraussetzung einer gewissen Kenntnis des Verarbeitungszusammenhangs kann der
   Aufwand in verschiedenen AUSS-Operationen weiter reduziert werden. Die Verwaltung dieses
   Kontextwissens hat in der Modellabbildung zu erfolgen (also in den Programmen zur Abbildung
   des Anwendungsmodells auf AUSS). Der erforderliche (eventuell erhebliche) Verwaltungsaufwand geht aus der Aufrufstatistik von Tab. 2.3 nicht hervor.

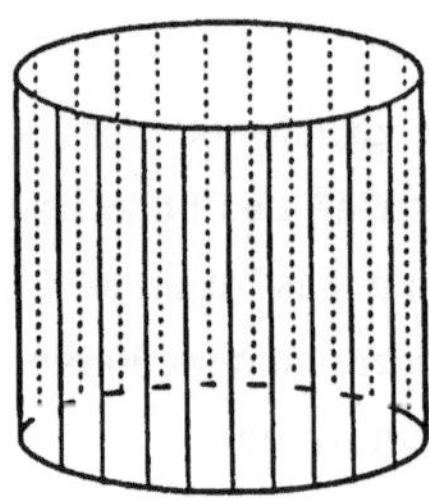

Polyzyl(n):

ADDBREP ...	Aufbauen eines BREP-Satzes
ADDFACE ...	Aufbauen zweier Fläche-Sätze, je einer für Deck-
ADDFACE ...	und Bodenfläche des Polyzyls
Loop **ADDFACE**	Aufbauen eines Fläche-Satzes für eine Polyzyl-Seitenfläche
Loop **ADDEDGE**	Bedingter Aufbau eines Spur-, zweier Punkt- und eines Kante-Satzes sowie Sätze mit den entsprechenden Beziehungen
End Loop	Abbruch wenn alle Kanten einer Fläche eingebracht sind
Loop **CONFACE**	Aufbau der Umgebungsinformation für die gemeinsamen Kanten zweier Flächen
End Loop	Abbruch wenn die neue Seitenfläche mit der Deck- und Bodenfläche "verbunden" ist
Loop **SET_NBHD_OF_POINT**	Aufbau der Umgebungsinformation eines Eckpunktes
End Loop	Abbruch wenn alle "neuen" Punktumgebungen eingebracht sind
End Loop	Abbruch wenn alle Polyzylflächen aufgebaut sind
UPBREP	Aktualisieren der BREP_Hüllenattribute

Abb. 2.6: POLYZYL-Generierungsprozedur und Beispielkörper

POLYZYL(n)	5	25	50
Anwendungsmodell	1	1	1
vollst. BREP-Schema			
AUSS	64	304	604
Datenmodell (a)	1958	15078	41828
(b)	ca. 1850	ca. 10800	ca. 25600
(c)	ca. 1450	ca. 7400	ca. 14800
redundanzfreies Schema			
AUSS	39	179	354
Datenmodell	1179	6159	11484

Tab. 2.3: Aufrufhäufigkeiten beim Aufbau einer POLYZYL-BREP-Struktur

Im zweiten Teil von Tab. 2.3 sind die operationalen Auswirkungen der anwendungsorientierten Schemaredundanz aufgezeigt. Im Vergleich zu den anderen Optimierungsmöglichkeiten (Fall c) zeigt das redundanzfreie Schema allerdings keine nennenswerten Unterschiede. Eine deutliche Verbesserung zugunsten der redundanzbehafteten Modellierung ist allerdings beim Betrachten des Berechnungsaufwandes während einer Körpermodellierung zu erwarten, da die kontrollierte Einführung der Redundanz ja gerade diesen Rechenaufwand reduzieren sollte.

Zur genaueren Untersuchung des überraschend hohen Aufkommens an DB-Operationen dient die in Abb. 2.7 dargestellte Häufigkeitsverteilung auf dem Schemaausschnitt Geometrieteil, die die konkreten Aufrufhäufigkeiten auf Schemaebene für alle drei Generierungsbeispiele zusammenfaßt. Die Werte innerhalb der Rechtecke bzw. neben den Kringeln geben die Zugriffshäufigkeit auf Ausprägungen des betreffenden Satztyps an. Die Wertangaben nahe den Kanten zeigen die Verwendungshäufig- keit des zugehörigen Beziehungstyps auf. Es sind immer Wertetripel angegeben, wobei der oberste Zahlenwert zum Generierungsbeispiel POLYZYL(5), der mittlere zu POLYZYL(25) und der unterste zu POLYZYL(50) gehört.

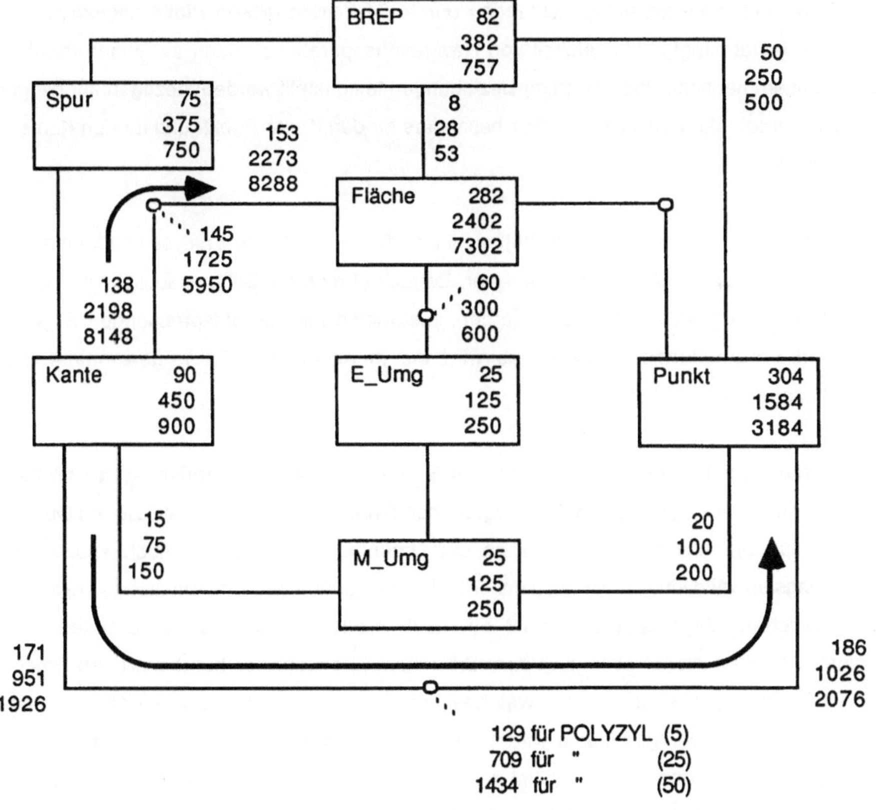

Abb. 2.7: DML-Verteilung für POLYZYL (5,25,50) bezogen auf Fall a

Es lassen sich Schemateile mit geringer bzw. hoher Zugriffshäufigkeit erkennen. Für die scheinbare Nichtbenutzung bestimmter Satz- und Beziehungstypen existieren zweierlei Gründe. Zum einen gibt es tatsächlich Beziehungstypen, die nicht zur Generierung, sondern erst bei der Modifikation von Körperrepräsentationen benötigt werden; so z.B. die (n:m)-Beziehung zwischen dem Fläche- und Punkt-Satztyp. Zum anderen werden manche Schemaobjekte nur implizit genutzt. Beispielsweise werden nach dem Speichern (INSERT) eines "Automatic-Member"-Satzes die relevanten Beziehungen automatisch gewartet. Dieses implizite CONNECT schlägt sich nicht in der DML-Statistik nieder.

Die einzelnen Zugriffshäufigkeiten sind fast überall direkt proportional zum Lastparameter. Lediglich der Hilfssatztyp zwischen dem Fläche- und Kante-Satztyp und die zugehörigen Beziehungstypen zeigen eine überproportionale Lastabhängigkeit. Die Verfeinerung der Untersuchung nach den DML-Arten Lesen, Ändern und Sonstiges läßt weiterhin erkennen, daß ein Großteil aller Zugriffe lesend, insbesondere navigierend ist, wobei durch eine funktionsbezogene Analyse die Navigationswege erkennbar werden. Im Laufe einer längeren Verarbeitung werden kontextabhängig viele unterschiedliche, manchmal sogar einander entgegengesetzte Navigationswege sichtbar. In Abb. 2.7 sind die überwiegenden Verarbeitungsrichtungen durch die beiden dicken Pfeile angezeigt. Aufgrund der starken lastabhängigen Häufigkeit von Navigationsoperationen kann ein enger verarbeitungsmäßiger Zusammenhang über die (n:m)-Beziehungen festgestellt werden; bezogen auf die gewählte Generierungsprozedur POLYZYL gilt dies besonders für den Kante-Punkt- und für den Kante-Fläche-Beziehungstyp.

Die nächste Verfeinerungsstufe (s. [Hü86]) sieht eine DML-spezifische Analyse von höheren Systemfunktionen - hier die AUSS-Operationen - vor. Betrachtet man die Schemaausschnitte, die von den benutzten AUSS-Operationen berührt werden, zusammen mit den entsprechenden Zugriffshäufigkeiten und Verarbeitungsrichtungen, so wird die in Abschnitt 2.2.1.1. gewonnene Sicht der Verarbeitungseinheiten bestätigt.

Diese Diskussion hat deutlich gemacht, daß eine zu starke Orientierung an vorhandenen DB-Strukturen zu äußerst aufwendigen Programmen führen kann. Trotz der skizzierten Optimierungsschritte bleibt die Anzahl der Aufrufe an der Datenmodellschnittstelle noch enorm hoch. Als Generierungsaufwand sind immer noch ca. 1500 bis ca. 15000 DML-Operationen zu erwarten und für die eigentlichen Körperoperationen ist ein noch größerer Aufwand zu vermuten. Einer der wichtigsten Gründe hierfür scheint in dem Subschema-Konzept der herkömmlichen Datenmodell- bzw. DBS-Schnittstellen zu liegen, welches immer nur eine Satzausprägung pro Satztyp zu verarbeiten erlaubt. Demgegenüber wird an der AUSS in der Regel auf Satzmengen heterogenen Typs operiert. Ein Lösungsansatz scheint in der Flexibilisierung der Verarbeitungsgranulate zu liegen, d.h., die interne Struktur der Granulate muß dem DBS bekannt gemacht und auch von ihm kontrolliert werden. Insbesondere sind adäquate Datenmodellierungsmöglichkeiten zu schaffen, wobei die Definition komplex-strukturierter, heterogener Satzmengen und ihre Manipulation durch entsprechende Datenmodelloperationen im Vordergrund stehen.

Abschließend sei noch erwähnt, daß das skizzierte Analyseverfahren (näheres ist [Su87] zu entnehmen) für die Bewertung des Gesamtaufwands und der Systemdynamik sowie zur allgemeinen Anwendungscharakterisierung gut geeignet erscheint. Damit lassen sich allerdings keine Verarbeitungseinheiten aufdecken, die nicht bereits durch eine Analyse der höheren, anwendungsnahen Operationen zu erkennen sind. Umgekehrt kann aber durchaus eine Validierung der dort festgelegten Einheiten durchgeführt werden.

2.2.2 Das DBGEO-System

Aus dem breiten Einsatzgebiet der geographischen Informationssysteme (oder Landinformationssysteme, siehe [Fr83]) wurden einige Funktionen der Anwendung Liegenschaftskataster im Rahmen des DBGEO-Systems [RS86] bereitgestellt. Kennzeichnend für die gesamte Anwendungsklasse sind die verschiedenen Abstraktionsschritte, die der Speicherung von Daten über einen "realen", dreidimensionalen Weltausschnitt vorausgehen. Zum einen ist die Abbildung auf zwei Dimensionen durchzuführen, wobei die Höhenangaben für viele Anwendungen nicht so relevant sind und daher meistens weggelassen werden. Aus diesem Grunde werden die geographischen Anwendungen oft auch als $2^1/2$D-Anwendungen bezeichnet. Als weiterer Abstraktionsschritt ist die Diskretisierung zu nennen, die die Eigenschaften bzw. Darstellung realer Objekte auf diskrete Werte abbildet. Beispielsweise werden Flächen nicht durch alle ihre Flächenpunkte dargestellt, sondern nur durch ihre Grenzlinien bzw. Grenzpunkte beschrieben. Zur weiteren Vereinfachung des Modells wird meistens eine Generalisierung durchgeführt. Dabei werden Objekte durch bestimmte Symbole ersetzt unter Verzicht auf ihre exakten Abmessungen. Welche Arten der Abstraktion gewählt und in welchem Maße abstrahiert wird, hängt davon ab, welche Darstellungsform der Objekte für eine spezielle Anwendung gewünscht wird. Der Maßstab der Abbildung spielt dabei eine wichtige Rolle.

Gemäß den verschiedenen Abstraktionsschritten, angewendet auf die abzubildenden Objekte, unterscheidet man aufgrund ihrer Struktur drei Objektklassen:

- Flächenobjekte   (Grundstücke, Straßen, Bebauungsgebiet etc.),
- Linienobjekte   (Ver- und Entsorgungsnetze, Begrenzungslinien etc.)
- Punktobjekte   (Höhenpunkte, Detailpunkte etc.).

Basierend auf diesen drei Grundformen können weitere Objektklassen gebildet werden: Netzobjekte als Zusammenfassung einzelner Linienobjekte oder Partitionsobjekte als Zusammenfassung von Flächenobjekten.

Geographische Objekte unterscheiden sich von Objekten herkömmlicher Anwendungen u.a. dadurch, daß sie einen Raumbezug haben. Man teilt daher die Eigenschaften dieser Objekte in geometrische und nichtgeometrische Angaben ein. Die geometrischen Angaben beschreiben die Abmessungen und die Lage eines Objekts in einem Bezugssystem, dem Koordinatensystem. Damit ist jedem Punkt eindeutig ein Koordinatenpaar zuzuordnen. Aus den Koordinatenwerten lassen sich weitere metrische Informationen berechnen, etwa Abstand, Umfang und Flächeninhalt. Eine andere Möglichkeit, den Raumbezug eines Objekts zu beschreiben, besteht darin, topologische Merkmale anzugeben. Topologische, d.h. nachbarschaftsbezogene Aussagen sind unabhängig vom aktuellen Koordinatensystem, z.B. Nachbarschaft von Flächen oder etwa ein Punkt beschrieben als Schnittpunkt zweier Linienobjekte. Als nichtgeometrische Eigenschaften faßt man alle sog. Sachinformationen zusammen, die sich nicht auf die räumliche Lage eines Objekts beziehen. Es handelt sich dabei um thematische Informationen wie Nutzungsart, Besitzverhältnisse oder auch zeitbehaftete Informationen wie etwa Erbauungsdaten.

Für die Konsistenz der räumlichen Daten ist von grundlegender Bedeutung, daß sich alle metrischen Angaben auf ein Koordinatensystem beziehen. Alle Objekte stehen über Abstand und Nachbarschaft zueinander in Bezug. Es ergeben sich Abhängigkeiten zwischen Objekten dadurch, daß sie durch andere Objekte beschrieben werden. Änderungen an einer Fläche ziehen Änderungen bei anderen Objekten, z.B. Punkten, nach sich. Weitere Abhängigkeiten entstehen dadurch, daß häufig benötigte topologische Aussagen, die meistens aufwendige Rechnungen erfordern, oft nur einmal berechnet und anschließend explizit abgespeichert werden. Änderungen an den zugrundeliegenden Daten verlangen aus Konsistenzgründen dann eine entsprechende Aktualisierung der abgeleiteten Daten. Die Entscheidung für oder gegen die Abspeicherung solcher redundanten Daten ist natürlich von der Art der Anwendung abhängig.

2.2.2.1 Systembeschreibung

In Abb. 2.8 ist die Gesamtarchitektur unseres Prototypsystems DBGEO aufgezeigt. Die Graphik- und Dialogsteuerungskomponente stellt die Hilfsmittel zur Realisierung einer ergonomischen Benutzerschnittstelle zur Verfügung, welche im wesentlichen eine Visualisierung der geographischen Anwendungsmodellobjekte ermöglicht und den Benutzerdialog steuert. Die Datenhaltungskomponente (hier das Datenbanksystem UDS) verwaltet die rechnerinterne Darstellung der Anwendungsmodellobjekte. Die Modellabbildung bildet die sog. "Anwendungssicht" auf die rechnerinterne "Datensicht" ab. Sie läßt sich in drei größere Komponenten unterteilen. Die GEO-Anwendung realisiert die Anwendungsmodellschnittstelle (d.h. Funktionen der Anwendung Liegenschaftskataster) unter Benutzung der Geometrie- und Sachdatenverwaltung. Die Geometrieverwaltung stellt eine Komponente zur Bearbeitung der geometrischen Daten dar. Der Zugriff auf geometrische Information ist nur über die Operatoren dieser Schnittstelle möglich. Alle Sachdatenbezüge der geographischen Objekte werden in einer eigenen Verwaltungskomponente, der Sachdatenverwaltung, behandelt. Im folgenden werden die hier erwähnten Schnittstellen einzeln und detailliert vorgestellt.

Die Anwendungsmodellschnittstelle beschreibt die "Anwendungssicht Liegenschaftskataster" als eine Menge von (Schnittstellen-)Funktionen, die die Anwendungsmodellobjekte verarbeiten. Da sich alle geographischen Objekte in die o.g. Objektklassen einteilen lassen, werden in DBGEO alle

Objekte der realen Welt, für die eine Beschreibung ihrer geometrischen Form und ihrer Lage im Raum gespeichert werden soll, auf Punkt-, Linien-, Flächen-, Netz- und Partitionsobjekte abgebildet. Punkte sind hier die Grundelemente mit deren Hilfe die komplexeren Objekte beschrieben werden. Jeder Punkt ist eindeutig identifizierbar durch zwei Koordinatenwerte, die seine Lage im betrachteten Weltausschnitt angeben. Ein Punkt kann auch allein ein Anwendungsmodellobjekt darstellen, das etwa durch Generalisierung auf ein Punktobjekt reduziert wurde (Detailpunkt). Linien- und Flächenobjekte werden durch eine Punktfolge beschrieben. Gekrümmte Linien sind durch eine dichtere Punktfolge entsprechend anzunähern. Eine korrekte Linie bzw. Fläche besteht aus mindestens 2 bzw. 3 Punkten, die definierten Teilstücke dürfen sich dabei nicht schneiden. Netze setzen sich aus einzelnen Linienobjekten zusammen. Eine Partition ist die Zusammenfassung von Teilflächen zu einer Gesamtfläche. Sämtliche Teilflächen einer Partition müssen "dicht" zueinander liegen (kein freier Raum) und dürfen sich nicht überlappen.

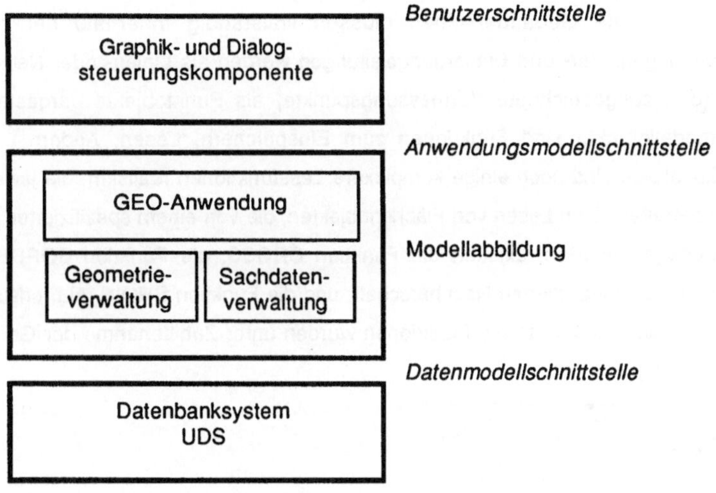

Abb. 2.8: Systemarchitektur des DBGEO-Systems

Alle Operationen, die sich auf die Topologie der Objekte beziehen, müssen bei dieser Art der Objektmodellierung über gemeinsame Punkte berechnet werden. Zur Unterstützung dieser Operationen werden zusätzlich alle implizit vorhandenen gemeinsamen Punkte (Grenzpunkte, Linien- und Flächen-Schnittpunkte) von Linien- und Flächenobjekten explizit als sog. Schnittpunkte abgespeichert. Die Wartung dieser redundanten Schnittpunkte erfordert bei Änderungsoperationen immer die Berücksichtigung der räumlichen Nachbarschaft des zu ändernden Objekts. Die passende Festlegung dieser "Umgebung" und damit auch der Anzahl der zu untersuchenden Objekte wird durch den Distanzwert (als mittleren Abstand zwischen zwei benachbarten Punkten) bestimmt. Die Umgebung eines Punktobjekts ist dann definiert als ein Quadrat, dessen Seitenlänge den zweifachen Wert der Distanz hat und dessen Mittelpunkt die Punktkoordinaten sind. Für Flächen- und Linienobjekte wird ein "Container" (achsenparalleles Rechteck) berechnet, der die Fläche enthält; dieser wird in seiner Ausdehnung anschließend um den Distanzwert vergrößert. Ein Objekt heißt "benachbart" zu einem anderen Objekt, wenn mindestens einer seiner Punkt in der Umgebung des anderen Objekts liegt. Evtl. Schnittpunkte des aktuellen Objekts mit anderen Objekten, deren Punkte einen größeren Abstand haben als den doppelten Distanzwert, können bisher nicht berücksichtigt werden. Daher wurde das Konzept der Zwischenpunkte eingeführt: Zwischenpunkte (auch als Punkte modelliert) unterteilen die Strecke zwischen zwei benachbarten Punkten derart, daß die Abstände nunmehr kleiner oder gleich dem zweifachen Distanzwert sind. Damit ist sichergestellt, daß tatsächlich benachbarte Objekte die obige Nachbarschaftsbedingung erfüllen und daß jedes Objekt stets nur Schnittpunkte für die Objekte in seiner Umgebung besitzt.

In Abb. 2.9 wird der Kartenausschnitt der abgespeicherten Miniwelt zusammen mit den Objekten und zugehörigen Operationen aufgezeigt. Das wichtigste Flächenobjekt ist das Flurstück; ihm kann eine Straße oder eine Grünanlage zur näheren Beschreibung und gewisse Personen als Eigentümer zugeordnet werden. Auf einem Flurstück können mehrere Gebäude, ebenfalls als Flächenobjekte modelliert, stehen. Die Gebäudeflächen müssen vollständig innerhalb der zugehörigen Flurstücksfläche liegen. Ver- und Entsorgungsleitungen werden als Linien- oder Netzobjekte und Detailpunkte (d.h. ausgezeichnete Vermessungspunkte) als Punktobjekte dargestellt. Für alle Anwendungsmodellobjekte sind Funktionen zum Einspeichern, Lesen, Ändern und Löschen vorgesehen. Zusätzlich sind noch einige komplexere Lesefunktionen realisiert, die jeweils mehrere Objektklassen betreffen: Zum Lesen von Flächenobjekten, die von einem spezifizierten Linien- oder Netzobjekt überlagert werden, existiert die Funktion CROSS, die Funktion BORDER liest alle Flächenobjekte in der spezifizierten Nachbarschaft, und die Funktion SHOW_ALL erlaubt definierte Kartenausschnitte auszulesen. Diese Funktionen wurden unter Zuhilfenahme der Geometrie- und Sachdatenverwaltung realisiert.

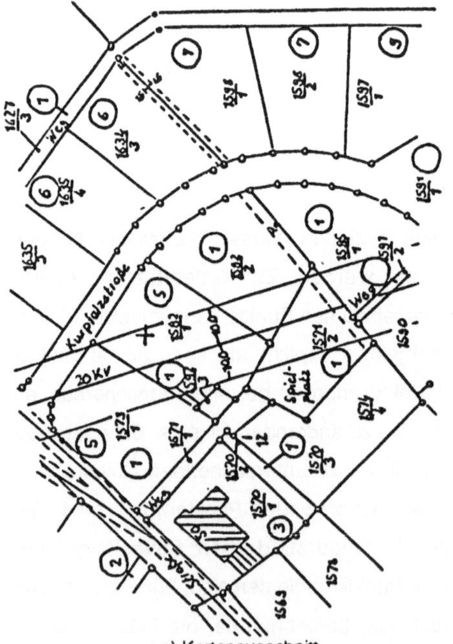

a) Kartenausschnitt   b) Objekte und Operationen

Abb. 2.9: Beschreibung des Anwendungsmodells

Die durch das Anwendungsmodell beschriebenen geographischen Objekte müssen nun mit Hilfe des vom Datenbanksystem UDS bereitgestellten netzwerkorientierten Datenmodells dargestellt werden. Das DB-Schema ist in Abb. 2.10 als Schemadiagramm dargestellt. Die Aufteilung in einen Geometrieteil (grau unterlegt) und einen Sachdatenteil spiegelt die Unterscheidung von geometrischen und thematischen Informationen wider.

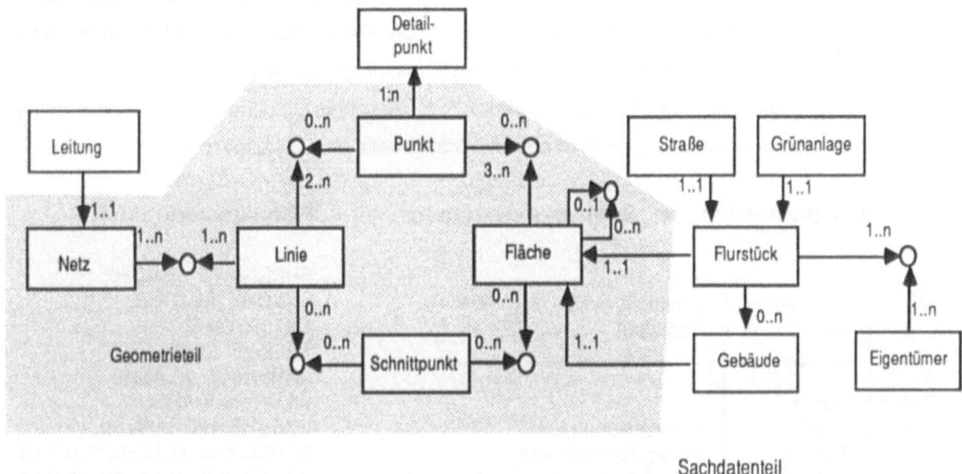

Abb. 2.10: Datenbankschema des DBGEO-Systems

Der Geometrieteil beschreibt daher alle o.g. Objektklassen mit Hilfe der zugehörigen Satz- und Beziehungstypen. Der Punkt-Satztyp besitzt die ihn identifizierenden Punktkoordinaten, die die eigentliche geometrische Information beinhalten. Er dient zur Repräsentation von Punkt- und Zwischenpunktobjekten. Die Satztypen Linie und Fläche zusammen mit ihren beiden (n:m)-Beziehungstypen zum Satztyp Punkt sowie der Satztyp Netz und dessen (n:m)-Beziehungstyp zu Linie bauen die Objektklassen Linie, Fläche und Netz auf. Die Partition wird als Flächenhierarchie, bestehend aus dem Flächen-Satztyp und dessen reflexivem Beziehungstyp, modelliert. Die Darstellung des Schnittpunktkonzeptes führt zum Einrichten eines eigenen Schnittpunkt-Satztyps und zwei (n:m)-Beziehungstypen zu dem Linien- und Flächen-Satztyp.

Der Sachdatenteil umfaßt die gesamte thematische Information. Jedem Anwendungsmodellobjekt (Leitung, Detailpunkt, Straße, Flurstück etc.) ist ein gleichnamiger Satztyp zugeordnet. Die Anbindung der zugehörigen Geometriedaten geschieht über entsprechende Beziehungstypen (meistens vom Typ (1:1)). Die Satztypen Straße und Grünanlage sind jeweils über (1:1)- Beziehungstypen mit dem Satztyp Flurstück verbunden. Da ein Eigentümer mehrere Flurstücke besitzen darf und gleichzeitig ein Flurstück mehreren Eigentümern gehören kann, besteht zwischen diesen beiden Satztypen ein (n:m)-Beziehungstyp. Ein Gebäude steht immer vollständig auf einem Flurstück. Deshalb existiert zwischen beiden Satztypen ein (1:n)-Beziehungstyp.

Das beschriebene DB-Schema enthält durch die Unterstützung des Zwischen- und Schnittpunkt-konzeptes redundante Daten. Deren Konsistenzerhaltung liegt allerdings vollständig in der Verantwortung derjenigen Algorithmen, die auf diesen Schemaausschnitten operieren.

Die Abbildung zwischen dem DBGEO-Anwendungsmodell und dem zugehörigen DB-Schema wird durch die drei Moduln der Systemkomponente Modellabbildung durchgeführt. Das Anwendungsmodell wird in großen Teilen unmittelbar durch die Geometrie- und Sachdatenverwaltung unterstützt. Die von beiden Moduln bereitgestellten Funktionen bewältigen anwendungsbezogene Teilaufgaben. In Analogie zum KUNICAD-System (vgl. Abschnitt 2.2.1) wird die damit definierte Schnittstelle auch als *anwendungsunterstützende Schnittstelle (AUSS)* bezeichnet.

Verarbeitungseinheiten der Geometrieverwaltung

Flächenoperationen

VE	Ankersatz-typ	konstituierende Satztypen
Punkt	Punkt	-
Linie	Linie	Punkt, Schnittpunkt
Fläche	Fläche	Punkt, Schnittpunkt
Netz	Netz	Linie, Punkt, Schnittpunkt

SPEICHERE_FLÄCHE
LÖSCHE_FLÄCHE
GIB_FLÄCHE
TEILE_FLÄCHE
VEREINIGE_FLÄCHE
BILDE_HIERARCHIE
LÖSCHE_HIERARCHIE
BERECHNE_FLÄCHENUMFANG
BERECHNE_FLÄCHENINHALT

Punktoperationen

SPEICHERE_PUNKT
LÖSCHE_PUNKT
GIB_PUNKT_INNER-
HALB_FLÄCHE

Netzoperationen

BAUE_NETZ
LÖSCHE_NETZ
GIB_NETZ

Linienoperationen

SPEICHERE_LINIE
LÖSCHE_LINIE
GIB_LINIE
BERECHNE_LINIENLÄNGE

Tab. 2.4: Verarbeitungseinheiten und Operationen der Geometrieverwaltung

Die Geometrieverwaltung stellt die verschiedenen Objektklassen für Punkt-, Linien-, Flächen-, Netz- und Partitionsobjekte inklusive aller zugehörigen Funktionen bereit. In Tab. 2.4 sind die betreffenden Objekte und Operationen zusammengefaßt; es wurden selbsterklärende Funktionsnamen gewählt. Dabei wird deutlich, daß hier - analog zu den Verarbeitungseinheiten im KUNICAD-System aus Abschnitt 2.2.1 - der Gegenstand der Verarbeitung von genau einem Satz eines Satztyps bis hin zu einer strukturierten Satzmenge unterschiedlicher Satztypen reicht. Weiterhin, ähnlich dem KUNICAD-System, werden hier zusätzlich zu den Funktionen Lesen, Einspeichern, Ändern und Löschen noch weitere Operationen bereitgestellt, die entweder eine komplexere Verarbeitung (etwa TEILE_FLAECHE oder VEREINIGE_FLAECHE) oder eine komplexe Berechnung (etwa BERECHNE_LINIENLAENGE, BERECHNE_FLAECHENUMFANG) durchführen. Die Verarbeitung an der Schnittstelle zur Geometrieverwaltung läßt sich damit ebenfalls durch satz-, struktur- oder objektorientierte Operationstypen charakterisieren. Für alle zugehörigen Funktionen gilt, daß die oben genannten Konsistenzaspekte sowie das Schnitt- und Zwischenpunktkonzept eingehalten werden. Dazu werden durch die Geometrieverwaltung alle zu dem gerade zu bearbeitenden Objekt gehörenden "Umgebungsobjekte" in eine Hauptspeicherdatenstruktur geladen. Abb. 2.11 gibt eine schematische Darstellung dieser Datenstruktur wieder. Alle Objekte werden, mit ihren Identifikationsnummern und allen zugehörigen Punkten (über Zeiger verknüpft), typgebunden in verkettete Listen eingetragen. Nachdem die Konsistenz des zu bearbeitenden Objekts überprüft und alle Zwischenpunkte sowie Schnittpunkte mit den Objekten der extrahierten Umgebung berechnet sind, kann die eigentliche Operation zusammen mit den für die Schnitt- und Zwischenpunkte notwendigen DB-Operationen durchgeführt und die Hauptspeicherdatenstruktur anschließend gelöscht werden. Alle Konsistenz-, Schnitt- und Zwischenpunktberechnungen laufen lokal unter Benutzung der Hauptspeicherdatenstruktur ab.

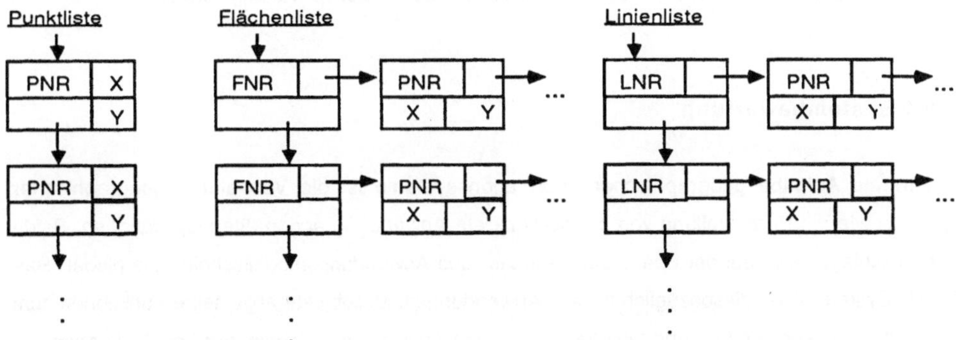

Abb. 2.11: Schematische Darstellung der "Umgebungs"-Datenstruktur

Verarbeitungseinheiten der Sachdatenverwaltung

VE	Ankersatz-typ	konstituierende Satztypen
Detailpunkt	Detailpunkt	Punkt
Leitung	Leitung	Netz
Flurstück	Flurstück	Straße, Grünanlage, Fläche
Straße	Straße	analog Flurstück
Grünanlage	Grünanlage	analog Flurstück
Gebäude	Gebäude	Flurstück, Fläche
Eigentümer	Eigentümer	Flurstück

Detailpunktoperationen

GIB_DETAILPUNKT_ZU_PUNKT
SPEICHERE_DETAILPUNKT
LÖSCHE_DETAILPUNKT

Leitungsoperationen

GIB_LEITUNG
GIB_LEITUNG_ZU_LINIE
SPEICHERE_LEITUNG
LÖSCHE_LEITUNG

Gebäudeoperationen

GIB_GEBÄUDE
SPEICHERE_GEBÄUDE
LÖSCHE_GEBÄUDE

Eigentümeroperationen

GIB_EIGENTÜMER
SPEICHERE_EIGENTÜMER
LÖSCHE_EIGENTÜMER

Flurstücksoperationen

GIB_FLURSTÜCK
GIB_FLURSTÜCK_ZUR_FLÄCHE
SPEICHERE_FLURSTÜCK
LÖSCHE_FLURSTÜCK

Tab. 2.5: Verarbeitungseinheiten und Operationen der Sachdatenverwaltung

Alle Sachdaten und thematischen Informationen des Anwendungsmodells werden durch die Sachdatenverwaltung bearbeitet. Tab. 2.5 gibt einen Überblick über die Verarbeitungseinheiten und Funktionen der Sachdatenverwaltung; hier wurden wiederum selbsterklärende Funktionsnamen verwendet. Dabei ist deutlich zu erkennen, daß die VE jeweils nur einen Satztyp umfassen und die Operationen sich im großen und ganzen auf die Funktionen Lesen, Einspeichern, Ändern und Löschen beschränken.

Alle Funktionen des Moduls GEO-Anwendung sind unter Zuhilfenahme der Geometrie- und Sachdatenverwaltung realisiert. Die Schnittstelle der GEO-Anwendung ist gleichzeitig die Anwendungsmodellschnittstelle. Daher werden alle Operationen des Anwendungsmodells je nach Typ und Operanden in Operationen der Geometrie- und Sachdatenverwaltung zerlegt.

2.2.2.2 Systembewertung

Die zentrale Aufgabe geographischer Informationssysteme ist die Verwaltung geographischer Objekte sowie die Bereitstellung von an die konkrete Anwendung angepaßten Operationen. Beide Aspekte schlagen sich auf der Ebene der Benutzer- und Anwendungsmodellschnittstelle nieder. Das DBGEO-System bietet diesbezüglich für alle Anwendungsmodellobjekte allgemeine Funktionen zum Einspeichern, Lesen, Ändern und Löschen sowie eine Auswahl zugeschnittener Lesefunktionen an. Die Benutzerschnittstelle reicht diese Funktionen, eingebettet in eine ergonomische Graphik-schnittstelle, nach außen. Es werden zusätzlich Funktionen angeboten zum Informationsabruf (Kommandoübersicht, Systemstatus etc.), zur lokalen Manipulation der Ausgabedaten (z.B. Window-Funktionen), zur Protokollierung der Terminalsitzung und zur Wahl verschiedener Operations-semantiken. Im "Testmodus" hinterlassen auch die ändernden Operationen keine Spuren in der Datenbank. Dagegen erlaubt der "Änderungsmodus" die Zusammenfassung mehrerer (Änderungs-) Operationen und wahlweise die Berücksichtigung bzw. Nicht-Berücksichtigung aller Änderungen in der Datenbank.

Die operationale Anpassung an das konkrete Anwendungsmodell geschieht im wesentlichen durch das Modul GEO-Anwendung. Auf natürliche Weise ergibt sich aus der Unterscheidung von geometrischen und nicht-geometrischen (sachliche, thematische) Eigenschaften geographischer Objekte eine entsprechende Aufteilung in zwei weitere Verwaltungsmoduln. Die Sachdaten-verwaltung zeichnet nur für die thematischen Daten verantwortlich, wohingegen die Geometrie-verwaltung für die Konsistenz und Verwaltung der Geometriedaten zu sorgen hat. Zusammen realisieren beide Verwaltungsmoduln die sog. anwendungsunterstützende Schnittstelle AUSS, auf der alle Funktionen des Moduls GEO-Anwendung beruhen. Von übergeordneter Wichtigkeit ist die Unabhängigkeit dieser Schnittstelle von dem darunterliegenden DBS sowie ihre einfache anwendungsbezogene Erweiterbarkeit. Der erreichte Grad an "Objektunterstützung" vereinfacht die Darstellung und Verarbeitung der Anwendungsmodellobjekte wesentlich. Die Funktionen der Geometrieverwaltung realisieren eine allgemeine (generische) Schnittstelle zu den Geometriedarstellungen von Punkt-, Flächen-, Linien-, Netz- und Partitionsobjekten und können daher im Falle von Erweiterungen immer übernommen werden; lediglich die Funktionen und Darstellungen der Sachdaten sind anzupassen. Der geometriebezogene Teil von AUSS ist im wesentlichen durch komplexe VE (heterogene Satzmengen) sowie satz-, struktur- und auch objektorientierte Funktionen zu charakterisieren. Im Gegensatz dazu sind die Funktionen des sachdatenbezogenen Teils von AUSS satzorientiert.

Der zur AUSS-Realisierung notwendige Implementierungsaufwand soll durch die nachstehende mehr quantitative Systemanalyse bestimmt werden. Aus Platzgründen kann hier keine vollständige Anwendungsanalyse mit MESASU aufgeführt werden. Deshalb werden im folgenden nur einige wesentliche Analyseschritte vorgestellt. In Tab. 2.6 ist eine Auswahl von wichtigen Meßläufen zusammengefaßt, auf die weiter unten noch häufig Bezug genommen wird. Die dort ebenfalls angegebene DB-Belegung ist für die nachfolgenden Analysen sehr wichtig, da alle Meßläufe sowohl bei "leerer" als auch bei "voller" DB durchgeführt wurden. Mit Hilfe dieser Meßvariante kann die Abhängigkeit des DBGEO-Systems vom aktuellen DB-Inhalt untersucht werden. Diese inhaltsabhängige Analyse ist deshalb von Bedeutung, weil das DBGEO-System aufgrund des gewählten Schemas (speziell wegen des Schnittpunkt- und Zwischenpunktkonzeptes) hinsichtlich lesender Zugriffsanforderungen optimiert wurde. Es ist daher anzunehmen, daß alle Manipulationsoperationen (speziell das Einspeichern von geographischen Objekten) zum einen aufwendiger als Leseoperationen und zum anderen direkt aufwandsabhängig zum aktuellen DB-Inhalt sind. Die Zuordnung der Analyseebenen zu den ausgewählten DBGEO-Systemschnittstellen ist im dritten Teil von Tab. 2.6 angegeben. Zur detaillierten Untersuchung der Geometrieverwaltung wurden die Analyseebenen 3 und 4 zusätzlich definiert. Ebene 3 gruppiert alle wichtigen internen Funktionen der Geometrieverwaltung (etwa Funktionen zur Berücksichtigung der (Objekt-)Umgebungen oder die Verarbeitung der Schnittpunkte), wohingegen Ebene 4 alle lokalen Hilfsfunktionen (etwa die Berechnung der Flächen- bzw. Linien-Container oder Schnittpunktberechnungen) zusammenfaßt.

Mit Hilfe von komprimierten funktions- und objektspezifischen MESASU-Analysen konnte Tab. 2.7 zusammengestellt werden. Dort sind für alle betrachteten Meßläufe die Aufrufhäufigkeiten an den interessanten Analyseebenen zusammengefaßt. Der Aufwand der AUSS-Ebene verhält sich entsprechend der Lastvariation. Dies spricht für die Richtigkeit und Natürlichkeit der Schnittstellen-abstraktion. Betrachtet man jedoch die Datenmodellschnittstelle, so ist eine explosionsartige Zunahme der Häufigkeitswerte festzustellen. Eine Interpretation dieses Phänomens soll im folgenden skizziert werden.

Dazu wird zuerst die DB-seitige Last genauer untersucht. In Tab. 2.7 sind die Gesamtanzahl der DML-Aufrufe sowie deren Gruppierung nach Lese-, Manipulations- und "Sonstige"-Operationen angegeben. Die oben angesprochene Abhängigkeit vom aktuellen DB-Inhalt wird dabei offen-sichtlich.

a) Meßlaufzusammenstellung

Kürzel	Meßlaufbeschreibung
M1.l	Einspeichern einer Wasserleitung in "leere" DB
M1.v	Einspeichern einer Wasserleitung in "volle" DB
M2.l	Löschen einer Wasserleitung aus "leerer" DB
M2.v	Löschen einer Wasserleitung aus "voller" DB
M3.l	Lesen aller von der Wasserleitung überlagerten Flächenobjekte bei "leerer" DB
M3.v	Lesen aller von der Wasserleitung überlagerten Flächenobjekte bei "voller" DB
M4.1	Lesen aller an die Straße 1591/01 angrenzenden Flächenobjekte bei "leerer" DB
M4.2	Lesen aller an die Straße 1591/01 angrenzenden Flächenobjekte bei "voller" DB
M4.3	Lesen aller Katasterdaten

b) Datenbankbelegung im Zustand "voll"

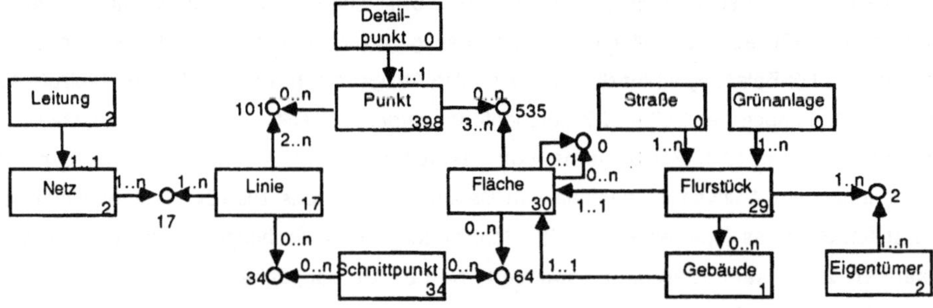

c) Zuordnung von Analyseebenen zu ausgewählten Systemschnittstellen

Analyseebene	Bezeichnung
1	Anwendungsmodellschnittstelle (BORDER, LADE_NETZ, INSERT_FLURSTÜCK, etc.)
2	AUSS (BAUE_NETZ, SPEICHERE_FLÄCHE, GIB_GEBÄUDE, etc.)
3	interne Schnittstelle innerhalb der Geometrieverwaltung (GEOINTERN, UMGEBMOD, LFKONST, etc.)
4	Hilfsfunktionen (abgekürzt HILFSFKT) (SCHNITT, PUNKT_CONT, FLAE_CONT, etc.)
5	Datenmodellschnittstelle (etwa FETCH/ FIND, STORE)

Tab. 2.6: Zusammenstellung der Meß- und Lastumgebung

Meßlauf Schnittstellen	M1.l	M1.v	M2.l	M2.v	M3.l	M3.v	M4.1	M4.2	M4.3
Anwendungsmodell	1	1	1	1	1	1	1	1	1
AUSS	49	49	3	3	21	38	4	93	106
GEOINTERN	78	107	16	16	1	1	0	0	1
HILFSFKT	654	5167	35	41	16	16	2	33	1
Datenmodell									
insgesamt	4236	11843	991	1143	282	482	298	1511	4240
davon Lesen	3673	10148	666	793	279	462	297	1495	3016
Ändern	251	352	125	150	0	0	0	0	0
Sonstiges	312	1343	200	200	3	20	1	16	1224

Tab. 2.7: Aufrufhäufigkeiten an verschiedenen Systemschnittstellen

NAME	FCT-CODE	TOTAL
PUNKT	STORE	69
	FTCH/FIND2	84
	FTCH/FIND7	69
	ALL DML-OP	222
LINIE	STORE	16
	FTCH/FIND7	182
	ALL DML-OP	198
FLÄCHE	FTCH/FIND7	144
	ALL DML-OP	144
SCHNITTP	STORE	22
	FTCH/FIND2	22
	ALL DML-OP	44
NETZ	STORE	1
	FTCH/FIND5	1
	FTCH/FIND7	31
	ALL DML-OP	33
P-L-REL	STORE	84
	ALL DML-OP	84
L-SP-REL	STORE	24
	ALL DML-OP	24
F-SP-REL	STORE	39
	ALL DML-OP	39

NAME	FCT-CODE	TOTAL
L-I-N-RE	STORE	16
	ALL DML-OP	16
LEITUNG	STORE	1
	FTCH/FIND7	16
	ALL DML-OP	17
P-L-Set	IFC	434
	FTCH/FIND4	251
	FTCH/FIND6	1363
	ALL DML-OP	2048
P-F-Set	IFC	434
	FTCH/FIND4	885
	FTCH/FIND6	2385
	ALL DML-OP	3704
L-P-Set	FTCH/FIND4	1505
	ALL DML-OP	1505
F-P-Set	FTCH/FIND4	2490
	ALL DML-OP	2490
N-L-Set	FTCH/FIND4	135
	ALL DML-OP	135
LEIT-NET-Set	FTCH/FIND4	15
	CONNEC	1
	ALL DML-OP	16

Abb. 2.12: Objektspezifische Analyse des Meßlaufs M1.v mit MESASU (nicht vollständig)

Der "Ausreißer" innerhalb Tab. 2.7, nämlich der Meßlauf M1.v, wird einmal in Form der MESASU-Ausgabe für die objektspezifische Analyse (Abb. 2.12) und zusätzlich noch graphisch aufbereitet in Form eines "angereicherten" Schemadiagramms (Abb. 2.13) dargestellt. Das Schemadiagramm enthält die DML-Häufigkeiten, die jedem Schemaobjekt (Satz- und Beziehungstyp) zugeordnet sind. Zwei Auffälligkeiten sind dabei festzustellen. Zum einen wird nur ein Teil des Gesamtschemas durch den Meßlauf berührt. Dies ist allerdings sofort einsichtig, da die Operation zum Eintragen einer (Wasser-)Leitung nur den Sachdatentyp Leitung sowie den Geometrieteil benötigt. Die den Satztypen zugeordneten Häufigkeitswerte wurden mit einer größeren Schrifttype eingetragen, wohingegen die Häufigkeitswerte für die Beziehungstypen kleiner und den Pfeilen zugeordnet sind. Der anzahlmäßige Unterschied zwischen den Navigationsoperationen (im wesentlichen die den Beziehungstypen zugeordneten Operationen) und den restlichen ist sehr deutlich zu erkennen. Bezogen auf das verwendete netzwerkartige Datenbanksystem mit seiner navigierenden Anfrage- und Manipulationssprache erscheint dies nicht verwunderlich. Schaut man sich allerdings mittels der MESASU-Auswertungen dieses Lastaufkommen etwas genauer und differenzierter an, so kommen doch einige Besonderheiten zum Vorschein, die charakteristisch für alle untersuchten Meßläufe sind:

- Es läßt sich sehr deutlich die aufwendige und komplexe (FIND_OWNER (FIND6), FIND_NEXT (FIND4),...) Verarbeitung von (n:m)-Beziehungen erkennen.

- Insbesondere ist jeweils eine bevorzugte Zugriffsrichtung innerhalb der verschiedenen Prozeduren zu erkennen; in Abb. 2.13 wird die Zugriffsrichtung von den Fläche- bzw. Linie-Sätzen über die Beziehungssätze zu den Punkt-Sätzen durch die dickeren Pfeile symbolisiert. (Die Namen der Beziehungstypen sind aus den Namen der beiden beteiligten Satztypen zusammengesetzt; beispielsweise verbindet der Beziehungstyp P-L-Set den Satztyp Punkt mit dem Satztyp Linie).

Diese Charakteristika zeigen einen sehr engen verarbeitungsmäßigen Zusammenhang über die genannten (n:m)-Beziehungen auf.

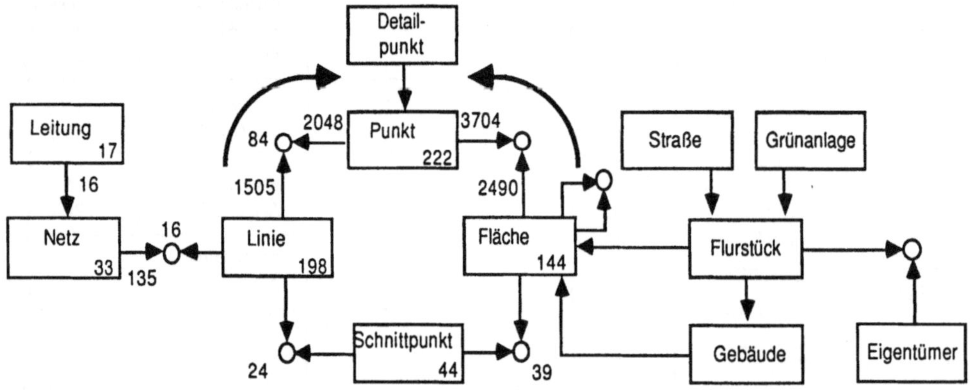

Abb. 2.13: Datenbankschemadiagramm mit den DML-Häufigkeiten von Meßlauf M1.v

Sucht man mit Hilfe der funktionsspezifischen MESASU-Analysen, beispielsweise aus Abb. 2.14, die aufwendigsten Funktionen (alle auf Ebene 3), so sind hier zu nennen:

- UMGEBMOD (8972 DML-Operationen; Lesen der Umgebung des einzuspeichernden geographischen Objekts und Eintragen in eine programmlokale Hauptspeicherdatenstruktur),

- LFKONST (keine DML-Operationen; Überprüfen der Linien- bzw. Flächenkonsistenz des einzuspeichernden geographischen Objekts auch bezogen auf dessen geographische Umgebung) und

- im Falle von Meßlauf M1.l und M1.v die Funktion LINSTORE (322 DML-Operationen) bzw. SPEINTR (170 DML-Operationen) zum eigentlichen Einspeichern der zuvor berechneten Linien- und Schnittpunktdaten.

Nachdem alle Umgebungsobjekte in der Hauptspeicherstruktur verfügbar sind und die Konsistenz des einzuspeichernden geographischen Objekts geprüft ist, wird berechnet, ob Schnittpunkte mit den anderen Objekten der extrahierten Umgebung bestehen. Hierzu wird die Prozedur SCHNITT (4692 mal innerhalb von LFKONST aufgerufen) verwendet, die den etwaigen Schnittpunkt zweier gegebener Strecken berechnet. Alle diese Berechnungen laufen lokal ab und erzeugen keine DB-Last. Ferner ist aus den einzelnen Auswertungstabellen aus Abb. 2.14 der von der jeweiligen Funktion benutzte Schemaausschnitt, d.h. deren Verarbeitungseinheit ersichtlich. Würde man auf die programmlokale Realisierung der LFKONST- bzw. SCHNITT-Funktion verzichten und stattdessen diese Berechnungen direkt auf der DB durchführen, so hätte dies eine explosionsartige Erhöhung der DB-Last zur Folge. Somit realisiert diese DBGEO-Implementierung, und im besonderen die vorliegende Geometrieverwaltung, schon ein (teilweise) optimiertes System, da die vorhandene Verarbeitungslokalität bereits programmintern ausgenutzt wird.

NAME		TOTAL
LADE_NETZ	1	1
BAUENETZ	2	16
UMGEBMOD	3	16
LEVEL : 5		8972
IFC		1302
FIND4		3042
FIND7A		127
FTCH4		1570
FTCH6		2915
FTCH7A		16

NAME		TOTAL
LADE_NETZ	1	1
BAUENETZ	2	16
SPEI_SPKT	3	16
LEVEL : 5		170
STORE		85
FIND7A		63
FTCH2		22

NAME		TOTAL
LADE_NETZ	1	1
BAUENETZ	2	16
LFKONST	3	28
SCHNITT	4	4692

NAME		TOTAL
LADE_NETZ	1	1
BAUENETZ	2	16
SPEI_LINIE	3	16
LEVEL : 5		170
STORE		169
FIND7A		69
FTCH2		84

NAME	FCT-CODE	TOTAL
LINIE	FTCH/FIND7	22
	ALL DML-OP	22
FLÄCHE	FTCH/FIND7	105
	ALL DML-OP	105
P-L-Set	IFC	434
	FTCH/FIND4	251
	FTCH/FIND6	530
	ALL DML-OP	1215
P-F-Set	IFC	434
	FTCH/FIND4	885
	FTCH/FIND6	2385
	ALL DML-OP	3704
L-P-Set	FTCH/FIND4	552
	ALL DML-OP	552
F-P-Set	FTCH/FIND4	2490
	ALL DML-OP	2490

NAME	FCT-CODE	TOTAL
LINIE	FTCH/FIND7	24
	ALL DML-OP	24
FLÄCHE	FTCH/FIND7	39
	ALL DML-OP	39
SCNITTP	STORE	22
	FTCH/FIND2	22
	ALL DML-OP	44
L-SP-REL	STORE	24
	ALL DML-OP	24
F-SP-REL	STORE	39
	ALL DML-OP	39

NAME	FCT-CODE	TOTAL
PUNKT	STORE	69
	FTCH/FIND2	84
	FTCH/FIND7	69
	ALL DML-OP	222
LINIE	STORE	16
	ALL DML-OP	16
P-L-REL	STORE	84
	ALL DML-OP	84

Bem.: Die Funktion LADE_NETZ auf der Anwendungsmodellebene speichert ein Netz bestehend aus mehreren (hier 16) Linien ein; die Funktion SPEI_SPKT auf der dritten Analyseebene speichert einen zuvor berechneten Schnittpunkt

Abb. 2.14: Detaillierte funktionsspezifische Auswertung des Meßlaufs M1.v mit MESASU (nicht vollständig)

Analog zur KUNICAD-Analyse aus Abschnitt 2.2.1.2 läßt sich auch hier erkennen, daß das Ausnutzen von Verarbeitungslokalität zusammen mit der Berücksichtigung von Verarbeitungseinheiten in der Hauptforderung nach Verbesserung der Darstellungs- und Verarbeitungskonzepte des DBS mündet.

2.2.3 Das DBCHIP-System

Im VLSI-Anwendungsbereich gibt es eine Vielzahl von Werkzeugen, die spezielle Entwurfsaspekte innerhalb des Chip-Gesamtentwurfs unterstützen. Das in diesem Kapitel beschriebene DB-basierte System DBCHIP [So85] ist ein Werkzeug für das Chip-Planning und gehört somit in den physischen Entwurfsbereich.

Innerhalb des VLSI-Entwurfs gibt es drei verschiedene Entwurfsbereiche und Beschreibungsebenen [Zi84]. Im Bereich "Verhalten" wird versucht, eine möglichst genaue Beschreibung der Funktion (Operation, Algorithmus, Prozeß) des aktuellen Entwurfsobjektes anzugeben. Der Bereich "Struktur" umfaßt im wesentlichen Schaltplan, Netzliste und Komponentenliste. Im "physischen" Bereich werden dann die Komponenten und die zugehörige Struktur sozusagen realisiert. Es wird ein Floorplan aufgebaut, der anschließend bis zum Masken-Layout verfeinert wird. Die einzelnen Syntheseschritte, die den eigentlichen VLSI-Entwurf darstellen, definieren jeweils Übergänge von einem Bereich in den anderen. Dabei bezeichnet man den Übergang von der Funktionsspezifikation zur Funktionsbeschreibung als Funktionsentwurf, den von der Funktion zur Struktur als Strukturentwurf (beispielsweise mit Hilfe des MIMOLA-Systems [Ma85]) und den von der Struktur zum Layout als physischen Entwurf.

Durch das Chip-Planning (top down) wird der physische Entwurf geplant. Dadurch werden die notwendigen Rahmenbedingungen für die Zellsynthese und das Chip-Assembly (bottom-up) geschaffen. Die Grundaufgabe des Chip-Planning besteht also darin, für eine gegebene Struktur eine nach gewissen Kriterien optimale Topographie zu planen. Wegen der Komplexität des Entwurfsprozesses von VLSI-Chips (etwa 1 Million Bauelemente) erfolgt der Entwurf hierarchisch, d.h., der gesamte Chip wird hierarchisch in Zellen unterteilt und auf den verschiedenen Hierarchieebenen geplant. Die gerade in Bearbeitung befindliche Zelle wird "cell under design" (CUD) genannt. Die in der Hierarchie darüberliegenden Zellen werden als Superzellen und die darunterliegenden als Subzellen bezeichnet. Eine CUD wird mit dem Chip-Planner entworfen, indem die zugehörigen Subzellen nach bestimmten Algorithmen optimal plaziert werden. Anschließend werden diese Subzellen als CUD deklariert und deren Subzellen plaziert usw.

2.2.3.1 Systembeschreibung

Die Gesamtarchitektur des Chip-Planning-Werkzeugs DBCHIP ist in Abb. 2.15 dargestellt und zeigt analog zum KUNICAD- und DBGEO-System eine Dreiteilung in Dialogsteuerungskomponente, Datenhaltungskomponente und Modellabbildung. Die den einzelnen Komponenten zugeordneten Aufgaben sind ebenfalls übertragbar. Für die Modellabbildung bedeutet dies die "Anwendungssicht" an der Anwendungsmodellschnittstelle in die "Datensicht" der Datenmodellschnittstelle abzubilden.

Im folgenden wird die vom DBCHIP-System realisierte Anwendungsmodellschnittstelle (siehe Abb. 2.16) vorgestellt. Hier werden nur einige Aspekte behandelt. Eine Erweiterung auf den vollen Umfang bzw. auf Funktions- und Strukturentwurf ist durch eine Systemerweiterung um die entsprechenden Werkzeuge zu erreichen.

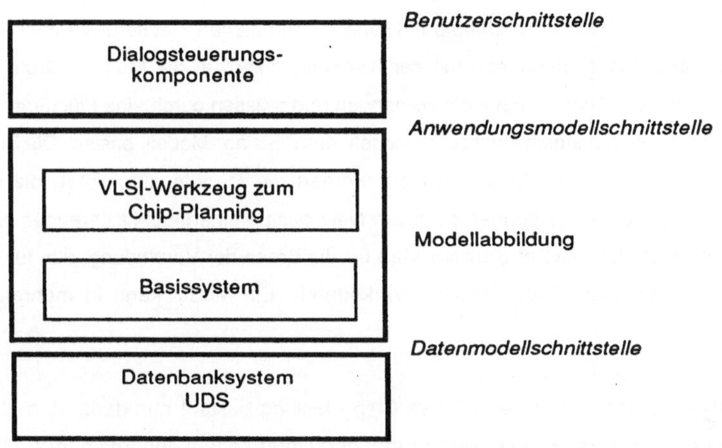

Abb. 2.15: Systemarchitektur des DBCHIP-Systems

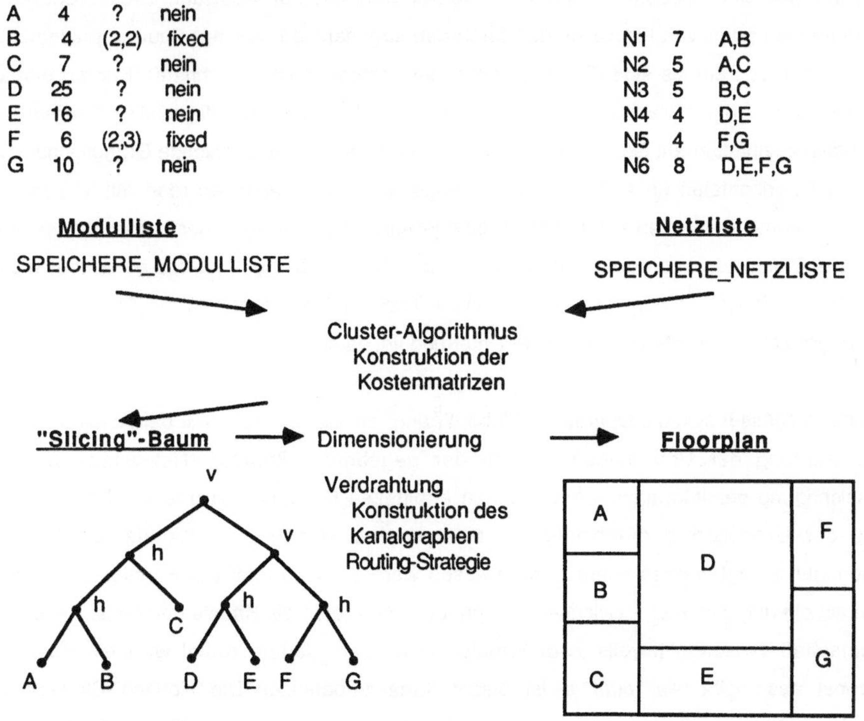

Abb. 2.16: Arbeitsschritte des Chip-Planning

Die Eingabeinformation für den physischen Entwurf kommt aus dem Bereich "Struktur" in Form einer Komponentenliste, der sog. Modulliste, und einer Netzliste. In der Modulliste werden die einzelnen Moduln aufgeführt, die innerhalb eines umgebenden Moduls anzuordnen sind. In diesem Zusammenhang spricht man dann auch von den Untermoduln (Subzellen) und dem Obermodul (CUD). Zu jedem Modul wird ein Name angegeben sowie weitere Parameter über die voraussichtliche Modulfläche. Ist ein Modul schon vollständig entworfen, dann stehen Fläche und Dimensionen fest, und man kann diese Werte zusammen mit der Kennung "fixed" in die Modulattribute eintragen. Typischerweise sind diese Daten noch nicht vorhanden und müssen durch eine Flächenabschätzung bereitgestellt werden, die auf einem Erfahrungsmodell, dem "Sizing"-Modell, basiert. Die Struktur wird durch die Netzliste übergeben. Zu jedem Netz werden die Moduln aufgelistet, die durch das betreffende Netz miteinander verbunden sind. Ein Netz besitzt einen identifizierenden Namen und ein "Netzgewicht". Das Netzgewicht dient als Maß für die Breite der Verbindung, d.h. für die Anzahl der Leitungen, die die zugehörigen Moduln verknüpfen. Ein Modul kann in mehreren Netzen enthalten sein.

Die erste wichtige Teiloperation innerhalb des Chip-Planning besteht nun darin, den Floorplan zu generieren. Hierzu ist eine relative Plazierung der Untermoduln innerhalb des Obermoduls vorzunehmen, die bezüglich bestimmter Kostenfunktionen optimal ist. Die wichtigsten Kriterien dieser Kostenfunktionen sind die Gesamtfläche und die Signallaufzeit. Zur relativen Plazierung (Topologie) der Untermoduln stehen mehrere Algorithmen zur Auswahl. Diese Algorithmen generieren einen primitiven Floorplan, der durch den sogenannten "Slicing"-Baum repräsentiert ist. Die Blätter dieses Baumes sind die zu plazierenden Untermoduln. Die inneren Knoten enthalten Informationen über deren Nachbarschaftsbeziehungen und geben daher die relative Plazierung der Untermoduln zueinander an. Der "Slicing"-Baum spaltet die jeweils aufzuteilende Grundfläche in zwei durch einen horizontalen (in Abb. 2.16 mit 'h' abgekürzt) bzw. vertikalen (dort mit 'v' abgekürzt) "Schnitt" getrennte Teilflächen auf. Dabei ist dann jeweils eine Dimension der Teilflächen festgelegt. Die andere Dimension kann unter Zuhilfenahme des "Sizing"-Modells jeweils berechnet werden. Somit läßt sich ein erster Floorplan angeben, der die Topographie, d.h. sowohl die Topologie als auch die relativ grob abgeschätzte Geometrie der Untermoduln, darstellt.

Als nächstes schließt sich die Operation "Global-Wiring" an, die versucht, wie der Name schon sagt, die Verdrahtung der Untermoduln gemäß der gegebenen Struktur (Netzlisten) und unter Berücksichtigung der Informationen des schon ermittelten Floorplans zu planen. Um die Verbindungen der Untermoduln durchzuführen, müssen den Netzen auch Kanäle, durch die die Verbindungen gelegt werden können, zugewiesen werden. Dazu muß der Kanalgraph aufgebaut werden als ein ungerichteter, gewichteter Graph, dessen Knoten die Kanäle und dessen Kanten die Nachbarschaft zwischen jeweils zwei Kanälen darstellen. Jedem Kanal wird ein Kostenmaß zugeordnet, das angibt, wie "teuer" es ist, diesen Kanal zu benutzen. Die "Routing"-Strategie sucht nun für jedes Netz den Teilgraphen des Kanalgraphen heraus, dessen Kosten für das betreffende Netz minimal sind. Als Ergebnis des "Global-Wiring" wird eine Flächenabschätzung für die Kanäle geliefert. Zudem kann eine Zuordnung von Netzen zu Modulseiten angegeben werden. Durch diese nachträgliche Dimensionierung der Kanäle ändert sich die Topographie, der "Slicing"-Baum (d.h. die Topologie) bleibt aber bestehen. Zudem liefert das Einbeziehen der genaueren Kanalflächen in die Flächenabschätzung der Untermoduln realistischere Eingabewerte für das "Global-Wiring". Aus diesen Gründen heraus werden weitere Iterationsschritte des "Global-Wiring" durchgeführt, bis die tatsächlichen Änderungen innerhalb eines gesetzten Toleranzintervalls liegen.

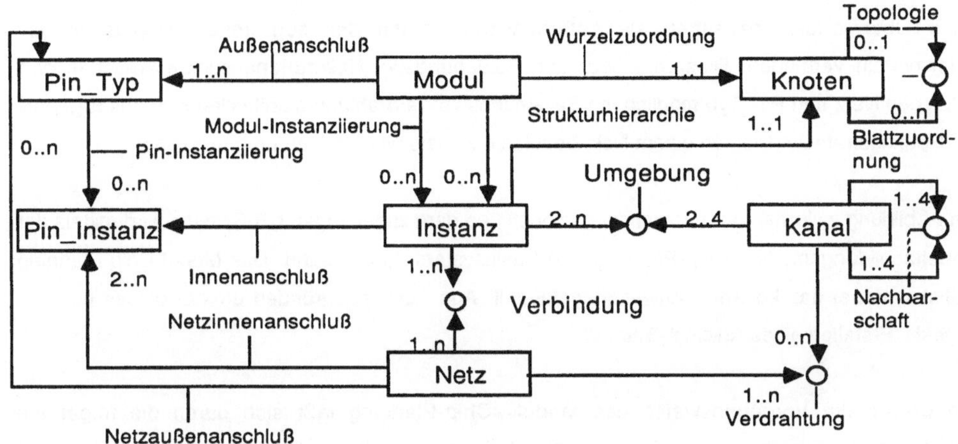

Abb. 2.17: Datenbankschemadiagramm

Das Datenbankschema repräsentiert die "Datensicht" an der Schnittstelle zur Datenhaltungskomponente und ist in Abb. 2.17 aufgezeigt. Der zentrale Objekttyp innerhalb des Chip-Planning ist das Modul. In die Beschreibungsdaten eines Moduls geht keinerlei funktionale Semantik ein, lediglich geometrische Information über die Fläche bzw. Information zur Flächenabschätzung. Durch einen eindeutigen Namen kann das Modul identifiziert werden. Um die redundante Speicherung der Modulinformation bei Mehrfachverwendung in verschiedenen Obermoduln zu vermeiden, wird das Modul nur einmal als Muster oder Typ (Satztyp Modul) abgespeichert und für jede Verwendung eine Kopie oder Instanziierung (Satztyp Instanz) erzeugt, die nur einen Verweis auf den Typ (über Beziehungstyp Modul-Instanziierung) und die verwendungsspezifischen Informationen (u.a. die geometrische Lage) enthält. Zu jedem Modul (bis auf Primitiv-Moduln) wird ein Floorplan erstellt, d.h., das Modul stellt die zentrale Verarbeitungseinheit des Chip-Planning dar. Jeder Floorplan wird mittels der nachfolgend aufgeführten Satztypen beschrieben: Über den Beziehungstyp Strukturhierarchie werden die zu plazierenden Untermoduln als Instanzen angegeben. Der Satztyp Netz gibt die Verbindungen zwischen diesen wieder (Hilfssatztyp Verbindung). Ein Netz wird identifiziert durch seinen Namen und näher beschrieben durch das Netzgewicht. Über den Satztyp Knoten kann der "Slicing"-Baum modelliert werden. Die topologische Information ist dann aber redundant vorhanden, da sie auch aus den Geometriedaten der Instanzen ableitbar ist. Der Beziehungstyp Topologie baut die Baumstruktur auf. Die Sätze des Satztyps Kanal repräsentieren die rechteckigen Segmente des Verdrahtungsraums, durch den die Leitungen der Netze gelegt werden. Die wichtigsten Attribute sind die Flächen- und Geometriedaten sowie die Kosten der Benutzung für die Verdrahtung und die maximale Anzahl der Leitungen, die durchgelegt werden dürfen. Der Kanalgraph wird implizit über den Beziehungstyp Nachbarschaft aufgebaut. Der Satztyp Pin_Typ realisiert die Außenanschlüsse des zugehörigen Moduls (Beziehungstyp Außenanschluß), wohingegen der Satztyp Pin_Inst die konkreten Pin-Instanzen als Innenanschlüsse der zugehörigen Instanzen repräsentiert (Beziehungstyp Innenanschluß). Durch den Beziehungstyp Netzinnenanschluß werden die einzelnen Pin-Instanzen den Netzobjekten zugeordnet. Netzobjekte können aber auch Pin-Objekte eines Obermoduls sozusagen als Außenanschlüsse mit den sog. Innenanschlüssen der Untermoduln verbinden. Dies wird über den Beziehungstyp Netzaußenanschluß zwischen den Satztypen Netz und Pin_Typ möglich. Im Beziehungstyp Verdrahtung manifestiert sich das Ergebnis der Routingstrategie. Die von einem Netz benutzten Kanäle werden hierdurch festgelegt.

Die Abbildung zwischen dem Anwendungsmodell und dem zugehörigen DB-Schema wird mittels der Modellabbildungsmoduln Chip-Planning und Basissystem durchgeführt. Das Modul Chip-Planning realisiert dabei das konkrete Anwendungsmodell. Aus Aufwandsgründen umfaßt dieses nur den Aspekt "Erstellen eines "Slicing"-Baums".

Die prinzipielle Vorgehensweise des Moduls Chip-Planning läßt sich durch die folgenden Arbeitsschritte skizzieren, wobei wesentliche Teilaufgaben durch die Funktionen des darunterliegenden Basissystems bereitgestellt werden:

1. Nachdem die Modulliste und Netzliste eingespeichert (EIN_MODLIST und EIN_NETZLIST) und deren Flächeninformationen ergänzt wurden (ACT_TREE), müssen die zu plazierenden (Unter-)Moduln und alle zugehörigen Netze gelesen werden (G_MODLIST, G_NETZE_ZU_MOD).
2. Basierend auf dieser Information werden die vom Plazierungsalgorithmus benötigten Kostenmatrizen aufgebaut. Der hier realisierte Cluster-Algorithmus bestimmt jeweils nacheinander immer zwei bzgl. der zugrundeliegenden Kostenfunktion optimale Moduln, welche im "Slicing"-Baum zusammenzufassen ("clustern") sind. Mit Hilfe der Basissystem-Funktion BILDE_TB werden die beiden ausgewählten Moduln durch "Bildung eines neuen Teilbaums" innerhalb des "Slicing"-Baums abgespeichert. Der Algorithmus terminiert, sobald nur noch zwei Moduln übrig sind.
3. Anschließend werden die Flächeninformationen für den aufgebauten "Slicing"-Baum sowie für die Modulinstanzen und das Obermodul berechnet und eingespeichert (ACT_TREE).

Alle vom Basissystem zur Verfügung gestellten Funktionen sowie die zugehörigen Verarbeitungseinheiten sind in Tab. 2.8 zusammengefaßt. Die schon in den Abschnitten 2.2.1.1 und 2.2.2.1 aufgeführten AUSS-Charakteristika treffen für die Schnittstelle des Basissystems ebenfalls zu: Zum einen umfaßt der Gegenstand der Verarbeitung nur einen Satz eines Satztyps, zum anderen gar eine strukturierte Menge von Sätzen unterschiedlicher Satztypen. Im Falle der VE "Slicing"-Baum sind sogar rekursive Satztypstrukturen zu verarbeiten. Zum anderen werden satzorientierte (BILDE_TB), strukturorientierte (EIN_MODLIST, G_MODLIST etc.) und objektorientierte Operationen (ACT_TREE) angeboten. Aus diesen Gründen wird im folgenden die Schnittstelle des Basissystems auch als *anwendungsunterstützende Schnittstelle* bezeichnet.

Verarbeitungseinheiten des Basissystems

VE	Ankersatz-typ	konstituierende Satztypen
Modulliste	Modul	Instanz, Knoten
Netzliste	Netz	Instanz, Pin_Typ, Pin_Instanz
Netze_zu_Modul	Instanz	Netz
"Slicing"-Baum	Modul	Knoten (rekursiv über Topologie), Instanz
Teilbaum	Knoten	-

VE	Operation	Bedeutung
"Slicing"-Baum	ACT_TREE	Aktualisiere Flächeninformation des "Slicing"-Baumes
Teilbaum	BILDE_TB	Bilde Teilbaum im aktuellen "Slicing"-Baum
Modulliste	EIN_MODLIST G_MODLIST	Speichere Modulliste ein; Gib Modulliste
Netzliste	EIN_NETZLIST	Speichere Netzliste ein
Netze_zu_Modul	G_NETZE_ZU_MOD	Gib alle Netze zum angegebenen Modul

Tab. 2.8: Verarbeitungseinheiten und Operationen des Basissystems

Betrachtet man sich die Operationen des VLSI-Werkzeugs (z.B. den Cluster-Algorithmus), so ist zu beachten, daß es sehr umständlich und ineffizient wäre, diese Operationen direkt auf die Datenmodellschnittstelle zu übertragen. Speziell für die AUSS-Funktionen bedeutet dies, besser geeignete Verarbeitungsweisen zu unterstützen, die sich dann in der internen Architektur des Moduls Basissystem niederschlagen. Im folgenden wird dessen Aufbau beschrieben.

Zunächst wird eine Menge von "primitiven" Funktionen bereitgestellt, die von den eigentlichen DML-Befehlen des DBS abstrahieren. Sie befreien von DBS-spezifischen Aspekten (Cursor-Konzept, verschiedene Modi von Beziehungstypen etc.) und ermöglichen eine logische Sicht auf die Daten. Die Hilfssatztypen und zugehörigen Beziehungstypen zur Modellierung von (n:m)-Beziehungen werden ebenfalls verborgen. Dies bringt u.U. Leistungseinbußen mit sich, da an der Schnittstelle dieser primitiven Funktionen keine impliziten Informationen (z.B. Cursor) mehr verwendet werden können und alle aktuell positionierten DB-Sätze zumindest überprüft werden müssen (vgl. hierzu die quantitativen Analysen, insbesondere den Positionierungsaufwand in Abschnitt 2.2.3.2).

Als weitere interne Funktionsklasse sind die sog. Hilfsfunktionen vorgesehen, die unter Verwendung der primitiven Funktionen lokal Hauptspeicherstrukturen aufbauen. Dies ist dann angebracht, wenn die Hauptspeicherstrukturen durch mehrere lokale Prozeduren direkt aufeinanderfolgend bearbeitet werden, aber nur das Ergebnis aller Änderungen in die DB eingebracht werden soll. Z.B. ist der "Slicing"-Baum eine solche Struktur, dessen Komponenten innerhalb der AUSS-Operation ACT_TREE mehrmals zur Berechnung bestimmter Attributwerte modifiziert werden. In der DB abzulegen sind allerdings nur die Endresultate. Die Alternative, ACT_TREE direkt unter Verwendung der primitiven Funktionen zu realisieren, wäre wesentlich kostspieliger, da dann das mehrmalige Durchwandern des "Slicing"- Baums direkt auf der DB nachzuvollziehen ist. Wichtig aus Gründen der Datenunabhängigkeit ist, daß die Moduln oberhalb von AUSS, d.h. hier die VLSI-Werkzeuge, keinen Zugriff auf diese Hauptspeicherstrukturen haben. Beispiele für diese Funktionsklasse sind die Funktionen G_TREE zum Aufbauen der Hauptspeicherstruktur für den "Slicing"-Baum und ST_TREE zum Einbringen der modifizierten Attributwerte.

2.2.3.2 Systembewertung

Das DBCHIP-System realisiert ein Werkzeug zur Unterstützung des physischen Entwurfs im VLSI-Anwendungsbereich. Durch die modulare Struktur des Gesamtsystems wird die Ergänzung um weitere VLSI-Werkzeuge erleichtert. Die Modularität äußert sich in der zweigeteilten Modellabbildung. Das Modul Chip-Planning stellt an seiner Anwendungsmodellschnittstelle die Funktionalität eines entsprechenden VLSI-Werkzeugs zur Verfügung, wohingegen das darunterliegende Basissystem, ausgehend vom konkreten DB-Schema, eine anwendungsunterstützende Schnittstelle AUSS anbietet. AUSS realisiert eine konsistente und komfortable Schnittstelle zur Verarbeitung anwendungsbezogener Objekte. Von zentraler Bedeutung ist die Unabhängigkeit von AUSS bzgl. dem darunterliegenden DBS, ihre einfache Erweiterbarkeit (zur Unterstützung zusätzlicher VLSI-Werkzeuge) sowie das Ausnutzen von Verarbeitungslokalität durch die Verwendung von Hauptspeicherstrukturen. AUSS verbirgt die eigentliche Datenhaltung, d.h., die VLSI-Werkzeuge "sehen" nur noch die anwendungsbezogenen Objekte und zugehörigen Operationen wie z.B. den "Slicing"-Baum mit der Operation ACT_TREE.

Zur quantitativen Analyse der DB-seitigen Last sowie der internen Systemdynamik wurden die Häufigkeiten von Funktionsaufrufen an den in Tab. 2.10 aufgeführten Systemebenen mit Hilfe des MESASU-Systems gemessen. Die Zusammenstellung der hier betrachteten Meßläufe und die Variation der Lastparameter ist Tab. 2.9 zu entnehmen. (Der Parameter Belegungsfaktor aus Tab. 2.9 bestimmt die durchschnittliche Anzahl der innerhalb eines Netzes miteinander verbundenen Moduln). In [So85] sind die ausführlichen Meßlaufanalysen enthalten. Aus Platzgründen sollen hier nur noch die wesentlichen Ergebnisse aufgeführt werden. Das dazu benötigte Zahlenmaterial ist nur zum Teil in Tab. 2.10 vorhanden, kann aber durch [So85] entsprechend ergänzt werden. Weiterhin anzumerken ist, daß zur Analyse des DBCHIP-Systems die gleiche Vorgehensweise wie bei den beiden zuvor untersuchten Systemen (KUNICAD in Abschnitt 2.2.1 und DBGEO in Abschnitt 2.2.2) zugrundegelegt wurde. Damit kann hier das ausführliche Begründen und Aufzeigen der Analyse-ergebnisse entsprechend vereinfacht und abgekürzt werden.

Lastpar. / Kennung	Anzahl Moduln	Anzahl Netze	Anzahl Pins	Belegungs-faktor
M1	12	4	3	4
M2	12	8	3	4
M3	12	12	3	4
M4	12	4	3	3
M5	8	4	3	3
M6	4	4	3	3

Tab. 2.9: Lastparameterbelegung der Meßläufe

Meßlauf / Schnittstellen	M1	M2	M3	M4	M5	M6
Anwendungsmodell	1	1	1	1	1	1
AUSS	27	27	27	27	19	11
Hilfsfunktionen	4	4	4	4	4	4
Primitivfunktionen	673	775	873	648	429	223
Datenmodell						
insgesamt	4123	4616	5126	4060	2538	1189
davon Lesen	3318	3698	4090	3260	2029	941
Ändern	539	652	771	531	351	196
Sonstiges	266	266	265	269	158	52
davon Navigation	1642	1665	1699	1627	963	359
Positionierung	1676	2033	2391	1633	1066	582

Tab. 2.10: Aufrufhäufigkeiten an verschiedenen Systemschnittstellen

Der die DB-Last bestimmende Parameter ist "Anzahl der Moduln (die innerhalb des gerade betrachteten Obermoduls zu plazieren sind)". Dies liegt darin begründet, daß durch das realisierte VLSI-Werkzeug im wesentlichen nur der "Slicing"-Baum und kein vollständiger Floorplan erstellt wird. Betrachtet man die Größenordnungen der in Tab. 2.10 aufgeführten Aufrufhäufigkeiten, so spiegelt sich darin die schon relativ gut optimierte Modellabbildungskomponente wider. Das VLSI-Werkzeug arbeitet prinzipiell lokal auf internen Hauptspeicherstrukturen (Kostenmatrizen). Nur zum Einlesen der benötigten Werkzeugdaten sowie zum Zurückgeben des aufgebauten "Slicing"-Baums werden AUSS-Funktionen benötigt, die, soweit sinnvoll, wiederum lokal arbeiten und damit sich häufig wiederholende DB-Zugriffe einsparen. Lediglich auf der Ebene des Datenmodells und teilweise auch noch auf der Ebene der Primitivfunktionen sind relativ hohe Aufrufhäufigkeiten festzustellen. Diesem Sachverhalt sind die nachstehenden Untersuchungen zuzuordnen.

Zuerst soll der Aufwand auf der Ebene der Primitivfunktionen bestimmt werden, der für die Abstraktion von den DBS-Spezifika zu leisten ist. Im wesentlichen handelt es sich dabei um den sog. Positionierungsaufwand, welcher die Reihenfolgeabhängigkeit von DML-Operationen aufgrund des

Cursor-Konzeptes aufhebt. Diese Abstraktion macht für jede Primitivfunktion die Überprüfung bzw. Herstellung des aktuellen "Kontextes" notwendig. Dazu werden die Operationen "Zugriff über Currency-Information" (FIND/FETCH CURRENT) sowie "Zugriff über Suchfunktion" (FIND/FETCH SEARCH_ARGUMENT) benutzt. Aus Tab. 2.10 ist diesbezüglich zu entnehmen, daß mehr als 50% aller Leseoperationen und ca. 40-45% aller Operationen zu Positionierzwecken benötigt werden. Schaut man sich an, aus welchen Satz- und Beziehungstypen dieser Kontext besteht (hier nicht dargestellt), so stellt man fest, daß es sich hierbei um die (bzw. um Teile der) VE der zugehörigen AUSS-Funktionen handelt. Diese Analyse untermauert damit eindringlich die Forderung nach adäquaten Datenmodellierungs- und Datenmanipulationsmöglichkeiten des zugrundeliegenden DBS, d.h. nach Konzepten zur Definition und Manipulation komplexstrukturierter heterogener Satzmengen. Aus Tab. 2.10 läßt sich weiterhin herauslesen, daß insgesamt ca. 80% aller DML-Operationen vom Typ Lesen sind, wovon wiederum fast die Hälfte der Untergruppe der navigierenden DML-Operationen zuzurechnen sind. Die Navigationsoperationen umfassen "Zugriff über eine definierte Ordnung" (FIND/FETCH-NEXT) sowie "Zugriff über einen spezifizierten Beziehungstyp" (FIND/FETCH-OWNER). Die genauere Untersuchung dieser Gruppe läßt die zugrundeliegenden wesentlichen Verarbeitungsrichtungen und Navigationswege sowie einen engen verarbeitungsmäßigen Zusammenhang über die benutzten (n:m)-Beziehungen erkennen. Die (hier nicht dargestellte) Verteilung der DML-Operationen auf dem DB-Schema, d.h. die objektspezifische MESASU-Analyse, bestätigt dies; fast alle Navigationsoperationen stehen im Zusammenhang mit den Hilfssatztypen, die zur Modellierung der (n:m)-Beziehungstypen benötigt werden. Dort ist zudem sehr deutlich zu erkennen, daß die Verarbeitung der eigentlichen "Slicing"-Baum-Information sehr aufwendig ist. Die Baumstruktur kann durch das netzwerkorientierte DBS nur über den Hilfssatztyp Topologie dargestellt werden und muß deshalb navigierend über die beiden zugehörigen Beziehungstypen jeweils aufgebaut werden (dies gilt übrigens für alle sog. Stücklistenverarbeitungen mittels netzwerkorientierter DBS).

Diese Analysen bestimmen den nicht für die eigentliche Verarbeitung benötigten Aufwand an DML-Befehlen (aufgrund der inadäquaten Modellierungs- und Verarbeitungsmöglichkeiten), welcher sich im wesentlichen aus den DML-Operationen zu Positionierzwecken sowie aus den Navigations-operationen und Zugriffen auf Hilfssatztypen zusammensetzt. Die Differenz zum Gesamtaufwand gibt dann gleichzeitig den für die Anwendung unbedingt notwendigen DML-Aufwand wieder, der um einiges (ca. ein Drittel) unterhalb des Gesamtaufwandes liegt.

Allerdings sind diese quantitativen Ergebnisse noch durch mehr qualitative Aussagen zu ergänzen und somit auch zu relativieren. Aufgrund der durchgeführten detaillierten Systemanalysen kommen einige zusätzliche Optimierungsmöglichkeiten zum Vorschein, die zur Verringerung der DB-Last beitragen. Alle Optimierungen versuchen die Implementierung der AUSS-Funktionen zu verbessern. Dazu bieten sich in natürlicher Weise verschiedene Ansatzpunkte an:

- Optimierte Implementierung von einigen Primitivfunktionen.
- Berücksichtigung von mengenorientierter Verarbeitung: Oftmals ist die gleiche Operation jeweils nacheinander mit neuen Daten durchzuführen, z.B. Speichern aller Pin-Instanzen eines Netzes.

- Einsparung des Positionierungsaufwandes dadurch, daß die korrekte Positionierung in der Datenbank dem aufgerufenen Programm garantiert wird; dazu muß die Kenntnis des Verarbeitungszusammenhangs auf höherer Systemebene vorausgesetzt und ausgenutzt werden (ähnlich zum zweiten Optimierungsvorschlag in 2.2.1.1; dort als Fall c bezeichnet); die Unabhängigkeit von AUSS gegenüber dem zugrundeliegenden DBS sollte dabei allerdings erhalten bleiben.

Die Zusammenfassung der quantitativen wie auch qualitativen Ergebnisse und Verbesserungs-vorschläge mündet in der Forderung nach einer Flexibilisierung der Verarbeitungsgranulate. Damit verbunden sind entsprechende Definitions- und auch Manipulationsmöglichkeiten für die jeweils auftretenden VE [HKMSZ85]. Mit anderen Worten, es sind Konzepte zur Verarbeitung von komplex-strukturierten (evtl. rekursiven, siehe "Slicing"-Baum oder Stückliste), heterogenen Satzmengen gefordert.

2.3 Wissensbasierte Systeme

Aufbauend auf den Erkenntnissen der vorigen Prototypsystem-Analysen aus Abschnitt 2.2, werden hier die wesentlichen Aspekte der Datenhaltung in wissensbasierten Systemen angesprochen. Dazu enthält der erste Abschnitt die Beschreibung und Bewertung des DBMED-Systems, welches als DB-basiertes Expertensystem zu charakterisieren ist. Besonderes Augenmerk wird dabei auf die Verarbeitungskonzepte gelegt, womit gleichzeitig auch Aspekte der Gesamtsystem-Architektur sowie der Datenmodellierung und -verarbeitung angesprochen sind. Der zweite Abschnitt konzentriert sich dann mehr auf (allgemeinere) Aspekte der Wissensrepräsentation am Beispiel des Frame-Modells und ihre operationale Unterstützung durch ein DBS.

2.3.1 Aspekte der Datenhaltung In Expertensystemen am Beispiel des DBMED-Systems

Das System DBMED [HMP87] stellt ein DB-basiertes Expertensystem-Shell dar, welches sich im wesentlichen aus zwei Komponenten zusammensetzt:
- relationales DBS INGRES [SWKH76] als Datenhaltungskomponente und
- Expertensystem-Shell MED1 [Pu83] als Anwendungskomponente.

MED1 ist ein Werkzeug (Shell) zur Erstellung von regelbasierten Diagnostik-Expertensystemen, das schon in verschiedenen medizinischen und technischen Anwendungen eingesetzt wurde [Pu85].

Die Problemlösungskomponente von MED1 realisiert die "Hypothesize-and-Test"-Strategie, die zur Verdachtsgenerierung eine Inferenzstrategie basierend auf "Forward-Reasoning" benutzt. Zur

Steuerung der Verarbeitung der verdächtigen Diagnosen wird das Konzept der Agendakontrolle sowie zu deren Untersuchung eine Inferenzstrategie basierend auf "Backward-Reasoning" eingesetzt. Die Darstellung des (Experten-)Wissens erfolgt mittels Produktionsregeln und deren Verarbeitung durch den sog. Produktionsregelinterpretierer. Dieser stellt die zentrale Instanz der Problemlösungskomponente dar, die von allen Strategien benutzt wird.

Eine Konsultation (oder Sitzung) beginnt nach der Initialisierung der Wissensbasis mit einer Reihe von Fragen, die an den Endbenutzer gestellt werden. Diese Übersichtsfragen werden durch Forward-Reasoning ausgewertet, wobei eine Generierung von Verdachtshypothesen stattfindet. Eine erste Analyse der Verdachtshypothesen (Zwischenauswertung) schlägt sich in der sog. Agenda nieder. Dort sind die einzelnen Hypothesen nach der Stärke ihres Verdachts angeordnet. Durch Backward-Reasoning wird die jeweils verdächtigste Hypothese evaluiert (Steuerzyklus). Falls bei der Backward-Auswertung noch notwendige Symptome unbekannt sind, werden sie entweder vom Benutzer erfragt oder vom System hergeleitet. Über das Forward-Reasoning können die neu erfaßten Symptome wiederum weitere Verdachtshypothesen generieren. Deshalb wird in geeigneten Intervallen eine "Zwischenbilanz" gezogen und die Agenda aktualisiert. Dabei wird entschieden, ob der bisherige Spitzenreiter etabliert, weiter untersucht oder zugunsten einer verdächtigeren Hypothese zurückgestuft werden soll. Dieser Zyklus der Verdachtsgenerierung und Verdachts-überprüfung terminiert, wenn entweder eine Enddiagnose etabliert wurde, die Agenda leer ist, oder der Benutzer dies explizit veranlaßt.

Die Wissensbasis von MED1 unterscheidet im wesentlichen zwischen Diagnosen und Informationen zu Symptomen, wobei die heuristischen Beziehungen zwischen beiden und hinzugefügtes Kontrollwissen als Regeln spezifiziert sind. Jedes dieser Objekte der Wissensbasis besteht aus

- "statischen" Attributen zur Darstellung des Expertenwissens,
- "semistatischen" Attributen zur Unterstützung der Problemlösungskomponente und
- "dynamischen" Attributen zur Repräsentation des fallspezifischen Wissens.

Mit Hilfe der "semistatischen" Attribute werden die wichtigsten Beziehungen zwischen den Objekten der Wissensbasis aufgebaut. Für die bisher modellierten Anwendungen [Pu85] ist einheitlich festzustellen, daß es sehr viele Beziehungen gibt, die zudem meistens vom Typ n:m sind. Das heißt, die Wissensbasis zeigt eine vielfach vernetzte Objektstruktur auf. Die Attribute werden als LISP-Property-Listen der Objekte dargestellt. An der Schnittstelle zwischen MED1 und seiner Wissensbasis gibt es nur die folgenden drei Funktionen:

- Lesen eines Attributwertes eines Objektes   (get <objekt> <attribut>),
- Schreiben eines Attribut(wertes) eines Objektes   (putprop <objekt> <wert> <attribut>) und
- Löschen eines Attributs eines Objektes   (remprop <objekt> <attribut>).

Die Datenhaltungskomponente von DBMED wird durch das relationale DBS INGRES realisiert. Hierfür mußte eine Schnittstellenanpassung von INGRES an LISP durchgeführt werden.

DBMED wurde hauptsächlich zur Untersuchung der Kopplung von Expertensystemen (XPS) und DBS entwickelt. Deshalb spiegeln sich in den verschiedenen "Systemgenerationen" von DBMED auch jeweils unterschiedliche Arten der Kopplung wider. Tab. 2.11 zeigt einen groben Vergleich der verschiedenen Kopplungsschritte und realisierten Konzepte. Die nachfolgend skizzierten Analyseergebnisse und abgeleiteten Optimierungsschritte sind in [HMP87] detailliert beschrieben.

DBMED- Kopplungsschritte	Anzahl der Zugriffe auf die Wissensbasis	Dauer der Kon- sultation in CPU-Sek.	Verlangsamung ggü. 0. Kopplungsschritt
0. MED1 mit integrierter Wissensbasis	3574	164	1
1. MED1 und direkte Kopplung an INGRES	3574	28105	170
2. MED1 mit Anwendungspuffer und INGRES	1314	2946	18
3. MED1 mit gesteuertem Anwendungspuffer und INGRES	1314	643	4

Tab. 2.11: Empirischer Leistungsvergleich zur Kopplung von Expertensystemen und DBS

Der erste Ansatz verzichtet auf eine DB-Unterstützung und arbeitet auf einer integrierten Wissensbasis im Hauptspeicher. Die zugehörigen Leistungsgrößen aus Tab. 2.11 stellen die Bezugswerte für alle nachfolgenden Betrachtungen dar.

Primäres Ziel der direkten Kopplung war die Untersuchung des Zugriffsverhaltens von Expertensystemen. Deshalb mußte die Sicht des Expertensystems auf seine Wissensbasis durch die Kopplung unverändert bleiben: Die Datenhaltungsschnittstelle bietet mittels der Schnittstellenanpassung LISP-INGRES lediglich die drei Kommandos (s.o.) an, die von MED1 zur Manipulation der Wissensbasis benutzt werden. Das DBS arbeitet damit in einer Art "Slave"-Modus, ohne Kenntnis der Tupelinhalte. Es können somit auch keine Beziehungen zwischen den Objekten der Wissensbasis erkannt und zu Optimierungszwecken ausgenutzt werden.

Detaillierte Analysen haben aufgezeigt, daß während der Verarbeitung durch MED1 der Zugriff auf die Daten nach bestimmten Mustern erfolgt:
* Die gleichen Attribute werden oft mehrmals hintereinander gelesen.
* Manche Attribute werden direkt nach dem Schreiben wieder erneut referenziert.
* Verschiedene Attribute des gleichen Objektes werden nacheinander benutzt.

Bisher war dieses Zugriffsverhalten unkritisch, da die Wissensbasis i.a. klein ist und im Hauptspeicher liegt. Ihre Auslagerung in eine Datenbank führt trotz der Vorteile einer hohen Rereferenzierung auf

Attributebene und trotz Zugriffslokalität innerhalb eines Objektes allerdings zu sehr ineffizienten Leistungskennzahlen (vgl. Tab. 2.11).

Die Ausnutzung der Lokalität des Zugriffs sowie die Reduktion der Schnittstellenüberquerungen (und damit auch der Pfadlängen) ist die Prämisse des nächsten Kopplungsschrittes von DBMED. Die Kopplung zwischen XPS und DBS wird dabei über einen sog. Anwendungspuffer realisiert, welcher im Unterschied zu den Seiten des DB-Puffers nun anwendungsbezogene Objekte (hier Tupel) verwaltet. Die Initialisierung der Wissensbasis (im wesentlichen der dynamischen Attribute) wird durch den Pufferverwalter durchgeführt. Anstatt jedes Attribut eines jeden Objektes einzeln zu initialisieren, genügen jetzt wenige DB-Befehle (Reduktion der Anzahl der Zugriffe von 2347 auf 87).

Der Effekt dieser Optimierungskonzepte schlägt sich sehr deutlich in den Leistungskennzahlen nieder (vgl. Tab. 2.11). Es ist damit zusätzlich möglich eine genauere Analyse des Verhaltens von MED1 während einer Problemlösung durchzuführen, wobei folgende wesentlichen Beobachtungen gemacht wurden:

- MED1 greift auf die Attribute seiner Objekte mit sehr unterschiedlichen Häufigkeiten zu; statische und semistatische Attribute werden während einer Konsultation oft nur einmal benötigt, wohingegen die dynamischen Attribute (fallspezifisches Wissen) viel häufiger benutzt werden.
- MED1 verwendet für jede Verarbeitungsphase (Initialisierung, Übersichtsfragenstellung, Zwischenauswertung und Steuerzyklus) unterschiedliche Teile seiner Wissensbasis.

Damit bietet sich zur weiteren Optimierung der Systemkopplung eine verbesserte Anpassung der Pufferverwaltung und der Speicherungsstrukturen des DBS an die Arbeitsweise des XPS an. Als konkrete Optimierungsmaßnahmen sind die folgenden zu nennen:
- Vertikale Partitionierung der Relationen gemäß der Attribut-Zugriffshäufigkeit und
- Ausnutzen der Kenntnis über die Verarbeitungsphasen.

Durch XPS-Steueranweisungen wird die während einer Verarbeitungsphase benötigte Objektmenge angegeben. Damit kann das Verhalten des Pufferverwalters den aktuellen Bedürfnissen angepaßt und eine Vorausplanung der Zugriffe auf die Wissensbasis ermöglicht werden. Jetzt können im wesentlichen mengenorientierte Datenanforderungen an das DBS gestellt werden und somit eine erhebliche Einsparung von Übertragungsvorgängen vom/zum DBS und auch von Extern-speicherzugriffen erzielt werden. Die Meßergebnisse des DBMED-Systems mit gesteuertem Anwendungspuffer zeigen gegenüber der Kopplung mit einfachem Puffer eine signifikante Verbesserung (ein Faktor von ca. 4.5) hinsichtlich der Konsultationsdauer.

Anhand des DBMED-Beispiels und der dort durchgeführten Optimierungsschritte bereits motiviert, wird eine sehr wesentliche Voraussetzung für eine optimale Kopplung deutlich, die darin besteht, beide Systeme in bezug auf Aufgabenverteilung und Schnittstellenauslegung bestmöglich auf-einander abzustimmen. Diesbezüglich lassen sich die folgenden Entwurfsrichtlinien nennen:
- Alle Aufgaben des "Application-Reasoning" (anwendungsbezogene, hier diagnostische, Problemlösungsstrategien) sollten vollständig im XPS ausgeführt werden.

- Auslagern in das DBS sollte man das "Database-Reasoning" (Vorverarbeiten und Aufbereiten der vom Benutzer, Meßgerät etc. gelieferten Daten, sowie die Inferenzstrategien, d.h. Forward- und Backward-Reasoning).

- Vorausplanen der benötigten Objektmengen ("lookahead" des XPS) und asynchrones Einlagern in den Anwendungspuffer sollte ausgenutzt werden.

- Wesentlich erscheinen eine geeignete logische und physische Strukturierung der DB-Daten, die an die Arbeitsweise des XPS angepaßt sind und die folgenden Aspekte berücksichtigen: temporäre Speicherung dynamischer und langfristige Speicherung statischer Attribute sowie Ausnutzen und Zuschneiden von DB-internen Algorithmen (Speicherungsstrukturen, Zugriffspfade).

Einen ganz erheblichen Einfluß auf den Leistungsgewinn dürfte ein geeignetes Datenmodell ausüben, durch das die Objekte und Beziehungen der Wissensbasis (d.h. Fakten und Regeln) natürlicher und effizienter dargestellt werden können. Z.T. entsprechen die Objekte nichtnormalisierten Tupeln, die zusätzlich zum Wiederholungsgruppentyp noch vielfältige andere Datentypen wie etwa Aufzählungs- und Teilbereichstypen benutzen.

Auch hier kann die Notation einer Verarbeitungseinheit eingeführt werden: eine VE besteht jeweils aus der Symptominformation und der zugehörigen Diagnoseinformation; die Zugehörigkeit von Symptomen zu Diagnosen wird dabei über die Produktionsregeln ausgedrückt. Gemäß dieser Definition stellen die VE analog zu den VE der in Abschnitt 2.2 beschriebenen Prototypen ebenfalls komplex-strukturierte, heterogene Satzmengen dar, die durch das (hier verwendete) Relationenmodell (und seine Implementierung in INGRES) nur sehr begrenzt unterstützt werden können.

2.3.2 Wissensrepräsentation mit Frames

Die o.g. Forderungen an ein geeignetes Datenmodell sollen nun genauer in Augenschein genommen werden. Dazu müssen zunächst die wesentlichen Aspekte von Wissensrepräsentationsmethoden bekannt sein. Stellvertretend für eine ganze Menge von Wissensrepräsentationsmethoden (semantische Netze [BS85], Produktionsregeln [WH79, Ni80], Scripts [SA77] etc.) werden hier nur Frames [Mi75, FK85] betrachtet. Frames eignen sich sehr gut zum Aufzeigen der allgemeineren Abstraktionskonzepte, die dem Bereich Wissenrepräsentation zugrundeliegen. Man unterscheidet vier voneinander unabhängige Abstraktionskonzepte, die wie folgt charakterisiert werden können:

- Das Konzept der *Klassifikation* (classification) faßt Objekte mit gleichen Eigenschaften im sog. Objekttyp zusammen. Dieser enthält eine Beschreibung der gemeinsamen Eigenschaften seiner Objektinstanzen. Zwischen dem Objekt und seinem Objekttyp besteht dann eine "Instance-of"-Beziehung.

- Durch die *Aggregation* (aggregation) werden alle sog. Komponentenobjekte zu einem neuen Objekt, dem Aggregat, zusammengesetzt. Die Beziehung zwischen den Komponenten- und dem

Aggregatobjekt heißt hier "Consists-of" (manchmal auch "Part-of"-Beziehung genannt). Die wiederholte Verwendung der Aggregation führt zu der sog. Aggregationshierarchie.

- Das Konzept der *Generalisierung* (generalization) bezieht sich auf eine Menge von zueinander ähnlichen Objekttypen und betrachtet diese als einen semantisch höheren, generischen Objekttyp. Dabei werden individuelle Unterschiede zwischen den einzelnen Objekttypen ignoriert und nur die gemeinsamen Eigenschaften in den generischen Objekttyp übernommen. Zwischen den "spezialisierten" Objekttypen und dem generalisierten Objekttyp existiert damit eine "Is-a"-Beziehung. Durch mehrmalige Ausführung der Generalisierung entstehen die sog. Generalisierungshierarchien.

- Durch die *Assoziation* (association) wird eine Menge von Objekten potentiell verschiedener Typen über die Beziehung "Member-of" (manchmal auch als "Element-of" bezeichnet) zu einem semantisch höheren Objekt, dem sog. Mengenobjekt, vereinigt. Es werden nur die mengendefinierenden Eigenschaften beschrieben und alle Details der "Member"-Objekte unterdrückt. Die wiederholte Anwendung dieses Abstraktionskonzeptes läßt eine Assoziationshierarchie entstehen.

Wie man leicht feststellen kann, sind die o.g. vier Abstraktionskonzepte unabhängig voneinander. Es bleibt außerdem festzuhalten, daß diese vier Konzepte auch die "Grundbeziehungen" der semantischen Datenmodellierung [STW84, Br84] repräsentieren. Damit ist eine weitgehende Überlappung der Modellierungsbereiche Wissensrepräsentation und semantische Datenmodellierung, zumindest für die deskriptiven Aspekte, aufgezeigt (siehe auch [BMS84]). Die prozeduralen Aspekte (bei Frames z.B. Methoden, Dämonen und Regelverarbeitung) werden hier nicht berücksichtigt, da es primär um die Abbildung des deklarativen Bestandteils von Frames geht. Daher beinhaltet dieser Abschnitt nur die Beschreibung eines Frame-Modells [HMM87] unter dem Aspekt der Repräsentation von deklarativem Wissen. Alle o.g. Abstraktionskonzepte können innerhalb des hier vorgestellten Frame-Modells aufgezeigt werden.

Sloteigenschaften	
Typ	Klassen-Slot / Member-Slot
Kennung	eigener / geerbter
Aspekte	Default, Comment, Wertmenge

Modellierung	
von	mittels
Generalisierung	ist_subklasse_von / hat_als_subklassen
Assoziation	ist_member_von / hat_als_member, Klassen-Slot
Klassifikation	ist_member_von / hat_als_member, Member-Slot
Aggregation	nur von Aspekten / zu Slots / zu Units

Tab. 2.12: Einige Aspekte des Frame-Modells

Dieses Frame-Modell (siehe Tab. 2.12 und Abb. 2.18) kennt zunächst nur Objekte (hier als Unit bezeichnet), die die Grundelemente der Wissensrepräsentation bilden. Eine *Unit* setzt sich aus einer Liste von Attributen (Slots) mit Attributwerten (Werte) zusammen (Konzept der Aggregation) und wird durch einen Unit-Namen eindeutig identifiziert. Jedem *Slot* ist eine Liste von *Aspekten* mit den zugehörigen Aspektwerten zugeordnet, die dazu dienen, den Slot mit seinem Wert genauer zu spezifizieren. Mögliche Aspekte sind beispielsweise "Comment", den der Benutzer als Kommentar verwenden kann, "Default" zur Definition eines Standardwerts im Fall eines undefinierten Slotwerts und "Wertmenge" zur Festlegung einer Menge von Werten, aus denen der Wert des Slots ausgewählt werden muß.

Unitname

ist_subklasse_von:		Liste von Units	
hat_als_subklassen:		Liste von Units	
ist_member_von:		Liste von Units	
hat_als_member:		Liste von Units	
Slot 1:	Typ1	Kennung 1	Wert 1
		Aspekt 11	Aspektwert 11
		Aspekt 12	Aspektwert 12
		.	.
		Aspekt 1m	Aspektwert 1m
Slot n:	Typn	Kennung n	Wert n
		Aspekt n1	Aspektwert n1
		Aspekt n2	Aspektwert n2
		.	.
		Aspekt nm	Aspektwert nm

Abb. 2.18: Struktur der Units

Die Units entsprechen den Objekten (auch Entities genannt) eines Ausschnitts der realen Welt, die zu modellieren sind. Dabei unterscheidet man semantisch zwischen Units, die eine Menge von Entities repräsentieren und daher als *Klasse* bezeichnet werden, und Units, die Entities einer Klasse repräsentieren und daher als *Member* bezeichnet werden. Die Unterscheidung zwischen Klassen, die den Objekttyp von Member-Objekten darstellen - entsprechend dem Abstraktionskonzept der Klassifikation -, von denen, die als Mengenobjekt eine Menge von Objekten im streng mengen-theoretischen Sinn beschreiben - entsprechend dem Abstraktionskonzept der Assoziation -, wird jedoch nicht gemacht. Ebenso unterscheidet man nicht zwischen Member, die Objektinstanzen darstellen, und denen, die die Elemente einer Menge repräsentieren. Daher entspricht die Unterteilung der Units in Klassen und Member sowohl dem Konzept der Assoziation als auch der Klassifikation. Weiterhin ist es möglich, daß eine Unit Member und auch Klasse sein kann bzw. daß eine Unit gleichzeitig Member verschiedener Klassen sein kann. Neben dieser Beziehung zu ihren Member haben Klassen Beziehungen mit anderen Klassen. Diese entsprechen dem Abstraktions-konzept der Generalisierung, durch das eine Hierarchie von Objektklassen gebildet wird.

Entlang dieser Hierarchie werden Informationen über Units transportiert: Slots (Eigenschaften) von übergeordneten Units können an untergeordnete Units übertragen (vererbt) werden. Man unterscheidet dabei zwischen zwei Arten von Slots: Klassen-Slots und Member-Slots. Klassen-Slots bezeichnen Eigenschaften der Unit, während Member-Slots die Eigenschaften der zugehörigen Member beschreiben. Daher werden die Member-Slots an die untergeordneten Units übertragen. Da sie zur Spezifikation der Member-Eigenschaften dienen, besitzen sie keinen Wert. Erst wenn der Slot an die Member-Units vererbt wird, wird ihm ein Wert zugeordnet (siehe Abb. 2.19). Unter Umständen ist es jedoch sinnvoll, einen Standard-Wert zu definieren, der generell weitervererbt werden soll. Dies wird mit Hilfe des Default-Aspekts modelliert. Klassen-Slots werden dagegen nicht übertragen. Sie spezifizieren entweder Eigenschaften, die für alle Member der Klasse gelten, oder Eigenschaften, die nur für die betreffende Klasse relevant sind. Die Zuordnung eines Wertes ist deshalb notwendig. Bei der Übertragung von Slots an untergeordnete Units, auch Vererbung von Eigenschaften genannt, wird dann wie folgt unterschieden:

- Member-Slots werden entlang der Klasse/Klasse-Beziehungen (Generalisierungshierarchie) an alle untergeordneten Klassen (Units) als Member-Slots und
- entlang der Klasse/Member-Beziehungen (Klassifikations- und Assoziationshierarchie) an die untergeordneten Member (Units) als Klassen-Slots vererbt;
- Klassen-Slots werden überhaupt nicht vererbt.

Diese Unterscheidung macht deshalb die Zuordnung sowohl eines Slot-Typs (Klassen-Slot, Member-Slot) als auch einer Kennung (eigener Slot, geerbter Slot) zu jedem Slot erforderlich.

Um diese Klasse/Member- bzw. Klasse/Klasse-Beziehungen modellieren zu können, existieren spezielle Slots, die für jede Unit vordefiniert sind:

- Die Slots 'ist_subklasse_von' und 'hat_als_subklassen' werden dazu benutzt, die Klasse/Klasse-Beziehung zu modellieren, wobei 'ist_subklasse_von' die übergeordneten Klassen und 'hat_als_subklassen' die untergeordneten Klassen referenzieren.
- 'ist_member_von' und 'hat_als_member' stellen die Klasse/Member-Beziehungen dar; 'ist_member_von' spezifiziert die Referenz zu den Klassen, bei denen die Unit ein Member ist, und 'hat_als_member' gibt die Referenz zu allen Member dieser Klasse an.

Abb. 2.18 zeigt die komplette Struktur einer Unit. Es wird deutlich, daß die vier oben angesprochenen Slots aufgrund ihrer speziellen Bedeutung, nämlich der Modellierung der Unit-Beziehungen, aus der Menge der übrigen Slots herausgehoben sind. In Abb. 2.19 ist ein Ausprägungsbeispiel enthalten, das alle o.g. Charakteristika nochmals aufzeigt. Die zugehörigen primitiven Operationen des Frame-Modells umfassen einerseits allgemeine objektbezogene Operationen wie das Einspeichern, Löschen, Lesen und Modifizieren von Units. Andererseits existieren Operationen, die Slots und Aspekte direkt manipulieren.

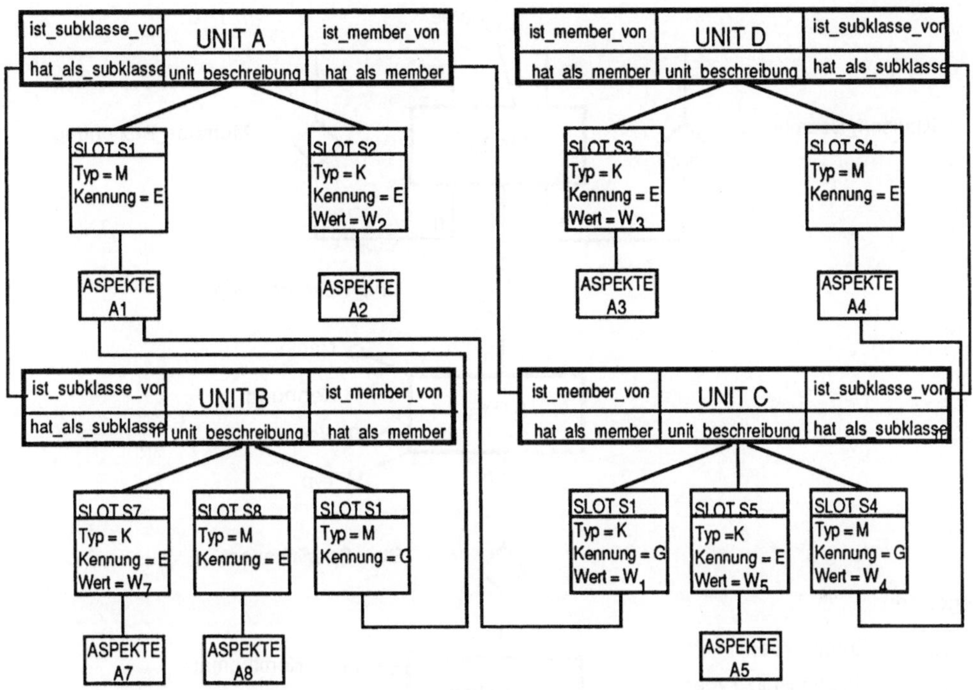

Abb. 2.19: Ausprägungsbeispiel des Frame-Modells

Im folgenden sollen die Datenmodell-Anforderungen von Wissensrepräsentationsmethoden besser hervorgehoben werden. Dazu erscheint eine Darstellung des Frame-Modells und damit auch von allen enthaltenen Abstraktionskonzepten mit Hilfe des Entity-Relationship-Modells (ER-Modell [Ch76]) recht hilfreich. Ausgehend von dieser ER- Modellierung lassen sich leicht die entsprechenden Modellierungen für die verschiedensten Datenmodelle ableiten (s. Abschnitt 3.4).

Das ER-Modell dient zur Beschreibung der in einem Weltausschnitt enthaltenen Information und Informationsstrukturen. Die Gegenstände dieses Weltausschnitts werden auf Entities, ihre Beziehungen auf Relationships abgebildet. Die Eigenschaften dieser Gegenstände und ihrer Beziehungen können durch Entity- und Relationship-Attribute dargestellt werden. Gleichartige Gegenstände bzw. damit assoziierte Entities werden zu sog. Entity-Mengen (Typen) zusammengefaßt; gleiches führt zu den sog. Relationship-Typen. Bei den Beziehungen unterscheidet man drei Arten: (1:1), (1:n) und (n:m); damit werden eindeutige, funktionale und komplexe Beziehungen zwischen Entities charakterisiert. Zur graphischen Darstellung des ER-Modells eignen sich ER-Diagramme (Abb. 2.20) besonders gut.

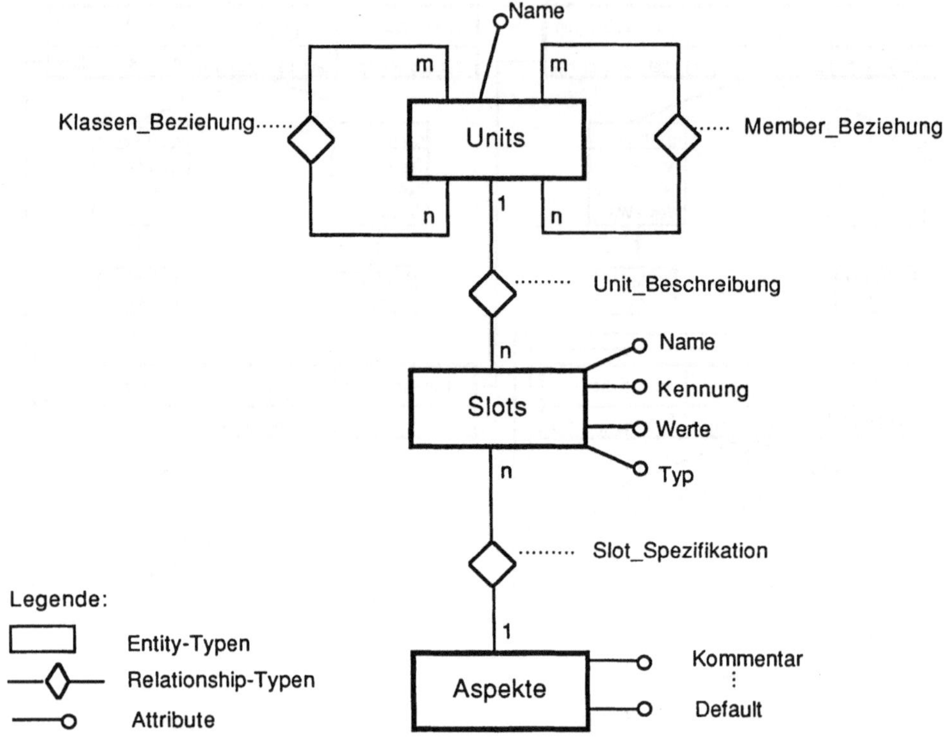

Abb. 2.20: ER-Diagramm des Frame-Modells

Für die Darstellung der Objekte des Frame-Modells scheint es fälschlicherweise auf den ersten Blick naheliegend, jeder Klasse einen Entity-Typ zuzuordnen und alle zugehörigen Member als Entities, d.h. Ausprägungen, dieses Entity-Typs abzubilden. Diese Modellierungsweise offenbart allerdings größere Probleme:

- zum einen kann ein Objekt sowohl Member als auch Klasse sein (d.h., ein Objekt ist als Typ und auch als Ausprägung zu modellieren);
- zum anderen kann es gleichzeitig Member von unterschiedlichen Klassen sein (d.h., ein Objekt ist gleichzeitig Ausprägung von verschiedenen Entity-Typen).

Zur Lösung dieser Abbildungsproblematik muß man Redundanzen einführen, die allerdings ein erhebliches Maß an Zusatzaufwand bedeuten.

Betrachtet man das Frame-Konzept jedoch etwas näher, so erkennt man, daß es von einem semantisch höheren Standpunkt aus nur abstrakte Objekte, die sog. Units, gibt. Deren Bedeutung als Klassen bzw. Member wird eigentlich nur durch die Beziehungen zwischen den Units realisiert und nicht durch die Units selbst. Eine Modellierung des Frame-Konzepts auf dieser abstrakteren Ebene vermeidet die oben beschriebenen Probleme. Man hat dabei einen Entity-Typ UNITS, der dazu benutzt wird, alle Objekte (Units) des zu modellierenden Weltausschnitts darzustellen. Alle diese Objekte, egal ob sie Member oder Klassen sind, werden dann als Ausprägung dieses Entity-Typs repräsentiert. Man erhält dadurch ein flexibles generisches Schema, das es erlaubt, beliebige Frame-Anwendungen geeignet darzustellen.

In Abb. 2.20 ist das resultierende ER-Diagramm der besprochenen Frame-Modellierung dargestellt. Abb. 2.19 zeigt ein auch hierzu passendes Ausprägungsbeispiel, was zudem für diese ER-Darstellung (d.h. Frame-Modellierung) spricht. Die Semantik der Units (nämlich Member- und/oder Klassen-Unit) wird durch die beiden (n:m)-Relationship-Typen definiert: Die 'Klassen_Beziehung' (mit den Teilbeziehungen 'hat_als_subklassen' und 'ist_subklasse_von') baut die Generalisierungs-hierarchie und die 'Member_Beziehung' (mit den Teilbeziehungen 'ist_member_von' und 'hat_als_member') die Klassifikations- und Assoziationsstrukturen auf. Über die Beziehung 'Unit_Beschreibung' werden die einzelnen Slotdaten zur Beschreibung der Units aggregiert (Aggregation). Ebenso führt die Beziehung 'Slot_Spezifikation' eine aggregierende Beschreibung um die Aspektdaten des betreffenden Slots durch.

Sowohl durch das Ausprägungsbeispiel in Abb. 2.19 als auch durch das ER-Diagramm in Abb. 2.20 werden die vielfach vernetzten und rekursiven Unit-Strukturen offensichtlich. Hieraus läßt sich direkt die Forderung nach geeigneten Modellierungs- und Verarbeitungsmöglichkeiten für netzwerkartige und rekursive Strukturen als wesentliche Anforderung an Datenmodelle ableiten.

Eine Vielzahl von neuen Expertensystem-Entwicklungsumgebungen (expert system building tool) (etwa ART [Wi84], BABYLON [GWCRM86], LOOPS [BS83], KEE [FK85], KNOWLEDGE-CRAFT [FWA85]) benutzen eine mehr oder weniger modifizierte Version des hier vorgestellten Frame-Modells. Insbesondere gilt dies für die Folgeentwicklung (MED2 [Pu86b]) von MED1. In MED2 wur-den, außer der Wissensrepräsentation durch ein Frame-Modell, noch eine verbesserte Problemlö-sungsstrategie basierend zum einen auf der Verschmelzung einer "Hypothesize-and-Test"-Strategie und einer Differential-Diagnostik und zum anderen auf mehr spezielleren Methoden (etwa Evidenz-modelle, nicht-monotones Argumentieren) realisiert. Wegen der nun reichhaltigeren Strukturierung der Wissensbasis bietet MED2 jetzt bessere Möglichkeiten, einige der schon in Abschnitt 2.3.1 angesprochenen Entwurfskonzepte (im wesentlichen der gesteuerte Anwendungspuffer und das Ausnutzen von Verarbeitungsphasen) für die Wissensverarbeitung zu berücksichtigen.

Speziell auf die Belange einer effizienten Wissensverarbeitung und Wissensrepräsentation ist das System KRISYS [Ma88] zugeschnitten. Dieses sog. Wissensbankverwaltungssystem (knowledge base management system) integriert ein zugeschnittenes Datenbankverwaltungssystem mit der Wissensrepräsentation- und Inferenzkomponente KRIM (Knowlege Representation and Inference Manager). KRIM bietet als Schnittstelle nach außen ebenfalls ein Frame-Modell an. In die Konzeption und Realisierung von KRISYS sind alle wesentlichen Optimierungsansätze aus Abschnitt 2.3.1 eingeflossen (näheres hierzu ist [Ma88] zu entnehmen). Zur effizienten Datenhaltung in KRISYS wird ein DBS mit einer angepaßten Datenmodellschnittstelle verwendet. (Die wesentlichen Eigenschaften dieses Datenmodells und der zugehörigen DBS-Implementierung werden in den Kapiteln 3 und 4 detailliert vorgestellt und repräsentieren den eigentlichen Gegenstand der vorliegenden Arbeit).

2.4 Charakteristika der Non-Standard-Anwendungen

Basierend auf den Ergebnissen der drei vorherigen Abschnitte 2.1, 2.2 und 2.3 ist es nun möglich, die allgemeinen Eigenschaften der Datenhaltung in den Non-Standard-Anwendungen abzuleiten. Dabei zeigen sich Gemeinsamkeiten sowohl im Bereich Systemarchitektur als auch in den Bereichen Modellierung und Verarbeitung.

2.4.1 Verallgemeinerung der Abbildungshierarchie

In den betrachteten Prototypen wurde zusätzlich zur gemeinsamen dreigeteilten Sytemarchitektur aus Abb. 2.1 noch eine weitere Schnittstelle eingeführt (vgl. auch Abb. 2.2, 2.8 und 2.15). Diese anwendungsunterstützende Schnittstelle AUSS dient der Komplexitätsreduktion (der Modell-abbildung) und adäquaten Abstraktion, der einfachen Erweiterbarkeit sowie der Unabhängigkeit vom darunterliegenden DBS. AUSS läßt sich genauer charakterisieren durch die bereitgestellten Schnittstellenfunktionen, die im wesentlichen anwendungsbezogene Teilaufgaben bewältigen und Aspekte der Datenhaltung und Verarbeitung aufzeigen. Dabei erweist sich der Grundbegriff der Verarbeitungseinheit (VE) als ein alle diese Anwendungen verbindendes Glied. Der "Gegenstand der Verarbeitung" reicht von genau einem Satz eines Satztyps bis hin zu einer strukturierten Satzmenge unterschiedlicher Satztypen eines DB-Schemas. Die Verarbeitung läßt sich durch drei Operations-typen charakterisieren:

- Satzorientierte Operationen bearbeiten nur einfache VE (VE mit genau einem Satztyp) und entsprechen im wesentlichen den bekannten DML-Operationen.
- Strukturorientierte Operationen sind geprägt durch das Verarbeiten (Herausziehen aus der bzw. Einbringen in die DB) strukturierter VE (d.h. VE bestehend aus einer strukturierten Satzmenge evtl. heterogener Satztypen).
- Objektorientierte Operationen führen "semantisch höherwertige Aktivitäten" (spezielle anwendungsbezogene Berechnungen, Umformungen etc.) auf ebenfalls strukturierten VE durch.

Der Übergang zwischen den einzelnen Operationstypen ist fließend. Ein Vergleich dieser Eigenschaften mit denen der Datenmodellschnittstelle zeigt, daß durch AUSS deutlich komplexere Objekte und (zugehörige) Operationen angeboten werden. Im Vergleich zur Anwendungsmodell-schnittstelle realisiert AUSS allerdings eine semantisch weitaus niedriger angesiedelte Schnittstelle, da von AUSS noch keine Anwendungsmodellobjekte und -operationen zur Verfügung gestellt werden.

Trotz des Anwendungsbezugs von AUSS enthält die so realisierte Zusatzebene eine Reihe anwendungsunabhängiger Aspekte, in denen sich die meisten der in Abschnitt 2.2 behandelten Problempunkte wiederfinden. Das eine wesentliche Konzept betrifft die strukturierten Verarbeitungs-einheiten und strukturorientierten Operationen. Ein weiteres wichtiges und hier ebenfalls zu erwähnendes Konzept bezieht sich auf die indirekte Verarbeitung, die im wesentlichen durch eine

Pufferung von Verarbeitungseinheiten die Nutzung von Zugriffslokalität "nahe an ihrem Entstehungsort (hier die Anwendung)" unterstützt und damit wesentlich zur Leistungssteigerung beiträgt. Das
Konzept der strukturierten Verarbeitungseinheiten und strukturorientierten Operationen ermöglicht
eine Verbesserung der Anwendungsunterstützung durch eine Verfeinerung der Abbildungshierarchie. Bezogen auf die (semantisch) recht niedere Datenmodellschnittstelle bietet es sich an,
unter Ausnutzung des Konzepts der Verarbeitungseinheiten eine allgemeine, *objektunterstützende
Schnittstelle (OSS)* bereitzustellen. Diese Schnittstelle paßt sich optimal in die bestehende
Abbildungshierarchie ein, ist anwendungsunabhängig, abstrahiert vom darunterliegenden Datenhaltungssystem und bietet Operationen mit strukturierten Objekten als Verarbeitungseinheiten an.
Weiterhin zeichnet sich OSS als einfach (um zusätzliche Verarbeitungseinheiten) erweiterbar und
aufgrund der klar abgegrenzten Aufgabenstellung durchaus als effizient realisierbar aus. Die
darüberliegenden Systemkomponenten, insbesondere die Komponente zur indirekten Verarbeitung, können die vom OSS angebotenen Dienste gewinnbringend einsetzen. Durch die beschriebenen Prototypsysteme und die durchgeführten Analysen läßt sich dies belegen. Das im
KUNICAD-System realisierte Cursor-Konzept kann beispielsweise als primitive Vorstufe von OSS
angesehen werden. Des weiteren können etwa die Operationen zum Aufbau und zur Verwaltung der
Hauptspeicherstrukturen der AUSS-Ebenen (etwa ST_TREE, G_TREE im DBCHIP-System oder
UMGEBMOD im DBGEO-System) im großen und ganzen direkt durch OSS-Operationen ersetzt
werden. Die wesentlichen Eigenschaften der hier nur skizzierten OSS sind dem nachfolgenden
Abschnitt zu entnehmen.

2.4.2 Flexible Objektbeschreibung und Objektverarbeitung

Aus den vorstehenden Abschnitten von Kapitel 2 sowie aus weiteren Untersuchungen in [BB84] und
[Mi85] lassen sich nun relativ einfach die wesentlichen Charakteristika der (den Anwendungs-
modellobjekten zugrundeliegenden) Verarbeitungseinheiten hinsichtlich Beschreibung und zugehöriger Verarbeitungsweise aufzeigen. Da die hier betrachteten Verarbeitungseinheiten sich bzgl.
Struktur und Verarbeitung deutlich anspruchsvoller und komplexer als einfache Sätze oder
homogene Satzmengen darstellen, soll im folgenden der Begriff *"Komplexobjekt"* synonym zu
Verarbeitungseinheit verwendet werden.

In [Mi85] werden hauptsächlich Objekte aus ingenieurwissenschaftlichen Anwendungen untersucht.
Die Beschreibungsdaten werden dort unterteilt in allgemeine Objektstrukturen und in davon unab-
hängige Entwurfsstrukturen. Letztere werden durch die verschiedenen Repräsentationen, die
Versionen und Alternativen sowie die Konfigurationen gebildet und beschreiben den eigentlichen
Entwurfsvorgang. Ergänzend dazu zeigen die Objektstrukturen die u.U. auch rekursive Zusammen-
setzung der Komplexobjekte aus ihren Komponenten. Hier unterscheidet man zwischen reinen
Strukturierungseigenschaften, die im wesentlichen den Aufbau eines Komplexobjekts aufzeigen und
Isolationseigenschaften, die die Nicht-Eigenständigkeit (weak relationship) und die Mehrfach-
benutzung als Komponentenobjekt (shared object) definieren. Ähnlich zu [Mi85] werden in [BB84]

die Komplexobjekte - dort "molecular objects" genannt - danach unterschieden, ob beim Zusammen-fassen von bereits definierten "molekularen Objekten" zu Komponenten eines neuen molekularen Objekts disjunkte oder nicht-disjunkte Mengen von Komponenten auftreten und ob eine typmäßig rekursive Aufbaubeziehung vorhanden ist oder nicht.

Zur Verarbeitung von Komplexobjekten unterscheidet man zwei Ebenen. Die *Gesamtobjektsicht* behandelt ein Komplexobjekt als eine zusammengehörige Einheit; das Komplexobjekt wird als Ganzes gelesen, kopiert, gelöscht etc. und besitzt beschreibende Attribute. Durch die *Komponen-tensicht* wird die interne Struktur des Komplexobjekts offenbart. Die Komponenten können dabei entweder wiederum Komplexobjekte sein oder Primitivobjekte ohne Internstruktur. Falls die Komponenten vom gleichen Typ wie das Gesamtobjekt sind, spricht man von *rekursivem Aufbau* (z.B. eine Zell-Hierarchie oder die CSG-Darstellung einer Baugruppe), und falls das gleiche Komponenten-objekt auch in anderen Gesamtobjekten als Komponente existiert, handelt es sich um eine *Mehrfach-benutzung* (Nicht-Disjunktheit, z.B. die gemeinsamen Grenzlinien und Grenzpunkte einer Fläche).

Die Modellierung dieser Vorstellungen im ER-Modell läßt, analog zur ER-Modellierung des Frame-Modells, die den Komplexobjekten zugrundeliegenden Strukturen besser zum Vorschein kommen. Die ER-Modellierung erfordert für den Gesamtobjekttyp und für jeden Komponententyp einen Entity-Typ, die jeweils die beschreibenden Attribute beinhalten und zwischen denen ein Relationship-Typ "Consists-of" besteht. Das Komplexobjekt wird damit durch alle Entities, die über diese Relationships miteinander in Beziehung stehen, repräsentiert. Im Falle von disjunkten Komplexobjekten ist die Beziehung "Consists-of" von der Art (1:n) und im nicht-disjunkten Fall (n:m). Die Rekursion wird durch einen reflexiven Beziehungstyp ausgedrückt. In Abb. 2.21 werden die vier Fälle zusammengefaßt und anhand der zugehörigen ER-Diagramme dargestellt. Dabei wird nochmals deutlich, daß die modellierungs- und verarbeitungsmäßige Beherrschung von netzwerkartigen und auch von rekursiven Strukturen wichtige Anforderungen an geeignete Datenmodelle stellen.

Diese mehr verallgemeinernden Aussagen decken sich mit den Ergebnissen aus den Abschnitten 2.1 und 2.2. Die dort aufgeführten Tabellen der vorherrschenden Verarbeitungseinheiten sowie die einzelnen Schemabeschreibungen lassen sehr deutlich erkennen, daß zum einen die nicht-disjunkt/ nicht-rekursiven und die nicht-disjunkt/rekursiven Komplexobjekt(typen) dominant sind. Zum anderen kommt eine gewisse Objektdynamik zum Vorschein: abhängig von der aktuellen Betrachtungsebene und dem aktuellen Stand der Verarbeitung werden jeweils unterschiedliche Komplexobjekte bear-beitet - anstatt statisch vordefiniert müssen Komplexobjekte dynamisch definier- bzw. aufbaubar sein. Durch die Tabellen 2.1, 2.5 und 2.8 wird dies sehr schön verdeutlicht. Des weiteren ist auch eine symmetrische Verarbeitungsweise zu erkennen. Z.B. im Laufe einer KUNICAD-Verarbeitung (s. Abschnitt 2.2.1) kann es durchaus notwendig sein, einmal ein Flächenobjekt und alle zugehörigen Kanten- und Punktobjekte anzusprechen und in einem späteren Verarbeitungsschritt genau das dazu "inverse" Komplexobjekt, nämlich ein Punktobjekt und alle benachbarten Kanten- und Flächen-objekte. Im allgemeinen ist somit keine dauerhafte Vorzugsrichtung bei der Verarbeitung zu erken-nen. Außerdem erfolgen die Referenzen auf Objekte und Komponentenobjekte nicht gleich häufig.

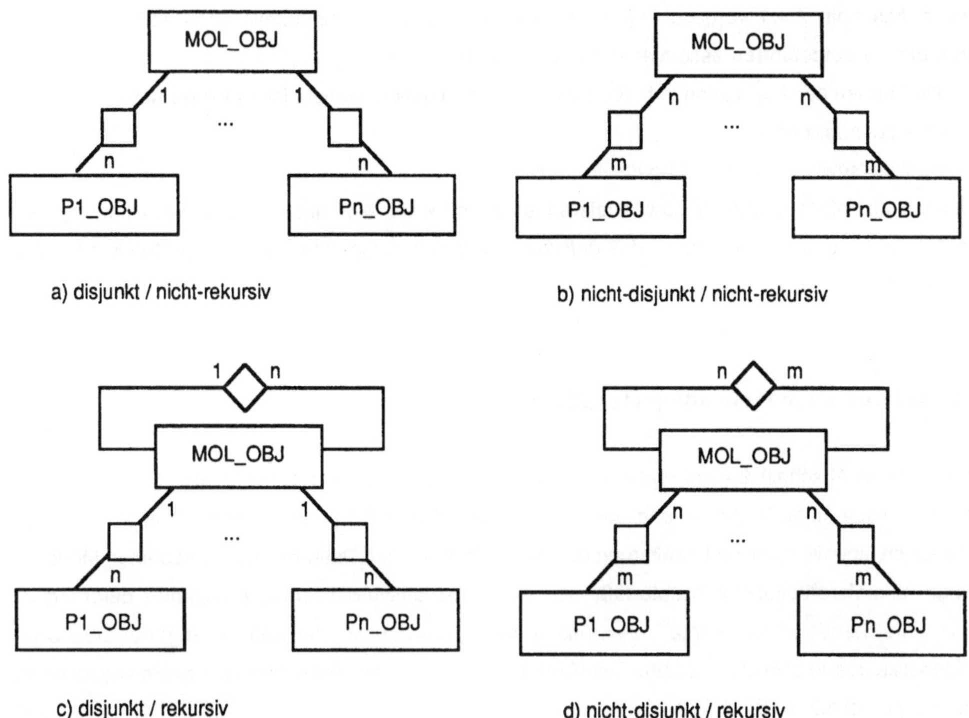

a) disjunkt / nicht-rekursiv

b) nicht-disjunkt / nicht-rekursiv

c) disjunkt / rekursiv

d) nicht-disjunkt / rekursiv

Abb. 2.21: ER-Diagramme der Komplexobjekt-Typen

Das hier beschriebene Konzept der komplexen Objekte berücksichtigt im wesentlichen nur die Abstraktion durch Aggregation - das Komplexobjekt wird aus seinen Komponenten aufgebaut/aggregiert - sowie wegen der Unterscheidung von Ausprägung und Typ auch das Konzept der Klassifikation. Aus Abschnitt 2.3.2 wurde aber deutlich, daß es noch zwei weitere wesentliche Abstraktionskonzepte gibt, die auch zur Festlegung der Semantik des Komplexobjekts nützlich sind, nämlich die Assoziation und die Generalisierung und damit verbunden der wichtige Aspekt der Vererbung.

Bzgl. der Verarbeitungsweise der Komplexobjekte ist es sinnvoll, zwischen zwei Zugriffstechniken zu unterscheiden. Der sog. *vertikale Zugriff* entspricht dem u.U. über Prädikate qualifizierten Zugriff auf das betreffende Gesamtobjekt. Beispiele hierfür sind etwa das Lesen eines bestimmten BREP-Objekts, das Löschen einer Units-Hierarchie oder das Modifizieren eines "Slicing"-Baums. Die Projektion von Komponentenobjekten, die ebenfalls evtl. vorgegebene Qualifikationsbedingungen erfüllen müssen, gehört mit dazu. Der herkömmliche *horizontale Zugriff* kommt im Vergleich zum vertikalen viel weniger häufig vor. Hier gilt es, alle Objektinstanzen (Ausprägungen) eines Typs auszuwählen, die die gestellten Qualifikationsbedingungen erfüllen. Als Beispiele hierzu können genannt werden etwa das Lesen aller schon fertig entworfenen Zellen oder das Ändern der beschreibenden Attribute bestimmter Baugruppen bzw. Bauteile.

Die in Abschnitt 2.4.1 vorgeschlagene objektunterstützende Schnittstelle OSS sollte damit die nachfolgend aufgeführten essentiellen Konzepte unterstützen:

- alle Formen der Abstraktion, d.h. Klassifikation, Aggregation, Generalisierung und Assoziation,
- Objektdynamik und
- vertikale sowie horizontale Zugriffstechniken.

Diese Konzepte zusammen gewährleisten eine adäquate Modellierung und Verarbeitung der Komplexobjekte und stellen damit das geforderte und notwendige Maß an Objektunterstützung zur Verfügung.

2.5 Anforderungen an adäquate Datenmodelle

Durch die in Abschnitt 2.4 vorgeschlagene und auch dort skizzierte objektunterstützende Schnittstelle ist noch keine Verbesserung der in Abschnitt 2.2 und 2.3 geschilderten Situation gegeben. Erst durch eine wesentliche Erweiterung der vom DBS bzw. vom Datenmodell angebotenen Modellierungs- und Verarbeitungskonzepte läßt sich eine Situationsverbesserung erreichen - gefordert ist eine hinreichende und effiziente Unterstützung (bzw. Übernahme oder Realisierung) der OSS-Charakteristika aus Abschnitt 2.4.2 (Zitat aus [BB84] S. 174: ... support for molecular objects should be an integral part of future DBMSs ...).

Im folgenden wird gezeigt, daß viele existierende Datenmodelle die in 2.3 aufgestellten Forderungen der Objektunterstützung nicht oder nur schlecht erfüllen (s. auch Abschnitt 3.4.2). Letztendlich führte diese Inadäquatheit der benutzten bzw. vorhandenen DB-Werkzeuge zu den überraschend schlechten Analyseergebnissen in Abschnit 2.2 und 2.3.

In Abb. 2.22 werden am Beispiel des BREP-Schemas aus Abschnitt 2.2.1 unterschiedliche Modellierungsansätze einander gegenübergestellt. Die primäre Konsequenz einer hierarchischen Modellierung betrifft die konsistente Handhabung der zwangsweise eingeführten Redundanz. Die BREP-Modellierung zeigt mehrere voneinander unabhängige Repräsentationen für jede Kante und jeden Punkt. Da sich das DBS dieser modellbedingten Redundanz nicht bewußt ist, muß eine entsprechende Redundanzkontrolle durch die Modellabbildungskomponenten gewährleistet werden. Dies impliziert einen nicht zu vernachlässigenden Overhead, der durch eine aufwendigere (semantische) Integritätskontrolle (etwa vorgegebene Nachbarschaftsbeziehungen, Topologien etc.) noch verstärkt wird. Dies gilt sowohl für das klassische hierarchische Datenmodell [Mc77, TL76] als auch für neuere Modelle wie etwa die NF^2-Modelle (non-first-normal-form, [SS86, RKB85]) oder das sog. "Complex-Object"-Modell [LK84]. Der netzwerkorientierte Ansatz vermeidet diese modellbedingte Redundanz, allerdings auf Kosten eines umfangreicheren Schemas. Für alle (n:m)-Beziehungen müssen entsprechende Hilfssatztypen (dies gilt auch für das Relationenmodell) und die zugehörigen Beziehungstypen eingeführt und später auch verwaltet werden. Netzwerk- und Hierarchiemodellierung sind semantisch nicht zueinander äquivalent: der hierarchische Ansatz offenbart einen gewissen Informationsverlust bezüglich des "Blatt-zu-Wurzel"-Zugriffs. Im Gegensatz dazu kann die

Netzwerkmodellierung insofern als symmetrisch bezeichnet werden, als es a priori keine Vorzugsrichtung gibt. Allerdings zeigt die navigierende Verarbeitung und das damit verbundene Cursor-
Konzept eine sehr inadäquate Verarbeitungsweise auf. Alle genannten Datenmodelle unterstützen
im wesentlichen nur nicht-rekursive und disjunkte Objektstrukturen. Entsprechend zugeschnitten
sind dann auch die zugehörigen Operationen.

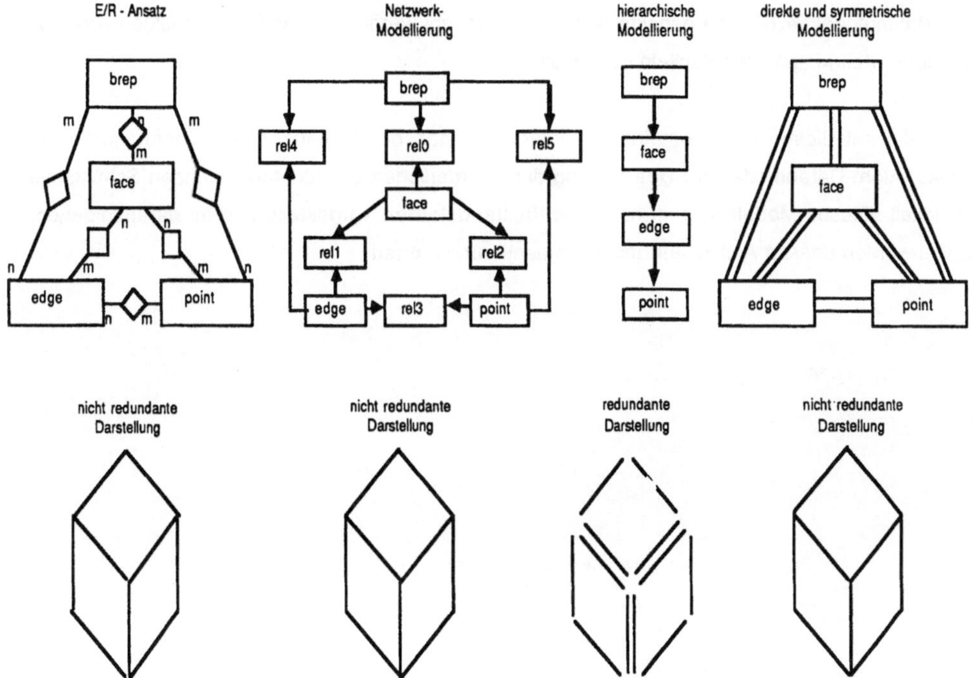

Abb. 2.22: Verschiedene Modellierungsansätze zur BREP-Darstellung

Zusammenfassend können die folgenden Gründe genannt werden, die ausschlaggebend waren für
die insgesamt schwerfällige Objektdarstellung und -verarbeitung:

- inadäquate Modellierung und Verarbeitung von (n:m)-Beziehungen und von Rekursion,
- weniges bzw. schlechtes Ausnutzen vorhandener Verarbeitungslokalität sowie
- keine Unterstützung des Zugriffs auf sich dynamisch ändernde Satzmengen verschiedener
  Satztypen.

Die rechte Seite in Abb. 2.22 zeigt den wünschenswerten Modellierungsansatz, der als direkt und
symmetrisch charakterisiert werden kann. Damit werden die o.g. Probleme umgangen, die
insbesondere im Falle von rekursiven Strukturen (rekursive Komplexobjekte etwa Units-Hierarchien
etc.) noch signifikanter werden.

Die wesentlichen Anforderungen an ein adäquates Datenmodell lassen sich damit wie folgt
beschreiben:

- direkte und symmetrische Verarbeitung von netzwerkartigen und rekursiven Strukturen,
- dynamische Definition von Komplexobjekten und
- adäquate Objektverarbeitung basierend auf vertikalen und horizontalen Zugriffsfunktionen.

Damit können sowohl alle strukturellen als auch alle operationalen Aspekte der Komplexobjekte entsprechend unterstützt werden. Die Erhaltung der Verarbeitungslokalität betrifft im wesentlichen das Konzept der DBS-Einbettung sowie das Verarbeitungsmodell. Momentan sollen allerdings die mehr datenmodellbezogenen Aspekte genauer untersucht werden; die anderen Aspekte werden zu gegebener Zeit in späteren Kapiteln behandelt.

Basierend auf diesen durch empirische Untersuchungen bestätigten Anforderungen wurde das Molekül-Atom-Datenmodell zur Realisierung der erforderlichen objektunterstützenden Schnittstelle entwickelt. Dieses Modell wird im nächsten Kapitel detailliert vorgestellt, und im darauffolgenden Kapitel werden dessen Architektur und Implementierung erörtert.

3. Das Molekül-Atom-Datenmodell

Das Molekül-Atom-Datenmodell [Mi87, Mi88] erlaubt sowohl eine adäquate Modellierung als auch Verarbeitung von netzwerkartig bzw. rekursiv strukturierten Komplexobjekten. Hierbei handelt es sich um eine Erweiterung des Relationenmodells, die es ermöglicht, sowohl hierarchische (1:n) als auch komplexe (n:m) Beziehungen direkt und symmetrisch auf einfache Datenstrukturen mit Wiederholungsgruppen abzubilden. In gleicher Weise lassen sich damit auch rekursive Beziehungen realisieren. Das Konzept der dynamischen Molekülbildung sowie die einfachen Moleküloperationen stellen die integralen Bestandteile des Modells dar. Das erklärte Entwurfsziel des MAD-Modells ist die konsistente Erweiterung der Verarbeitung von homogenen zu strukturierten, heterogenen Satzmengen. Mit anderen Worten ausgedrückt bedeutet dies die Erweiterung von der bisherigen (mengenorientierten) Tupelverarbeitung (wie etwa im Relationen-, Netzwerk- und Hierarchiemodell) zur mengenorientierten Molekülverarbeitung.

Die grundlegenden Konzepte von MAD werden im nachfolgenden Abschnitt überblicksartig zusammengestellt. Das MAD-Modell wird als Erweiterung des Relationenmodells entwickelt; dabei werden alle wesentlichen Modellierungs- und Verarbeitungskonzepte aufgezeigt. Der nächste Abschnitt führt eine Verfeinerung der MAD-Beschreibung durch, indem die innerhalb des MAD-Modells definierte Sprache MQL (molecule query language) detailliert vorgestellt wird. Durch passende Beispiele werden die Aspekte der Sprache zusätzlich illustriert. Nachdem alle wesentlichen Konzepte von MAD nun eingeführt und erklärt sind, kann im dritten Abschnitt die Molekültypalgebra als Ansatz zur Formalisierung des Modells aufgezeigt werden. Der letzte Abschnitt dieses Kapitels versucht, eine Abgrenzung des MAD-Modells zu einigen anderen Datenmodellansätzen zu geben. Dazu werden die sehr unterschiedlichen Konzepte dieser Datenmodelle aufgezeigt. Zuvor werden noch einige MQL-Beispielanweisungen zusammengestellt, die dann als anschauliche Bezugsbasis während der Modellabgrenzung dienen und die letztendlich die Adäquatheit der MAD-Konzepte verdeutlichen.

3.1 Die grundlegenden Konzepte des MAD-Modells

Die Grundelemente von MAD werden *Atome* genannt. Sie sind vergleichbar mit den Tupeln im Relationenmodell und, analog diesen,

- zusammengesetzt aus Attributen von meistens unterschiedlichem Typ,
- eindeutig identifizierbar und
- einem Atomtyp zugehörig.

Der *Atomtyp* besteht aus den konstituierenden *Attributtypen*, denen jeweils ein Datentyp zugeordnet ist. Im Unterschied zu den konventionellen Datenmodellen wird eine reichere Auswahl an verwendbaren *Datentypen* bereitgestellt. Verglichen mit dem Relationenmodell gibt es im wesentlichen die folgenden Erweiterungen:

- IDENTIFIER-Typ und REFERENCE-Typ,
- RECORD-Typ und ARRAY-Typ sowie
- die Wiederholungsgruppentypen SET und LIST.

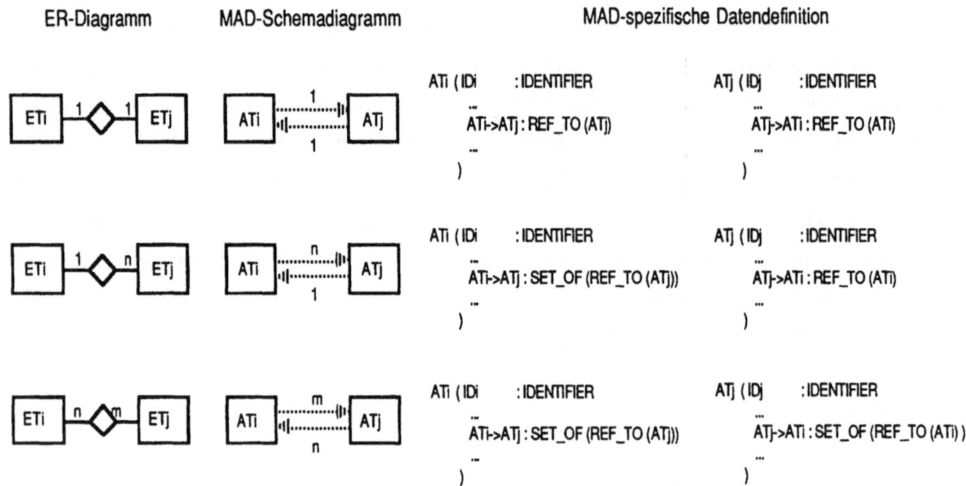

Abb. 3.1: Darstellung der Relationship-Typen im MAD-Modell

Durch das um RECORD-, ARRAY- und die Wiederholungsgruppentypen erweiterte Typkonzept wird eine verbesserte Datenstrukturierungsmöglichkeit auf Attributebene erreicht. Speziell zur Identifikation sowie zur Verbindung von Atomen wurden neue Typen eingeführt. Der IDENTIFIER-Typ erlaubt die Integration eines Surrogatkonzepts [ML83a] und ermöglicht damit die Identifikation von Atomen im Sinne eines Primärschlüssels. Darauf aufbauend ist es ziemlich einfach, den REFERENCE-Typ zu definieren, der im Sinne eines Fremdschlüssels die Bezugnahme auf andere Atome des gleichen oder eines anderen Atomtyps (in Form eines "logischen" Verweises oder einer *Referenz*) erlaubt: der Wert des REFERENCE-Attributs ist der IDENTIFIER-Wert des referenzierten Atoms. Dieser Verbindungsmechanismus auf Atomebene ist sehr ähnlich dem Primärschlüssel/Fremdschlüsselkonzept im Relationenmodell. Die Beziehungen zwischen den Atomen werden explizit formuliert. Damit kann vom Modell die referenzielle Integrität auf Atomebene garantiert werden. Durch die Kombination von REFERENCE-Typ und Wiederholungsgruppentyp SET ist es zudem möglich, eine homogene Menge von Atomen (eines Typs) zu referenzieren. Dieses Referenzierungskonzept kann damit sehr gut zur Darstellung von vernetzten Atomstrukturen benutzt werden. Seine symmetrische Verwendung durch Referenz und dazu passende "Gegenreferenz" erlaubt nun eine effiziente Darstellung von *Atomnetzen*. Jedes Referenz/Gegenreferenz-Paar heißt im folgenden *Beziehung* oder, synonym dazu, kurz *Link*. Auf Typebene spricht man dann von einem *Beziehungstyp* oder *Linktyp*. Damit ist es nun möglich, eindeutige (1:1), funktionale (1:n) und auch komplexe (n:m) Beziehungstypen zwischen zwei Atomtypen in direkter und symmetrischer Weise und ohne Einführung von Redundanz in Form von Hilfsstrukturen darzustellen. In Abb. 3.1 wird dies anschaulich aufgezeigt. Ferner ist dort auch angegeben, wie die Konstrukte des ER-Modells in das

MAD-Modell abzubilden sind. Jedem Entity-Typ (Kästchen mit ET beschriftet) wird ein Atomtyp (Kästchen mit AT beschriftet) und jedem Relationship-Typ (Raute) ein Beziehungstyp zugeordnet. Jeder Beziehungstyp wird immer direkt und symmetrisch, d.h. durch beide *Teilbeziehungen* (gestrichelter Pfeil), als Teil des Atomtyps dargestellt. Damit können die geforderten Netzstrukturen adäquat abgebildet werden. Das *MAD-Schema* - auch *DB-Schema* genannt - faßt die jeweils definierten Atomtypen und die Beziehungstypen zusammen. Die in diesem Schema damit implizit vorhandenen Atomnetze repräsentieren die zugehörige *Datenbank*.

Basierend auf diesem Atomnetz ist es nun in sehr einfacher Weise möglich, dynamisch *Moleküle* zu konstruieren, deren Elementarbausteine die Atome sind und deren Zusammengehörigkeit durch die Links gegeben ist. Jedes Molekül ist von einem bestimmten Typ. Dieser *Molekültyp* wird definiert (in der Anfragesprache und nicht im Schema) durch die Zusammenfassung von Atomtypen, zwischen denen definierte Beziehungstypen existieren. Jeder Molekültyp bestimmt damit sowohl seine Molekültypstruktur als auch seine Molekülmenge. Die *Molekültypstruktur* kann verstanden werden als ein gerichteter Graph, dessen Knoten die Atomtypen und dessen Kanten die Beziehungstypen aus der Typdefinition sind. Die Richtung der Kanten wird festgelegt durch die ausgewählte Teilbeziehung des symmetrischen Beziehungstyps. In diesem Zusammenhang wird dann auch von gerichteten Beziehungstypen (Beziehungen) bzw. von gerichteten Linktypen (Links) gesprochen. Dieser Graph kann nun in sehr flexibler Art und Weise, sozusagen als "Schablone" über das zugrundeliegende Atomnetz gelegt werden. Alle so aufgefundenen Moleküle werden dann zu der zugehörigen *Molekülmenge* zusammengefaßt. Beispiele zur dynamischen Molekülbildung finden sich in Abb. 3.5 und werden im zugehörigen Abschnitt 3.2.2.2 auch näher erläutert. Molekültypen entsprechen folglich speziellen "Sichten" auf die Menge der im Schema definierten Atom- und Beziehungstypen, und die zugehörigen Ausprägungen, die Moleküle, sind dann Ausschnitte aus den Netzstrukturen auf der Atomebene. Molekültypen können selbst wieder zum Aufbau noch komplexerer Molekültypen benutzt werden, was außerdem auch rekursiv geschehen kann. Jeder Molekültyp legt dabei fest, wie die zugehörigen Moleküle (rekursiv) aus anderen Molekülen bzw. Atomen aufgebaut sind. Damit lassen sich die folgenden Definitionen für Molekültyp und Molekül angeben:

Jeder korrekte *Molekültyp* besitzt

- genau einen Wurzel- oder Ankeratomtyp sowie
- evtl. mehrere Komponententypen, d.h. wiederum Molekül- bzw. Atomtypen,
- die über spezifizierte gerichtete Beziehungstypen untereinander verbunden sind und
- einen zusammenhängenden, gerichteten und azyklischen (Typ-)Graphen mit genau einer Wurzel bilden; in diesem Kontext spricht man dann auch von der Molekültypstruktur bzw. von der Zusammenhangstruktur (der Komponententypen) oder einfach vom *Strukturgraphen*. (Die Azyklischkeit des Strukturgraphen gilt nur für nicht-rekursive Molekültypen. Für rekursive Molekültypen existiert genau ein Zykel, der durch den rekursionsbildenden (gerichteten) Beziehungstyp definiert wird.)

Die Definition eines korrekten Moleküls ergibt sich dann wie folgt:

Ein *Molekül* ist

- eine Ausprägung des zugehörigen Molekültyps und

- besitzt genau ein Wurzel- oder Ankeratom (natürlich vom Ankeratomtyp), welches zusammen mit dem Molekültyp das Molekül eindeutig identifiziert sowie

- evtl. mehrere Komponentenatome bzw. Komponentenmoleküle (ebenfalls vom entsprechenden Typ),

- die über die ausgewählten gerichteten Beziehungen, im folgenden auch kurz Referenzen genannt, miteinander verbunden sind und

- die wiederum einen zusammenhängenden, gerichteten und azyklischen *(Ausprägungs-)Graphen* bilden; dabei müssen nicht von jedem Komponententyp Ausprägungen existieren.

Der Begriff "Molekül" soll dabei ausdrücken, daß Atome dynamisch verschiedene Bindungen eingehen können, je nachdem wie sie zum Aufbau der Moleküle verwendet werden. Dieses allgemeine und variable "Bindungskonzept" kann nun einfach zur Abbildung von netzwerkartigen bzw. rekursiven Strukturen (wie sie beispielsweise durch die Abstraktionskonzepte aus Abschnitt 2.3.2 definiert werden) verwendet werden. In Abb. 3.2 werden dazu beispielhaft die vier Komplexobjekt-Typen aus Abb. 2.21 im MAD-Modell definiert und die zugehörigen MAD-Schemadiagramme aufgezeigt. Die Rekursion verlangt einen reflexiven Beziehungstyp, und die Netzwerkeigenschaft (also die Nicht-Disjunktheit) entsteht dadurch, daß sich die betroffenen Atommengen überlappen. Damit können jetzt zumindest alle deskriptiven Aspekte der geforderten Objektunterstützung (aus Abschnitt 2.5) erfüllt werden. Die zugehörigen operationalen Aspekte werden durch die im folgenden beschriebene Molekülverarbeitung bereitgestellt. Dazu wird auf dem oben eingeführten Konzept der dynamischen Molekülbildung aufgebaut.

Die im MAD-Modell definierte Sprache MQL erlaubt eine recht komfortable Molekülverarbeitung. Sie ist an SQL [X3H286] angelehnt und besteht daher aus den drei Basiskonstrukten der Projektions-, FROM- und WHERE-Klausel, allerdings mit einer im Vergleich zu SQL erweiterten Syntax und Semantik. Die FROM-Klausel spezifiziert die Molekültypen, die für die konkrete Operation relevant sind, Restriktion und Verbundqualifikation werden in der WHERE-Klausel angegeben. Die Projektionsklausel (bei der Operation Lesen ist dies die SELECT-Klausel) bestimmt dann die zugehörigen Projektionen und erlaubt eine Strukturierung des Anfrageergebnisses. Basierend auf diesen Basiskonzepten werden die Molekültypoperationen Lesen, Einspeichern, Löschen, Modifizieren und Ändern zur Verfügung gestellt. Das Ergebnis dieser Operationen sind wiederum Moleküle mit definiertem Molekültyp. Damit ist die Abgeschlossenheit von MAD bzgl. seiner Operationen gewährleistet.

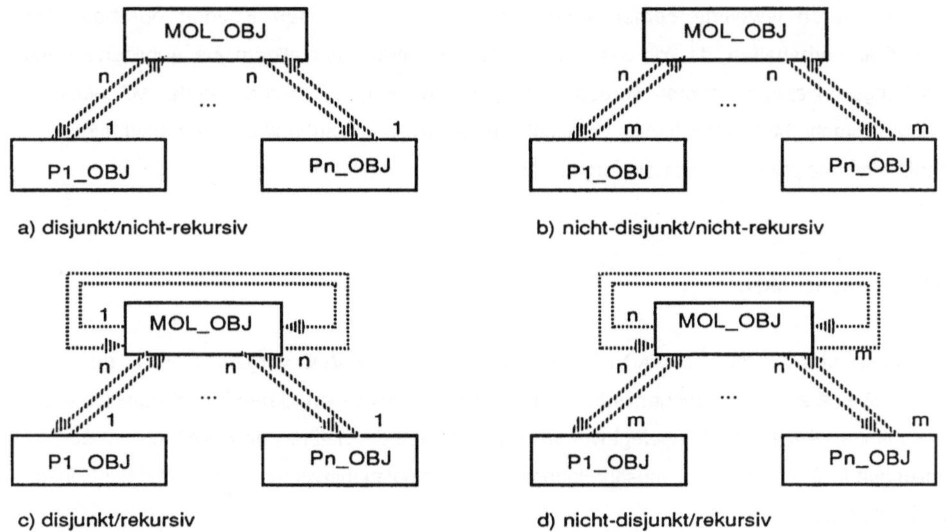

Abb. 3.2: Modellierung der vier Komplexobjekt-Typen mit MAD

Da in der FROM-Klausel auch ausschließlich einfache Molekültypen, nämlich Atomtypen, benutzt werden können, wird deutlich, daß das MAD-Modell mit den o.g. Operationen zumindest die Mächtigkeit des Relationenmodells besitzt. Hiermit verbunden ist der horizontale Zugriffstyp, durch den nur homogene Atommengen verarbeitet werden. Durch Verwendung von komplexeren Molekültypen innerhalb der FROM-Klausel ist der vertikale Zugriffstyp möglich. Die WHERE-Klausel erlaubt dann in geeigneter Weise eine Restriktion der zugehörigen Molekülmenge und die Projektionsklausel eine nachträgliche Strukturfestlegung der Ergebnismoleküle. Einhergehend mit der Zunahme der Komplexität der zu verarbeitenden Objekte in der FROM-Klausel ist dann auch eine Zunahme der Ausdrucksmächtigkeit von WHERE- und Projektionsklausel gegeben. Dadurch, daß das Resultat jeder Anfrage wiederum ein korrekter Molekültyp mit Molekültypstruktur und Molekülmenge ist, können Anfragen in einfacher Weise geschachtelt werden. In MQL wird dieser Eigenschaft dadurch Rechnung getragen, daß an jeder Stelle, an der ein Molekültyp stehen darf, nun auch eine Anfrage erlaubt ist. Es ist somit möglich, nur bestimmte Komponenten-Molekültypen innerhalb eines "umgebenden" Molekültyps zu verarbeiten. Auch die beiden Ebenen der Gesamtobjekt- und Komponentenobjektsicht zur Verarbeitung von Komplexobjekten aus Abschnitt 2.4.2 lassen sich durch die Gesamt- bzw. die Komponenten-Molekülverarbeitung entsprechend nachbilden.

Zusammenfassend ist festzustellen, daß durch das hier skizzierte MAD-Modell sowohl die deskriptiven als auch die operationalen Aspekte der geforderten Objektunterstützung in einfacher Weise erfüllt werden: mit dem allgemeinen Konzept der dynamischen Molekülbildung und -verarbeitung bietet das MAD-Modell die Integration von netzwerkartigen und auch von rekursiven

Strukturen. Deren jeweilige semantische Interpretation bleibt den Ebenen oberhalb des Datenmodells vorbehalten, da von der Datenmodellseite immer nur allgemeine Abbildungs- und Verarbeitungskonzepte angeboten werden können. Eine detaillierte Besprechung des MAD-Modells und seiner Sprache MQL schließt sich im nachfolgenden Abschnitt an, und in dem darauf folgenden Abschnitt wird eine präzise Formalisierung des MAD-Modells vorgestellt.

3.2 Die Sprache MQL

Im folgenden wird die für das MAD-Modell definierte Sprache MQL vorgestellt. MQL erlaubt in adäquater Weise eine mengenorientierte Verarbeitung von Molekülen, deren Typ dynamisch in der entsprechenden Anweisung festgelegt werden kann. Gemäß der natürlichen Einteilung der Sprachanweisungen in Definitions-, Lastbeschreibungs- und Manipulationskommandos zerfällt die Sprache in drei Bestandteile:

- Datendefinitionssprache   (DDL, data definition language),
- Lastdefinitionssprache   (LDL, load definition language) und
- Datenmanipulationssprache   (DML, data manipulation language).

Jede Teilsprache wird in einem eigenen Abschnitt vorgestellt. Dabei wird die Semantik jeder Sprachanweisung offengelegt und durch geeignete Beispiele verdeutlicht. Die Syntax von MQL ist im Anhang B zusammengefaßt.

Es wird keine strikte Unterscheidung zwischen der eigenständigen (stand-alone) und der eingebetteten (embedded) Sprachversion gemacht. Erstere ist für die interaktive Benutzung vorgesehen und letztere wird als Programmierschnittstelle benutzt. Beide Sprachversionen unterscheiden sich lediglich in einigen wenigen syntaktischen Konstrukten, auf die dann an geeigneter Stelle entsprechend hingewiesen wird. Die Semantik von MQL bleibt allerdings unverändert.

3.2.1 Die Datendefinitionssprache

Zur Definition der Objekte des MAD-Modells stehen die nachfolgend aufgeführten und erläuterten DDL-Kommandos zur Verfügung. Neben der Definition von Atom- und Molekültypen können existierende Atom- und Molekültypen gelöscht, Atomtypen modifiziert und einzelne Attribut-, Atom- und Molekültypen umbenannt werden.

Es gibt vier DDL-Anweisungen, die sich auf Atomtypen beziehen:
- CREATE ATOM_TYPE

  Zur Definition eines Atomtyps werden die ihn beschreibenden Attributtypen angegeben. Jede Attributtypdefinition besteht aus dem Attributnamen und dem zugehörigen Datentyp. Der Attributname muß innerhalb des gegebenen Atomtyps eindeutig sein. Die Attributtypdefinitionsliste enthält mindestens einen Attributtyp mit Datentyp IDENTIFIER zur Atomidentifikation und einen REFERENCE-basierten Attributtyp für jeden Beziehungstyp, an dem der betreffende Atomtyp teilnehmen soll. In der sich anschließenden Schlüsseldefinitionsliste können die Schlüsselkandidaten durch ihren Namen aufgeführt werden. Zur Identifikation bekommt jeder Atomtyp noch einen innerhalb des gegebenen MAD-Schemas eindeutigen Namen. Durch Hinzunahme des Atomtypnamens zum Attributnamen wird dann auch Namenseindeutigkeit auf Attributebene erreicht.

- DROP ATOM_TYPE

  Diese Anweisung ist invers zur obigen. Der angegebene Atomtyp und alle dazugehörige Information werden gelöscht.

- EXPAND ATOM_TYPE

  Der durch seinen Namen identifizierte Atomtyp wird um die in der beigefügten Attributtypdefinitionsliste spezifizierten Attributtypen erweitert.

- SHRINK ATOM_TYPE

  Dies ist die zu EXPAND ATOM_TYPE komplementäre Anweisung. Alle aufgelisteten Attributtypen werden aus der angegebenen Atomtypdefinition entfernt.

Auf Molekültypen gibt es nur die folgenden zwei DDL-Kommandos:

- DEFINE MOLECULE_TYPE

  Ein Molekültyp wird definiert durch Angabe der Molekültypstruktur, der Molekülmenge und eines schemaweit eindeutigen Namens. Die Struktur (FROM-Klausel) wird aus den spezifizierten Molekül- und Atomtypen und den ausgewählten Beziehungstypen aufgebaut. Die damit schon vorgegebene Molekülmenge kann durch optionale Qualifikationsbedingungen innerhalb der WHERE-Klausel noch eingeschränkt werden. FROM- und WHERE-Klausel werden in Abschnitt 3.2.2 detailliert vorgestellt.

- RELEASE MOLECULE_TYPE

  Der durch seinen Namen spezifizierte Molekültyp wird wieder aufgelöst. Damit ist diese Anweisung invers zu DEFINE MOLECULE_TYPE.

Alle Objekte des MAD-Modells lassen sich durch folgende DDL-Anweisung umbenennen:

- RENAME

  Es können Attribut-, Atom- und Molekültypnamen geändert werden.

Um die Konsistenz (z.B. Symmetrie der Beziehungstypen, Eindeutigkeit von Namen und Schlüsseln) des mittels der DDL-Anweisungen definierten MAD-Schemas zu gewährleisten, gibt es drei spezielle Kontrollanweisungen innerhalb der DDL, die das Konzept der DDL-Transaktion einführen. Die DDL-Transaktion ist die Einheit des konsistenten Übergangs. Sie ermöglicht es, mehrere andere DDL-Anweisungen zusammenzufassen, so daß nach deren Ausführung wieder ein konsistenter Zustand des Schemas erreicht ist:

- BEGIN_OF_DATA_DEFINITION

  Diese Anweisung "eröffnet" eine DDL-Transaktion.

- ABORT_DATA_DEFINITION

  Abbruch der aktuellen DDL-Transaktion. Alle Änderungen seit Beginn dieser Transaktion werden zurückgenommen.

- END_OF_DATA_DEFINITION

  Die aktuelle DDL-Transaktion wird "geschlossen". Die Konsistenz des MAD-Schema wird überprüft. Werden Inkonsistenzen festgestellt, so erfolgt eine entsprechende Meldung an den Benutzer. Dieser hat dann die Möglichkeit mit weiteren DDL-Anweisungen einen konsistenten Zustand zu erreichen oder einen Abbruch dieser Transaktion zu bewirken.

Ein anschauliches Beispiel dieser Definitionssprache ist in Abb. 3.3 enthalten. Dort ist die MAD-Schemadefinition der Frame-Modellierung aus Abschnitt 2.3.2 (Abb. 2.20) zu sehen. Die in Abschnitt 3.1 schon eingeführten Modellierungskonzepte kommen hier nochmals deutlich zum Vorschein:

- Direkte Umsetzung eines ER-Schemas in ein äquivalentes MAD-Schema. Die im ER-Modell darstellbaren Kardinalitätsrestriktionen der Relationship-Typen können im MAD-Modell innerhalb der Attributtypdefinition ebenfalls angegeben werden. Diese relativ mächtigen Integritätsbedingungen können somit vom Modell garantiert werden.

- Direkte, redundanzfreie und symmetrische Modellierung von netzwerkartigen und rekursiven Strukturen.

- Direkte Umsetzung der Komplexobjekte auf Moleküle (bzw. Molekültypen): das Konzept der Molekültypdefinition durch die "DEFINE MOLECULE_TYPE"-Anweisung erlaubt eine Vorabdefinition der benötigten Molekültypen; es wird ergänzt durch die dynamische Molekülbildung innerhalb der DML-Anweisungen (s. Abschnitt 3.2.2).

Ebenfalls gut zu erkennen sind die Verwendungsmöglichkeiten des gegenüber herkömmlichen Datenmodellen erweiterten Angebots an Datentypen zur verbesserten Datenstrukturierung auf Attributebene. In Abb. 3.4 sind alle verwendbaren Datentypen und deren Typbildungsregeln im sogenannten Abstammungsgraphen dargestellt. Typen sind dabei die Knoten des Graphen, wohingegen die Kanten die erlaubten Typbildungsmöglichkeiten repräsentieren. Die einfachen Datentypen sind in den strukturierten Datentypen als sog. Basisdatentypen enthalten und bauen diese auch auf. Es besteht zudem die Möglichkeit strukturierte Datentypen basierend auf ebenfalls strukturierten Datentypen zu spezifizieren. Beide Typklassen sind als Elementdatentypen für die Wiederholungsgruppentypen verwendbar. Der SET-Typ definiert duplikatfreie Elementmengen, unterstützt aber keine Ordnungsrelation auf den Elementtypen. Im Gegensatz dazu garantiert der LIST-Typ eine definierte Reihenfolge, gewährt allerdings keine Duplikatfreiheit der Elemente. Dieser konzeptuelle Unterschied macht sich auch bei den zugehörigen Operationen bemerkbar (s. Abschnitt 3.2.2.3). Als weiterer Elementdatentyp, allerdings nur des SET-Typs, ist noch der REFERENCE-Datentyp erlaubt. Damit wird das mengenorientierte Referenzierungskonzept auf Atomebene (s. Abschnitt 3.1) realisiert. Mit Hilfe des TIME-Datentyps kann eine Zeitangabe bestehend aus Jahr, Monat, Tag, Stunde, Minute und Sekunde definiert werden. Der HULL-Typ ermöglicht die Definition von umhüllenden n-Ecken im n-dimensionalen Raum. Damit lassen sich manche geometrischen und topologischen Gegebenheiten besser abbilden. Zu den speziellen Datentypen zählen der

CHAR_VAR- und der BYTE_VAR-Typ, die variabel lange Zeichen- und Byteketten darstellen. Der Datentyp CODE macht einen variabel langen Behälter zur Ablage ausführbarer Operationen verfügbar. Allen besonderen Datentypen sind auch entsprechend zugeschnittene Operationen zugeordnet, die in Abschnitt 3.2.2.3 im Zusammenhang mit den Qualifikationskonzepten vorgestellt werden.

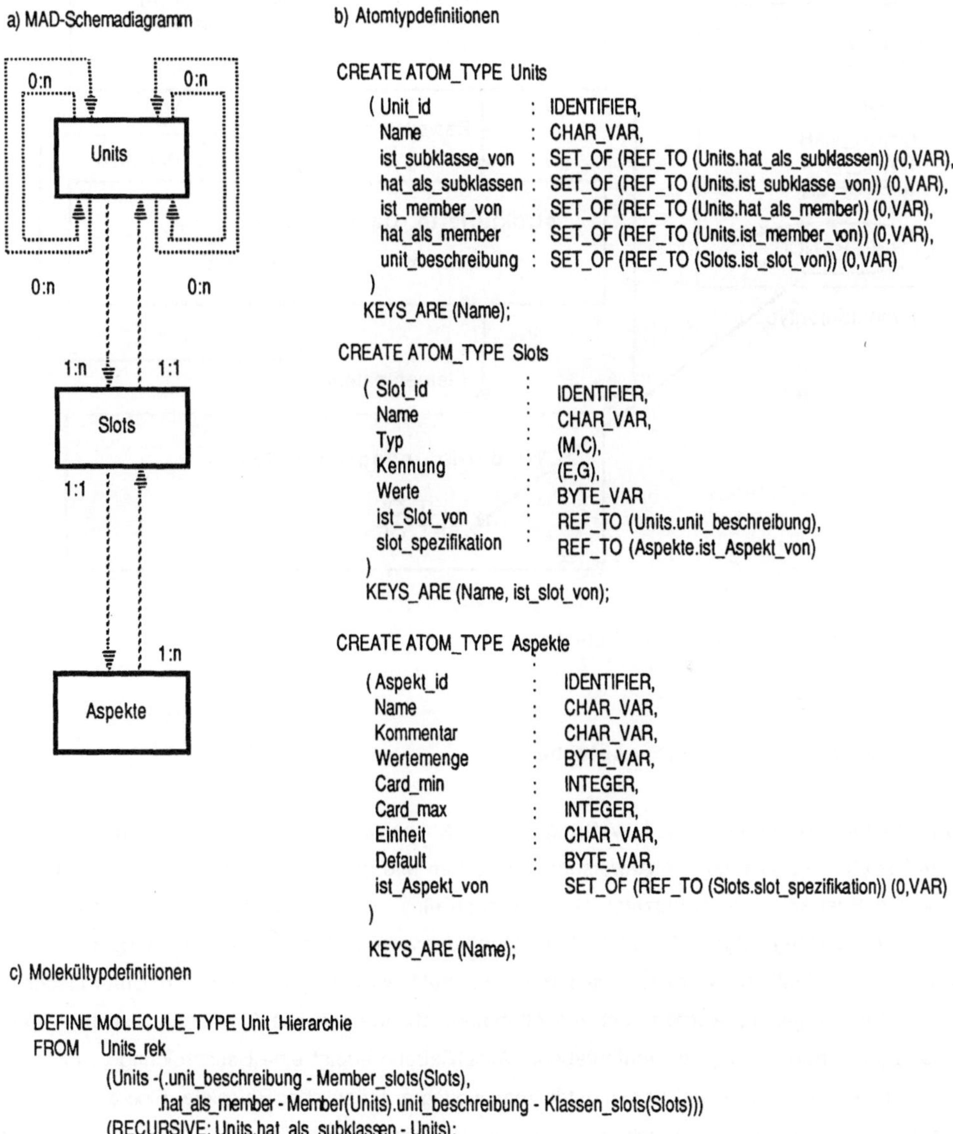

Abb. 3.3: MAD-Schemadefinition der Frame-Modellierung

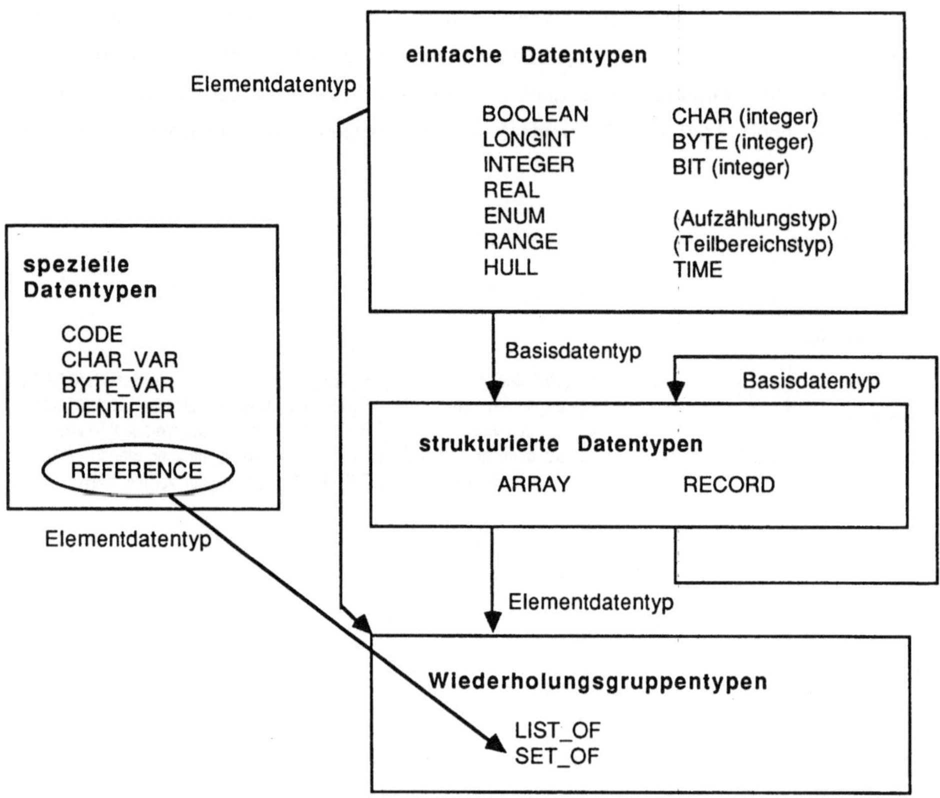

Abb. 3.4: Abstammungsgraph der Datentypen

3.2.2 Die Datenmanipulationssprache

Im folgenden werden alle DML-Anweisungen der Sprache MQL vorgestellt. Dazu wird zuerst ein Überblick über die verfügbaren Anweisungen gegeben und die allgemeinen und gemeinsam verwendeten Basiskonzepte aufgezeigt. Damit können eine verallgemeinerte Modellvorstellung zur Molekülverarbeitung aufgestellt und die Einordnung der verschiedenen DML-Anweisungen in diese Schablone verdeutlicht werden. Jedes Basiskonstrukt wird in einem eigenen Unterabschnitt besprochen. Aufgezeigt werden auch die Attributoperationen und alle Charakteristika der Verarbeitung (bzw. Berechnung) auf Attributebene. Anschließend erfolgt eine Beschreibung von Syntax und Semantik der DML-Anweisungen unter Verwendung anschaulicher Beispiele. Eine detailliertere Beschreibung findet sich als Molekültypalgebra in der Formalisierung des MAD-Modells und seiner Sprache MQL in Abschnitt 3.3.

3.2.2.1 Überblick über die DML-Anweisungen

Zur Verarbeitung der Objekte des MAD-Modells stehen Anweisungen zum Lesen (SELECT), Einspeichern (INSERT), Löschen (DELETE), Modifizieren (MODIFY) und Ändern (UPDATE) zur Verfügung. Sie dienen sowohl zur Verarbeitung eines ganzen Moleküls (Gesamt-Molekülverarbeitung) als auch zur Verarbeitung von Komponenten des betreffenden Moleküls (Komponenten-Molekülverarbeitung), die entweder wieder Moleküle oder Atome sind.

Jede DML-Anweisung besteht aus einzelnen Klauseln mit festgelegter Syntax und Semantik. In Anhang B ist die Gesamtsyntax von MQL und damit auch die Syntax der DML zusammengefaßt und in Teilen knapp kommentiert. Mehr dem Aufbau und der Semantik der Anweisungen ist dieser Abschnitt gewidmet.

Ähnlich zur Sprache SQL [X3H286] besteht auch die DML-Teilsprache von MQL aus folgenden drei Basiskonstrukten:

- *Spezifikation der relevanten Objektgranulate* (Molekültypen)
  In der FROM-Klausel kann eine Liste von Molekültypen angegeben werden, die den für die vorliegende Operation relevanten Teil des vorgegebenen MAD-Schemas festlegt. Sind mehr als ein Molekültyp spezifiziert, so liegt ein "Molekültypverbund" (dies entspricht dem kartesischen Produkt der beteiligten Molekülmengen) vor. Der Molekültypverbund ist das Analogon zum Relationenverbund: er verbindet seine (beiden oder auch mehrere) Operanden zu einem neuen Molekültyp (näheres s.u.).

- *Qualifikation der gewünschten Objekte* (Bestimmen der Molekülmenge)
  Die Molekülmenge des sich aus der FROM-Klausel ergebenden Molekültyps läßt sich durch die WHERE-Klausel auf die Moleküle beschränken, die die gegebenen Qualifikationsbedingungen erfüllen. Dadurch findet eine entsprechende Restriktion der Molekülmenge auf die gewünschten Elemente statt. Zusammen mit der FROM-Klausel läßt sich damit ein inhaltsbezogenes, deskriptives Ansprechen der sozusagen "umgebenden" Moleküle (bzw. Molekültypen) ausdrücken, innerhalb derer oder mit denen eine Verarbeitung durchzuführen ist. Dieser "Umgebung" entspricht ein Molekültyp (auch *Umgebungs-Molekültyp* genannt), dessen Struktur durch die FROM-Klausel und dessen Ausprägungsmenge durch die WHERE-Klausel festgelegt ist.

- *Projektion der benötigten Information* (Festlegen der Ergebnis-Molekültypstruktur und der Ergebnis-Moleküldarstellung)
  Der Umgebungs-Molekültyp kann nun hinsichtlich der benötigten Information entsprechend projiziert werden. Die Projektion, d.h. die Übernahme von Molekülkomponenten, kann sowohl qualifiziert (wertabhängig) als auch unqualifiziert erfolgen. Die qualifizierte Projektion wendet einfach nochmals die SELECT-Operation an, wohingegen die unqualifizierte Projektion im wesentlichen der des Relationenmodells entspricht, die durch Angabe der entsprechenden Objektnamen die zu projizierenden Teile auswählt. Durch die Projektion wird die Molekültypstruktur endgültig festgelegt. Die zugehörige Molekülmenge bleibt unverändert,

allerdings ändern sich die Dateninhalte der einzelnen Ergebnismoleküle gemäß der durchgeführten Projektion - manche Komponenten fallen einfach weg. Insgesamt wird ein neuer Molekültyp, der *Ergebnis-Molekültyp* definiert, der natürlich die in Abschnitt 3.1 aufgestellten Bedingungen an einen korrekten Molekültyp erfüllen muß. Der Ergebnis-Molekültyp stellt die operationale Basis, d.h. die zu verarbeitenden Objekte der verschiedenen DML-Operationen dar und wird deshalb auch als der *Verarbeitungs-Molekültyp* bezeichnet, den es letztendlich durch die eigentliche DML-Operation zu verarbeiten gilt.

Diese drei Basiskonstrukte bilden sozusagen den Rumpf jeder DML-Anweisung und werden deshalb auch unter dem Begriff *Anweisungsrumpf* zusammengefaßt. Diesem Anweisungsrumpf ist ein korrekter Molekültyp mit Molekültypstruktur und Molekülmenge (oben Ergebnis-Molekülmenge bzw. Ergebnis-Molekültypstruktur genannt) zugeordnet.

Die verschiedenen Anweisungen unterscheiden sich dann außer durch den eigentlichen Operator (zur Festlegung der Operation) nur durch kleine Unterschiede meistens in Form von minimalen Einschränkungen bzw. kleinen Erweiterungen innerhalb des Projektionsteils. Die Modifikations-operation verzichtet gänzlich auf die Projektion; allerdings ist die Umgebungsbestimmung durch die FROM-Klausel und die optionale WHERE-Klausel allen DML-Anweisungen gemeinsam. Alle zu-sätzlich zum Operator angegebenen Daten, die sog. expliziten Operanden der Anweisung, bauen Moleküle auf, die vom Molekültyp sein müssen, welcher vom Anweisungsrumpf festgelegt wird. Die Moleküleigenschaften, insbesondere die Grapheigenschaften, müssen dabei gegeben sein. Ausgehend von dieser Skizzierung der DML-Anweisungen anhand der zugrundeliegenden drei Basiskonstrukte läßt sich sehr leicht die nachstehende verallgemeinerte DML-Syntax ableiten:

```
DML-Anweisung        ::=   Operator  Anweisungsrumpf •
Operator             ::=   {  SELECT,
                              DEFINE MOLECULE_TYPE mol_name : ,
                              DEFINE STATIC_MOLECULE_TYPE s_mol_name : }
                           /  DELETE
                           /  INSERT mol_set :
                           /  MODIFY mol_set :
                           /  UPDATE  mol_elmt •
Anweisungsrumpf      ::=   [Projektion]  Umgebung •
Projektion           ::=     sel_mol
                           /  proj_mol
                           /  ins_type •
Umgebung             ::=   Moltypspezif [Molmengenqualif] •
Moltypspezif         ::=   FROM [from_elmt] ↓ •
Molmengenqualif      ::=   WHERE expr •
```

Die Beschreibung der verwendeten Metasymbole ist Anhang B zu entnehmen. Aus Gründen der Vollständigkeit wurden in diese Syntaxübersicht zusätzlich zu den o.g. fünf DML-Operationen noch zwei weitere Anweisungen aufgenommen. Dies sind die Definition eines "logischen" Molekültyps mit der DDL-Anweisung DEFINE MOLECULE_TYPE (näheres in Abschnitt 3.2.1) und die Definition eines "physischen", d.h. statischen Molekültyps mit der LDL-Anweisung DEFINE STATIC_MOLECULE_TYPE (näheres in Abschnitt 3.2.3). Beide Anweisungen entsprechen im wesentlichen der Selektion, wobei dem selektierten Ergebnis-Molekültyp in beiden Fällen ein neuer Name gegeben wird und noch zusätzliche Maßnahmen durchzuführen sind. Deshalb werden beide Anweisungen in der aufgezeigten Syntax als weitere Alternativen (geschweifte Klammern) zur Selektion dargestellt.

Diese vereinfachte Sichtweise ist nun gleich aus mehreren Gründen sinnvoll und nützlich. Zum einen lassen sich nun alle DML-Operationen gemeinsam diskutieren und über ihren, aufgrund der oben angegebenen Basiskonstrukte, sehr ähnlichen Aufbau auch einheitlich beschreiben. Daher ist die Operationsdarstellung recht kurz, allerdings auch vollständig und auf das Wesentliche beschränkt. Zum anderen zeigt sich, daß der Molekültyp des Anweisungsrumpfes, also der Ergebnis-Molekültyp , die gemeinsame Operationsbasis für alle Anweisung darstellt. Damit verifiziert sich gleichzeitig die anfänglich aufgestellte Behauptung, daß die hier vorgestellte DML auch wirklich eine Molekülverarbeitung definiert. Weiterhin läßt sich nun eine für alle Anweisungen gemeinsame und recht einfache Modellvorstellung zur Molekülverarbeitung ableiten:

(1) Bestimmen der aktuellen Operationsbasis

    (1.1) Bestimmen der relevanten Molekültypen in der FROM-Klausel

    (1.2) Molekülmengenqualifikation durch Anwendung der WHERE-Klausel (optional)

    Ergebnis von (1.1) und (1.2) ist der sog. Umgebungs-Molekültyp

    (1.3) Durchführen der angegebenen Projektion (optional)

Ergebnis von (1) ist der sog. Ergebnis- oder Verarbeitungs-Molekültyp, d.h. der Molekültyp des Anweisungsrumpfes, der gleichsam die benötigte Operationsbasis darstellt.

(2) Durchführen der eigentlichen DML-Operation, abhängig vom gegebenen Operator.

Analog zur DDL-Transaktion werden hier auch Anweisungen angeboten, die die Definition von DML-Transaktionen erlauben. Damit können mehrere DML-Anweisungen zu einer Einheit des konsistenten Übergangs zusammengefaßt werden. Hierfür dienen die folgenden drei Anweisungen:

- BEGIN_OF_TRANSACTION

  Diese Anweisung "eröffnet" eine DML-Transaktion.

- ABORT_TRANSACTION

  Abnormales Ende einer DML-Transaktion durch Abbruch. Alle Änderungen seit Beginn dieser Transaktion werden wieder zurückgenommen.

- END_OF_TRANSACTION

  Normales Ende einer DML-Transaktion. Die Transaktion wird "geschlossen", und der neue konsistente Zustand wird garantiert.

Bevor nun die einzelnen DML-Anweisungen besprochen werden, sollen die o.g. Basiskonstrukte näher erläutert werden und damit die notwendigen Grundlagen zum Verständnis der DML-Operationen bereitgestellt werden.

3.2.2.2 Die FROM-Klausel

In der *FROM-Klausel* werden alle für die vorliegende Operation relevanten Molekültypen aufgelistet. Einem Molekültyp entspricht das syntaktische Konstrukt 'from_elmt'. Zur Spezifikation von Molekültypen gibt es in MQL vier Möglichkeiten:

- Molekültypdefinition durch Angabe des sog. Typgraphen,
- Molekültypdefinition durch Angabe von vordefinierten Molekültypen,
- Molekültypdefinition durch Angabe einer Anfrage (SELECT-Operation) und
- "gemischte" Molekültypdefinition.

Im folgenden werden diese verschiedenen Definitionsvarianten kurz vorgestellt und durch Beispiele erläutert.

Molekültypdefinition durch Angabe eines Typgraphen

Der *Typgraph* ist hier das Ausdrucksmittel zur Beschreibung der Molekültypstruktur. Die Knoten des Graphen sind die Atomtypen und die Kanten sind gerichtete Beziehungs- bzw. Linktypen. Der Graph wird in einer eindimensionalen Form dargestellt, in der die Knoten durch die Atomtypnamen und die Kanten durch eine "Klammer-Strich"-Notation spezifiziert werden. Durch das Hinzufügen des Attributtypnamens des gewählten gerichteten Linktyps kann stets die Eindeutigkeit des Typgraphen garantiert werden. In nachstehender Abb. 3.5 sind einige Beispieldefinitionen enthalten.

Einhergehend mit jeder Molekültypdefinition werden Rollen innerhalb des Molekültyps festgelegt. Eine *Rolle* ist durch den zugrundeliegenden Atomtyp und dessen Stellung im Typgraphen bestimmt. Kommt ein Atomtyp mehrmals (in verschiedenen Rollen) im Typgraphen vor, so muß jede Rolle einen eigenen Namen erhalten; tritt er dort nur genau einmal auf, so ist solch eine Namensvergabe nicht notwendig - die Rolle erhält dann automatisch den (eindeutigen) Namen des betreffenden Atomtyps. Die Vergabe von Rollennamen hat die syntaktische Gestalt 'rollenname(atomtypname)'. Ist ein Rollenname vergeben, so ist der zugehörige Atomtypname nicht mehr ansprechbar. In Abb. 3.5 a2) ist ein dazu passendes Beispiel einer hierarchischen Molekültypdefinition angegeben. Die Bestimmung der zugehörigen Molekülmenge ist denkbar einfach: Der Typgraph und damit eigentlich die Molekültypstruktur wird sozusagen als Schablone über das zugrundeliegende Atomnetz gelegt und alle dadurch ausgewählten Atome und deren Referenzen werden in einem dem Molekültyp zugeordneten Atomnetz aufgesammelt. Dazu werden ausgehend von den Atomen des ausgezeichneten Wurzelatomtyps alle über die spezifizierten Referenzen (vom vorgegebenen gerichteten Beziehungstyp) erreichbaren Komponentenatome zusammengesucht und zusammen mit der benutzten Referenz in das Atomnetz eingetragen. Ist ein gerade ausgewähltes Atom schon früher einmal in dieser Rolle in dieses Netz aufgenommen worden, so wird dann lediglich die neue

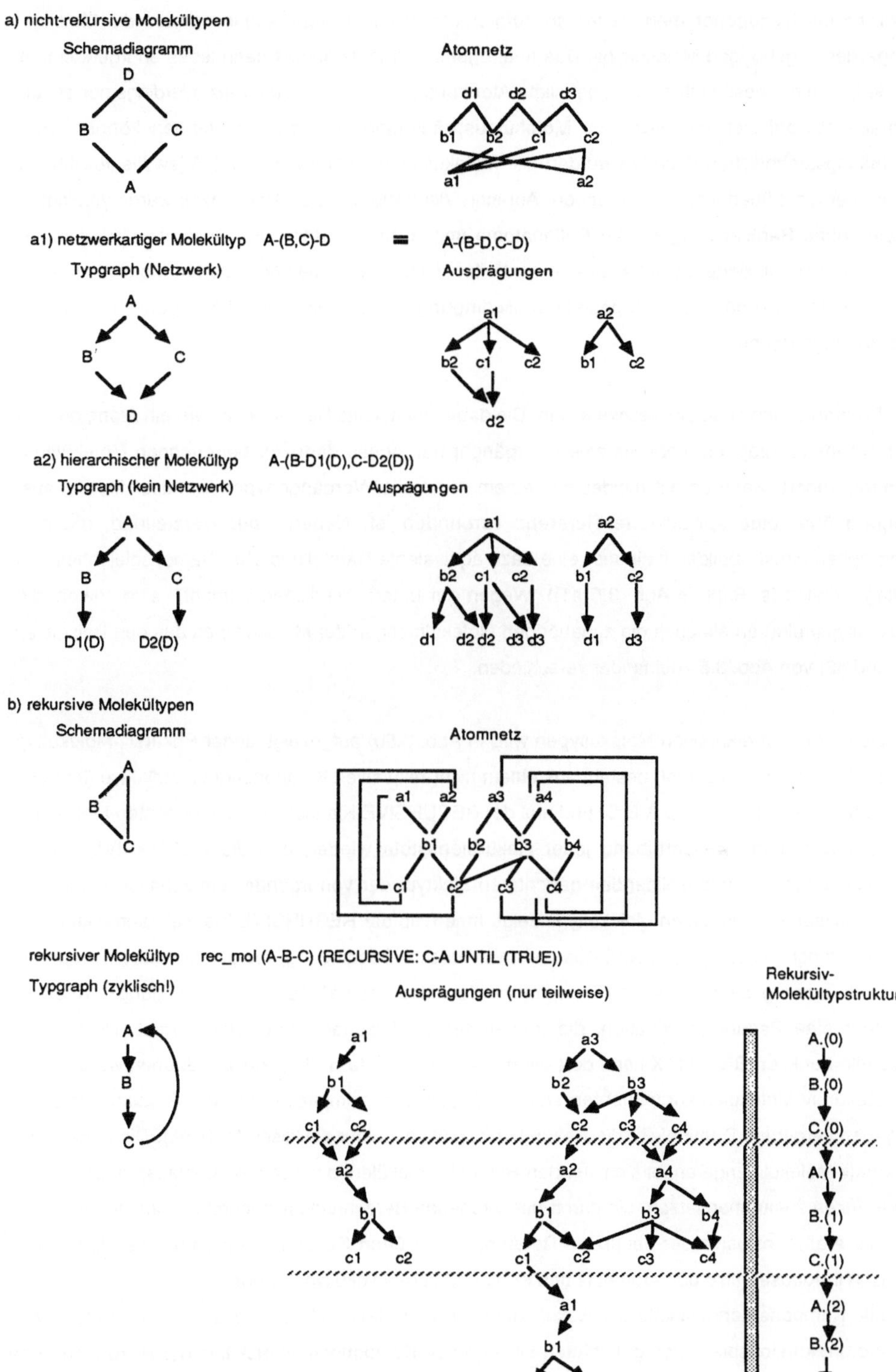

Abb. 3.5: Beispiele von Molekültypdefinitionen

Referenz mit hinzugenommen. Jedes so aufgebaute Atomnetz repräsentiert genau die Molekül-menge des zugehörigen Molekültyps. Das heterogene Atomnetz enthält dann jedes an irgendeinem Molekül, in einer bestimmten Rolle, beteiligte Atom und jede benutzte Referenz allerdings nur genau einmal - obwohl sich die einzelnen Molekülausprägungen durchaus überlappen können. Aus darstellungstechnischen Gründen wurden alle Molekülausprägungen in Abb. 3.5 jeweils vollständig und immer nicht-überlappend angegeben. Auf eine Visualisierung des Atomnetzes wurde verzichtet, da dies ohne Berücksichtigung der Rollenatome immer ein Teilgraph des Gesamtatomnetzes ist. Durch die hier skizzierte Vorgehensweise wird offensichtlich, daß die konstruierten Moleküle korrekt bzgl. der in Abschnitt 3.1 aufgestellten Bedingungen sind (speziell die Eigenschaften des Ausprägungsgraphen).

Der Typgraph kann auch ein Netzwerk sein. Die dabei unterstellte Semantik ist, daß ein Atom, dessen Atomtyp im Typgraphen mehr als einen Vorgänger hat, genau dann zur betreffenden Molekülaus-prägung gehört, wenn es mit mindestens einem Atom aller Vorgängertypen in dieser Molekülaus-prägung über eine spezifizierte Referenz verbunden ist. Neben einer Darstellung, die den Typgraphen direkt abbildet, ist immer eine dazu äquivalente Darstellung über Namensgleichheit von Rollen möglich (s. Bspl. in Abb. 3.5 a1)). Wegen der unterschiedlichen Semantik sind sowohl die Molekültypstrukturen als auch die zugehörigen Molekülmengen der Molekültypen aus den Beispielen a1) und a2) von Abb. 3.5 zueinander verschieden.

Die Definition von rekursiven Molekültypen wird in Abb. 3.5b) aufgezeigt. Jeder Rekursiv-Molekültyp (im Bspl. mit Namen rec_mol) besteht aus einem nicht-rekursiven Komponenten-Molekültyp (im Bspl. der hierarchische Molekültyp A-B-C) und aus der RECURSIVE-Klausel. Der Komponenten-Molekültyp gibt die typmäßige Beschreibung jeder Rekursionsstufe wieder, und die RECURSIVE-Klausel spezifiziert den rekursionsbildenden gerichteten Linktyp, der von irgendeinem Atomtyp immer zur Wurzel dieses Komponenten-Molekültyps zeigt. Innerhalb der RECURSIVE-Klausel kann mittels der Qualifikationsbedingung der UNTIL-Klausel (als Ausschlußbedingung) festgelegt werden, wann ein Rekursionszweig beendet ist. Im Beispiel wurde keine "echte" Ausschlußbedingung formuliert, sondern eine Pseudoqualifikation, die immer den boole'schen Wert TRUE ergibt. Durch eine spezielle Funktion REC_MAX kann dort die maximale Tiefe der Rekursion vorgegeben werden. Für die Rekursiv-Molekültypkomponenten werden Rollennamen implizit durch die Rekursionsstufen-angaben vergeben. Damit bleibt die Rekursiv-Molekültypstruktur azyklisch (s. Bspl.). Die zugehörige Rekursiv-Molekülmenge ergibt sich aus den Rekursivmolekülen, die sich aus Atomausprägungen und Referenzen zusammensetzen, die durch nachstehende Berechnungsvorschrift bestimmt werden:

- alle Atome inklusive der benutzten Referenzen der 0-ten Rekursionsstufe unabhängig von der UNTIL-Klausel (also das Atomnetz des Komponenten-Molekültyps) sowie
- alle Komponentenmoleküle der Rekursionsstufe i > 0, falls auf deren Wurzelatome Referenzen (vom rekursionsbildenden gerichteten Linktyp) von Komponentenmolekülen der Rekursionsstufe i-1 zeigen, und diese Wurzelatome nicht schon als Wurzeln von anderen Komponentenmolekülen des Rekursivmoleküls (mit Rekursionsstufe kleiner i) auftreten, und falls das Rekursivmolekül nach Hinzunahme des Komponentenmoleküls die UNTIL-Klausel noch nicht erfüllt.

Der hier skizzierte Algorithmus findet sich in einer PASCAL-ähnlichen Notation in Abb. 3.6 wieder. Das Ergebnis dieses Algorithmus angewendet auf die Komponentenmoleküle der Rekursionsstufe 0 mit Wurzelatom a1 und a3 ist als Ausprägungsgraph in Abb. 3.5b) dargestellt. Die Vorkommen von gleichen Atomen (z.B. b3 oder c2) in verschiedenen Rekursionstiefen sind als unterschiedliche Rollen der Ausprägungen zu interpretieren. Dies wird durch die zusätzlich angegebene Rekursiv-Molekültypstruktur verdeutlicht. Wie aus dem Beispiel und der Algorithmusbeschreibung schon intuitiv klar wird, kann die Terminierung der Rekursion immer garantiert werden, selbst wenn die UNTIL-Klausel fehlt, weil eine Mehrfachaufnahme von Komponentenmolekülen in das Rekursivmolekül verhindert wird und die Menge der zu betrachtenden Komponentenmoleküle endlich ist.

Algorithmus zum Rekursivmolekülaufbau

Der Algorithmus baut ausgehend von einem gegebenen Wurzel-Komponentenmolekül kmol das zugehörige Rekursivmolekül gemäß gegebenem Rekursiv-Molekültyp rmt auf

RECURSIVE ... UNTIL Q:

```
Arbeitsliste := Next_level_kmol(kmol, rmt)        (* Bestimmen der Komponentenmole-
Treffermenge := kmol;                                küle der nächsten Stufe ausgehend
WHILE Arbeitsliste ≠ {} DO                           von kmol *)
  Merkliste := {};
  Zwischenmenge := {};
  WHILE Arbeitsliste ≠ {} DO                                  (* Abarbeitung einer Stufe *)
    Aktuell := erstes_element(Arbeitsliste);
    Arbeitsliste := rest(Arbeitsliste);
    IF Aktuell ∉ (Treffermenge ∪ Zwischenmenge) THEN
      IF ¬Q(Aktuell ∪ Zwischenmenge ∪ Treffermenge) THEN
        Zwischenmenge := Zwischenmenge ∪ {Aktuell};
        Merkliste := Merkliste ∪ Next_level_kmol (Aktuell,rmt);
      END IF
    END IF
  END WHILE
  Arbeitsliste := Merkliste;                   (* Komponentenmoleküle der nächsten Stufe *)
  Treffermenge := Treffermenge ∪ Zwischenmenge;        (* aktuelle Menge von Kompo-
END WHILE                                                nentenmolekülen *)
```

Abb. 3.6: Algorithmus zum Aufbau von Rekursivmolekülen

Molekültypdefinition durch Angabe von vordefinierten Molekültypen

In Abschnitt 3.2.1 wurde die DDL-Anweisung DEFINE MOLECULE_TYPE eingeführt, die zur Vorabdefinition eines Molekültyps verwendet wird. Dieser benannte Molekültyp ist semantisch gleichbedeutend mit den oben beschriebenen "ad-hoc"-definierten Molekültypen.

Molekültypdefinition durch Angabe einer Anfrage

Wie in 3.2.2.1 schon erwähnt, ist das Ergebnis jeder DML-Anweisung und insbesondere jeder Leseoperation (SELECT) wiederum ein korrekter Molekültyp (dort als Ergebnis-Molekültyp bezeichnet), der wiederum analog zu einem "ad-hoc"-definierten Molekültyp verwendet werden kann.

"Gemischte" Molekültypdefinition

In einem Typgraphen kann statt einer Atomtypangabe auch eine Molekültypangabe stehen, vorausgesetzt, die gerichteten Linktypen "stimmen". Darunter soll verstanden werden, daß jeweils mindestens ein gerichteter Linktyp von einem im Typgraphen definierten Vateratomtyp zum betreffenden Wurzelatomtyp zeigt. Die hier verwendbaren Molekültypangaben können entweder Namen von vordefinierten Molekültypen (DDL-Anweisung DEFINE MOLECULE_TYPE) sein oder einfach ganze Anfragen (SELECT-Operation). Ein Rekursiv-Molekültyp kann nur an einen nicht-rekursiven Molekültyp angehängt werden - allerdings gilt nicht die Umkehrung; an einen Rekursiv-Molekültyp kann nichts weiteres angehängt werden. Die Spezifikation eines Typgraphen erlaubt eine Namensgebung auch auf der Molekültypebene. Damit kann jedem Komponenten-Molekültyp ein eigener Molekülnamen gegeben werden, der dann als Repräsentant dieses Komponenten-Molekültyps in anderen Sprachklauseln verwendet werden kann.

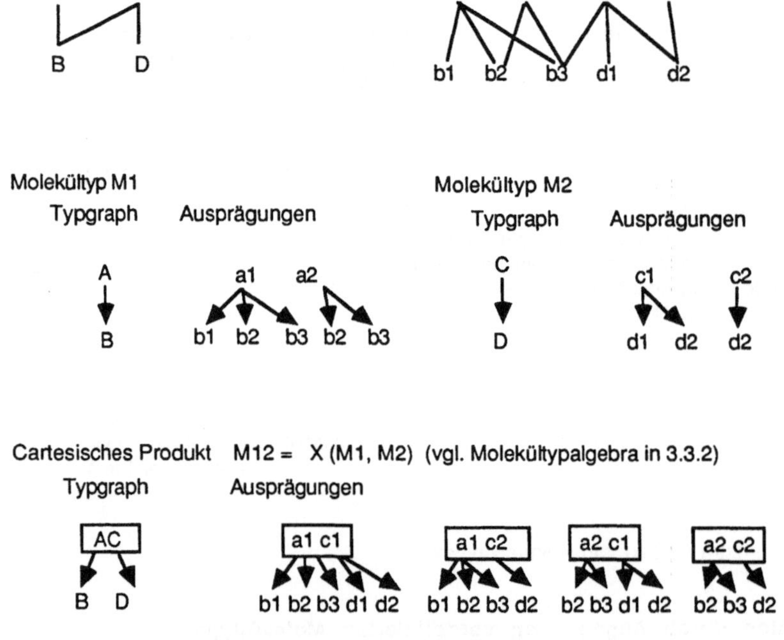

Abb. 3.7: Cartesisches Produkt zweier Molekültypen

Wenn in einer FROM-Klausel mehr als ein Molekültyp angegeben ist, so wird dadurch ein *Cartesisches Produkt von Molekültypen*, also die Verallgemeinerung des sog. Molekültypverbundes, definiert. Dabei wird aus den beteiligten Molekültypen ein neuer Molekültyp gebildet, indem aus den vorhandenen Wurzelatomtypen der neue Wurzelatomtyp zusammengefaßt wird und alle restlichen Atomtypen dieser Molekültypen samt den gerichteten Beziehungstypen übernommen werden. Bildhaft formuliert bedeutet dies das Zusammenfassen der einzelnen Molekültypen an ihren Wurzelatomtypen und das Übernehmen der restlichen Molekültypstrukturen. Der neue Wurzelatomtyp enthält alle Attributtypen (auch die IDENTIFIER-Attributtypen) der zugrundeliegenden Atomtypen und bekommt noch einen neuen IDENTIFIER-Attributtyp mit Namen ID hinzu. Alle Beziehungstypen der betroffenen Atomtypen nach außen bleiben gewahrt, also sowohl die Beziehungstypen zu den spezifizierten Söhnen als auch zu möglichen Vätern. Der neue Wurzelatomtyp ersetzt die alten Wurzelatomtypen, bleibt aber unter jedem der Namen der alten Wurzelatomtypen ansprechbar. Damit braucht man dem neuen Wurzelatomtyp keinen neuen Namen zuzuordnen. Die Attributtypen sind unter ihren alten Namen ansprechbar. Falls in mehreren ursprünglichen Wurzelatomtypen gleichnamige Attributtypen vorkommen, so sind deren Namen die alten Atomtypnamen voranzustellen. Die Molekülmenge des sich neu ergebenden Molekültyps ist definiert durch das kartesische Produkt der ursprünglichen Molekülmenge. Dazu werden das kartesische Produkt der Wurzelatommengen berechnet und die dazugehörigen Komponentenmoleküle übernommen. Ein passendes Beispiel für ein kartesisches Produkt zweier Molekültypen ist in Abb. 3.7 aufgezeigt. Die Erweiterung auf mehr als zwei Molekültypen ist offensichtlich.

Da die Molekültypen (auch) in der Anfragesprache und nicht (nur) im Schema definiert werden, kann dynamisch zum Zeitpunkt der Molekülverarbeitung die gewünschte Molekülbildung angegeben und auch durchgeführt werden. Damit läßt sich das im Abschnitt 3.1 geforderte Konzept der dynamischen Molekülbildung sehr elegant verwirklichen. Die gezeigte Flexibilität der Definition von Molekültypen kann zudem gewinnbringend zur flexiblen Molekülbildung und Molekülverarbeitung eingesetzt werden. So läßt sich der vertikale Zugriff im wesentlichen direkt und sehr leicht durch die Möglichkeiten der Molekültypdefinition verwirklichen: alle benötigten Atomtypen werden einfach in einem Molekültyp zusammengefaßt. Damit können die erforderlichen heterogenen Satz- bzw. hier Atommengen in adäquater Weise aufgebaut werden. Der horizontale Zugriff ist dann ein Spezialfall des vertikalen Zugriffs - der zugehörige Molekültyp besteht nur aus genau einem Atomtyp.

3.2.2.3 Die WHERE-Klausel

Aufgabe der *WHERE-Klausel* ist die Restriktion der Molekülmenge des sich aus der FROM-Klausel ergebenden Molekültyps. Die Zugehörigkeit eines Moleküls zur resultierenden Molekülmenge wird von der Erfüllung einer boole'schen Bedingung, die auf dem betreffenden Molekül auszuwerten ist, abhängig gemacht. Diese Qualifikationsbedingungen haben die Mächtigkeit der Prädikatenlogik (Sortenlogik) 1. Stufe. Hier soll keine formale Einführung der Prädikatenlogik von MQL gegeben werden. Dazu kann auf die einschlägige Literatur [BN77, Ma74] verwiesen werden bzw. auf [Mö86], wo eine entsprechende Formalisierung für das NF^2-Modell [SS86] gemacht wurde. In den Abschnitten 3.3.1 und 3.3.2 werden im Rahmen der MAD-Algebra eine ausreichende Konkretisierung bzw. Formalisierung vorgestellt.

Ein Molekül gehört genau dann zur resultierenden Molekülmenge, wenn der prädikatenlogische Ausdruck in der WHERE-Klausel auf der Molekülausprägung erfüllbar ist. Dieser Ausdruck wird auf der

Menge der am Molekül beteiligten Atomausprägungen ausgewertet. Im Sinne der Sortenlogik heißt das Auswertung auf einer Menge von Sorten. Die für die Ausdrucksauswertung zu berücksichtigenden Sorten werden festgelegt durch die "Granulate" der einzelnen Qualifikationsterme. Im einfachsten Fall sind die Sorten sog. Atomsorten, die alle zum Molekül gehörenden Atomausprägungen eines Atomtyps in der entsprechenden Rolle umfassen. In MQL ist es erlaubt, zusätzlich zur Atomebene auch auf Komponentenmolekülebene zu qualifizieren. Die Qualifikationsterme auf der Ebene der Komponentenmoleküle sind (meistens) wiederum aus einfacheren Termen zusammengesetzt. Dieser Aufbau der Terme setzt sich rekursiv fort bis wiederum die Atomebene erreicht ist. Die Auswertung dieser "höheren" Terme geschieht damit ebenfalls nach dem gleichen Muster, allerdings werden hier nur die Atomausprägungen des betreffenden Komponentenmoleküls berücksichtigt. Die qualifizierte Projektion (genaueres in Abschnitt 3.2.2.4) bezieht sich prinzipiell auch auf Komponentenmoleküle, jedoch wird zur Auswertung der zugehörigen WHERE-Klausel immer das gesamte Molekül berücksichtigt. Aus diesem Grund enthält die FROM-Klausel jeder qualifizierten Projektion das fest vorgegebene from_elmt 'RESULT', welches implizit gerade das aktuelle Molekül umfaßt.

Die *Qualifikationsbedingung* der WHERE-Klausel ist ein boole'scher Ausdruck und ähnlich den Ausdrücken in PASCAL aufgebaut: ein Ausdruck besteht prinzipiell aus dem Vergleich oder einer logischen Kombination etc. von einfachen Ausdrücken, die wiederum aus Termen und Faktoren sowie Additions-, Multiplikations- und boole'schen Operationen u.ä. aufgebaut sind. Zugelassen als Faktoren sind im wesentlichen Konstanten (Literale) aller erlaubten Datentypen, besondere Berechnungsfunktionen (Mengen-, Listen- und "Built-in"-Funktionen) und wiederum Ausdrücke sowie ein Variablenkonzept. Damit kann zum einen eine beliebig tiefe Schachtelung dieser Konstrukte erzielt werden und zum anderen können auch recht komplexe Berechnungen durchgeführt werden, die letztendlich eine hohe Auswahlmächtigkeit erlauben. Das Variablenkonzept stellt die Bezugnahme der Qualifikationsterme zu Teilen (Komponenten) des zu qualifizierenden Molekültyps (in 3.2.2.2 ist das der Umgebungs-Molekültyp) her. Jede Variable bezieht sich auf einen Attributtyp einer bestimmten Rolle (Atomtyp) und wird damit interpretiert über der zugehörigen Atomsorte. Damit gibt es hier keine freien Variablen. Jede Variable ist entweder unter Verwendung des Allquantors (FOR_ALL) oder eines Existenzquantors (EXISTS) explizit gebunden oder aber implizit über den existentiellen Abschluß. Zur Bildung des existentiellen Abschlusses werden alle "freien" Variablen an einen Existenzquantor gebunden, der dem ursprünglichen Ausdruck vorangestellt wird. Zur Interpretation der Variablen, also zur Auswertung der quantifizierten Terme, muß auf einen Attributwert zugegriffen werden. Falls dieser Wert gar nicht existiert, handelt es sich um einen sog. *Nullwert* und die gesamte Qualifikationsbedingung evaluiert zu falsch (FALSE), d.h., das aktuelle Molekül wird nicht in die resultierende Molekülmenge übernommen.

Operatorgruppe	Vergleichsoperatoren	Abkürzung	Bedeutung
Gleich-/Ungleich Operatoren (equi_op)	Gleichheit Ungleichheit	= <>	selbsterklärend selbsterklärend
Wertevergleichs-operatoren (comp_op)	Kleiner Größer Kleiner-Gleich Größer-Gleich	< > <= >=	selbsterklärend selbsterklärend selbsterklärend selbsterklärend
Vergleichs-operatoren für Wiederholungs-gruppentypen (set_op)	Inklusion	INCL	falls die Operanden vom SET-Typ sind: jedes Element des ersten Operanden ist im zweiten Operanden schon enthalten; falls die Operanden vom LIST-Typ sind: Operand 1 ist als Teilliste im Operand 2 enthalten
	Exklusion	EXCL	falls die Operanden vom SET-Typ sind: jedes Element des ersten Operanden ist im zweiten Operanden nicht enthalten; falls die Operanden vom LIST-Typ sind: Operand 1 ist nicht als Teilliste in Operand 2 enthalten
	Element-von	ELMT	Operand 1 ist in Operand 2 als Listen- oder Mengenelement vorhanden
Bereichsver-gleichsoperatoren für den HULL-Typ (range_op)	Inside	INSD	Operand 1 liegt vollständig innerhalb von Operand 2
	Outside	OUSD	Operand 1 liegt vollständig außerhalb von Operand 2
	Intersect	ISCT	Operand 1 und Operand 2 überlappen sich gegenseitig bzw. Operand 1 INSD Operand 2

Tab. 3.1: Zusammenstellung der Vergleichsoperatoren

Üblicherweise enthalten die Auswahlbedingungen der WHERE-Klausel viele Vergleiche: etwa Mengenvergleiche, Wertevergleiche oder Bereichsvergleiche etc. Tab. 3.1 enthält eine Zusammenstellung und ggfs. auch eine kurze Erläuterung aller in MQL definierten Vergleichsoperatoren. Dabei werden natürlich gewisse Bedingungen an die Vergleichbarkeit von Ausdrücken gestellt, wovon die wichtigste die Typverträglichkeit ist. Aus diesem Grund muß für jede korrekte Qualifikationsbedingung, außer der rein syntaktischen Richtigkeit noch eine typbezogene Korrektheit gegeben sein. Durch den nachstehenden Typkonvertierungs-Automatismus wird eine "Aufwärtskompatibilität" der numerischen Datentypen erreicht:

```
int      -> longint
int      -> real
longint  -> real.
```

Typ des ersten Operanden	arithmetischer Operator	Typ des zweiten Operanden	Ergebnistyp
integer	+ / -	integer	integer
longint	+ / -	longint	longint
real	+ / -	real	real
integer	+ / -	longint	longint
integer	+ / -	real	real
longint	+ / -	real	real
integer	*	integer	integer
integer	*	longint	longint
integer	*	real	real
longint	*	longint	longint
longint	*	real	real
real	*	real	real
integer	:	integer	real
integer	:	longint	real
integer	:	real	real
longint	:	integer	real
longint	:	longint	real
longint	:	real	real
real	:	integer	real
real	:	longint	real
real	:	real	real
integer	DIV / MOD	integer	integer
integer	DIV / MOD	longint	integer
longint	DIV / MOD	integer	longint
longint	DIV / MOD	longint	longint

Tab. 3.2: Ergebnistypen bei arithmetischen Operationen

Die resultierenden Ergebnistypen bei arithmetischen Operationen sind in Tab. 3.2 zusammengefaßt. In Tab. 3.3 sind den verschiedenen Datentypen alle zulässigen Operatoren gegenübergestellt. Dabei wird deutlich, daß die Einheit des Zugriffs auch gleichzeitig die Einheit des Vergleichs bzw. der Zuweisung darstellt. Wichtig zu erwähnen ist, daß der Datentyp HULL auf REAL-Werten definiert ist. Pro Dimension werden zwei REAL-Werte, einmal als obere und einmal als untere Intervallgrenze, bestimmt. Damit sind dann zwei n-dimensionale Punkte mit REAL-Koordinaten definiert, die die Eckpunkte einer n-dimensionalen Hülle bestimmen. Die besonderen Vergleichsoperatoren 'range_op' berücksichtigen die durch die Hüllen der beiden Operanden gegebene Topologie. Die Vergleichbarkeit von RECORD-Typen verlangt eine strenge Typgleichheit in allen Komponenten. Eine Typkompatibilität aufgrund von Konvertierungsfunktionen reicht hier nicht aus. Auf RECORD-Typen können auch nur einzelne Komponenten adressiert werden (Komponenten-Projektion) und auf ARRAY-Typen ist das Ansprechen von Elementen (Element-Projektion) erlaubt. In bezug auf die zulässigen Operatoren werden die Datentypen CHAR_VAR und BYTE_VAR so behandelt, als seien sie vom Typ LIST mit Elementdatentyp BYTE bzw. CHAR. Gleiches gilt für den Datentyp CODE, allerdings ist hier nur der Gleichheitsoperator 'equi_op' erlaubt. Die Konstantenzuweisung 'prim_const' ist als Wertzuweisung prinzipiell immer möglich. Ebenso ist auch eine Wertzuweisung durch Angabe eines entsprechenden Ausdrucks 'expr' (siehe auch MQL-Syntax in Anhang B) erlaubt. Einzige Ausnahme ist der Datentyp IDENTIFIER, welcher vom Modell (System) kontrolliert wird. In allen Fällen muß eine Typkompatibilität für die Operanden gegeben sein. Für den RECORD- und den ARRAY-Typ ist zusätzlich noch eine Wertzuweisung auf Komponentenebene zugelassen, wobei wiederum Typkompatibilität zwischen dem zuzuweisenden Wert und der Komponente bzw. dem Element gegeben sein muß.

Typ des Ausdrucks	Operator	Vergleichsoperator		Wertezuweisung
INTEGER LONGINT	+ / - / DIV / MOD * / :	equi_op	comp_op	prim_const, expr
REAL	+ / - / * / :	equi_op	comp_op	prim_const, expr
BIT	———	equi_op	comp_op	prim_const, expr
BYTE	———	equi_op	comp_op	prim_const, expr
BOOL	NOT / AND / OR	equi_op		prim_const, expr
CHAR	———	equi_op	comp_op	prim_const, expr
CODE	list_fct	equi_op		prim_const, expr
CHAR_VAR BYTE_VAR	list_fct	equi_op	set_op	prim_const, expr
LIST	list_fct	equi_op	set_op	prim_const, expr
SET	set_fct	equi_op	set_op	prim_const, expr
IDENTIFIER REF	———	equi_op		durch System prim_const, expr
TIME	———	equi_op	comp_op	prim_const, expr
HULL	———	equi_op	range_op	prim_const, expr
RANGE	wie Basistyp	wie Basistyp		prim_const, expr
ENUM	———	equi_op	comp_op	prim_const, expr
RECORD ARRAY	Kompon.-Projektion Element-Projektion	equi_op		für beide: expr, prim_const sowie Komponen- ten- und Element- zuweisung

Tab. 3.3: Ausdrücke mit zulässigen Operatoren

Operation	Operandentypen	Ergebnistyp	Bedeutung
ADD_LIST (l1, pos, l2)	list x longint x list	list	Einfügen der Liste l1 in die Liste l2 an der Position pos. Die Liste l1 wird hinter die Teilliste l2' (definiert vom Anfang der Liste l2 bis einschließlich des Listenelementes der Position pos-1) und vor die Teilliste l2" (definiert von Listenelement der Position pos bis zum Ende der Liste l2) eingeschoben.
DEL_LIST (len, pos, l)	longint x longint x list	list	Löschen einer Teilliste innerhalb der Liste l. Die Teilliste ist spezifiziert durch ihre Anfangsposition pos und ihre Länge len innerhalb der Liste l. Falls pos keine korrekte Listenposition bezeichnet bzw. falls die Teilliste nicht innerhalb der Liste l liegt (Länge von l kleiner pos + len - 1), wird eine Fehlermeldung erzeugt.
NUM_LIST (l)	list	longint	Bestimmen der Anzahl der Elemente der Liste l.
SUB_LIST (len, pos, l)	longint x longint x list	list	Teillistenbildung ab Position pos mit der Länge len. Falls pos keine korrekte Listenposition bezeichnet bzw. falls die Teilliste nicht innerhalb der Liste l liegt (Länge von l kleiner pos + len - 1) wird eine Fehlermeldung erzeugt.
POS_LIST (l1, l2)	list x list	longint	Position des ersten Auftretens der Teilliste l1 innerhalb der Liste l2. Falls die Teilliste l1 nicht in der Liste l2 enthalten ist, wird der Positionswert '-1' als Ergebniswert zurückgegeben.
CHANGE_LIST (l1, pos, l2)	list x longint x list	list	Überschreiben der durch die Position pos und die Länge von Liste l1 definierten Teilliste von Liste l2 mit der Liste l1. Liste l2 kann dabei verlängert werden
LIST_ELMT (pos, l)	longint x list	Element-datentyp	Bereitstellen des Listenelementes mit der Position pos. Falls pos keine korrekte Listenposition bezeichnet, erfolgt eine Fehlermeldung.
MAKE_LIST (elmt)	Operanden-datentyp	list	Typkonverierung eines Elementes des Operandendatentyps in die einelementige Liste mit Elementdatentyp gleich Operandendatentyp
GEN_LIST (s)	set	list	Typkonvertierung von Menge s nach Liste.
NUM_SET (s)	set	longint	Bestimmen der Anzahl der Elemente der Menge s.
UNION (s1, s2)	set x set	set	Mengenvereinigung (Duplikatfreiheit der Ergebnismenge ist garantiert).
MINUS (s1, s2)	set x set	set	Mengendifferenz
INTERSECT (s1, s2)	set x set	set	Mengendurchschnitt
MAKE_SET (elmt)	Operanden-datentyp	set	Typkonvertierung eines Elementes des Operandendatentyps in die einelementige Menge mit Elementdatentyp gleich Operandendatentyp
GEN_SET (l)	list	set	Typkonvertierung von Liste l nach Menge (Garantie der Duplikatfreiheit der Ergebnismenge).

Tab. 3.4: Operationen auf den Wiederholungsgruppentypen

Zur Verarbeitung der Wiederholungsgruppentypen LIST und SET werden eigens definierte Operationen (resp. Funktionen) bereitgestellt. In Tab. 3.4 sind alle zusammengefaßt und auch näher beschrieben. Für den Datentyp LIST gilt es, noch einige Vereinbarungen zu treffen, die die definierten und korrekten Listenpositionen betreffen:

- die Listenposition '-1' spricht immer das Ende einer Liste an; ADD_LIST (l1,-1,l2) bedeutet somit eine Konkatenation der Liste l2 mit der Liste l1
- die Listenposition '0' spricht den Anfang einer Liste an; damit bedeutet ADD_LIST (l1,0,l2) die Konkatenation der Liste l1 mit der Liste l2
- alle Positionsangaben zwischen '-1', '0' und der aktuellen Elementanzahl sprechen somit eine korrekte Position (innerhalb) der Liste an. Unkorrekte Positionsangaben führen immer zu einer Fehlermeldung.

Operationen, die mehr als einen Wiederholungsgruppentyp umfassen, verlangen, daß die zugehörigen Elementdatentypen zueinander typverträglich sind. Bei Unverträglichkeit wird eine Fehlermeldung erzeugt. Der resultierende Elementdatentyp des Ergebnistyps wird in Abhängigkeit von den Operandendatentypen festgelegt. Einige offensichtliche Fehlersituationen sind ebenfalls zu berücksichtigen: etwa das Löschen aus der leeren Liste oder SUB_LIST bzw. LIST_ELMT mit leerem Listenoperand.

Zur adäquaten Berechnung und Verarbeitung werden noch eine Reihe von "Built-in"-Funktionen angeboten. In Tab. 3.5 sind diese zusammengestellt und etwas genauer erläutert. Zusätzlich zu den konventionellen Aggregationsfunktionen SUM, MIN, MAX und AVG werden noch drei weitere Funktionen bereitgestellt, die ausschließlich zur Steigerung der Ausdrucksmächtigkeit dienen. Diese Funktionen berücksichtigen jeweils spezielle Eigenschaften des MAD-Modells bzw. von MQL. Um die Ergebnisse von MQL-Anfragen in MQL-Ausdrücken (dies betrifft geschachtelte SELECT-Anfragen in der WHERE-Klausel) weiterverarbeiten zu können, ist die Operation VALUE vonnöten. Als Operanden sind dort nur solche MQL-Anfragen erlaubt, die als Ergebnis-Molekültyp genau einen Atomtyp mit genau einem Attributtyp besitzen. Die zugehörige einattributige Ergebnismenge wird dann in eine einsortige Werteliste konvertiert. VALUE wird häufig benutzt zur Weiterverarbeitung von IDENTIFIER-Listen, also von Referenzlisten. Ähnlich zu VALUE erlaubt die Funktion MOL_AGG ein Weiterverarbeiten von bestimmten Attributwerten, aufgesammelt im gerade aktuellen Molekül. Alle Werte des spezifizierten Attributtyps werden in einer Liste bereitgestellt. Hiermit ist es nun möglich, "Querauswertungen" über ein Molekül zu definieren und für die Qualifikation zu verwenden. Falls der Datentyp des mittels VALUE bzw. MOL_AGG zu aggregierenden Attributtyps ein Wiederholungsgruppentyp ist, so werden die einzelnen Wiederholungsgruppen-Elemente zur Ergebnisliste konkateniert. Diese Sonderbehandlung für Wiederholungsgruppentypen ist deshalb notwendig, weil jeder Ergebnistyp wieder in der Menge der MAD- bzw. MQL-Datentypen liegen muß, also in MAD darstellbar sein muß. Die Funktion IS_NULL testet, ob der angegebene Attributtyp im aktuellen Molekül einen Wert besitzt. Damit kann die Nullwertbehandlung von MQL (s.o.) umgangen werden.

Funktion	Operandentyp	Ergebnistyp	Bedeutung
SUM (l) SUM (s)	list set	Elementdatentyp Elementdatentyp	Aufsummieren der Elemente. Auf dem Elementdatentyp muß die Addition definiert sein, sonst Fehlermeldung.
MIN (l) MIN (s)	list set	Elementdatentyp Elementdatentyp	Bestimmen des minimalen Elementwertes. Auf dem Elementdatentyp müssen die Vergleichsoperatoren comp_op definiert sein.
MAX (l) MAX (s)	list set	Elementdatentyp Elementdatentyp	Bestimmen des maximalen Elementwertes. Auf dem Elementdatentyp müssen die Vergleichsoperatoren comp_op definiert sein.
AVG (l) AVG (s)	list set	real real	Bestimmen des durchschnittlichen Elementwertes. Auf dem Elementdatentyp müssen die arithmetischen Operatoren Addition und die Division definiert sein.
VALUE	query_expr	list	Typkonvertierung von einer einattributigen Molekülmenge in eine einsortige Werteliste.
MOL_AGG	field_spec	list	In dem aktuellen Molekül werden alle Werte des spezifizierten Attributtyps field_spec in einer Liste gesammelt.
IS_NULL	field_spec	boolean	Testfunktion zur Überprüfung ob für das angegebene Attribut ein zugehöriger Wert existiert.

Tab. 3.5: Aggregationsfunktionen

3.2.2.4 Die Projektion

Der durch FROM- und WHERE-Klausel spezifizierte Umgebungs-Molekültyp kann nun hinsichtlich der benötigten Information entsprechend strukturiert werden. Die *Projektion* erlaubt sowohl eine qualifizierte (wertabhängige) als auch eine unqualifizierte Übernahme von spezifizierten Molekülkomponenten. Der daraus resultierende Ergebnis-Molekültyp besitzt dann eine durch die Projektion vorgegebene Molekültypstruktur, und alle Moleküle der zugehörigen Molekülmenge sind dazu passende Ausprägungen, die nur noch die letztendlich gewünschten Daten enthalten. Dieser Molekültyp stellt die operationale Basis, also die Operanden, für die eigentlichen DML-Operationen dar. Falls dessen Molekültypstruktur gleich der ursprünglichen Umgebungs-Molekültypstruktur ist, so spricht man dann von Gesamt-Molekülverarbeitung und in den anderen Fällen auch von Komponenten-Molekülverarbeitung. Die wesentlichen Aspekte und Ausdrucksmöglichkeiten der Projektion werden nun im folgenden vorgestellt.

In MQL trägt die Projektionsklausel keinen eigenen Namen. Ihr entspricht das syntaktische Konstrukt 'sel_mol' bzw. die davon abgeleiteten Konstrukte 'proj_mol' und 'ins_mol', die entsprechende Einschränkungen und auch Erweiterungen gegenüber sel_mol besitzen und an die Erfordernisse der zugehörigen DML-Operationen DELETE und UPDATE bzw. an die Operation INSERT angepaßt sind. Alle nachstehenden Angaben beziehen sich daher auf sel_mol und können mit Einschränkungen (näheres dazu in Abschnitt 3.2.2.5) für die beiden anderen Konstrukte übernommen werden.

Syntax	angesprochende Komponenten	Beispiel
a) Molekültypname Rekursiv-Molekültypname evtl. mit Rekursivstufe	alle assoziierten Atomtypen mit allen zugehörigen Attributtypen	komp_mol rec_mol rec_mol.(5)
b) Atomtypname	Atomtyp mit allen Attributtypen in modellgegebener Reihenfolge	A
c) Atomtypnamen (Namensliste von Attributtypen)	nur die angegebenen Attribut- typen in der spezifizierten Rei- henfolge	A (Att1, Att2 := Att3+1) B (Attneu := AVG (MOL _AGG (Att4)))
d) Atomtypname (ALL_BUT (Namensliste von Attributtypen))	Atomtyp mit allen Attributtypen außer den spezifizierten in mo- dellgegebener Reihenfolge	A (ALL_BUT (Att1))
e) Atomtypname ()	Atomtyp ohne seine Attribut- typen	A ()
f) Namenslisten von Attributtypen	alle damit assoziierten Atomtypen mit den angegebenen Attributty- pen	A.Att1, B.Att2 C.Att1[17] D.Att1.komp1
g) Mischform	siehe obige Angaben	komp_mol (A(Att1,Att2), B(ALL_BUT(Att3)), C.Att1, D.Att2)

Tab. 3.6: Verschiedene Projektionsarten

Jede Projektionsklausel besteht aus einzelnen Projektionselementen 'proj_elmt', die durch Kommata voneinander getrennt sind. Es gibt 3 verschiedene Möglichkeiten zur Spezifikation von Projektionselementen:

* *unqualifizierte Übernahme*

    Hier kann als Projektionselement jeder im Umgebungs-Molekültyp definierte Name verwendet werden. Damit sind Molekültyp- und Atomtypnamen und, falls Namenseindeutigkeit besteht, auch einzelne Attributtypnamen erlaubt. Tab. 3.6 erläutert die verschiedenen Projektionsmöglichkeiten. Mit Angabe eines Molekültypnamens werden implizit alle damit assoziierten Atomtypen und mit jedem Atomtyp immer die dazugehörigen Attributtypen angesprochen. Es können auch Rekursiv-Molekültypen bzw. durch die spezifizierte Rekursionsstufe ausgewählte Komponenten-Molekültypen angesprochen werden. Für Attributtypen mit Datentyp ARRAY bzw. RECORD ist die Projektion von einzelnen Elementen bzw. Komponenten möglich. Zur einfacheren Handhabung gibt es die Möglichkeit, alle Komponenten (ALL) oder alle nicht explizit in einer Ausschlußliste enthaltenen Komponenten (ALL_BUT (Ausschlußliste)) zu übernehmen. Alle genannten Ausdrucksmöglichkeiten können in entsprechender Weise miteinander gemischt verwendet werden.

Für die unqualifiziert projizierten Teile der Molekültypstruktur werden in den Ergebnismolekülen auch die zugehörigen Teile der Molekülausprägungen übernommen.

- *Berechnung neuer Attributwerte*

  Die auf Attributebene zu projizierenden Werte können auch, anstatt einfach übernommen zu werden, neu berechnet werden. Dazu ist eine typmäßig passende Berechnungsvorschrift anzugeben. Diese Berechnung wird durch einen Ausdruck (expr) spezifiziert, der die Mächtigkeit eines Ausdrucks der WHERE-Klausel besitzt. Es besteht auch die Möglichkeit, neue, sog. *virtuelle Attributtypen* durch Angabe einer Berechnungsvorschrift zu definieren. In Tab. 3.6c) sind entsprechende Beispiele enthalten. Für die Ausprägungen der Ergebnis-Molekülmenge bedeutet dies, an den spezifizierten Stellen jeweils die neuberechneten Werte zu übernehmen.

- *qualifizierte Übernahme*

  Die qualifizierte Projektion erlaubt die Übernahme von Komponenten-Molekültypen abhängig zu machen von Qualifikationsbedingungen, die auf dem Umgebungs-Molekültyp definiert sind. In den Ergebnismolekülen werden dann nur die Komponentenmoleküle übernommen, deren Qualifikationsbedingungen erfüllt sind (ausgewertet auf dem gesamten jeweils aktuellen Molekül). Durch die qualifizierte Projektion wird immer ein Komponenten-Molekültyp angesprochen, dessen Molekültypstruktur implizit aus der Umgebungs-Molekültypstruktur vervollständigt wird: alle Komponenten des Strukturgraphen, die ausschließlich unterhalb des qualifiziert zu projizierenden Teilgraphen hängen, gehören implizit dazu. Diese Maßnahme ist sinnvoll und auch notwendig, um die Korrektheit des Ergebnis-Molekültyps zu gewährleisten. Die qualifizierte Projektion wird durch die SELECT-Operation ausgedrückt, die im nachfolgenden Abschnitt 3.2.2.5 vorgestellt und beschrieben ist. Dort sind dann auch Beispiele zur qualifizierten Projektion zu finden.

Alle aufgeführten Spezifikationsmöglichkeiten eines Projektionselementes können innerhalb einer Projektionsklausel gemischt vorkommen. Allerdings muß die insgesamt sich ergebende projizierte Molekültypstruktur korrekt sein, damit der resultierende Ergebnis-Molekültyp ebenfalls korrekt ist. Der Strukturgraph muß immer ein Subgraph der Umgebungs-Molekültypstruktur sein und zudem den Wurzelatomtyp des Umgebungs-Strukturgraphen auch als Wurzelatomtyp enthalten. Jeder so definierte Strukturgraph erfüllt die Korrektheitsbedingungen aus Abschnitt 3.1. Für die Projektions-klausel bedeutet dies, daß die von den Projektionselementen definierten Ausschnitte des Umgebungs-Strukturgraphen sich nicht überlappen dürfen.

3.2.2.5 Die DML-Anweisungen

Hier werden jetzt die eigentlichen DML-Operationen vorgestellt. Dazu werden die in den vorherigen Abschnitten schon eingeführten Basiskonstrukte der Projektionsklausel sowie von FROM- und WHERE-Klausel benötigt, die zusammen den Rumpf der Anweisung bilden. Damit ist der sog. Verarbeitungs-Molekültyp festgelegt, der die Operationsbasis für die DML-Operationen in Form der zu verarbeitenden Molekülmenge und ihrer Typstruktur bereitstellt. Jede DML-Anweisung wird im folgenden kurz skizziert und anhand von Beispielen genauer erläutert. Dabei wird stets deutlich, daß alle DML-Operationen eine *Molekülmengen-Orientierung* besitzen. Damit soll ausgedrückt werden, daß die Operanden der verschiedenen DML-Operationen durchaus ganze Molekülmengen sein können, die dann durch eine DML-Anweisung verarbeitet werden.

Lesen (SELECT)

Eine SELECT-Operation besteht aus der Operatorkennung 'SELECT', Projektionsklausel 'sel_mol', optionaler Ordnungsklausel 'order', FROM-Klausel 'from_elmt_list' und optionaler WHERE-Klausel 'qual_expr':

```
SELECT    sel_mol [order]
FROM      from_elmt_list
[WHERE    qual_expr];
```

Das Ergebnis der SELECT-Operation ist genau der Verarbeitungs-Molekültyp und damit alle durch den Anfragerumpf selektierten Moleküle mit zugehöriger Typstruktur. Durch die Ordnungsklausel kann eine nachträgliche Sortierung der resultierenden Molekülmenge nach Attributwerten der Ankeratome ggf. mit Duplikateliminierung erreicht werden. Die nachfolgenden Anweisungsbeispiele sollen die charakteristischen Anfragemöglichkeiten der SELECT-Operation aufzeigen und weiterhin zum tieferen Verständnis der oben eingeführten Basiskonstrukte dienen. Dabei kommen die drei verschiedenen "Schachtelungsmöglichkeiten" des Anfragekonstrukts, sowohl in FROM- und WHERE- als auch in der Projektions-Klausel deutlich zum Vorschein.

Zum besseren Verständnis wird ein sehr einfaches MAD-Schema zugrundegelegt, welches nur aus drei Atomtypen (die vorhandenen Attributtypen wurden der Übersichtlichkeit wegen weggelassen) und zwei Beziehungstypen besteht:

```
A - B - C
```

Die erste Beispielanfrage läßt sich charakterisieren durch: hierarchischer Molekültyp, impliziter Existenzquantor und unqualifizierte Projektion mit Attributwertberechnung. Die Zuordnung der aufgeführten Charakteristika zu den drei Basiskonstrukten ist offensichtlich. Die erste Angabe bezieht sich auf die FROM-, die zweite auf die WHERE- und die dritte auf die Projektions-Klausel.

```
SELECT    A(Att1, Att2 := Att3+4*Att4), B(Att2)
FROM      A - B - C
WHERE     C.Att1 = 'xxx';
```

Es werden nur die Komponentenmoleküle A-B von den sich in der WHERE-Klausel qualifizierenden Umgebungsmolekülen A-B-C übernommen. Das Attribut Att2 vom Atomtyp A wird gemäß der gegebenen Vorschrift jeweils berechnet.

Das nächste Beispiel benamt den Molekültyp (im Beispiel A B C), besitzt einen explizit angegebenen Existenzquantor und führt eine qualifizierte Projektion durch. Sowohl der Molekültyp als auch die Qualifikationsbedingung im Anfragerumpf sind bei beiden Anfragen gleich:

```
SELECT          A(Att1), (SELECT (B(Att2))
                        FROM    RESULT
                        WHERE  FOR_ALL C : (C.Att1 = 'xxx'))
        FROM        ABC(A - B - C)
        WHERE    EXISTS C : (C.Att1 = 'xxx');
```

Der bedeutungsmäßige Unterschied zwischen beiden Anfragen beschränkt sich allein auf die Projektionsklausel. Im Gegensatz zum ersten Beispiel werden hier nur solche B-Atome in die resultierenden Molekülausprägungen übernommen, für die die angegebene Qualifikation im Projektionselement zutrifft. Zu diesem qualifizierten Projektionselement gehört die Molekültypstruktur B-C. Dies ist also ein Beispiel für die in Abschnitt 3.2.2.4 angesprochene implizite Festlegung des Strukturgraphen einer qualifizierten Projektion.

Das nächste Anfragebeispiel benutzt die zuvor beschriebene Anfrage als Molekültypdefinition:

```
        SELECT   A(Att1)
        FROM        (SELECT A(Att1), ( SELECT (B(Att2))
                                FROM    RESULT
                                WHERE  FOR_ALL C : (C.Att1 = 'xxx'))
                    FROM    ABC(A - B - C)
                    WHERE  EXISTS C : (C.Att1 = 'xxx'))
        WHERE    SUM (MOL_AGG (B.Att2)) >100;
```

Es werden nur solche A-Atome und davon wiederum nur das Attribut Att1 projiziert, deren Umgebungsmolekül die komplexe Qualifikationsbedingung erfüllt. Die Funktion MOL_AGG aggregiert die Werte des angegebenen Attributes innerhalb des jeweiligen Moleküls zu einer Werteliste und die Funktion SUM bildet die Summe der Listenelemente.

Auch in der WHERE-Klausel sind Anfragen erlaubt:

```
        SELECT   A(Att1)
        FROM        ABC(A - B - C)
        WHERE    (SUM (VALUE (SELECT  B.Att2
                                FROM        B - C
                                WHERE    (ABC.B.Att1 = B.Att1) AND
                                        FOR_ALL C : (C.Att1 = 'xxx'))) > 100)
        AND C.Att2 = 'xxx';
```

Die Semantiken der beiden letzten Anfragen sind überraschenderweise zueinander gleich. Die innere Anfrage selektiert zuerst alle in Betracht kommenden B-Atome. Die Funktion VALUE bildet aus dieser Molekülmenge eine Werteliste, die dann durch SUM aufsummiert wird und einen Qualifikationsterm für die ABC-Moleküle darstellt. Diese Anfrageäquivalenz läßt sehr deutlich zum Vorschein kommen, daß MQL (analog zu SQL) viele Freiheiten in der Anfrageformulierung erlaubt. Dies eröffnet wiederum an anderer Stelle Möglichkeiten, umständlich gestellte Anfragen so umzuformulieren (Standardisierung), daß ein System diese dann sehr effizient auswerten kann. Dieser Aspekt wird in Kapitel 4 (Abschnitt 4.4.2) wieder aufgegriffen, wo es um die Frage der effizienten Anfrageabarbeitung geht.

Löschen (DELETE)

Die DELETE-Operation ist sehr ähnlich zur SELECT-Operation. Im wesentlichen wird nur der SELECT-Operator durch den DELETE-Operator ersetzt:

    DELETE   proj_mol
    FROM   from_elmt
    [WHERE   qual_expr];

Alle durch den Anfragerumpf spezifizierten Moleküle bzw. das implizit angesprochene Atomnetz, bestehend aus Atomen und Referenzen, wird gelöscht. Die FROM-Klausel degeneriert zu einem einzigen 'from_elmt', welches durch einen Typgraphen (s. Abschnitt 3.2.2.2) anzugeben ist. Damit wird garantiert, daß die DELETE-Operation auf definierten Atomtypen bzw. auf definierbaren Molekültypen arbeitet. Eine Ordnungsklausel analog zum SELECT ist hier ebenfalls nicht sinnvoll. Weiterhin unnötig und daher auch durch die Projektionsklausel 'proj_mol' verboten, ist eine Projektion auf Attributtypebene sowie eine Attributwertberechnung - es werden ja Moleküle bzw. Atome gelöscht und keine Operationen auf Attributebene durchgeführt. Die qualifizierte Projektion bleibt natürlich erhalten.

Prinzipiell sind alle SELECT-Beispiele, sofern keine attributtypbezogenen Projektionen auftreten, übertragbar, indem einfach der SELECT-Operator durch den DELETE-Operator ausgetauscht wird. Anstatt die durch den Anfragerumpf vorselektierten Moleküle zu lesen, werden diese nun gelöscht. Das Löschen eines Atoms erfordert evtl. noch Zusatzmaßnahmen, um die in Abschnitt 3.1 schon erwähnte referentielle Integrität zu erhalten: alle Referenzen auf ein zu löschendes Atom bzw. alle von ihm weggehenden Referenzen müssen ebenfalls gelöscht werden. Dies wird von der DELETE-Operation gewährleistet. Damit bleibt die MAD-Datenbank auch nach solch einer Operation in einem konsistenten Zustand. Ausgehend von dieser einfachen Löschsemantik ist es leicht möglich, entsprechende Verfeinerungen durchzuführen. In [Mi86] wird solch ein Versuch unternommen und ausführlich beschrieben. Einen weiteren Orientierungsrahmen für eine verfeinerte Löschsemantik kann auch vom Netzwerkmodell angeboten werden: Dort gib es vielfältige Möglichkeiten, die sog. Set-Mitgliedschaft auszudrücken, die sich dann auf die Ausführungen von Einspeicher-, Lösch- und Änderungsoperationen auswirkt.

Einspeichern (INSERT)

Die INSERT-Operation speichert alle zu einer Molekülmenge zusammengefaßten Moleküle in die durch den Umgebungs-Molekültyp bestimmte *"Umgebung"* ein. Sie besteht aus dem INSERT-Operator, der angegebenen Molekülmenge 'mol_set' mit Typbeschreibung (Typgraph) 'ins_type' sowie der FROM- und WHERE-Klausel zur Spezifikation der Operationsumgebung:

    INSERT   mol_set : ins_type
    FROM   from_elmt
    [WHERE   qual_expr];´

'mol_set' bezeichnet eine Molekülmenge vom Typ 'ins_type'. Die Moleküldaten können entweder direkt als Literal angegeben werden oder über eine Programmvariable adressiert werden. Die Programmvariable wird meistens bei eingebetteter Sprachversion benutzt. Für beide Möglichkeiten gilt, daß alle Molekülkomponenten, also die Atome und Attribute, in Form von Literalen (Konstanten) zur Verfügung gestellt werden. Nicht wertmäßig belegte Attribute erhalten den Defaultwert 'NULL'. Es müssen immer vollständige Wertangaben gemacht werden. Durch die Moleküldaten muß ein Ausprägungsgraph (auf Atomebene) aufgebaut werden, der gemäß der durch ins_type vorgegebenen Molekültypstruktur korrekt ist. Dazu werden die REFERENCE-basierten Attributtypen und der IDENTIFIER-Attributtyp sowie die sog. *temporären Identifikatoren* benutzt. Beim Einspeichern eines Atomliterals wird der temporäre Identifikator des Atoms und alle seine Verwendungen (als Referenzen) durch den systemvergebenen Identifikator ersetzt. Da sich temporäre und systemvergebene Identifikatoren unterscheiden, kann die Referenz auf ein bereits existierendes Atom auch als solche erkannt werden. Damit läßt sich jedes Molekül in sehr variabler Weise in das in der Datenbank bereits bestehende Atomnetz "einhängen". Dieses "Einhängen" kann durch geschicktes Ausnutzen der FROM- und WHERE-Klausel in Teilen automatisiert werden. Im Gegensatz zu den Projektionsklauseln 'sel_mol' und 'proj_mol' der Operationen SELECT und DELETE ist für die Projektionsklausel 'ins_type' der INSERT-Operation nicht gefordert, "wurzelbasiert" zu sein. Der durch 'ins_type' definierte Strukturgraph muß lediglich ein Teilgraph des Strukturgraphen vom Umgebungs-Molekültyp sein und nicht notwendigerweise den Wurzelatomtyp auch als Wurzel enthalten. Durch 'mol_set' und 'ins_type' kann damit ein "echter" Komponenten-Molekültyp (bezogen auf den Umgebungs-Molekültyp) angegeben werden, der dann in die durch den Umgebungs-Molekültyp festgelegte "Umgebung" eingehängt wird. Dazu werden alle eingespeicherten Moleküle noch zusätzlich mit ihrer Wurzel an alle Moleküle der Umgebungs-Molekülmenge angehängt.

Für 'ins_type' ist sinnvollerweise nur die unqualifizierte Projektion zugelassen, und die FROM-Klausel degeneriert zu einem einzigen 'from_elmt', analog zur DELETE-Operation. Damit wird auch hier garantiert, daß die INSERT-Operation auf definierten Atomtypen bzw. auf definierbaren Molekültypen arbeitet.

Die nachfolgenden Beispiele sollen das oben Gesagte verdeutlichen:
- Einspeichern einer Molekülmenge ohne automatisches "Einhängen" in eine definierte Umgebung
  Typgraph des einzuspeichernden Molekültyps: A -> B
  Atomnetz der einzuspeichernden Molekülmenge:

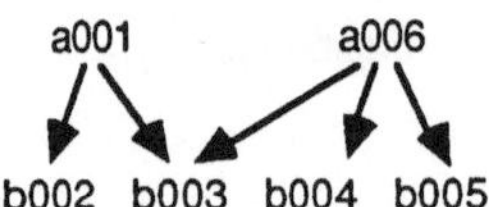

```
INSERT
    A (a_id := I'001'I,
                :
       ab := S'I'002'I,I'003'I'S),
    B (b_id := I'002'I,...),
    B (b_id := I'003'I,...),
    B (b_id := I'004'I,...),
    B (b_id := I'005'I,...),
    A (a_id := I'006'I,
                :
       ab := S'I'003', I'004', I'005'I'S)} : ALL
    FROM A - B ;
```

Hier erfolgt nur ein Einspeichern der spezifizierten Moleküle bzw. Atome ohne das o.a. automatische "Einhängen", da die Strukturgraphen des Umgebungs-Molekültyps und des einzuspeichernden Typs gleich sind. Alle angegebenen IDENTIFIER-Werte repräsentieren temporäre Identifikatoren die beim Einspeichern der Atome durch die systemvergebenen ersetzt werden. Durch die temporären Identifikatoren läßt sich auch eine Mehrfachbenutzung von Atomen in mehreren Molekülen spezifizieren. Alle hier nicht angegebenen Gegenreferenzen werden automatisch ergänzt. Damit erhält auch die INSERT-Operation die referentielle Integrität.

- Einspeichern einer Molekülmenge mit automatischem "Einhängen" in die spezifizierte Umgebung

  Hier seien die Molekülmenge und der zugehörige Typ die gleichen wie oben:

  ```
  INSERT {... analog oben} : A - B
  FROM   C - A - B
  WHERE qual_expr;
  ```

Falls sich die C-A-B-Moleküle c1 und c3 qualifizieren würden, und diese noch keine A-B-Komponentenmoleküle hätten, dann würde folgendes Atomnetz durch obige INSERT-Anweisung entstehen:

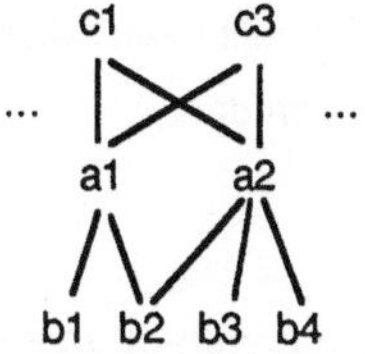

Im Unterschied zu obigem Ausprägungsgraph sind hier ungerichtete Kanten eingezeichnet, da die (gerichteten) Referenzen ja symmetrisch ergänzt wurden. Falls c1 und c3 noch weitere A-Atome bzw. indirekt auch B-Atome hätten, so würden diese hier anstatt der Punkte (...) erscheinen.

Modifikation (MODIFY)

Die MODIFY-Operation ist ähnlich zur INSERT-Operation. Es werden alle Moleküle der angegebenen Molekülmenge 'mol_set', die im Unterschied zur INSERT-Operation hier schon existieren müssen, gemäß den angegebenen Datenwerten modifiziert. Die Typbeschreibung wird durch die FROM-Klausel vorgegeben. Jede MODIFY-Anweisung hat die folgende Form:

    MODIFY mol_set
    FROM   from_elmt;

Die FROM-Klausel und die Angabe der Molekülmenge 'mol_set' sind die gleichen wie bei der INSERT-Anweisung. Eine Projektionsklausel ist hier überflüssig, da der Typ, auf den sich die Molekül-menge bezieht, durch die FROM-Klausel festgelegt ist. Die WHERE-Klausel ist ebenfalls unnötig, da die zu modifizierenden Moleküle über ihr Ankeratom identifiziert werden (Da das zu modifizierende Molekül in einem "älteren" Zustand schon existiert, existiert auch das zugehörige Ankeratom). Jedes Atomliteral der angegebenen Molekülmenge wird, falls es einen systemvergebenen Identifikator besitzt - also schon existiert - entsprechend den neuen Attributwerten geändert und, falls es einen temporären Identifikator besitzt, neu eingespeichert. Im letzteren Fall werden alle Vorkommen des temporären Identifikators durch den neu vergebenen IDENTIFIER-Wert ersetzt. Im Änderungsfall dürfen keine Schlüssel- bzw. IDENTIFIER-Attributtypen betroffen sein. Wertangaben für REFERENCE-basierte Attributtypen sind möglich, ebenso das komponentenbezogene Ändern von strukturierten Attributtypen mit RECORD- oder ARRAY-Datentyp. Die neuen Attributwerte überschreiben immer die alten; alle anderen bleiben unverändert, bis auf manche REFERENCE-basierte Attributtypen, die im Zuge der Wartung der referentiellen Integrität entsprechend angepaßt werden müssen.

Alle INSERT-Anweisungen können damit, falls 'ins_type=ALL' spezifiziert ist, auch als MODIFY-Anweisungen benutzt werden. Deshalb kann hier auf Beispielanweisungen verzichtet werden.

Die MODIFY-Operation ist speziell auf die eingebettete Sprachversion zugeschnitten. Die zu bearbeitenden Moleküle werden mittels einer SELECT-Anweisung extrahiert und die extern modifizierten Moleküle werden mittels der MODIFY-Operation in der Datenbank wieder angeglichen (s. Beispiele in Abschnitt 3.4.1) Die "Verarbeitung" passiert sozusagen außerhalb im Anwendungsprogramm. Insgesamt betrachtet, stellt die MODIFY-Operation ein "Mittelding" zwischen der INSERT-Operation und der nachfolgend beschriebenen Operation dar.

Ändern (UPDATE)

Die UPDATE-Operation stellt auch eine molekülmengen-orientierte Änderungsoperation zur Verfügung. Alle durch den Umgebungs-Molekültyp spezifizierten Moleküle werden gemäß dem angegebenen "stilisierten" Molekül 'mol_elmt' geändert. Ihr Aufbau ist ähnlich zur INSERT-Operation.

    UPDATE   mol_elmt : proj_mol
    FROM   from_elmt
    [WHERE   qual_expr];

Die Projektionsklausel proj_mol ist die gleiche wie bei der DELETE-Operation. Sie beschreibt einen "wurzelbasierten" Teilgraphen des durch den Umgebungs-Molekültyp festgelegten Strukturgraphen

und gibt die Typbeschreibung des sog. "stilisierten" Moleküls an. Dieses enthält die neuen Daten-
werte, die jeweils zu übernehmen sind. Das so spezifizierte Molekül dient als Vorlage für die
Änderungsoperationen. Für jedes in der Umgebungs-Molekülmenge enthaltene Molekül werden alle
Atome gemäß dem typgleichen Atomliteral des "stilisierten" Molekültyps geändert. Hierbei gelten die
gleichen Änderungsbestimmungen wie bei der MODIFY-Operation.

Die UPDATE-Operation ist hauptsächlich für stand-alone Anfragesprachen sinnvoll. Die
"Verarbeitung" passiert sozusagen im Modell (oder durch dessen Implementierung). Die
nachstehenden Beispiele sollen zum besseren Verständnis dienen:
- Ändern des Wertes eines Attributtyps für alle Atome des zugehörigen Atomtyps:

      UPDATE   A(att1 := C'FARBE IST IMMER ROT'C) : ALL
      FROM A;
- Ändern von nur einem Atomtyp in einem qualifizierten "umgebenden" Molekültyp:

      UPDATE   B(Att2 := C'WALDFLAECHE ABGESTORBEN'C) : B
      FROM   B - C
      WHERE   qual_expr;

    Nur die sich qualifizierenden A-B-C-Moleküle werden verändert, indem der Attributtyp Att2 in allen
    referenzierten B-Atomen entsprechend geändert wird.
- Ändern von allen in den bestimmten Umgebungsmolekülen vorkommenden Komponenten-
    molekülen:

      UPDATE   A (Att1 := C'...'C,...)
                      B (Att2 := X'...'X,...) : A - B
      FROM   A - B - C
      WHERE   qual_expr;

    Für alle sich qualifizierenden Umgebungsmoleküle werden in allen A-B-Komponentenmolekülen
    die entsprechenden Attributwerte angepaßt.

3.2.3 Die Lastdefinitionssprache

Die wesentlichen Charakteristika des MAD-Modells sind die Mengenorientierung und die dynamische
Molekülbildung sowie die Molekülverarbeitung, d.h. die Verarbeitung heterogener Satzmengen. Für
die Molekülverarbeitung eröffnen sich eine Reihe verschiedener Optimierungsmöglichkeiten, von
denen hier das breite Spektrum der *Anfrageoptimierung* (s. Abschnitt 4.4) und die Unterstützung
durch adäquate interne Systemstrukturen (s. Abschnitt 4.2: Speicherungsstrukturen des
Zugriffssystems) als Stellvertreter genannt seien. Aus Gründen der Datenunabhängigkeit enthält das
MAD-Modell keine Bezugnahme auf Optimierungskonzepte. Alle Optimierungsmaßnahmen sind
"unsichtbar" für den (normalen) Benutzer und beeinflussen keinesfalls die Mächtigkeit des Modells
resp. der DDL- oder DML-Teilsprachen; allerdings sollte die Effizienz einzelner Operationen entscheidend verbessert werden. Für die Optimierung durch interne Strukturen bedeutet dies, die
Spezifikation der notwendigen Maßnahmen zur Unterstützung der Verarbeitung in einer eigenen

(Teil-)Sprache, der *Lastdefinitionssprache* (LDL) zur Verfügung zu stellen, die ausschließlich dem Datenbankadministrator vorbehalten bleibt.

Die LDL ermöglicht im wesentlichen eine Beschreibung des zu erwartenden Lastaufkommens und bewirkt i.a. direkte Optimierungsmaßnahmen auf internen Systemebenen in Form von bereitge-stellten physischen Strukturen. Zur Beschreibung der zu erwartenden Datenbanklast werden die nachstehenden Konzepte angeboten, die durch die aufgeführten LDL-Anweisungen (in Anhang B befindet sich die Syntax aller LDL-Anweisungen) bekannt gemacht werden:

- *Zugriffspfade* dienen dem schnellen Zugriff auf Atome über einen Attributwert bzw. eine Attributwertkombination. Zugriffspfaddefinitionen werden durch die LDL-Anweisung DEFINE ACCESS ausgedrückt und durch die dazu komplementäre Anweisung RELEASE ACCESS wieder gelöscht. Sowohl für einzelne Attributtypen als auch für Attributtypkombinationen sind Zugriffs-pfaddefinitionen erlaubt. Letztere ermöglichen die Definition von sog. mehrdimensionalen Zugriffspfaden. Jeder Zugriffspfad bekommt einen ihn identifizierenden Namen, ist auf einem Atomtyp definiert und wird durch eine Attributtypliste genauer spezifiziert. Abhängig von den ausgewählten Attributtypen und den intern vorhandenen Zugriffspfadimplementierungen kann noch zwischen verschiedenen Zugriffspfadtypen unterschieden werden.

- Eine *Partition* besteht aus einzelnen Mengen von Attributtypen, die paarweise disjunkt sein müssen und deren Vereinigung wieder die Menge aller Attributtypen des zugehörigen Atomtyps ergibt. Damit ermöglichen (vertikale) Partitionen die Trennung häufig benutzter Attribut(typ)-kombinationen von weniger häufig angesprochenen und minimieren damit die bei einer DML-Anweisung durchschnittlich berührte Datenmenge. Die LDL-Anweisung DEFINE PARTITION richtet für einen spezifizierten Atomtyp eine neue Partitionierung ein und überschreibt bzw. ersetzt eine bestehende. In der Anweisung wird der eindeutige Name der Partition angegeben und die einzelnen Mengen von Attributtypen in einer Liste aufgeführt. Die LDL-Anweisung RELEASE PARTITION ersetzt die bestehende Partition durch die sog. primitive Partition, die nur aus einer Menge mit allen Attributtypen des betreffenden Atomtyps besteht.

- *Sortierordnungen* dienen einer schnellen Verarbeitung nach einem vorgegebenen Sortier-kriterium. Die LDL-Anweisung DEFINE SEQUENCE definiert und benennt auf den angegebenen Attributtypen des ausgewählten Atomtyps die aufsteigend oder absteigend spezifizierte Sortier-ordnung. Invers dazu ist die LDL-Anweisung RELEASE SEQUENCE.

- Durch die Definition eines *statischen Molekültyps* wird erreicht, daß die Atome, die zu einem Molekül dieses Molekültyps gehören, physisch benachbart gespeichert werden. Solch ein *"physisches Cluster"* dient der effizienten Molekülverarbeitung. Zu dessen Spezifikation dient die LDL-Anweisung DEFINE STATIC_MOLECULE_TYPE, die einen eindeutigen Namen zuordnet und auch die FROM- und WHERE-Klauseln der DML bzw. DDL verwendet. Die LDL-Anweisung ist damit syntaktisch sehr ähnlich zur DDL-Anweisung DEFINE MOLECULE_TYPE. Beide An-weisungen dürfen jedoch nicht miteinander verwechselt werden, da zwischen ihnen semantisch ein großer Unterschied besteht. Die DDL-Anweisung dient zur Definition von Molekültypen auf Benutzerebene. Durch entsprechende LDL-Operationen können diese "logischen Cluster" der Benutzerebene auf entsprechende interne Strukturen im Sinne der "physischen Cluster" abgebildet werden. Die zugehörige Anweisung RELEASE STATIC_MOLECULE_TYPE löscht den betreffenden statischen Molekültyp wieder.

Im folgenden werden einige anschauliche Anweisungsbeispiele der Lastdefinitionssprache aufgezeigt. Als Referenz-Beispielanwendung wird wiederum die Frame-Modellierung aus Abschnitt 2.3.2 (Abb. 2.20) und Abschnitt 3.2.1 (Abb. 3.3) gewählt. Es wird versucht, eine realistische Lastbeschreibung zu geben:

- Definition von statischen Molekülen:

```
DEFINE STATIC_MOLECULE_TYPE  Unit_moltyp
FROM    Units - Slots - Aspekte;
```

```
DEFINE STATIC_MOLECULE_TYPE  Wurzel_Hierarchien
FROM    Unit_Hierarchie
WHERE Units.(0).ist_subklasse_von = EMPTY   AND
          Units.(0).ist_member_von = EMPTY;
```

Die erste LDL-Anweisung realisiert (bzw. materialisiert) die Unit-Aggregation: für jedes Units-Atom werden alle zugehörigen Slots- und Aspekte-Atome in einen statischen Molekültyp aggregiert. Die zweite LDL-Anweisung baut auf der (logischen) Molekültypdefinition aus Abb. 3.3 auf. Als statische Moleküle werden allerdings nur die Unit-Hierarchien ausgewählt, deren Wurzelatom auch die Wurzel der zugehörigen Abstraktionshierarchie darstellt.

- Zugriffspfaddefinitionen:

```
DEFINE ACCESS  Direkt_Slot ON Slots
FOR    (Name, Werte);
```

```
DEFINE ACCESS  Direkt_Aspekte ON Aspekte
FOR    (Name);
```

Die zweite Anweisung definiert einen sog. Primärschlüsselzugriffspfad über dem Attributtyp Name für den Atomtyp Aspekte. Der Direktzugriff auf den Atomtyp Slots benutzt häufig noch zusätzlich zum Slotnamen die Slotwerte als weiteres Auswahlkriterium. Diesem speziellen Gesichtspunkt wird durch den sog. Mehrattribut-Zugriffspfad der ersten LDL-Anweisung Rechnung getragen.

Bei entsprechender Last kann die Einführung von Sortierordnungen und Partitionen für diese Beispielanwendung angezeigt sein. Durch eine Beobachtung der Verarbeitung über einen längeren Zeitraum hinweg kann sich eine signifikante Änderung der Lastcharakteristik herausstellen, die zu neuen LDL-Anweisungen und damit zu neuen internen Strukturen führt. Sprachbeispiele für alle hier nicht explizit aufgeführten LDL-Anweisungen können anhand der LDL-Syntax in Anhang B leicht zusammengestellt werden.

3.3 Formalisierung des MAD-Modells

Dieser Abschnitt enthält eine präzise, formale Definition der deskriptiven und operationalen Konstrukte des MAD-Modells, die durch Abschnitt 3.1 und 3.2 schon eingeführt sind. Dazu wird eine Unterteilung in zwei Abschnitte durchgeführt, die einen stufenweisen Aufbau der Formalismen unterstützen. Ausgehend von den Definitionen von Atom- und Beziehungstypen (hier der Kürze wegen Linktypen genannt) werden die zugehörigen Atomtypoperationen eingeführt. Dabei kann gezeigt werden, daß hiermit schon die Mächtigkeit des Relationenmodells mit seiner Relationenalgebra erreicht wird. Der zweite Abschnitt definiert die sog. Molekültypalgebra und damit die eigentlichen Konstrukte des MAD-Modells. Die Molekültypen und zugehörigen Molekültyp-operationen werden eingeführt und Aussagen über die Abgeschlossenheit des so aufgebauten Modells hergeleitet. Dabei wird auf die zuvor beschriebene "atombezogene" Algebra - im folgenden Atomtypalgebra genannt - zurückgegriffen. Durch anschauliche Beispiele, die die relativ einfache und direkte Transformation der MQL-Operationen in äquivalente Algebraoperationen aufzeigen, kann die Adäquatheit der hier eingeführten Formalisierung verdeutlich werden. Eine ähnliche Vorgehensweise und auch ähnliche Formalisierungsstrukturen, allerdings für das NF^2-Modell, werden in [SS86] angegeben.

3.3.1 Eine Atomtypalgebra

Bevor die eigentliche Atomtypalgebra vorgestellt wird, sollen noch einige mehr allgemeine Bemerkungen zur gewählten Notation vorangestellt werden:

* N bezeichnet die Menge aller Namen
* N_{index} mit $index \in \{at, attr, lt, mt\}$ bezeichnen paarweise diskunkte Teilmengen von N
* card(M) ist eine Funktion zur Bestimmung der Kardinalität einer Menge M
* $M_1 \times M_2$ bezeichnet das Kartesische Produkt zweier Mengen M_1 und M_2
* die Elemente des Kartesischen Produkts werden in Tupelschreibweise <...> angegeben, etwa für $m_{12} \in M_1 \times M_2$ gilt $m_{12} = <m_1, m_2>$ mit $m_1 \in M_1$ und $m_2 \in M_2$
* i, j, n, m etc. repräsentieren normalerweise natürliche Zahlen
* $\exists$ steht für den Existenzquantor und $\forall$ für den Allquantor
* des weiteren gelten die allgemeinen Regeln der Mengenalgebra und der Boole'schen Algebra
* Ausdrücke der Atomtypalgebra und der Molekültypalgebra werden ähnlich zu [Ul80] dargestellt; lediglich die Index-Notation wird durch eine Klammerung [...] ersetzt
* alle Definitionen, Sätze und Beweise werden durch das Sonderzeichen ∇ abgeschlossen.

Im folgenden wird zuerst der deskriptive Teil, d.h. die zentralen Datenstrukturen der Atomtypalgebra definiert, bevor die Algebraoperationen eingeführt werden können. Ein wesentlicher Bestandteil eines Atomtyps ist die Atomtypbeschreibung.

Definition 1

Die Menge ad={attr$_1$, ... , attr$_n$} heißt *Atomtypbeschreibung* genau dann, wenn (Abk. gdw.) gilt:

attr$_i \in$ N$_{attr}$ für i=1, ... , n und attr$_i \neq$ attr$_j$ für i, j =1, ... , n und i$\neq$j .

Die attr$_i$ sind die sog. Attributnamen ∇

A bezeichnet im folgenden immer die Menge aller nach Def. 1 korrekten Atomtypbeschreibungen. Auf diesen Beschreibungen sind die folgenden Funktionen definiert:

* *Grad* einer Atomtypbeschreibung

  Sei ad$\in$ A mit ad={attr$_1$, ... , attr$_n$}, dann gilt degree(ad)=n .

  Eine Atomtypbeschreibung ad heißt vom Grad n, falls n Attributnamen definiert sind.

* *Attribut-Domain*

  Sei attr$\in$ ad mit ad$\in$ A, dann gilt attr_dom(attr)=D .

  D bezeichnet den Wertebereich des Attributs mit Namen attr. O.B.d.A. kann man sich hier auf einen gemeinsamen Basis-Wertebereich für alle Attribute beschränken, der alle spezielleren Wertebereiche umfaßt. Die Funktion attr_dom ordnet dann jedem Attribut den Basis-Wertebereich zu.

* *Wertebereich einer Atomtypbeschreibung*

  Sei ad$\in$ A und degree(ad)=n, dann gilt a_dom(ad)=D$_1 \times$ ... $\times$ D$_n$ mit D$_i$=D für i=1, ... , n .

  Die Funktion a_dom ordnet jeder Atomtypdefinition ihren Wertebereich zu.

Damit läßt sich jetzt der Atomtyp wie folgt definieren:

Definition 2

Das 3-Tupel at=<aname, ad, av> heißt *Atomtyp* gdw. gilt

* aname$\in$ N$_{at}$

* ad$\in$ A und

* av$\subseteq$ a_dom(ad),

wobei

* aname bezeichnet den *Atomtypnamen*,

* ad ist die *Atomtypbeschreibung* und

* av enthält die sog. *Atomtypextension*, d.h. die Atommenge;

  deren Elemente a$\in$ av heißen *Atom* oder *Atomausprägung* ∇

AT* bezeichnet nun die Menge aller korrekt definierten Atomtypen. Jeder Atmomtyp wird durch seinen Namen eindeutig identifiziert. O.B.d.A. kann weiterhin vorausgesetzt werden, daß die Attributnamen nicht nur innerhalb ihrer zugehörigen Atomtypbeschreibung, sondern auch immer über alle Atomtypen hinweg eindeutig sind. Evtl. muß dann der Atomtypname zur Generierung eines eindeutigen Attributnamens mit hinzugenommen werden.

Gemäß der oben eingeführten Notation gilt nun folgende Schreibweise:

$a=<d_1, ... , d_n>$ mit $a \in av$ und $at=<aname, ad, av>$ mit $at \in AT^*$ und $d_i \in D$ für $i=1, ... , n=degree(ad)$

Damit definiert jedes Atom eine Abbildung von den Attributnamen zu den Attributwerten. Deshalb seien auch noch die nachstehenden Schreibweisen gestattet:

- $a(attr_i)=d_i$ mit $attr_i \in ad$ und $d_i \in D$

- $a(ad)=<d_1, ... , d_n>$.

Das letztere Format wird auch *Komponentenschreibweise* genannt, und die einzelnen Attributwerte heißen die *Komponenten* des Atoms.

Auf einem Atomtyp $at \in AT^*$ seien noch weitere Hilfsfunktionen definiert:

- nam(at)=aname   liefert die erste Komponente, d.h. den Atomtypnamen

- des(at)=ad   liefert die zweite Komponente, d.h. die Atomtypbeschreibung

- ext(at)=av   liefert die dritte Komponente, d.h. die Atomtypextension

- atyp(aname)=at   die Inverse zu nam, mit atyp(nam(at))=at .

Für $G \subset N_{at}$ sei noch folgende verkürzte Schreibweise als Fortsetzung der Hilfsfunktion atyp auf eine Namensmenge definiert:

$atyp(G)=\{at_i \mid at_i =atyp(aname_i) \text{ mit } aname_i \in G\}$.

Durch die nächste Definition werden die Beziehungstypen bzw. Linktypen eingeführt.

Definition 3

Das 3-Tupel $lt=<lname, ld, lv>$ heißt *Linktyp* gdw. gilt

- $lname \in N_{lt}$

- $ld=\{aname_1, aname_2\}$ mit $atyp(aname_1)=at_1$ und $atyp(aname_2)=at_2$

  und $at_1, at_2 \in AT^*$

- $lv \subseteq \{l \mid l=<a_1,a_2> \text{ mit } a_1 \in ext(at_1), a_2 \in ext(at_2) \text{ und } l \text{ ist ein ungeordnetes Paar}\}$

wobei

- lname den *Linktypnamen* bezeichnet,

- ld die sog. *Linktypbeschreibung* darstellt und

- lv die *Linktypextension* enthält, d.h. die Linkmenge, deren Elemente $l \in lv$ *Link* oder

  Linkausprägung heißen ∇

Jeder Linktyp wird durch seinen Namen eindeutig identifiziert. Zwischen zwei Atomtypen bzw. nur auf einem können mehrere Linktypen existieren, allerdings mit unterschiedlichen Linktypnamen. Die Menge aller korrekt definierten Linktypen wird mit LT^* bezeichnet. Linktypen und damit auch die zugehörigen Links sind ungerichtet. Folglich gilt die nachstehende Äquivalenz auf Linktypausprägungen: $l=<a1,a2> \equiv <a2,a1>$. Damit ist die Symmetrie der Beziehungen bzw. Beziehungstypen im MAD-Modell auch in die Algebra integriert.

Auf einem Linktyp lt∈LT* sind, analog zum Atomtyp, wiederum einige Hilfsfunktionen definiert:

- $nam(lt)=lname$ liefert den Linktypnamen
- $des(lt)=ld$ liefert die Linktypbeschreibung
- $ext(lt)=lv$ liefert die Linktypextension.

Basierend auf den Atom- und Linktypen kann jetzt der Begriff der Datenbank eingeführt werden

Definition 4

Sei $AT=\{at_1, \ldots, at_n\}\subset AT^*$ eine Menge von verschiedenen Atomtypen und sei $LT=\{lt_1, \ldots, lt_m\}\subset LT^*$ eine Menge von verschiedenen Linktypen. Weiterhin soll für alle $lt\in LT$ mit $lt=<lname, ld, lv>$ gelten: $ld=\{aname_1, aname_2\}$ mit $atyp(aname_1)=at_1$ und $atyp(aname_2)=at_2$ mit $at_1,at_2\in AT$ (diese Eigenschaft kann als die "Wohldefiniertheit" der Linktypen bezeichnet werden). Das Paar $DB=<AT,LT>$ heißt dann *Datenbank*. Unter Zuhilfenahme der hier eingeführten DB-Definition sowie der Definitionen von AT^* und LT^* läßt sich noch der sog. *DB-Domain* $DB^*=<AT^*,LT^*>$ definieren, welcher alle korrekten Datenbanken als Ausschnitt umfaßt ∇

Die Definition der DB-Domain ist sinnvoll und wichtig, da die nachfolgend definierten Operationen abgeschlossen bzgl. dieser DB-Domain sind. Jede Operation geht vom konkreten Atomtyp einer gegebenen DB aus und erzeugt daraus neue Atom- und Linktypen, die in einer entsprechend erweiterten DB aufgenommen werden.

Definition 5

Gegeben sei eine Datenbank $DB=<AT,LT>$ und daraus die Atomtypen $at=<aname,ad,av>$, $at_1=<aname_1,ad_1,av_1>$ und $at_2=<aname_2,ad_2,av_2>$. Auf diesen Atomtypen sind die nachfolgenden Atomtypoperationen definiert:

- *Atomtypprojektion*

    $\pi[proj(ad)](at)=<aname_\pi,ad_\pi,av_\pi>=at_\pi$

    mit $proj(ad)\subseteq ad$

         $aname_\pi\in N_{at}$

         $ad_\pi=proj(ad)$

         $av_\pi=\{a_\pi \mid a_\pi=a(proj(ad))$ und $a\in av\}$

    und $inh\_linktyp(\{aname\},\pi(proj(ad)),aname_\pi)$ (s. Def. 8)

- *Atomtyprestriktion*

$$\sigma[restr(ad)](at)=<aname_\sigma,ad_\sigma,av_\sigma>=at_\sigma$$

mit $rest(ad)\in qual(ad)$ (s. Def. 6)

$aname_\sigma\in N_{at}$

$ad_\sigma=ad$

$av_\sigma=\{a \mid qual(restr(ad),a)$ und $a\in av\}$; qual ist ein Prädikat, welches entscheidet, ob das angegebene Atom der gestellten Qualifikationsformel genügt.

und $inh\_linktyp(\{aname\},\sigma(restr(ad)),aname_\sigma)$

- *Atomtypumbenennung*

$$\varphi[aname_\varphi](at)=<aname_\varphi,ad_\varphi,av_\varphi>=at_\varphi$$

mit $aname_\varphi\in N_{at}$

$ad_\varphi=ad$

$av_\varphi=av$

und $inh\_linktyp(\{aname\},\varphi,aname_\varphi)$

- *Cartesisches Produkt*

$$\chi(at_1,at_2)=<aname_\chi,ad_\chi,av_\chi>=at_\chi$$

mit $aname_\chi\in N_{at}$

$ad_\chi=ad_1\cup ad_2$.

$av_\chi=\{a_\chi \mid a_\chi=a_1\cap a_2$ und $a_1\in ext(at_1)$, $a_2\in ext(at_2)\}$ die "Verkettung" $a_1\cap a_2$ zweier Tupel

$a_1=<s_1, ... , s_n>$ und $a_2=<t_1, ... , t_m>$ ergibt ein neues Tupel $a_\chi=<s_1, ... s_n,t_1, ... , t_m>$

und $inh\_linktyp(\{aname_1,aname_2\},\chi,aname_\chi)$

- *Atomtypvereinigung*

$$\omega(at_1,at_2)=<aname_\omega,ad_\omega,av_\omega>=at_\omega$$

mit $compatible(at_1,at_2)$ (s. Def. 7)

$aname_\omega\in N_{at}$

$ad_\omega=ad_1=ad_2$

$av_\omega=av_1\cup av_2$

und $inh\_linktyp(\{aname_1,aname_2\},\omega,aname_\omega)$

- *Atomtypdifferenz*

$$\delta(at_1,at_2)=<aname_\delta,ad_\delta,av_\delta>=at_\delta$$

mit compatible(at_1,at_2)

$aname_\delta \in N_{at}$

$ad_\delta=ad_1=ad_2$

$av_\delta=av_1-av_2$

und inh_linktyp$(\{aname_1,aname_2\},\delta,aname_\delta)$ ∇

Zu dieser Definition gehören noch die drei nachstehenden Hilfsdefinitionen:

Definition 6

Sei ein Atomtyp at=<aname,ad,av> gegeben.

Jede gültige Qualifikationsformel für at resp. ad besitzt eine Form, die durch das Prädikat qual_formula(ad) festgelegt ist. Somit umfaßt die Menge qual(ad)={q | q ist qual_formula(ad)} alle gültigen Qualifikationsformeln für ad. Das Prädikat qual_formula (ad) ist dabei wie folgt definiert:

qual_formula(ad) ist eine logische Kombination von primitiven Teilen, qual_primitive(ad);

dabei gilt:

- jedes qual_primitive(ad) ist auch ein qual_formula(ad)

- wenn f ein qual_formula(ad) ist, dann ist $\neg$f auch ein qual_formula(ad)

- sind f_1 und f_2 qual_formula(ad), dann sind auch die log. Kombinationen $(f_1 \wedge f_2)$ bzw. $(f_1 \vee f_2)$ qual_formula(ad)

- nichts anderes ist ein qual_formula(ad).

Hierbei besitzen die qual_primitive(ad) eine der nachstehenden Formen:

- attr cop constant   und   constant cop attr

    wobei attr$\in$ ad und constant$\in$ attr_dom(attr) sowie

    cop$\in$ {=,<>,<,>,<=,>=,INCL, EXCL, ELMT, etc.}

- attr1 cop attr2

    wobei attr1, attr2$\in$ ad

- expr cop expr

    wobei expr ein "zu berechnender" Ausdruck ist, basierend auf constant, attr und wiederum expr sowie den Additions-, Multiplikations- und Boole'schen Operationen u.ä. (ähnlich den Ausdrücken in PASCAL) ∇

Definition 7

Die Kompatibilität zweier gegebener Atomtypen at_1 und at_2 ist durch das folgende Prädikat definiert:

$$compatible(at_1,at_2) \quad \Leftrightarrow \quad \forall \; attr_1 \in at_1 \; \exists \text{ genau ein } attr_2 \in at_2: attr\_dom(attr_1)=attr\_dom(attr_2)$$
$$\text{und}$$
$$\forall \; attr_2 \in at_2 \; \exists \text{ genau ein } attr_1 \in at_1: attr\_dom(attr_2)=attr\_dom(attr_1)$$

Zwei Atomtypen heißen *kompatibel* gdw. deren Attribute paarweise auf demselben Wertebereich definiert sind.

Die Gleichheit (bzgl. der Darstellung) zweier Atome a_1, a_2 ist definiert, falls die zugehörigen Atomtypen kompatibel sind, durch das Prädikat:

$$equal\_atomext(a_1,a_2) \quad \Leftrightarrow \quad a_1(des(at_1))=a_2(des(at_2))$$

Zwei Atome heißen *gleich* gdw. beide Tupeldarstellungen gleich sind.

Zwei Atome sind zueinander *identisch*, falls das folgende Prädikat gilt:

$$equiv(a_1,a_2) \quad \Leftrightarrow \quad equal\_atomext(a_1,a_2) \wedge a_1,a_2 \in ext(at) \; \nabla$$

Die Atomtypumbenennung φ kann durch eine Atomtypprojektion ausgedrückt werden, die alle Attribute der Atomtypbeschreibung projiziert: $\pi[ad](at)$. Alle anderen Atomtypoperationen sind voneinander unabhängig. Damit bildet die Operationenmenge bestehend aus $\sigma, \pi, \chi, \omega$ und δ eine Art "Basis", die zur Definition von weiteren nützlichen Operationen benutzt werden kann. Beispielsweise läßt sich der *Atomtypdurchschnitt* ψ durch die Atomtypdifferenz δ ausdrücken: $\psi(at_1,at_2)=\delta(at_1,\delta(at_1,at_2))$. Falls man eine Umbenennungsfunktion auf Attributebene benötigt, so kann hierzu wiederum die Atomtypprojektion π verwendet werden. Dazu sind nur die Projektionsliste $proj(ad)$ zu erweitern (etwa $proj(ad)=\{<new\_attr,old\_attr> \mid new\_attr \in N_{attr}, old\_attr \in ad\}$) und entsprechende Nachänderungen in der Operationsdefinition durchzuführen.

Alle Atomtypoperationen haben auch indirekt Auswirkungen auf die Linktypen: die aus den Operationen resultierenden Atomtypen müssen die Linktypen der Operandenatomtypen übernehmen. Erst dadurch kann der resultierende Atomtyp wiederum in nachfolgenden Operationen verwendet werden; dies ist insbesondere für die Molekültypoperationen (s. nächsten Abschnitt) notwendig, da die dynamische Molekülbildung das Vorhandensein vom Linktypen voraussetzt und ausnutzt. Die "Vererbung" von Linktypen ist in Definition 8 beschrieben:

Definition 8

Gegeben seien eine Datenbank DB=<AT,LT> sowie eine Atomtypoperation mit Operator op, Operandenmenge at_s und resultierendem Atomtypnamen $aname_{op}$. Damit gilt $op \in \{\pi, \sigma, \varphi, \chi, \omega, \delta\}$, und at_s enthält für monadische Operatoren genau einen Atomtypnamen und für dyadische Operatoren immer zwei. Die Funktion $inh\_lintyp(at\_s, op, aname_{op})$ vererbt alle Linktypen, an denen Operandenatomtypen teilnehmen, an den resultierenden Atomtyp. Dazu werden entsprechend neue Linktypen generiert:

$$inh\_linktyp(at\_s, op, aname_{op})=\{lt_{op} \mid lt_{op}=<lname_{op},ld_{op},lv_{op}> \text{ mit } lname_{op} \in N_{lt}$$

$$ld_{op} \in inh\_ld(at\_s, lt)$$

$$lv_{op}=\{l_{op} \mid l_{op}=<a_{op},a_l> \text{ mit } a_{op} \in ext(at_{op})$$

$$at_{op}=atyp(aname_{op}) \quad l=<a,a_l> \in ext(lt) \text{ und}$$

$$proc(a,op,a_{op})\} \text{ und}$$

$$lt \in sel\_lt(at\_s)\}$$

Dabei werden die folgenden Hilfsfunktionen verwendet:

$$sel\_lt(at\_s)=\{lt \mid des(lt)=\{aname,aname_l\} \text{ mit } aname \in at\_s,\ lt \in LT \text{ und } atyp(aname_l) \in AT\}$$

$$inh\_ld(at\_s,lt)=\begin{cases} \{\{aname_{op},aname_l\}\} \text{ für } des(lt)=\{aname,aname_l\} \text{ mit} \\ \qquad aname \in at\_s \text{ und } aname_l \notin at\_s \\[4pt] \{\{aname_{op},aname\}\} \text{ für } des(lt)=\{aname,aname\} \text{ mit} \\ \qquad aname \in at\_s \\[4pt] \{\{aname_{op},aname_1\},\{aname_{op},aname_2\}\} \\ \qquad \text{für } des(lt)=\{aname_1,aname_2\} \text{ mit} \\ \qquad aname_1,\ aname_2 \in at\_s \end{cases}$$

$$proc(a,op,a_{op}) \quad \Leftrightarrow \quad (op=\pi(proj(ad)) \wedge a_{\pi}=a(proj(ad))) \vee$$

$$(op=\sigma(restr(ad)) \wedge a_{\sigma}=a \wedge qual(restr(ad),a)) \vee$$

$$(op=\varphi \wedge a_{op}=a) \vee$$

$$(op=\chi \wedge a_{\chi}=a_1 \cap a_2 \wedge (a_1=a \vee a_2=a)) \vee$$

$$(op=\omega \wedge a_{\omega}=a) \vee$$

$$(op=\delta \wedge a_{\delta}=a) \ \nabla$$

Die "Vererbung" geschieht in zwei Phasen:

1. Feststellen der Menge aller zu vererbenden Linktypen. Hierzu dient die Hilfsfunktion sel_lt, die alle Linktypen, die einen der Atomtypen aus der Operandenmenge oder die gesamte Operandenmenge in ihrer Linktypbeschreibung enthalten, selektiert. Da $aname_l=aname$ erlaubt ist, werden auch rekursive Linktypen erkannt.

2. Nur diese Linktypen werden vererbt, indem

- sie einen neuen Namen bekommen,

- ihre Linktypbeschreibung auf den neuen, resultierenden Atomtyp mittels der Hilfsfunktion inh_ld angepaßt wird und

- die zugehörige Linktypextension eingetragen wird, aber nur für die Links, deren Atome gemäß der durchzuführenden Operation auch übernommen werden; zum Testen dieser Bedingung dient das Prädikat proc.

Basierend auf den bisher eingeführten Konstrukten läßt sich nun der nachstehende Satz aufstellen und auch beweisen:

Satz 1

Die Atomtypoperationen bilden eine Algebra auf der DB-Domain $DB^* = \langle AT^*, LT^* \rangle$, d.h., das Ergebnis jeder Atomtypoperation ist wiederum als Atomtyp in DB^* darstellbar ∇

Beweis:

(1) Zu zeigen: $at_{op} \in AT^*$ für $op \in \{\pi, \sigma, \varphi, \chi, \omega, \delta\}$, d.h., at_{op} ist ein korrekter Atomtyp.

Die Richtigkeit dieser Behauptung ist offensichtlich. Die Konstruktion der verschiedenen Atomtypoperationen in Def. 5 zeigt dies sehr deutlich.

(2) Zu zeigen: die Funktion inh_linktyp liefert nur korrekte Linktypen, d.h.

$$\text{inh\_linktyp}(at\_s, op, aname_{op}) \subset LT^*$$

Diese Behauptung folgt ebenfalls direkt aus der Konstruktion der Funktion, da hier nur die "Wohldefiniertheit" des Linktyps (s. Def. 4) zu garantieren ist ∇

Dieser Satz über die Abgeschlossenheit der Atomtypoperationen bzgl. der DB-Domain ist das Analogon zur Abgeschlossenheit der Relationenoperationen bzgl. der "Relationen-Domain". Die Relationen-Domain umfaßt die Menge aller korrekten Relationen. An dieser Stelle wird nun weiterhin offensichtlich, daß die Beschränkung der MAD-Algebra auf die hier vorgestellte Atomtypalgebra schon zu einem zur Relationenalgebra zumindest gleichmächtigen Gebilde führt. Durch die Berücksichtigung der Linktypen in der Atomtypalgebra wird hier auch eine Garantie der referenziellen Integrität, d.h. die Kontrolle von Primär- und Fremdschlüsselbedingungen übernommen.

Die nachstehende Aufstellung führt eine Zuordnung von Begriffen des Relationenmodells zu den bisher eingeführten Begriffen des MAD-Modells durch:

Relationenmodell	MAD-Modell
(Basis-) Wertebereich	(Basis-) Wertebereich
Relationenschema	Atomtypbeschreibung
Tupel	Atom
Tupelmenge	Atomtypextension (od. Atommenge)
-	Atomnetz
Relation	Atomtyp
(konkrete) DB	(konkrete) DB
Relationen-Domain	DB-Domain
-	Link
-	Linktypextension
-	Linktypbeschreibung
-	Linktyp
referentielle Integrität	referentielle Integrität

Das nachstehende Beispiel zeigt eine Datenbank mit einigen Atom- und Linktypen sowie einige Atomtypoperationen. Damit werden die Analogien zwischen den Konstrukten des Relationenmodells und des MAD-Modells nochmals vergegenwärtigt.

Beispiel:

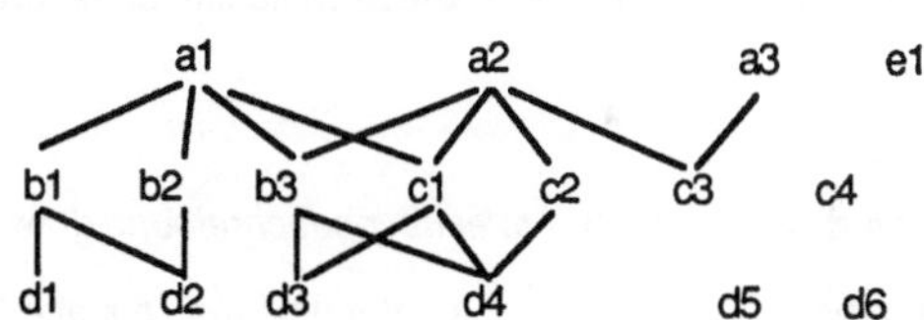

at_A=<A,{ID A, ...},{a1,a2,a3}>

at_B=<B,{ID B, ...},{b1,b2,b3}>

at_C=<C,{ID C, ...},{c1,c2,c3,c4}>

at_D=<D,{ID D, ...},{d1,d2,d3,d4,d5,d6}>

at_E=<E,{ID E, ...},{e1}>

lt_AB=<ab,{A,B},{<a1,b1>,<a1,b2>,<a1,b3>,<a2,b3>}>

lt_AC=<ac,{A,C},{<a1,c1>,<a2,c1>,<a2,c2>,<a2,c3>,<a3,c3>}>

lt_BD=<bd,{B,D},{<b1,d1>,<b1,d2>,<b2,d2>,<b3,d3>,<b3,d4>}>

lt_CD=<cd,{C,D},{<c1,d3>,<c1,d4>,<c2,d4>}>

Beispiel_DB=<{at_A, at_B, at_C, at_D, at_E},{lt_AB, lt_AC, lt_BD, lt_CD}>

Atomtypoperationen:

- χ(at_A, at_E)=at_AE   in Relationenalgebra: at_AE=A×E (die Operation × repräsentiert das Cartesische Produkt)

  mit at_AE=<AE,{ID A, ... , ID E, ...},{a1e1,a2e1,a3e1}>

  und lt_AEB=<aeb,{AE,B},{<a1e1,b1>,<a1e1,b2>,<a1e1,b3>,<a2e1,b3>}>

      lt_AEC=<aec,{AE,C},{<a1e1,c1>,<a2e1,c1>,<a2e1,c2>,<a2e1,c3>,<a3e1,c3>}>

- σ[restr(des(at_AE)](at_AE) in Relationenalgebra σ[restr(...)](A ×E)

Diese Gegenüberstellung zusammen mit dem Beispiel verdeutlichen, daß das MAD-Modell schon allein durch seine Atomtypalgebra bereits die Mächtigkeit des Relationenmodells und dessen Relationenalgebra besitzt. Basierend auf dem hier eingeführten Linktypen-Konzept, das im Relationenmodell gänzlich fehlt, kann die in Abschnitt 3.1 schon erwähnte dynamische Molekülbildung definiert werden. Dies und die gesamte damit verbundene Molekültypalgebra wird im nächsten Abschnitt vorgestellt.

3.3.2 Eine Molekültypalgebra

Ähnlich zum vorherigen Abschnitt 3.3.1 werden hier auch zuerst die deskriptiven Konstrukte und danach erst die Algebraoperationen vorgestellt. Der zentrale Begriff der Algebra ist der Begriff des Molekültyps. Analog zum Atomtyp basiert auch die Definition des Molekültyps auf einer zugehörigen Beschreibung und einer Extension. Diese Molekültypbeschreibung ist wie folgt definiert:

Definition 9

Das Paar md=<C,G> heißt *Molekültypbeschreibung* gdw. gilt

- $C=\{aname_1, ... , aname_n\}$ mit $atyp(aname_i)=at_i$ mit $at_i \in AT^*$ für $i=1, ... ,n$

- $G=\{dl_j \mid dl_j=<lname_j,aname_{j1},aname_{j2}>$ mit $<lname_j,\{aname_{j1},aname_{j2}\},lv>\in LT^*$ und $j=0,...,m\}$

- md_graph(md),

  wobei md den sog. *Strukturgraphen* definiert. Jede Molekültypbeschreibung entspricht somit einem gerichteten, azyklischen, zusammenhängenden Strukturgraphen mit nur einer Wurzel, dessen Knoten die Atomtypen und dessen gerichtete Kanten gerichtete Linktypen sind ∇

Die Definition des Prädikats md_graph ist im Anhang C zu finden. Dort werden alle Hilfsdefinitionen zusammengefaßt, die im wesentlichen die Handhabung der hier erzeugten Graphstrukturen vereinfachen und diesen Abschnitt nur unnötig aufblähen würden.

Jede Molekültypbeschreibung legt dadurch, daß sie sozusagen über einem Atomnetz bestehend aus den Atomen und Links der aufgeführten Typen definiert ist, auch gleichzeitig den "Wertebereich" fest, zu dem die Elemente der zugehörigen Molekültypextension gehören. Dieser Wertebereich wird durch die Funktion m_dom bestimmt.

Definition 10

Gegeben sei eine Molekültypbeschreibung md=<C,G> .

$m\_dom(md)=\{m \mid m=<c,g>$ mit $c=\{a \mid a\in ext(at)$ mit $atyp(aname)=at$ und $aname\in C\}$

und $g=\{l \mid l\in ext(lt)$ mit $ltyp(dl)=lt$ und $dl\in G\}$

und $mv\_graph(m,md)\}$

Die Funktion ltyp liefert zu einem gerichteten Linktyp dl den zugehörigen ungerichteten Linktyp lt,

d.h.: $ltyp(<lname,aname_1,aname_2>)=<lname,\{aname_1,aname_2\},lv>\in LT^*$. Analog zur Funktion atyp

gilt für ltyp ebenfalls die verkürzte Schreibweise als Fortsetzung auf eine Menge:

$ltyp(G)=\{lt \mid lt=ltyp(dl)$ mit $dl\in G\}$.

Die Elemente aus m_dom(md) heißen *Moleküle* oder *Molekülausprägungen*. Das Prädikat mv_graph gewährleistet die Korrektheit eines Moleküls bzgl. der gegebenen Molekültyp-beschreibung und ist wie folgt definiert:

$mv\_graph(m,md) \quad \Leftrightarrow \quad md\_graph(m) \wedge total(m,md)$

Das schon bekannte Prädikat md_graph prüft die Grapheigenschaften, und total gewährleistet die Maximalität des Graphen und damit auch des Moleküls, da alle Atome, die das contained-Prädikat nicht erfüllen, auch nicht zu c gehören.

$total(m,md) \quad \Leftrightarrow \quad \forall\, a\in C$: contained(a,m,md) und $\forall\, a\notin C$: $\neg$contained(a,m,md)

Das Prädikat contained garantiert die Korrektheit des Moleküls bzgl. der gegebenen Molekülbeschreibung:

$contained(a,m,md) \quad \Leftrightarrow \quad (a\in ext(dgroot(md)))\ \vee$

$(\forall\ <lname,aname_i,aname>\in G,\ \exists\ a_i\in c$ mit $a_i\in ext(atyp(aname_i)))$:

$contained(a_i,m,md) \wedge <a_i,a>\in g)$

wobei $a\in ext(at)$ mit $atyp(aname)=at$ und $at\in C$.

Das Prädikat contained ist rekursiv über dem Strukturgraphen definiert ∇

Definition 11

Gegeben sei die Datenbank DB=<AT,LT>. Das 3-Tupel mt=<mname,md,mv> heißt *Molekültyp* über der DB gdw. gilt

- $mname\in N_{mt}$

- $md=<C,G>$ mit $atyp(C)\subseteq AT$ und $ltyp(G)\subseteq LT$

- $mv\subseteq m\_dom(md)$,

wobei

- mname bezeichnet den Namen des Molekültyps,

- md ist die zugrundeliegende Molekültypbeschreibung und

- mv umfaßt die sog. *Molekültypextension*.

Ein Molekültyp heißt *direkt-ableitbar*, falls mv=m_dom(md) gilt, d.h., durch die "Generierungs-funktion" m_dom wird genau die Molekültypextension aufgebaut ∇

Jeder Molekültyp wird durch seinen Namen eindeutig identifziert. Analog zum Atomtyp sind auch hier die folgenden Hilfsfunktionen definiert:

- nam(mt)=mname   liefert den Molekültypnamen
- des(mt)=md   liefert die Molekültypbeschreibung
- ext(mt)=mv   liefert die Molekültypextension.

Die nächste Definition beschreibt die Funktion synth zum "Synthetisieren" von Molekülen: für ein gegebenes Atomnetz bestehend aus Atomen und Links werden alle bzgl. der definierten Molekültypbeschreibung zulässigen Moleküle aufgebaut. synth ist ähnlich zur Funktion m_dom aus Def. 10 . Im Gegensatz zu m_dom, welche immer auf dem "vollen", durch die Atom- und Linktypen der Molekültypbeschreibung bestimmten Atomnetz definiert ist, kann synth auf ein beliebiges Atomnetz angewandt werden; erfüllt sein muß lediglich die Typverträglichkeit zwischen den Atom- und Linktypen und der Molekültypbeschreibung.

Definition 12

Seien md=<C,G> eine Molekültypbeschreibung, definiert über der Datenbank DB=<AT,LT>, extC⊆{a | a∈ ext(at) mit nam(at)∈ C} und extG⊆{l | l∈ ext(lt) mit lt∈ ltyp(G)} gegeben. Die Funktion synth ist dann über ext=<extC,extG> wie folgt definiert:

$$synth(md,ext)=\{m \mid m=\langle c,g\rangle \text{ und } mv\_graph(m,md) \text{ und } c\subseteq extC \text{ und } g\subseteq extG\} \ \nabla$$

Satz 2

Gegeben seien die Vorgaben aus Def. 12 . Damit gilt, daß das Tripel <mname,md,synth(md,ext)> mit mname∈ N_{mt} einen korrekten Molekültyp darstellt ∇

Beweis:

Zu zeigen: synth(md,ext)⊆ m_dom(md)

Durch einen Vergleich von Def. 10 und Def. 12 wird dies offensichtlich. synth basiert im Unterschied zu m_dom auf einem u.U. eingeschränkteren Atomnetz. Der Aufbau der Moleküle ist in beiden Fällen gleich; dies wird dadurch bestätigt, daß beide Definitionen im wesentlichen auf dem Prädikat mv_graph basieren ∇

Zur Verdeutlichung der "Molekülsynthese" kann man sich folgendes mentale Modell zunutze machen: ausgehend von den Ankeratomen wird sukzessive versucht, immer größere und vollständigere Moleküle gemäß der gegebenen Typbeschreibung aufzubauen. Als Spezialfall sei hier erwähnt, daß die gegebene Molekültypbeschreibung durchaus auch eine "Komponenten"-Molekültypbeschreibung (siehe Def. 13) sein darf und das Atomnetz genau die Atome und Links eines einzigen Moleküls umfaßt. Dann synthetisiert synth alle "Komponenten"-Moleküle (mit der spezifizierten Typbeschreibung) zum ausgewählten Molekül.

Definition 13

Sei mt=<mname,md,mv> ein Molekültyp mit md=<C,G> und mv={m | m=<c,g>} gegeben. Die Funktion comps generiert ausgehend von der Molekültypbeschreibung md alle gültigen Komponenten-Molekültypbeschreibungen:

comps(md)={sub_md | sub_md=<C_s,G_s> und md_graph(sub_md)

und sub_graph(sub_md,md)} ∇

Per definitionem sind natürlich alle Elemente von comps(md) korrekte Molekültypbeschreibungen und insbesondere gilt md$\in$comps(md).

Basierend auf den Elementen von comps(md) können nun Komponenten-Moleküle definiert werden, die die sog. Komponenten-Molekültypextension bilden. Hierzu wird natürlich die durch Def. 12 eingeführte Funktion synth benutzt:

sub_mv=synth(sub_md,m) mit m$\in$ext(mt) und sub_md$\in$comps(md)

Damit läßt sich der folgende Satz aufstellen und beweisen:

Satz 3

Gegeben seien alle Vorgaben aus Def. 13 sowie obige Berechnung von sub_mv. Damit gilt, daß das Tripel <sub_name,sub_md,sub_mv> mit sub_name$\in N_{mt}$ einen korrekten Molekültyp, den sog. Komponenten-Molekültyp, definiert, der auf einer konkreten Molekülausprägung des Typs mt basiert ∇

Beweis:

(1)   sub_md ist per definitionem eine korrekte Molekültypbeschreibung

(2)   sub_mv$\leq$m_dom(sub_md) gilt per Definition von synth und Satz 2 ∇

Nun sollen noch zwei weitere Hilfsdefinitionen eingeführt werden, die die Beschreibung der nachfolgenden Molekültypoperationen vereinfachen.

Definition 14

Seien mt_1=<$mname_1$,<C_1,G_1>,mv_1> und mt_2=<$mname_2$,<C_2,G_2>,mv_2> zwei gegebene Molekültypen. Die *Kompatibilität* zweier Molekültypen ist dann wie folgt definiert:

compatible(mt_1,mt_2) $\Leftrightarrow$ congruent(des(mt_1),des(mt_2)) $\wedge$ ($\forall$ $aname_i \in C_1$, $\exists$ $aname_j \in C_2$:

compatible(at_i,at_j) $\wedge$ pendant($aname_i$,$aname_j$) wobei

atyp($aname_i$)=at_i und atyp($aname_j$)=at_j)

Zwei Molekültypen sind damit *kompatibel*, falls beide einen zueinander kongruenten Struktur-graphen aufbauen und die einzelnen Knoten des Graphen zueinander paarweise kompatibel sind, wenn die Knoten sich einander im Graphen entsprechen (Prädikat pendant, s. Anhang C).

Die *Gleichheit* von Molekülen ist durch das Prädikat equal_molext festgelegt: Voraussetzung ist compatible(mt_1,mt_2) und $m_1 \in ext(mt_1)$, $m_2 \in ext(mt_2)$

$$equal\_molext(m_1,m_2) \qquad \Leftrightarrow \qquad subgraph(m_1,m_2) \wedge subgraph(m_2,m_1)$$

Zwei Moleküle sind also *gleich* gdw. beide Ausprägungsgraphen identisch sind. Zwei Moleküle heißen zueinander *identisch*, falls sie zusätzlich noch der gleichen Molekültypextension angehören:

$$equiv(m_1,m_2) \qquad \Leftrightarrow \qquad equal\_molext(m_1,m_2) \wedge m_1, m_2 \in ext(mt) \ \nabla$$

Die Funktion prop aus Def. 15 propagiert bzw. materialisiert einen gegebenen Molekültyp in eine vorgegebene Datenbank. Dadurch wird die Datenbank um neue Atom- bzw. Linktypen vergrößert, so daß der zuvor propagierte Molekültyp nunmehr direkt-ableitbar über der jetzt erweiterten Datenbank ist.

Definition 15

Gegeben sei die Datenbank DB=<AT,LT> mit dem Molekültyp mt=<mname,md,mv>, wobei md=<C,G>.

Die Funktion prop ist dann wie folgt definiert:

$$prop(<mt,DB>) = <mt_p,DB'>$$

mit $\quad mt_p = $<$mname_p,md_p,mv_p$> und DB'=<AT',LT'>

$$mname_p \in N_{mt}$$

$$md_p = <C_p,G_p>$$

$$mv_p = m\_dom(md_p),$$

wobei

Umben={<$aname_i,aname_{pi}$> | $aname_i \in C$ und $aname_{pi} \in N_{at}$}

AT_p={at_{pi} | at_{pi}=<$aname_{pi}$,des(at_i),atoms(at_i,mv)> mit atyp($aname_i$)=at_i

und <$aname_i,aname_{pi}$>$\in$ Umben

und atoms(at_i,mv)={a | $a \in c$ mit m=<c,g>, $m \in mv$ und $a \in ext(at_i)$}}

LT_p={inh_lt | inh_lt$\in$ inh_linktyp({$aname_i,\varphi,aname_{pi}$) und <$aname_i,aname_{pi}$>$\in$ Umben}

$AT' = AT \cup AT_p$

$LT' = LT \cup LT_p$

$$\langle C_p, G_p \rangle = \text{compress}(\langle \{\text{nam}(at_p) \mid at_p \in AT_p\},$$

$$\{dl \mid dl = \langle lname_p, aname_{pi}, aname_{pj} \rangle \text{ mit } ltyp(dl) \in LT_p$$

$$\text{und } atyp(aname_{pi}), atyp(aname_{pj}) \in AT_p$$

$$\text{und } \langle lname, aname_i, aname_j \rangle \in G$$

$$\text{und } \langle aname_i, aname_{pi} \rangle, \langle aname_j, aname_{pj} \rangle \in Umben\}\rangle) \quad \nabla$$

Satz 4

Bezogen auf Def. 14 gilt: mt_p ist ein direkt-ableitbarer Molekültyp über der Datenbank DB', und zu jedem $m \in ext(mt)$ gibt es genau ein $m_p \in ext(mt_p)$ mit equal_molext(m, m_p) und umgekehrt ∇

Beweis:

(1) DB' ist eine korrekte Datenbank, da $AT_p \subset AT^*$ und $LT_p \subset LT^*$. Deshalb gilt insbesondere $AT' \subset AT^*$ und $LT' \subset LT^*$.

(2) md_p ist per Konstruktion eine korrekte Molekültypbeschreibung über der Datenbank DB'. Die Mengen C_p und G_p sind im wesentlichen bis auf Umbenennungen die gleichen wie C und G Damit bleiben auch alle Grapheigenschaften erhalten.

(3) mv_p ist ebenfalls per Konstruktion korrekt und direkt-ableitbar.

(4) Zu zeigen: equal_molext(m, m_p) für die Elemente der beiden Molekültypextensionen. compatible(mt, mt_p) ist per Konstruktion von md_p gegeben, da im wesentlichen nur Umbenennungen vorgenommen wurden (s. o.). Die Gleichheit der Ausprägungsgraphen von "sich entsprechenden" Molekülen m und m_p gilt ebenfalls, da die Funktion atoms alle Atome eines Typs von allen Molekülen der Molekültypextension mv zu einer neuen Atomtypextension zusammenfaßt. Die Atomtypbeschreibung wird übernommen und dem neugebildeten Atomtyp ein neuer Namen gegeben. Durch atoms wird weiterhin garantiert, daß nur solche Atome übernommen werden, die auch in Molekülen aus mv vorkommen. Die Linktypen der "alten" Atomtypen werden an den "Neuen" vererbt. Insgesamt werden also nur schon existierende und in mv benötigte Atome bzw. Links in mv_p übernommen. Damit sind alle Moleküle aus mv - und auch nur solche - auch in mv_p wiederzufinden ∇

Nachdem nun alle notwendigen Definitionen bereits aufgeführt wurden, können nun die Operatoren der Molekültypalgebra vorgestellt werden. Dabei werden hauptsächlich die Atomtypoperationen der Atomtypalgebra aus Abschnitt 3.3.1 sowie die Molekültyppropagierung aus Def. 15 benutzt.

Definition 16

Gegeben seien die Datenbank DB=<AT,LT> sowie die Mengen

$C=\{aname_1, \dots ,aname_n\}$ mit $atyp(aname_i)\in AT$ für i=1, ... ,n

$C_r=\{rname_1, \dots ,rname_m\}$ mit $rat_i=\varphi[rname_i](at_i)$, $at_i\in AT$, $rname_i\in N_{at}$ und i=1, ... ,m

(bezogen auf Abschnitt 3.2 entsprechen die $rname_i$ den Rollennamen)

$G=\{dl_1, \dots ,dl_p\}$ mit $ltyp(G)\subseteq LT$, $p\geq 0$

$G_r=\{rdl \mid ltyp(rdl)\in \{inh\_lt \mid inh\_lt\in inh\_linktyp(\{aname_i\},\varphi,rname_i)\}\}$

$C'=C\cup C_r$

$G'=G\cup G_r$

$mname\in N_{mt}$

$<C_\alpha,G_\alpha>=compress(<C',G'>)$

$md\_graph(<C_\alpha,G_\alpha>)$

Der Operator *Molekültypbildung* ist dann wie folgt definiert:

$$\alpha[mname,G_\alpha](C_\alpha)=<mname,md_\alpha,mv_\alpha>=mt_\alpha$$

mit $md_\alpha=<C_\alpha,G_\alpha>$

$$mv_\alpha=m\_dom(md_\alpha)\ \nabla$$

Satz 5

mt_α ist ein direkt-ableitbarer Molekültyp über der Datenbank $DB_\alpha=<atyp(C_\alpha),ltyp(G_\alpha)>\ \nabla$

Beweis:

(1) DB_α ist eine korrekte Datenbank, da $atyp(C_\alpha)\subset AT^*$ und $ltyp(G_\alpha)\subset LT^*$

(2) md_α ist per definitionem eine gültige Molekültypbeschreibung über DB_α

(3)   Da $mv_\alpha=m\_dom(md_\alpha)$ gilt, folgt unmittelbar, daß mt_α direkt-ableitbar über der Datenbank DB_α

ist ∇

Definition 17

Gegeben sei die Datenbank DB=<AT,LT> mit dem direkt-ableitbaren Molekültyp mt=<mname,md,mv>. Sei weiterhin restr(md) eine Qualifikationsformel über md und qual(m,restr(md)) ein Prädikat, das entscheidet, ob ein Molekül $m \in mv$ die gestellten Qualifikationsbedingungen restr(md) erfüllt. Der Operator *Restriktion* ist dann wie folgt definiert:

$$\Sigma[restr(md)](mt)=mt_{\rho\Sigma}$$

mit $<mt_{\rho\Sigma},DB'>=prop(<mt_{\Sigma},DB>)$

und $mt_{\Sigma}=<mname_{\Sigma},md_{\Sigma},mv_{\Sigma}>$

mit $mname_{\Sigma}\in N_{mt}$

$md_{\Sigma}=md$

$mv_{\Sigma}=\{m \mid m \in mv \text{ und } qual(m,restr(md))\}$ ∇

Satz 6

$mt_{\rho\Sigma}$ ist ein direkt-ableitbarer Molekültyp über der Datenbank DB' ∇

Beweis:

(1)   Zu zeigen: mt_{Σ} ist ein Molekültyp über der Datenbank DB

md_{Σ} ist korrekt, da md korrekt.

$mv_{\Sigma}\subseteq mv$ per Definition. Hierarus folgt insbesondere, daß mv_{Σ} m_dom(md)=m_dom(md_{Σ}), d.h.,

mv_{Σ} ist ebenfalls korrekt und zusammen mit $mname_{\Sigma}\in N_{mt}$ folgt (1)

(2)   Zu zeigen: $mt_{\rho\Sigma}$ ist direkt-ableitbar über der Datenbank DB'

dies folgt direkt aus der Korrektheit der Funktion prop (s. Def. 15) ∇

Die Ausdrucksmächtigkeit der Qualifikationsformel restr(md) umfaßt natürlich die Mächtigkeit der atomtypbezogenen Qualifikationsformel restr(ad) aus Def. 6. Durch die Heterogenität der Atomtypen eines Molekültyps und auch durch dessen Graphstrukturierung ist nun eine Qualifikation bzgl. der Molekültypstruktur sinnvoll. Deshalb sind hier quantifizierte Qualifikationsprimitive qual_primitive(comps(md)) innerhalb einer Qualifikationsformel restr(md) erlaubt. Es gibt den
- Allquantor   (FOR_ALL) und die
- Existenzquantoren   (EXISTS_EXACTLY(anzahl),

                                           EXISTS_AT_LEAST(anzahl),

                                           EXISTS_AT_MOST(anzahl)).

Je nach Komponenten-Molekültyp (comps(md)) können ganze Molekültypen oder nur einfache Atomtypen angesprochen werden. Weiterhin ist es möglich, quantifizierte Qualifikationsbedingungen zu schachteln.

Man erkennt, daß sich hier immer das gesamte Molekül qualifiziert, falls das Prädikat qual erfüllt ist. Damit werden auch Teile des Moleküls, die nicht zu dessen Qualifikation beigetragen haben, übernommen. Will man nur gewisse Ausschnitte eines Moleküls evtl. auch qualifiziert in die Ergebnismolekülmenge übernehmen, so kann man dies mittels der Projektion (s. Def. 18) bzw. Reduktion (s. Def. 19) erreichen.

Definition 18

Gegeben sei die Datenbank DB=<AT,LT> mit dem direkt-ableitbaren Molekültyp mt=<mname,md,mv>. Weiterhin sei $mname_\pi \in N_{mt}$ und proj(md) eine gültige Projektion über md,

d.h. $proj(md)=\langle C_\pi',G_\pi',proj\_ats\rangle$ und $rb\_subgraph(\langle C_\pi',G_\pi'\rangle,md)$

mit $proj\_ats=\{\langle aname,proj,aname_\pi\rangle \mid aname \in C_\pi'$, atyp(aname)=at, proj=proj(des(at))

$$atyp(aname_\pi)=at_\pi \text{ mit } at_\pi=\pi[proj(ad)](at)\} \ .$$

Zusätzlich seien noch definiert

$$C_\pi=\{aname_\pi \mid \langle aname,proj,aname_\pi\rangle \in proj\_ats\}$$

und

$$G_\pi''=\{dl \mid ltyp(dl)\in inh\_linktyp(\{aname\},\pi(proj(ad)),aname_\pi) \text{ mit } \langle aname,proj(ad),aname_\pi\rangle \in proj\_ats\}$$

$$\langle C_\pi,G_\pi'''\rangle=compress(\langle C_\pi,G_\pi''\rangle)$$

$$G_\pi=\{dl \mid dl=\langle lname_\pi,aname_{\pi 1},aname_{\pi 2}\rangle \in G_\pi''' \text{ und } \langle lname,aname_1,aname_2\rangle \in G_\pi'$$

$$\text{sowie } \langle aname_1,proj_1,aname_{\pi 1}\rangle, \langle aname_2,proj_2,aname_{\pi 2}\rangle \in proj\_ats\}$$

Der Operator *Projektion* ist nun wie folgt definiert:

$$\Pi[proj(md)](mt)=\langle mname_\pi,md_\pi,mv_\pi\rangle=mt_\pi$$

mit $\quad md_\pi=\langle C_\pi,G_\pi\rangle$ und

$$mv_\pi=m\_dom(md_\pi) \ \nabla$$

Satz 7

mt_π ist ein direkt-ableitbarer Molekültyp über der Datenbank $DB_\pi=\langle atyp(C_\pi),ltyp(G_\pi)\rangle$ ∇

Beweis:

(1) Zu zeigen: DB_π ist eine korrekte Datenbank

$atyp(C_\pi) \subset AT^*$, wegen der Abgeschlossenheit der Atomtypprojektion

$ltyp(G_\pi) \subset LT^*$, wegen inh_linktyp (s. Def. 2 und Bew. zu Satz 1)

(2) Zu zeigen: md_graph(md_π)

Es gilt md_graph($<C_\pi',G_\pi'>$), da rb_subgraph($<C_\pi',G_\pi',md>$). Weiterhin gilt card(C_π)=card(C_π')

und card(G_π)=card(G_π') nach Konstruktion von C_π und G_π

Es bleibt zu zeigen: $\forall$ aname$_\pi\in C_\pi$ $\exists$ genau ein aname$\in C_\pi'$: pendant(aname$_\pi$,aname) $\wedge$

$\forall$ aname$\in C_\pi'$ $\exists$genau ein aname$_\pi\in C_\pi$: pendant(aname,aname$_\pi$)

Dies gilt, da ausgehend von dem Paar $<C_\pi',G_\pi'>$ nur Namensänderungen an C_π' und

entsprechende Nachänderungen der Elemente aus G_π' durchgeführt wurden. Jeder

Atomtypname aname besitzt genau ein "Pendant" aname$_\pi$, deren Atomtypen entweder gleich

sind oder durch eine "echte" Atomtypprojektion auseinander hervorgingen. Ferner wird durch

die Vererbung der Linktypen (Funktion inh_linktyp) gewährleistet, daß jeder gerichtete Linktyp

von G_π' sich der geänderten Atomtypmenge C_π entsprechend anpaßt und nur umbenannt in G_π

wiederzufinden ist. Die gleiche Argumentation kann für die zweite Behauptung (umgekehrte

Richtung) verwendet werden. Damit gilt congruent($<C_\pi,G_\pi >,<C_\pi',G_\pi'>$), woraus dann direkt

md_graph(md_π) folgt, da md_graph($<C_\pi',G_\pi'>$) ja gilt.

(3) Da mv_π =m_dom(md_π) per definitionem gilt, ist somit bewiesen, daß der Molekültyp mt_π
     direkt-ableitbar über DB_π ist ∇

Die Molekültypprojektion erlaubt eine (unqualifizierte) Projektion von Teilen eines Moleküls. Die
Erweiterung auf die sog. qualifizierte Projektion wird durch den Reduktionsoperator aus Def. 19
bereitgestellt (vgl. hierzu auch Abschnitt 3.2).

Definition 19

Gegeben sei die Datenbank DB=$<AT,LT>$ mit dem direkt-ableitbaren Molekültyp
mt=$<mname,md,mv>$. Weiterhin sei gegeben redu(sub_md,sub_qual) mit sub_md$\in$comps(md),
pft_subgraph(sub_md,md) und sub_qual=restr(md), d.h., sub_md ist eine Komponenten-
Molekültypbeschreibung mit erfülltem Prädikat pft_subgraph, und sub_qual ist eine
Qualifikationsformel mit Gültigkeitsbereich md.
Zusätzlich sei noch folgende Menge definiert:

mv_r={m_r | $m_r\in$ synth(md,$<c,g_r>$) mit m=$<c,g>\in$ mv und

g_r=g-{l_s | l_s=$<a,a_r>$ mit a_r=dgroot(m_s) und $m_s\in$ synth(sub_md,m)

und $\neg$(qual(m_s,sub_qual)) und $l_s\in$ g}}

Der Operator *Reduktion* ist dann wie folgt definiert:

$$\beta[\text{redu}(\text{sub\_md},\text{sub\_qual})](\text{mt})=\text{mt}_{p\beta}$$

mit $\langle\text{mt}_{p\beta},\text{DB}'\rangle=\text{prop}(\langle\text{mt}_\beta,\text{DB}\rangle)$

und $\text{mt}_\beta=\langle\text{mname}_\beta,\text{md}_\beta,\text{mv}_\beta\rangle$

mit $\quad\text{mname}_\beta\in N_{mt}$

$\quad\quad\text{md}_\beta=\text{md}$

$\quad\quad\text{mv}_\beta=\text{mv}_r\ \nabla$

Satz 8

$\text{mt}_{p\beta}$ ist ein direkt-ableitbarer Molekültyp über der Datenbank DB' ∇

Beweis:

(1)　　Zu zeigen: mt_β ist Molekültyp über der Datenbank DB

　　　　md_β ist korrekt, da md korrekt.

　　　　$\text{mv}_\beta\subseteq\text{m\_dom}(\text{md})=\text{m\_dom}(\text{md}_\beta)$, da $\text{mv}_r\subseteq\text{m\_dom}(\text{md})$ per Konstruktion von mv_r. mv_r enthält

　　　　prinzipiell die "gleichen" Moleküle wie mv. Lediglich manche Komponenten-Moleküle (genau

　　　　die, die die Qualifikationsbedingung sub_qual nicht erfüllen), d.h. Teile des Moleküls, wurden

　　　　beim Aufbau der Elemente von mv_r nicht berücksichtigt, da die Links zu den Wurzelatomen

　　　　dieser Komponenten-Moleküle vorher entfernt wurden. Zusammen mit $\text{mname}_\beta\in N_{mt}$ gilt (1) .

(2)　　Zu zeigen: $\text{mt}_{p\beta}$ ist direkt-ableitbar über der Datenbank DB'

　　　　Dies folgt direkt aus der Korrektheit der Funktion prop (s. Def. 15) ∇

Definition 20

Gegeben sei die Datenbank DB=$\langle$AT,LT$\rangle$ mit den beiden direkt-ableitbaren Molekültypen

$\text{mt}_1=\langle\text{mname}_1,\text{md}_1,\text{mv}_1\rangle$ mit $\text{md}_1=\langle C_1,G_1\rangle$ sowie $\text{dgroot}(\text{md}_1)=\text{aname}_1$ mit $\text{atyp}(\text{aname}_1)=\text{at}_1$

$\text{mt}_2=\langle\text{mname}_2,\text{md}_2,\text{mv}_2\rangle$ mit $\text{md}_2=\langle C_2,G_2\rangle$ sowie $\text{dgroot}(\text{md}_2)=\text{aname}_2$ mit $\text{atyp}(\text{aname}_2)=\text{at}_2$

Weiterhin seien gegeben:

$\text{at}_X=\chi(\text{at}_1,\text{at}_2)$ mit $\text{nam}(\text{at}_X)=\text{aname}_X$

$C_X=C_1\cup C_2-\{\text{aname}_1,\text{aname}_2\}\cup\{\text{aname}_X\}$

$G_X'=G_1\cup G_2\cup\{\text{dl}\mid\text{ltyp}(\text{dl})\in\text{inh\_linktyp}(\{\text{aname}_1,\text{aname}_2\},\chi,\text{aname}_X)\}$

$\langle C_X,G_X''\rangle=\text{compress}(\langle C_X,G_X'\rangle)$

$G_X = G_X'' - \{dl \mid dl = \langle lname, aname_X, aname \rangle$ mit

$\langle lname, aname_1, aname \rangle \vee \langle lname, aname_2, aname \rangle \notin G_1 \cup G_2$ oder

$\langle lname, aname, aname_1 \rangle \vee \langle lname, aname, aname_2 \rangle \notin G_1 \cup G_2 \}$

Das *Cartesische Produkt* zweier Molekültypen ist dann wie folgt definiert:

$$X(mt1, mt2) = \langle mname_X, md_X, mv_X \rangle = mt_X$$

mit $\quad mname_X \in N_{mt}$

$$md_X = \langle C_X, G_X \rangle$$

$$mv_X = m\_dom(md_X) \quad \nabla$$

Satz 9

mt_X ist ein direkt-ableitbarer Molekültyp über der Datenbank $DB_X = \langle atyp(C_\chi), ltyp(G_\chi) \rangle \quad \nabla$

Beweis:

(1) Zu zeigen: DB_X ist eine korrekte Datenbank

$atyp(C_X) \subset AT^*$ und $ltyp(G_X) \subset LT^*$ ist offensichtlich, da die Atomtypoperation Cartesisches Produkt die Abgeschlossenheit bewahrt.

(2) Zu zeigen: $md\_graph(md_X)$

Dies gilt, da alle Teiloperationen zur Erzeugung von C_X und G_X an den Eigenschaften von md_graph nichts ändern. Beide Strukturgraphen werden an ihren Wurzeln zusammengelegt, d.h., die ursprünglichen Wurzeln werden ersetzt durch deren Cartesisches Produkt und die Kanten (LInktypen) werden entsprechend angepaßt.

(3) $mv_X = m\_dom(md_X)$ gilt per definitionem; damit ist mt_X direkt-ableitbar über $DB_X \quad \nabla$

Definition 21

Gegeben sei die Datenbank $DB = \langle AT, LT \rangle$ mit den beiden direkt-ableitbaren Molekültypen $mt_1 = \langle mname_1, md_1, mv_1 \rangle$ und $mt_2 = \langle mname_2, md_2, mv_2 \rangle$, die zudem zueinander kompatibel sind, d.h., es gilt $compatible(mt_1, mt_2)$. Die *Vereinigung* zweier Molekültypen ist dann wie folgt definiert:

$$\Omega(mt_1, mt_2) = mt_{\rho\Omega}$$

mit $\quad \langle mt_{\rho\Omega}, DB' \rangle = prop(\langle mt_\Omega, DB \rangle)$

und $\quad mt_\Omega = \langle mname_\Omega, md_\Omega, mv_\Omega \rangle$

$\qquad mname_\Omega \in N_{mt}$

$\qquad md_\Omega = md_1$

$\qquad mv_\Omega = mv_1 \cup mv_2$

Analog hierzu ist die *Differenz* zweier Molekültypen definiert:

$\Delta(mt_1,mt_2)=mt_\Delta$

mit $\quad <mt_{p\Delta},DB'>=prop(<mt_\Delta,DB>)$

und $\quad mt_\Delta=<mname_\Delta,md_\Delta,mv_\Delta>$

$\quad mname_\Delta \in N_{mt}$

$\quad md_\Delta=md_1$

$\quad mv_\Delta=mv_1-mv_2 \ \nabla$

Satz 10

$mt_{p\Omega}$ und $mt_{p\Delta}$ sind direkt-ableitbare Molekültypen über ihrer Datenbank DB' ∇

Beweis:

(1) Zu zeigen: mt_Ω und mt_Δ sind Molekültypen über ihrer Datenbank DB

md$_\Omega$ und md$_\Delta$ sind per definitionem korrekt.

$mv_\Omega \subsetneq m\_dom(md_\Omega)$, da der Ausprägungsgraph von jedem Molekül in $mv_1 \cup mv_2$ auch das

Prädikat mv_graph mit Parameter md_Ω erfüllt, dies gilt wegen der geforderten Kompatibität von

mt_1 und mt_2.

$mv_\Delta \subseteq m\_dom(md_\Delta)$ gilt gemäß analoger Argumentation.

(2) Zu zeigen: mtp_Ω und mtp_Δ sind direkt-ableitbar über ihrer Datenbank DB'

Dies folgt direkt aus der Korrektheit der Funktion prop (s. Def. 15) ∇

Satz 11

Die Molekültypoperationen α, Σ, Π, β, X, Ω, Δ bilden eine Algebra auf der Menge der

direkt-ableitbaren Molekültypen, d.h., das Ergebnis jeder Molekültypoperation ist wiederum als

direkt-ableitbarer Molekültyp darstellbar ∇

Beweis:

Satz 11 folgt direkt aus den Sätzen 4 bis 10 ∇

Damit sind die einzelnen Molekültypoperationen zu komplexeren Operationen konkatenierbar. Der

Molekütypdurchschnitt Ψ läßt sich etwa unter zweifacher Benutzung der Molekültypdifferenz

ausdrücken: $\Psi(mt_1,mt_2) = \Delta(mt_1, \Delta(mt_1,mt_2))$.

Vergleicht man die hier vorgestellte Ausdrucksmächtigkeit der Molekültypalgebra mit der Mächtigkeit der in Abschnitt 3.2 eingeführten Sprache MQL, so stellt man fest, daß die Algebra keine rekursiven Molekültypen beinhaltet; die Molekültypstruktur, d.h. der Strukturgraph, wurde u.a. als azyklischer Graph (s. Def. 8) definiert. Eine Erweiterung auf rekursive Molekültypen ist aber ohne größere Schwierigkeiten durchführbar, würde allerdings den Rahmen dieser Arbeit sprengen. Die Berücksichtigung von rekursiven Molekültypen verlangt zum einen eine Umdefinition der Molekültypbeschreibung (Def. 9) und der Molekültypextension (Def. 11 bzw. Def. 10 und Def. 12) und zum anderen eine Erweiterung der Ausdrucksmächtigkeit der Qualifikationsformel restr(md) aus Def. 17. Letzteres ist notwendig, um die einzelnen Rekursionsstufen in einer Qualifikationsformel ansprechen zu können. Die Änderungen der Molekültypdefinition müssen zyklische Strukturgraphen in der Molekültypbeschreibung berücksichtigen und eine iterative (rekursive) Molekülsynthese gemäß der Beschreibung aus Abschnitt 3.2.2.2 erlauben.

Im folgenden werden noch einige einfache Beispieloperationen vorgestellt. Dabei wird auf der in Abschnitt 3.3.1 eingeführten Beispiel_DB gearbeitet. Um die sehr einfache und direkte Zuordnung und Umsetzung von MQL-Anfragen in Algebraausdrücke aufzuzeigen, wurden jeweils beide Ausdrucksmöglichkeiten angegeben.

Beispiel:
Molekültypoperationen

- α[ABCD_mt, {<ab,A,B>,<ac,A,C>,<bd,B,D>,<cd,C,D>}](A,B,C,D)=mt_ABCD

    mit   mt_ABCD=<ABCD_mt,<{A,B,C,D},{ab,ac,bd,cd}>,mv>

        mv={ m1= < {a1,b1,b2,b3,c1,d3,d4},

                    {<a1,b1>,<a1,b2>,<a1,b3>,<a1,c1>,<b3,d3>,<b3,d4>,<c1,d3>,<c1,d4>}> ,

            m2= < {a2,b3,c1,c2,c3,d3,d4},

                    {<a2,b3>,<a2,c1>,<a2,c2>,<a2,c3>,<b3,d3>,<b3,d4>,

                    <c1,d3>,<c1,d4>,<c2,d4>}> ,

            m3= < {a3,c3},{<a3,c3>}>}

    Die äquivalente MQL-Anfrage lautet

    SELECT ALL

    FROM ABCD_mt (A -(.ab- B.bd, .ac- C.cd)- D)

    Die Ausprägungen der Ergebnis-Molekülmenge sind:

m1 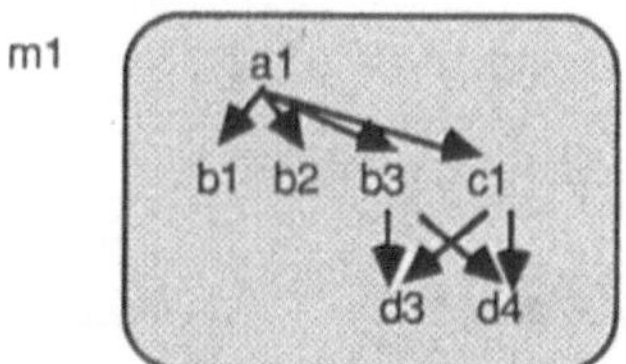

m2 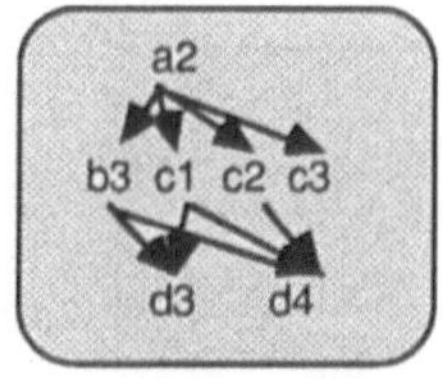

m3 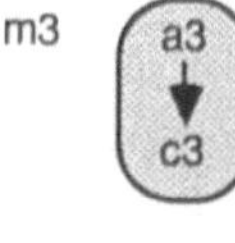

132

- Die Qualifikation des Molekültyps ABCD_mt durch die WHERE-Klausel restr(ABCD_mt) führt zu folgender MQL-Anfrage

SELECT ALL

FROM   ABCD_mt (A -(.ab- B.bd,

                                    .ac- C.cd)- D)

WHERE restr(ABCD_mt);

Diese Anfragerweiterung kann durch Verknüpfung der entsprechenden Algebraoperatoren nachgebildet werden. Dazu ist noch eine Molekültyprestriktion durchzuführen:

$$\Sigma\_ABCD\_mt = \Sigma[restr(ABCD\_mt)] (\alpha [ABCD\_mt,$$

$$\{<ab,A,B>,<ac,A,C>,<bd,B,d>,<cd,D,C>\}](A,B,C,D)$$

Falls restr(ABCD_mt)=EXISTS_AT_LEAST(1) B : restr(B) mit restr(B) als Qualifikationsformel auf B, die von b1, b2 und b3 erfüllt ist, so besteht die Ergebnis-Molekülmenge von Σ_ABCD_mt nur aus den Molekülen m1 und m2. Da m3 gar keine B-Atome besitzt, gehört es auch nicht zum Ergebnis. Alle im Zusammenhang mit der Molekültyppropagierung durchzuführenden "Umbenennungen" wurden hier außer acht gelassen.

- Durch die Molekültypreduktion wird schließlich eine qualifizierte Projektion durchgeführt. Die MQL-Anfrage lautet dann

        SELECT   A, B, (SELECT C, D

                          FROM   RESULT

                          WHERE EXISTS_AT_LEAST(2) D)

        FROM   ABCD_mt (A -(.ab- B.bd, .ac- C.cd)- D

        WHERE   EXISTS_AT_LEAST(1) B : restr(B);

Ihr Äquivalent in der Molekültypalgebra benutzt den schon oben berechneten Molekültyp Σ_ABCD_mt und führt an diesem eine Reduktion durch:

$$\beta[redu(<\{C,D\},\{cd\},EXISTS\_AT\_LEAST(2) D](\Sigma\_ABCD\_mt)$$

Die Molekültypextension des reduzierten Molekültyps umfaßt nach wie vor die zwei Moleküle m1 und m2, allerdings in leicht abgewandelter Form. In den Ergebnismolekülen erscheinen nur solche C-Atome, die mindestens zwei D-Atome referenzieren. Die Molekülgraphen sehen damit wie folgt aus:

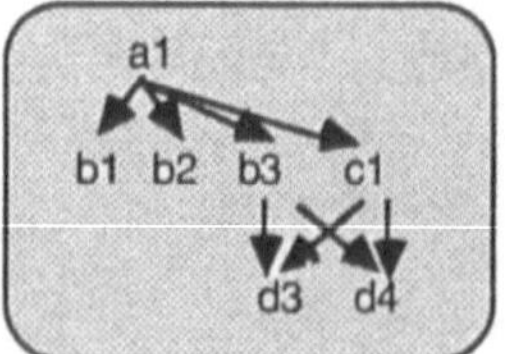

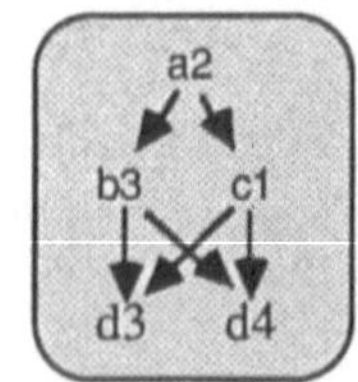

- Die folgende MQL-Anfrage nutzt die Symmetrie der Darstellung aus:

  SELECT   ALL

  FROM   DBA_mt (D.bd- B.ab- A)

  Der zugehörige Algebraausdruck lautet:

  $$\alpha[DBA\_mt,\{<bd,D,B>,<ab,B,A>\}](D,B,A)$$

Zu erwähnen ist hier die flexible Belegung eines Linktyps mit einer Richtung; damit werden die gerichteten Linktypen angegeben (vgl. diese Molekültypbildung DBA_mt mit der allerersten Beispieloperation, die zu mt_ABCD führte).

Die Ausprägungsgraphen der Ergebnismoleküle sind:

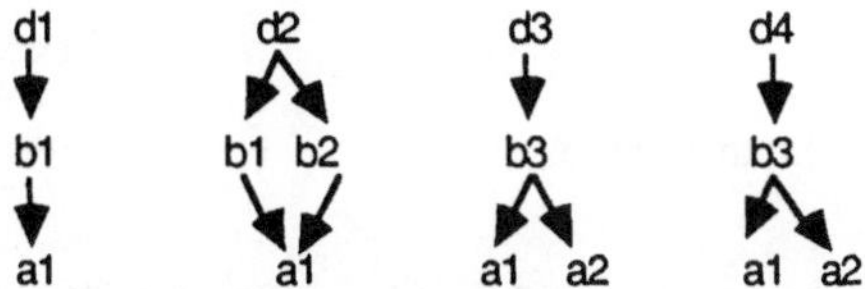

3.4 Beispiele und Abgrenzung zu anderen Datenmodellen

Im folgenden sind einige DML-Anweisungsbeispiele zusammengestellt, die die Verarbeitungsmöglichkeiten des MAD-Modells und seiner Sprache MQL aufzeigen sollen. Damit wird ein zusammenfassender Überblick über die Sprach- und auch Manipulationskonzepte von MQL gegeben. Der nachfolgende Unterabschnitt gibt eine Abgrenzung des MAD-Modells zu einigen anderen Datenmodellansätzen wieder. Dabei wird das zuvor eingeführte Szenario als anschauliche Bezugsbasis für die Modellabgrenzung verwendet.

3.4.1 Verwendungsbeispiele für MQL

Als Anwendungsbereich wird hier das Gebiet der Wissensrepräsentation mit Frames gewählt, das in Abschnitt 2.3.2 schon ausführlich vorgestellt und in Abschnitt 3.2.1 als Abb. 3.3 bereits mit MAD bzw. MQL modelliert und auch definiert wurde. Im folgenden wird exemplarisch für einige ausgewählte Frame-Operationen deren Umsetzung mit Hilfe der MQL-DML aufgezeigt. Dabei kommt die Verwendung der verschiedenen DML-Anweisungen zur (insbesondere rekursiven) Molekülverarbeitung sehr deutlich zum Vorschein.

Durch die nachstehenden beiden ersten Beispielanweisungen wird der direkte Zugriff auf zwei der wesentlichen Objekte (jetzt im Sinne von Verarbeitungseinheit bzw. Komplexobjekt; s. Abschnitt 2.4.2) der Frame-Verarbeitung realisiert:

- Lesen eines Unit-Objektes:

```
SELECT  ALL
FROM    Units - Slots - Aspekte
WHERE   Units.Name='Auto';
```

Diese Operation umfaßt das Holen der Unitdaten inklusive der zugehörigen Slot- und Aspektdaten und realisisert damit die Aggregation der Unit-Objekte. Das Anfragebeispiel verdeutlicht sehr schön, wie das Abstraktionskonzept der Aggregation durch die dynamische Molekülbildung in der FROM-Klausel unterstützt wird.

- Lesen der Abstraktionshierarchien zu einem Unit-Objekt (die Ebene der Aspekte wird hier nicht betrachtet):

```
SELECT  ALL
FROM    Units_Hierarchie
WHERE   Units_Hierarchie.Units.(0).name='Auto';
```

Es wird sowohl die Spezialisierungshierarchie als auch die Klassifikations- bzw. Assoziationshierarchie für die ausgewählte Unit aufgebaut und als Ergebnis zurückgeliefert. Die Spezialisierungshierachie besteht aus allen untergeordneten (Klassen-)Units und die Klassifikations- bzw. Assoziationshierarchie aus allen untergeordneten Member-Units. Obige Anfrage benutzt den in Abb. 3.3 schon vordefinierten Molekültyp 'Units_Hierarchie', der hier nur noch durch die WHERE-Klausel entsprechend qualifiziert wird. Der dargestellte Typgraph enthält zusätzlich alle benutzten gerichteten Linktypen und auch die vergebenen Rollennamen. Dieses Beispiel zeigt sehr anschaulich, wie die (dynamische) Rekursiv-Molekülbildung zur Unterstützung der Abstraktionshierarchien - also von rekursiven Strukturen - eingesetzt werden kann.

Aufbauend auf diesen "Basisoperationen", können nun weitere, z.T. höhere Verarbeitungs-operationen definiert werden. Hier werden zwei zueinander inverse Frame-Operationen beschrieben, die im Gegensatz zu den oben skizzierten Basisoperationen eine deutlich höhere Komplexität aufweisen:

- Einfügen eines Member-Slots und
- Löschen eines Member-Slots.

In Abb. 3.8 wird ein dazu typisches Szenario aufgezeigt. Der Zustand des Atomnetzes jeweils vor und nach einer Operation wird dargestellt. Aus Gründen der Übersichtlichkeit werden keine Aspekte-Atome angegeben, und alle Units-Atome werden als Vierecke und alle Slot-Atome als kleinere Kringel dargestellt. Die durch die nachstehenden Operationen ausgewählten Unithierarchien sind fettgezeichnet, und die jeweils neu eingetragenen bzw. zu löschenden Member-Slots sind zusätzlich schraffiert. Die Subklassen-Beziehung resp. die zugehörigen Links sind mit 's' und die Member-Beziehung oder Member-Links sind mit 'm' markiert.

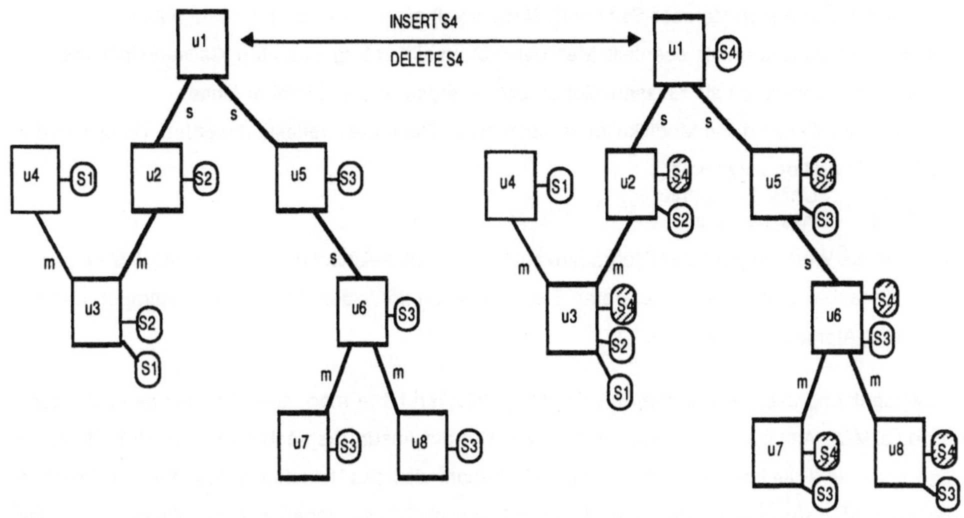

Abb. 3.8: Zustandsdiagramm beim Einspeichern bzw. Löschen von Member-Slots

Die Frame-Operation 'Einfügen eines Member-Slots' wird in fünf DML-Anweisungen zerlegt, die im folgenden beschrieben werden:

- Die erste Teiloperation speichert die Aspektdaten des einzutragenden Slots ab:

    INSERT Aspekte (Name := 'Rad',

    Kommentar := C' runde Scheibe oder Rahmen, der sich um eine zentrierte Achse dreht 'C,

    .
    .
    .

    Default := X'3'X) : Aspekte

    FROM Aspekte;

- Die zweite Teiloperation liefert den IDENTIFIER-Wert des neu eingefügten Aspekte-Atoms. Dieser Wert wird von den nachfolgenden Teilperationen benötigt, um dort die Referenz auf das bereits gespeicherte Aspekte-Atom richtig zu setzen. Damit wird die Mehrfachbenutzung (hier von Aspektdaten) gewährleistet:

    SELECT Aspekt_id

    FROM   Aspekte

    WHERE   Name = C'Rad'C;

- Die dritte Teiloperation selektiert die gesamte Abstraktionshierarchie qualifiziert nach dem Namen des Wurzelatoms. Dies ist genau die zweite der anfangs vorgestellten Basisoperationen.

- Nun schließt sich eine Verarbeitungsphase in der Modellabbildung des Frame-Systems an - in der in Abschnitt 2.3.2 skizzierten KRISYS-Architektur geschieht diese "externe" Verarbeitung in der KRIM. Die extrahierte Abstraktionshierarchie wird dort wie folgt modifiziert:

- Eintragen des neuen Member-Slots (z.B. Radanzahl) als 'eigener' Slot der Wurzelunit,

- Vererbung desselben als ebenfalls Member-Slot an alle untergeordneten Klassen-Units und

- Vererbung desselben als Klassen-Slot an alle untergeordneten Member-Units.

• Zum Schluß müssen diese Modifikationen noch in der Datenbank reflektiert werden. Dazu wird die MODIFY-Operation verwendet:

```
MODIFY   $Units_Hierarchie
FROM     Units_Hierarchie;
```

Hier wird die Wertübergabe per Programmvariable - gekennzeichnet durch das Symbol '$' - benutzt. In der Datenbank sind nur die vererbten Slots und auch der 'eigene' Slot neu einzutragen und mit ihren Unit-Atomen zu verbinden.

Unter Ausnutzung aller verwendbaren MQL-Möglichkeiten hätte man diese Frame-Operation auch durch eine MQL-Anweisung ausdrücken können. Um die Ausdrucksmächtigkeit von MQL dennoch zu beweisen, wird die komplementäre Frame-Operation, also das "Löschen eines Member-Slots", in genau einer MQL-Anweisung formuliert. Nur der Übersichtlichkeit wegen wird im folgenden auf eine Art "Makro-Technik" zurückgegriffen, die es erlaubt, die endgültige, komplexe MQL-Anfrage in mehrere syntaktische Einheiten zu zerlegen. Der in Abb. 3.3 vordefinierte Molekültyp Units_Hierarchie wird hier ebenfalls verwendet.

• In einer ersten Unteranfrage werden die IDENTIFIER-Werte aller Member-Slots der betreffenden Units_Hierarchie in einer Werteliste aufgesammelt. Hierzu müssen die beiden Aggregationsfunktionen MOL_AGG (zum Aufsammeln) und VALUE (zur Typkonvertierung) benutzt werden. Die erwähnte Makro-Technik erlaubt es, dieser Anfrage einen Namen zu geben und sie später dann unter diesem Namen wieder anzusprechen.

```
Member_IDs := VALUE ( SELECT   MIDs := MOL_AGG (Member_slots.(ALL).Slot_id)
                      FROM     Units_Hierarchie
                      WHERE    Units_Hierarchie.Units.(0).Name = C'Auto'C )
```

• Die zweite Unteranfrage sammelt, analog zur ersten, die IDENTIFIER-Werte aller Klassen-Slots auf:

```
Klassen_IDs := VALUE ( SELECT   KIDs := MOL_AGG (Klassen_slots.(ALL).Slot_id)
                       FROM     Units_Hierarchie
                       WHERE    Units_Hierarchie.Units.(0).Name = C'Auto'C )
```

• Aufbauend auf diesen beiden "Makro-Definitionen", kann nun die gesamte MQL-Anfrage zusammengestellt werden:

```
DELETE  ALL
FROM    Slots - Aspekte
WHERE   Slots.Name = C'Radanzahl'C  AND
        Slot_id ELMT ADD_LIST (Member_IDs, 0, Klassen_IDs);
```

Es werden nur solche "Slots-Aspekte"-Moleküle gelöscht, deren IDENTIFIER-Wert des Wurzelatoms ein Element der durch die Unteranfragen vorbereiteten Liste ist, und dessen Slotname gleich dem Namen des zu löschenden Member-Slot ist. In dieser Liste befinden sich nur IDENTIFIER-Werte von Slots-Atomen der Unithierarchie 'Auto'. Insgesamt werden dann nur der betreffende Member-Slot selbst und alle dazu weitervererbten Slots gelöscht und korrekt aus ihren Verbindungen zu anderen Atomen gelöst.

Zusammenfassend läßt sich sagen, daß durch diese etwas umfangreicheren Beispieloperationen nochmals illustriert wurde, daß das MAD-Modell, hier vorgestellt durch die Sprache MQL, mit seinen zugrundeliegenden Konzepten

- zur direkten und symmetrischen Modellierung und Verarbeitung von netzwerkartigen und rekursiven Strukturen,
- zur dynamischen Molekülbildung und
- zum vertikalen bzw. horizontalen Zugriff

die in Abschnitt 2.5 geforderte Objektunterstützung für Komplexobjekte in adäquater Weise bereitstellt. Durch MQL wird sowohl eine eingebettete als auch eine eigenständige MAD-Schnittstelle für die verschiedenen Zugriffs- und Verarbeitungswünsche bereitgestellt.

3.4.2 Abgrenzung zu anderen Datenmodellen

An verschiedenen Stellen des Textes wurden schon Anmerkungen bzgl. anderer Datenmodelle gemacht - insbesondere sei hier auf Abschnitt 2.5 verwiesen. Diese Bewertungs- bzw. Vergleichsansätze gilt es im folgenden zu konkretisieren und zu vertiefen. Dazu wird zuerst einmal versucht, eine größere Auswahl von "existierenden" Modellvorschlägen (der Begriff Datenmodell erscheint an dieser Stelle zu restriktiv; unter dem Begriff Modellvorschlag werden hier zusätzlich zu den eigentlichen Modellierungskonzepten auch die bereitgestellten Verarbeitungskonzepte subsumiert) anhand eines einfachen Klassifikationskonzeptes zu unterteilen. Die ausgewählten Modellvorschläge und deren Einordnung in das Klassifikationsschema sind in Abb. 3.9 aufgezeigt. Dort wird zwischen drei Klassifikationspunkten unterschieden:

- *Erweiterungen* existierender Modellvorschläge orientieren sich im wesentlichen an den vom zugrundeliegenden Modell bereitgestellten Konzepten.
- Der Aspekt *Objektorientierung* betont primär den Strukturierungs- und Kapselungsgedanken, der mit dem Begriff "Objekt" eng verbunden ist.
- Die Klasse der *abstrakten Datentypen* (ADT) betont hingegen im wesentlichen die operationalen Aspekte und ebenfalls den Kapselungs- bzw. Isolationsgedanken.

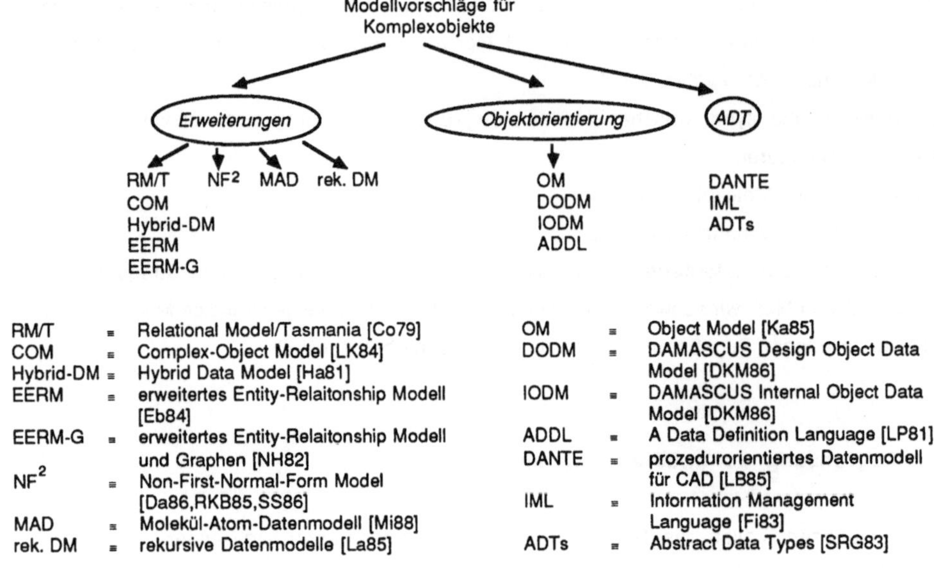

RM/T	=	Relational Model/Tasmania [Co79]
COM	=	Complex-Object Model [LK84]
Hybrid-DM	=	Hybrid Data Model [Ha81]
EERM	=	erweitertes Entity-Relaitonship Modell [Eb84]
EERM-G	=	erweitertes Entity-Relaitonship Modell und Graphen [NH82]
NF^2	=	Non-First-Normal-Form Model [Da86,RKB85,SS86]
MAD	=	Molekül-Atom-Datenmodell [Mi88]
rek. DM	=	rekursive Datenmodelle [La85]

OM	=	Object Model [Ka85]
DODM	=	DAMASCUS Design Object Data Model [DKM86]
IODM	=	DAMASCUS Internal Object Data Model [DKM86]
ADDL	=	A Data Definition Language [LP81]
DANTE	=	prozedurorientiertes Datenmodell für CAD [LB85]
IML	=	Information Management Language [Fi83]
ADTs	=	Abstract Data Types [SRG83]

Abb. 3.9: Einordnung verschiedener Modellvorschläge für Komplexobjekte

Durch die Kurzcharakterisierung wird sofort deutlich, daß der Übergang zwischen den einzelnen Klassifikationspunkten fließend ist. Zudem kann diese Kriterienliste sehr leicht erweitert bzw. verfeinert werden und die Gesamtklassifikation durch eine Vielzahl weiterer Modellvorschläge (insbesondere semantische Datenmodelle und Wissensrepräsentationsmodelle) ergänzt werden. In diesem Sinne ist hier nochmals explizit festzuhalten, daß Abb. 3.9 keinesfalls einen Vollständigkeitsanspruch erhebt. Stattdessen soll dort vielmehr auf die vorhandene Menge unterschiedlicher Ansätze mit unterschiedlichen Konzepten aufmerksam gemacht werden. Aus Platzgründen kann hier keine Beschreibung von jedem Modellvorschlag gegeben werden. Die Klassifikationspunkte werden nur kurz durch die Skizzierung jeweils eines wichtigen Vertreters der Klasse vorgestellt:

- DANTE [LB85] bezeichnet ein prozedurorientiertes Datenmodell und zeigt einen operationalen Ansatz zur Modellierung und Verarbeitung technischer Objekte aus dem Anwendungsbereich Konstruktion. Zusammen mit der Definition von Komplexobjekten soll die Spezifikation anwendungsabhängiger Operatoren zur Manipulation dieser Objekte und zur Selektion von Daten über die Objekte ermöglicht werden. DANTE wird realisiert als Programmiersprachenerweiterung von ADA und kommt einer ADT-ähnlichen Modellbildung ziemlich nahe.

- Das Objektmodell von Katz [KA85] unterstützt speziell die Aspekte Entwurfshierarchie, Entwurfsvarianten, Änderungsgeschichte und mehrfache Repräsentationen von Entwurfs- objekten. Dabei wird die gesamte Information durch die sog. Index- und Repräsentationsobjekte modelliert. Beide Darstellungskonzepte verkörpern eine sehr unterschiedliche Semantik. Indexobjekte repräsentieren die Beziehungen der Entwurfsstrukturen, also von Konfigurations- verwaltung, Variantenverwaltung und Änderungsgeschichte. Repräsentationsobjekte hingegen enthalten die eigentlichen Entwurfsobjekte in ihren verschiedenen Repräsentationen. Das

Objektmodell ist sehr gut zur Darstellung der speziellen Strukturen im Konstruktionsbereich geeignet, kann aber auch in anderen ingenieurwissenschaftlichen Bereichen eingesetzt werden.

- Vertreter der Klasse der Modellerweiterungen werden weiter unten noch ausführlicher besprochen bzw. wurden in vorherigen Abschnitten bereits vorgestellt.

Diese Aufstellung verdeutlicht nochmals, daß die Konzepte basierend auf abstrakten Datentypen, Objektorientierung und semantischen Datenmodell-Erweiterungen oft zueinander ähnlich mächtig sind, jedoch unterschiedliche Schwerpunkte besitzen. Weiterhin ist zu erkennen, daß manche Modellvorschläge gezielt hinsichtlich bestimmter Anwendungsgebiete entworfen wurden bzw., daß die Modellvorschläge auf unterschiedlichen Abstraktionsebenen anzusiedeln sind. Manche Modelle besitzen einen sehr allgemeinen Charakter (etwa die Standard-Datenmodelle) und sind daher generell anwendbar, wohingegen andere mehr spezielle Semantiken unterstützen (etwa die Abstraktionskonzepte von semantischen Datenmodellen oder von Wissensrepräsentations-modellen). Die Bewertung der verschiedenen Vorschläge hinsichtlich ihrer Eignung zur Modellierung und Verarbeitung von Komplexobjekten erscheint aus diesen Gründen heraus sehr schwierig und auch problematisch. Dies wird dadurch noch verstärkt, daß den Modellen oft sehr unterschiedliche Konzepte zur Modellierung und zur Verarbeitung zugrundeliegen, die sich für manche Situationen recht gut eignen und für andere wiederum weniger adäquat erscheinen. Das Zusammenspiel der verschiedenen Konzepte eines Modellvorschlags bleibt z.T. recht unbeachtet oder wird manchmal nur für gewisse Standardsituationen berücksichtigt. Die verfügbaren Beschreibungen und Literaturstellen sind zudem oft ungenau und ziemlich oberflächlich. Da manche Modellvorschläge sich entweder gerade im Definitionsstadium befinden bzw. nie darüberhinaus gekommen sind, fehlt für diese der Verwendungstest und die Validierung in konkreten Anwendungsumgebungen. Alle hier erwähnten Problempunkte der Beschreibung, des Vergleichs und der Bewertung legen eine Beschränkung auf nur wenige und wenn möglich bekannte bzw. schon implementierte Modellvorschläge nahe. Hierarchische und netzwerkartige Datenmodelle und deren Eignung zur Komplexobjekt-Verwaltung wurden schon in Abschnitt 2.5 (s. Abb. 2.22) behandelt. Deshalb wird im folgenden ausgehend von den bekannten Standard-Datenmodellen ein neueres Datenmodell vorgestellt und dessen Tauglichkeit zur Modellierung und Verarbeitung von Komplexobjekten untersucht. Als gemeinsame Bezugsrahmen dienen dabei das in Abschnitt 2.3.2 eingeführte Frame-Modell und dessen ER-Modellierung in Abb. 2.20. Damit ist dann auch die Vergleichbarkeit zum MAD-Modell und dessen Frame-Modellierung (Abschnitt 3.2.1, Abb. 3.3) sowie Frame-Verarbeitung (Abschnitt 3.4.1) gewährleistet.

Abbildung auf das Relationenmodell

Das *Relationenmodell* stellt für die Darstellung von Entity- und Relationship-Mengen nur ein Konstrukt - die Relation(Tabelle) - zur Verfügung. Daher entspricht ein Tabellenaufbau im wesentlichen dem Entity- bzw. Relationship-Typ, die Spalten dessen Attributbeschreibung und die Zeilen (auch als Tupel bezeichnet) konkreten Entities oder Beziehungen. Eine wesentliche Eigenschaft des Relationenmodells ist, daß alle Informationen - auch die Beziehungen zwischen Tupeln - explizit durch Attributwerte der Tupel ausgedrückt werden.

Die Modellierung des Frame-Modells mittels des Relationenmodells (RM) sieht dann wie folgt aus: Jedem Entity-Typ wird eine Relationenbeschreibung zugeordnet; die Attribute werden dabei übernommen. Die (1:1)- und (1:n)-Beziehungen werden durch entsprechende Attributwerte (Primär- und Fremdschlüssel) dargestellt, wohingegen alle (n:m)-Beziehungen über Hilfsrelationen beschrieben werden. Die im RM definierten Operationen erlauben ein deskriptives Ansprechen und Manipulieren einzelner Tupel bzw. Tupelmengen sowie eine mächtige tupelübergreifende Operation (Relationenverbund bzw. Relationen-Join). Modellierbar und ansprechbar sind nur homogene Tupelmengen. Daher führt jede Join-Operation eine Zusammenlegung der beiden beteiligten Tabellen durch, wobei allerdings auch Strukturinformation verloren geht. Der Versuch, eine vollständige Unit-Aggregation aufzubauen, führt zu einer flachen Ergebnisrelation (Unit-, Slot- und Aspektdaten sind nebeneinandergereiht und nicht aggregiert) aufgrund der zu verwendenden Join-Operationen. Noch schwieriger stellen sich die Operationen auf der Generalisierungshierarchie dar: z.B. erfordert die Vererbung eines Slot-Eintrags wegen der Abwesenheit von Rekursion das explizite, iterative Berechnen der Unit-Hierarchie. Insgesamt sind alle im Frame-Modell enthaltenen Abstraktionskonzepte durch die Modellierung verlorengegangen und können durch die angebotenen Operationen auch nicht wiedergewonnen werden. Das bedeutet, daß die Abstraktionshierarchien durch externe Programmierung aufgebaut werden müssen. Dies bedeutet einen erheblichen Effizienzverlust, der aufgrund nicht adäquater Modellierungs- und Manipulationsmöglichkeiten entstanden ist.

Abbildung auf das NF^2-Modell

Das *NF^2-Modell* (non-first-normal-form, [Da86, SS86, RKB85]) ist eine Erweiterung des RM um relationenwertige, also nicht-atomare Attribute. Dadurch, daß damit die Attribute wiederum Relationen sein dürfen, wird die Kombination von Aggregation und Assoziation direkt unterstützt - die dem Modell inhärente "Schachtelung" von Relationen "materialisiert" sozusagen Aggregation und auch Assoziation. Durch unterschiedliche Anwendung dieses Schachtelungskonzepts können sehr verschiedene Frame-Modellierungen erzeugt werden: Verzichtet man gänzlich auf die Relationenschachtelung, so erhält man eine ähnliche Modellierung wie mit dem RM und damit einhergehend auch alle o.a. Nachteile. Zur Aggregation aller Unit-Informationen muß eine NF^2-Tabelle bestehend aus den ineinandergeschachtelten Relationenbeschreibungen von Units, Slots und Aspekten definiert werden. Diese Aggregation erzeugt wegen der Mehrfachbenutzung der Aspektdaten auf dieser Ebene Datenredundanz, welche ein gewisses Maß an Verwaltungsaufwand zur Redundanzkontrolle verursacht. Unterstellt man, was sicherlich plausibel erscheint, daß die Änderungshäufigkeiten auf den Aspektdaten ziemlich gering sind, so kann der Aufwand zur Redundanzkontrolle vernachlässigt werden. Das hierarchische Schachtelungskonzept des NF^2-Modells kann in diesem Bereich also gewinnbringend eingesetzt werden. Allerdings sind netzwerkartige Strukturen - also Mehrfachbenutzung von Datenobjekten - damit nur redundant abzubilden.

Zur Verarbeitung der geschachtelten Tabellen wird vom NF^2-Modell ein mächtiger Operationsvorrat zur Verfügung gestellt, den man durch die geschachtelte Anwendung der bisherigen Relationenalgebra erhält. Versucht man jedoch auch die typmäßig rekursiven Netzstrukturen der Generalisierung sowie der Klassifikation und Assoziation (d.h. Klassen- und Memberbeziehung) ebenfalls mit Hilfe des Schachtelungskonzepts abzubilden, so stößt man sowohl auf modellierungstechnische als auch auf operationale Schwierigkeiten: rekursive Strukturen sind im NF^2-Modell nicht direkt darstellbar und müssen deshalb "flach-geklopft" werden; netzwerkartige Strukturen können entweder analog zum RM über Primär-/Fremdschlüsselbeziehungen oder teilweise redundant mit Hilfe des Schachtelungskonzepts (siehe Aspektmodellierung) dargestellt werden. Die vom NF^2-Modell angebotenen Operationen erlauben nicht den nachträglichen Aufbau der gewünschten typmäßig rekursiven Netzwerkstrukturen. Aktuelle Forschungsarbeiten [Li87] sehen nur eine Erweiterung der NF^2-Anfragesprache auf rekursive Anfragen, allerdings keine Erweiterung des Datenmodells vor.

Zusammenfassend läßt sich sagen, daß das RM deutliche Schwächen bei der Abbildung des Frame-Modells sowie der dort enthaltenen Abstraktionskonzepte offenbart. Im Gegensatz dazu erlaubt das NF^2-Modell aufgrund seines Schachtelungskonzepts hier zumindest die direkte Abbildung der Aggregation und Assoziation (nur eingeschränkt), wobei allerdings im Falle von Mehrfachbenutzung ein gewisses Maß an Datenredundanz erzeugt wird, welche es zu kontrollieren gilt (Zusatzaufwand). Zur Abbildung der Operationen des Frame-Modells wird prinzipiell in beiden Fällen keine Unterstützung angeboten. Die durch die Abstraktionsstrukturen definierten typmäßig rekursiven Netzstrukturen müssen extern, d.h. im Anwendungsprogramm, aufgebaut werden. Ebenso sind die auszuführenden Manipulationen auch extern durchzuführen, bevor die aktualisierten Einzelteile wieder zurückgeschrieben werden. Das MAD-Modell bietet mit dem allgemeinen Konzept der Molekülbildung die Integration von Netzstrukturen und auch rekursiven Strukturen. Besonders durch die Fallbeispiele aus Abschnitt 3.4.1 kann dies belegt werden. Damit können dann alle Abstraktionsstrukturen in einfacher Weise dargestellt werden. Deren jeweilige semantische Interpretation bleibt natürlich den Ebenen oberhalb des Datenmodells vorbehalten. Von der Datenmodellseite können immer nur allgemeine Abbildungskonzepte (z.B. Schachtelung oder Molekülbildung) angeboten werden.

4. Implementierung des MAD-Modells

Dieses Kapitel gliedert sich inhaltlich im wesentlichen in zwei Themenkreise. Zuerst werden verschiedene Vorschläge für Grobarchitekturen in Non-Standard-Datenbanksystemen skizziert und bewertet. In die Betrachtungen eingeschlossen werden sowohl existierende (allgemeine) Datenbanksysteme als auch verfügbare Spezialsysteme (etwa zur Bilddatenverwaltung oder zum Entwurf und anschließender Entwurfsdatenverwaltung). Verschiedene Erweiterungs- und Integrationsansätze, die von diesen Systemen ausgehen, bilden die Grundlage der einzelnen Architekturkonzepte. Eine systematische Zusammenstellung und Bewertung dieser Systemarchitekturen stellt den ersten Teil dieses Kapitels dar. In den sich anschließenden Abschnitten werden die eigentliche Implementierung des MAD-Modells (PRIMA genannt) vorgestellt und dessen Architektur-, Entwurfs- und Implementierungskonzepte aufgezeigt.

In einer Vorphase zur eigentlichen PRIMA-Entwicklung wurde im System PROTON [KMP86] bereits eine signifikante Untermenge des MAD-Modells als "Zusatzebene" oberhalb eines existierenden DBS realisiert. Damit sollte möglichst schnell ein funktionsfähiges System mit MAD-Schnittstelle bereitstehen, um auch praktische Erfahrungen mit diesem Modell und mit seiner Handhabung zu erlangen. Als zugrundeliegendes DBS wurde das netzwerkorientierte Datenbanksystem UDS [UDS86] der Firma Siemens verwendet. Eine Bewertung dieses Systemansatzes findet sich im nachfolgenden Abschnitt 4.1.1.

Die PRIMA-Entwicklung verkörpert einen von Grund auf neuen Systementwurf, dessen Leitlinien Funktionalität, Modularität und Erweiterbarkeit sowie Effizienz sind. Es wird ein Überblick über das gesamte PRIMA-System gegeben; insbesondere werden die Abbildung der molekülmengenorientierten MAD-Schnittstelle auf eine interne atomorientierte Schnittstelle erklärt und die Besonderheiten einer solchen Abbildung betrachtet und analysiert.

4.1 Architekturvorschläge für NDBS

Für die nachfolgenden Beschreibungen und Diskussionen ist es nützlich, die in Abb. 2.1 aufgezeigte Grobarchitektur von DB-Anwendungen zu verfeinern. Die in Kapitel 2 eingeführte anwendungsunterstützende Schnittstelle AUSS ermöglicht eine Unterteilung der Anwendungskomponente und damit eine genauere und für diesen Abschnitt adäquatere Betrachtungsebene. In Abb. 4.1 ist diese verfeinerte Grobarchitektur angegeben. Die wesentlichen Eigenschaften der AUSS sind ihr Anwendungsbezug, die Unterstützung von Komplexobjekten (Verarbeitungseinheiten) und das Ausnutzen von Verarbeitungslokalität. Angesichts der vielfältigen Anforderungen aus den verschiedensten Anwendungen (s. Abschnitt 2.1) wirft die Realisierung bzw. Unterstützung solch einer Schnittstelle gleich eine Reihe naheliegender Fragen auf. Es ist zu diskutieren, ob ein alle Anwendungen integrierendes NDBS - im Analogon zu den allgemeinen DBS im konventionellen Anwendungsbereich - geeignet erscheint, wie ein adäquates System strukturiert sein sollte, und wie sich ein ausreichendes Leistungsverhalten garantieren läßt.

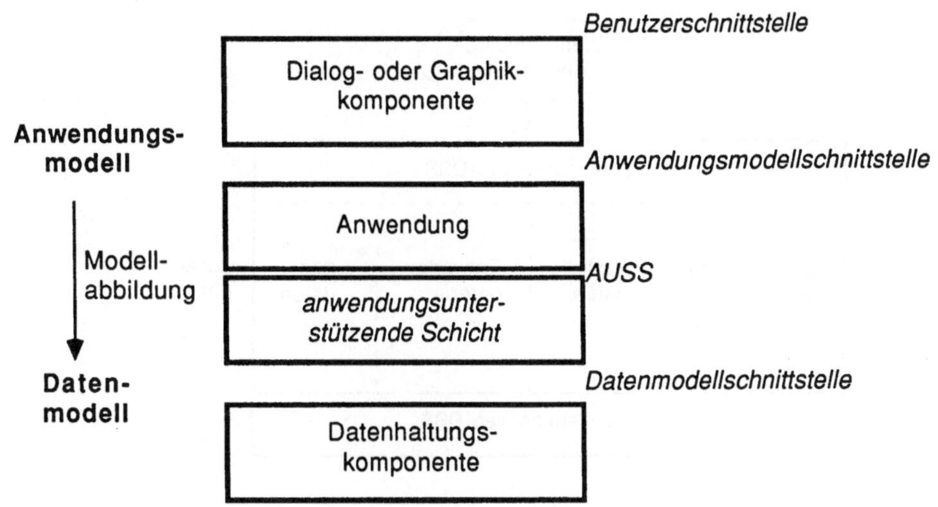

Abb. 4.1: Verfeinerte Grobarchitektur von DB-Anwendungen

Im folgenden werden vier Vorschläge für verschiedene Grobarchitekturen betrachtet und bewertet, um einen gangbaren Weg zu skizzieren in Richtung auf einen geeigneten Beschreibungsrahmen für NDBS-Architekturen (vgl. [HR85, LS83, Mi84]).

4.1.1 Die Zusatzebenen-Architektur

Ausgehend von konventionellen DBS besteht die einfachste Möglichkeit darin, alle Anforderungen aus den Non-Standard-Anwendungen in einer mächtigen Zusatzebene oberhalb der Datenmodell-schnittstelle zu realisieren (s. Abb. 4.2) Eine anwendungsunterstützende Schnittstelle läßt sich damit zwar erreichen, allerdings ist der gesamte Abbildungsaufwand innerhalb der Zusatzebene zu leisten. Von dem darunterliegenden DBS wird keine Unterstützung etwa von Komplexobjekten oder angepaßten Operationen etc. angeboten, was letztendlich in einem sehr schlechten Leistungs-verhalten des Gesamtsystem mündet. Am Beispiel der in Kapitel 2 vorgestellten Prototypsysteme können der Architekturansatz und dessen Bewertung detailliert nachvollzogen werden. In [Eb84, NH82, La85] werden Modellierungsansätze vorgeschlagen, die die Zusatzebenen-Architektur ausnutzen. Die Diskussion in [SP82] über Integrationsmöglichkeiten zwischen einem Information-Retrieval-System und einem konventionellen DBS führt von einem "Text-Preprozessor" als Zusatz-ebenen-Architektur über die nachfolgende Kombinationsarchitektur zu einem integrierten System-ansatz nach Abschnitt 4.1.3 oder 4.1.4. Auch das oben erwähnte PROTON-System [KMP86] ist hier als Beispielsystem zu nennen.

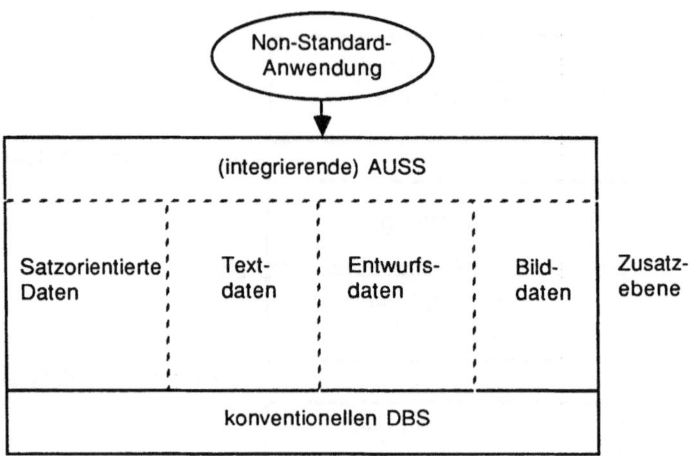

Abb. 4.2: Zusatzebenen - Architektur

4.1.2 Die Kombinations-Architektur

Die Kombinations-Architektur (s. Abb. 4.3) stellt eine Weiterentwicklung zur Zusatzebenen-
Architektur dar. Anstatt alle anwendungsunterstützenden Systemkomponenten in einer gemein-
samen Zusatzebene oberhalb des konventionellen DBS zu integrieren, werden hier voneinander
unabhängige Spezialsysteme zu einem Gesamtsystem kombiniert. Über eine gemeinsame
Verwaltungskomponente wird eine evtl. integrierte anwendungsunterstützende Schnittstelle bereitgestellt. Bei diesem Vorschlag können schon existierende Datenhaltungssysteme (in Abb. 4.3 mit
DHS abgekürzt) wie etwa Information-Retrieval-Systeme, Geometrische Modellierungssysteme oder
VLSI-Entwurfssysteme mit jeweils eigener, angepaßter Datenhaltung unverändert übernommen
werden. In diesem Fall werden von vornherein Entwicklungs- und Implementierungskosten
eingespart. Das Gesamtsystem besitzt damit für verschiedene Anwendungsklassen jeweils eigens
dafür vorgesehene Datenhaltungssysteme. Dies bedeutet, daß gleiche Funktionen zu Speicher-
verwaltung, Datenverwaltung, Änderungsdienst, Zugriffsmethoden und Vorkehrungen für die Datensicherheit in allen Subsystemen wiederholt vorhanden sind. Der Austausch von Daten und die
Kommunikation der verschiedenen Subsysteme ist umständlich und schwierig, da dies nur über die
gemeinsame Verwaltungskomponente möglich ist. Die Realisierung dieser integrierten Komponente
kann sich als sehr komplex erweisen, da sie die Konsistenz der über die Subsysteme verteilten Daten
zu gewährleisten sowie die Abbildung auf unter Umständen unterschiedliche Subsystemschnittstellen durchzuführen hat. Die angepaßten Subsystemschnittstellen erlauben, den notwendigen
Abbildungsaufwand gegenüber der Zusatzebenen-Architektur zu reduzieren; allerdings erscheinen
die notwendigen Maßnahmen zur Konsistenzerhaltung um vieles aufwendiger. Trotz der
Verwendung von Spezialsystemen und ihren zugeschnittenen Operatoren ist, wegen des hohen
Aufwandes innerhalb der integrierten Verwaltungskomponente, nur mit einer geringen Leistungssteigerung gegenüber der Zusatzebenen-Architektur zu rechnen. Jedoch kann dieser Architektur-

vorschlag durchaus als realistische Zwischenlösung im Hinblick auf einen integrierten Systemansatz gesehen werden. Als Beispiel sei hier wiederum auf [SP82] verwiesen. Insgesamt bewertet, erscheint diese Architektur als unnötig komplex und für jeweils nur eine Spezialanwendung zu allgemein und damit ineffizient.

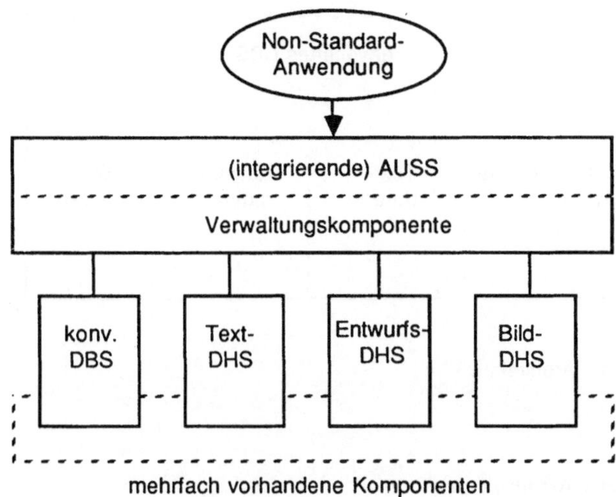

Abb. 4.3: Kombinations - Architektur

4.1.3 Die Erweiterungs-Architektur

Die Erweiterungs-Architektur (s. Abb. 4.4) läßt sich als konsequente Fortentwicklung des Kombinationsansatzes auffassen. Hier wird der Versuch unternommen, die zuvor noch getrennten und spezialisierten Subsysteme in einem Gesamtsystem zu vereinigen. Es wird also eine "horizontale" Erweiterung eines konventionellen DBS um integrierte Verwaltungskomponenten für z.B. Bild-, Text- und Entwurfsdaten vorgeschlagen, die angepaßte Darstellungsmethoden und Operationen bereitstellen. Diese anwendungsspezifischen Komponenten können sich über mehrere interne Systemschichten eines konventionellen DBS (s. [Hä78]) erstrecken, unter Umständen sogar eine unterschiedliche Anzahl von Abbildungsschritten oder, wie oben, schon in anderen Komponenten realisierte Funktionen enthalten. Dieses additive Vorgehen führt damit zu komplexen, schlecht strukturierten Gesamtsystemen, die zudem noch inkrementell erweiterbar sein müssen, da man nicht im voraus für alle denkbaren Anwendungsklassen entsprechende Komponenten vorsehen kann. Bei diesem Architekturansatz stehen dem Potential für Leistungssteigerungen, im Vergleich zu den beiden vorigen Vorschlägen, höhere Entwicklungs-, Implementierungs-, Wartungs- und Erweiterungskosten gegenüber. In [Lo81] sowie in [Fi83] und [Lo83] werden Erweiterungen konventioneller DBS um Non-Standard-Aspekte wie Definition von Komplexobjekten, objektbezogene Clusterbildung oder auch die Verwaltung von unformatierten Daten angegeben.

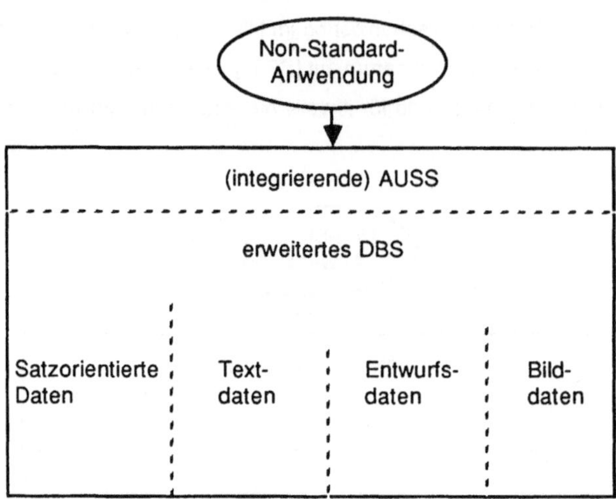

Abb. 4.4: Erweiterungs - Architektur

4.1.4 Die NDBS-Kern-Architektur

In den zuvor beschriebenen drei Architekturvorschlägen kam deutlich zum Ausdruck, daß das Bereitstellen eines allgemeinen NDBS für alle Anwendungsbereiche aus Gründen der resultierenden Systemkomplexität, -größe, -overhead und der Realisierungskosten sowie aufgrund der im Detail doch recht verschiedenen Anwendungen unangebracht erscheint. Insbesondere ist es fraglich, ob das erforderliche Leistungsvermögen dann überhaupt noch zu erreichen ist. Als direkte Konsequenz ergibt sich die Notwendigkeit, *zugeschnittene NDBS* für die möglichst optimale Unterstützung der Objekte und Operatoren einer Anwendungsklasse zur Verfügung zu stellen.

Bevor man nun für jede Anwendungsklasse ein separates System entwickelt, ist es sinnvoll zu untersuchen, inwieweit welche Systemkomponenten oder -schichten in allen zugeschnittenen NDBS gemeinsam vorhanden sind. Damit verbunden ist die Idee der Zweiteilung des NDBS in eine anwendungsorientierte Systemebene und in einen anwendungsunabhängigen NDBS-Kern (s. Abb. 4.5). Die anwendungsbezogene Systemebene realisiert die AUSS, d.h. die benötigten Objekte bzw. Verarbeitungseinheiten und die zugehörigen Operatoren. Auch eine Zusammenfassung von mehreren solchen Schnittstellen zu einer integrierten Schnittstelle ist prinzipiell noch möglich. Im NDBS-Kern indessen lassen sich alle geeigneten, allgemein verwendbaren Darstellungs- und Zugriffstechniken redundanzfrei vereinigen und effizient implementieren. Durch eine geeignete Auslegung der NDBS-Kern-Schnittstelle ist es möglich, ein adäquates Maß an Objektunterstützung bereitzustellen. Schon in Abschnitt 2.4 wurden die wesentlichen Charakteristika dieser objektunterstützenden Schnittstelle (OSS) beschrieben, die durch die verschiedenen Prototypsystem-Analysen in Abschnitt 2.2 und 2.3 validiert wurden. Damit realisiert der NDBS-Kern eine allgemeine Schnittstelle, auf der die mit noch mehr anwendungsbezogener Semantik ausgestattete AUSS aufbaut. Innerhalb dieser anwendungsunterstützenden Schicht wird eine optimale Transformation bzw. Abbildung auf die Kernschnittstelle durchgeführt. Diese Transformation ist charakteristisch für die oberste Abbildungsschicht dieses Architekturvorschlags. Deshalb soll die anwendungs- unterstützende Schicht im folgenden auch einfach *Modellabbildung* genannt werden. Damit wird gleichzeitig eine Präzisierung der vom NDBS zu leistenden anwendungsspezifischen Abbildung durchgeführt und der in Kapitel 2 eingeführte Modellabbildungsbegriff auf die Belange des NDBS (und dieses Kapitels) reduziert. Auf diese Weise kann vom NDBS ein anwendungsbezogenes Modellierungswerkzeug als "objektorientierte" Schnittstelle bei gleichzeitiger Optimierung des Leistungsverhaltens zur Verfügung gestellt werden. Durch die Zweiteilung wird zudem eine verteilte Verarbeitung unterstützt, indem die anwendungsunterstützende Schicht in Anwendungsnähe, evtl. in einen Arbeitsplatzrechner (Workstation) und der NDBS-Kern auf einen Wirts-Rechner (Host oder Server) zu liegen kommen. Das Kernsystem auf dem Server kann von mehreren Workstations benutzt werden, und alle gemeinsamen Daten werden zentral durch den NDBS-Kern verwaltet. Damit unterstützt die NDBS-Kern-Architektur zusätzlich noch die arbeitsplatzorientierte Verarbeitung, die in den Ingenieur- bereichen sehr häufig vorzufinden ist. In [Da86], [DKM86] und [PSSWD87] werden verschiedene NDBS vorgestellt, die nach diesem Architekturvorschlag entwickelt und implementiert werden bzw. teilweise schon implementiert sind.

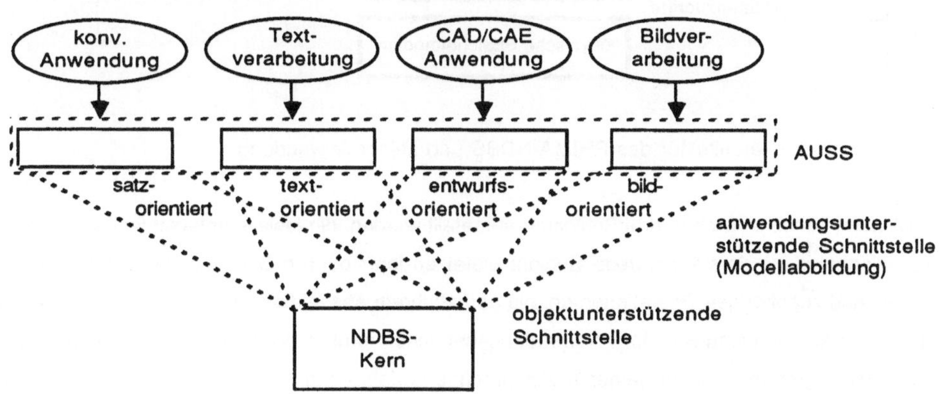

Abb. 4.5: NDBS-Kern - Architektur

4.2 Das PRIMA-System

Auch das PRIMA-System, als Prototypimplementierung des Molekül-Atom-Datenmodells, gehört in die Kategorie der NDBS-Kern-Architekturen. Dabei entspricht PRIMA dem NDBS-Kern, d.h., das MAD-Modell bzw. die Sprache MQL (s. Kapitel 3) stellen die Schnittstelle zwischen dem Kern und der Modellabbildung dar. Weiter oben wurde schon erwähnt, daß PRIMA im Gegensatz zum PROTON-System ein von Grund auf neu konzipiertes Kernsystem repräsentiert. Deshalb weden im folgenden die wesentlichen Merkmale und Konzepte der PRIMA-Systemkonzeption aufgezeigt, die durch die restlichen Abschnitte dieses Kapitels noch gezielt detailliert werden.

4.2.1 Systembeschreibung

Ausgangspunkt für die Realisierung von PRIMA (und auch für die vorliegende Systembeschreibung) war eine hierarchische Schichtenarchitektur, die sich als notwendige Voraussetzung für die Datenunabhängigkeit, Modularität und Erweiterbarkeit sowie für eine flexible Konfigurierbarkeit sowohl des Gesamtsystems als auch einzelner Schichten herausgestellt hat [Hä78, HR85, Li87]. In Abb. 4.6 ist die Systemarchitektur von PRIMA als eine erste Verfeinerung der NDBS-Kern-Architektur aus Abschnitt 4.1.4 (Abb. 4.5) aufgezeigt.

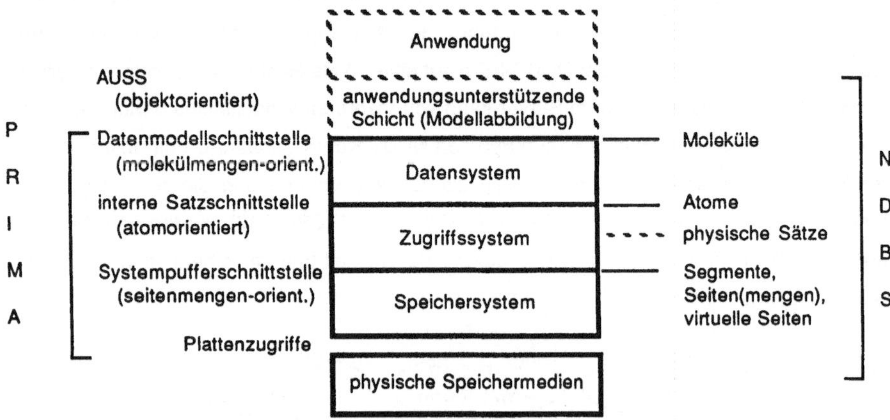

Abb. 4.6: Schichtenarchitektur des PRIMA-NDBS und seiner Anwendung

PRIMA kann zunächst grob in drei Schichten aufgeteilt werden, die jeweils unterschiedlich mächtige Abstraktionsniveaus darstellen. Jede Schicht bietet an ihrer oberen Schnittstelle eine Reihe von Objekten und zugehörigen Operationen an, die gemäß ihrem Abstraktionsniveau bereits gewisse Anforderungen aus den Non-Standard-Anwendungsbereichen erfüllen oder zumindest unterstützen:

- Das *Datensystem* stellt an seiner molekülmengen-orientierten Schnittstelle das MAD-Modell, repräsentiert durch die Sprache MQL (s. Kapitel 3), zur Verfügung.

- Die Schnittstelle des *Zugriffssystems* ist atomorientiert und damit vergleichbar mit der tupelorientierten Schnittstelle des Research Storage System (RSS) im relationalen Datenbanksystem SYSTEM R [As76].

- Das *Speichersystem* erlaubt eine virtuelle Adressierung von Seiten in einem "unendlichen" linearen Adreßraum und bietet seitenmengen-orientierte Operationen an.

Diese drei Schichten übernehmen die statische Abbildung von Molekülen über Atome und Seiten auf die externen Speichermedien. Nachfolgend wird auf jede dieser Schichten noch etwas näher eingegangen. Dabei ist neben der Funktionalität vor allem die weitere interne Strukturierung der einzelnen Schichten von Interesse. Abb. 4.7 veranschaulicht deshalb eine nochmalige Verfeinerung der PRIMA-Systemarchitektur, die insbesondere die einzelnen Komponenten und deren Ebenenzugehörigkeit darstellt.

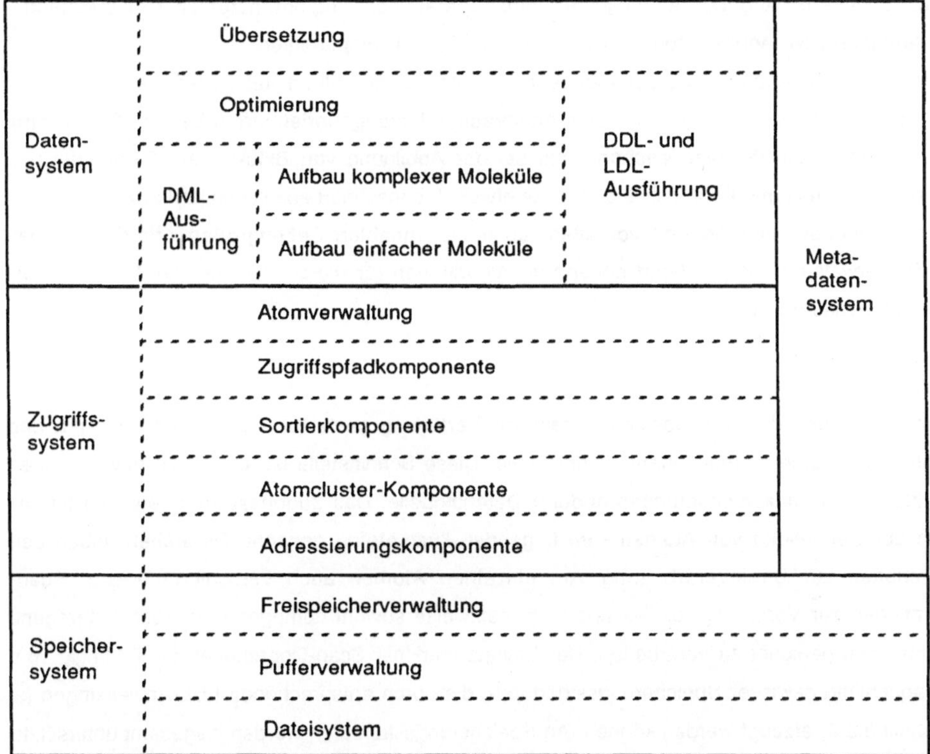

Abb. 4.7: Komponentensicht von PRIMA

Speichersystem

Das Speichersystem [Si88a] ist die unterste Schicht in der PRIMA-Systemarchitektur. Seine Aufgabe ist die Verwaltung des DB-Systempuffers und die Abbildung der dort eingelagerten Objekte auf die externen Speichermedien. Hierzu bedient es sich, analog zu herkömmlichen DBS, der Komponenten *Pufferverwaltung* und *Dateisystem*; zur *Freispeicherverwaltung* gibt es eine eigene Komponente. Die Objekte und Operationen an der Schnittstelle des Speichersystems sind allerdings in wesentlichen Punkten unterschiedlich:

- *Segmente* setzen sich zunächst aus *Seiten* gleicher Größe zusammen, jedoch kann bei der Definition eines Segmentes unter verschiedenen Seitengrößen ausgewählt werden.

- Mehrere Seiten können innerhalb eines Segments zu einer sog. *virtuellen Seite* aggregiert werden. Dadurch entstehen im Prinzip beliebig große "Behälter", die zur Abbildung von Objekten aus höheren Schichten verwendet werden können.

- Neben diesen vordefinierten Seitenmengen werden aber auch beliebige *Seitenmengen* unterstützt.

- Ein dazu passender erweiterter Funktionsvorrat ermöglicht dann eine *mengenorientierte Verarbeitung auf Seitenebene* (etwa das Bereitstellen oder Freigeben einer Seitenmenge oder einer virtuellen Seite).

Dieses erweiterte Angebot an Objekten und Operationen bedingt natürlich entsprechende Erweiterungen bzw. Anpassungen der betreffenden Systemkomponenten:

- Zur effizienten Realisierung der mengenorientierten Verarbeitung auf Seitenebene muß das zugrundeliegende Dateisystem auch entsprechend mengenorientiert arbeiten. Dabei wird insbesondere ein flexibler Mechanismus bei der Abbildung von Blöcken auf Externspeicher benötigt, der es ermöglicht, beliebige Blöcke physisch benachbart abzulegen [CHMS87].
- Die Mengenorientierung und vor allem auch die variablen Seitengrößen erfordern in der Pufferverwaltung entsprechend angepaßte Algorithmen für die Suche und das Ersetzen von Seiten(mengen) [Si88b].

Zugriffssystem

Unter Auswertung der vom Speichersystem zur Verfügung gestellten Operatoren, realisiert das Zugriffssystem eine atomorientierte Schnittstelle. Diese Schnittstelle ist ähnlich zu navigierenden Schnittstellen in Implementierungen anderer Datenmodelle. Das Zugriffssystem verwaltet interne Sätze zur Darstellung von Atomen - im folgenden kurz Atome genannt. Es stehen neben den Operationen zur Direktverarbeitung von einzelnen Atomen auch verschiedene sog. Scan-Operationen zur Verfügung, die es erlauben, satzweise sowohl homogene als auch heterogene Atommengen geeignet zu verarbeiten. Der Einsatz mancher Scan-Operationen ist abhängig vom Vorhandensein gewisser Speicherungsstrukturen, die durch entsprechende LDL-Anweisungen (s. Abschnitt 3.2.3) erzeugt werden können. An Speicherungsstrukturen werden insgesamt untersützt:

- verschiedene *Zugriffspfadstrukturen* (B*-Baum, Grid-File) für den schnellen, wertabhängigen Zugriff,
- *Sortierordnungen* für eine effiziente, sortiert sequentielle Verarbeitung,
- *Partitionen* zur Trennung häufig benutzter Teile eines Atoms von weniger häufig benutzten Teilen und
- *Atomcluster* für die Verbesserung der Zugriffslokalität bei der Verarbeitung heterogener Atommengen.

Bei der Abbildung eines Atoms auf die Behälter (Seiten und virtuelle Seiten) des Speichersystems entsteht durch diese zusätzlichen Seicherungsstrukturen einige redundante Information. Um diese Redundanz nach oben - zum Datensystem - hin zu verbergen, wird innerhalb des Zugriffssystems zwischen Atomen und sog. physischen Sätzen unterschieden. Ein *physischer Satz* ist ein variabel langer Byte-String, der physisch sequentiell in einer Seite oder in einer virtuellen Seite abgelegt wird. Der Zusammenhang zwischen den Atomen und den ihnen zugeordneten physischen Sätzen wird durch ein angepaßtes Adressierungskonzept [Si87] hergestellt.

Die Modularität, Erweiterbarkeit und damit letztendlich die Konfigurierbarkeit des Zugriffssystems wird dadurch unterstützt, daß jedem Speicherungsstrukturtyp eine eigene Verwaltungskomponente zugeordnet ist:

- Die *Atomverwaltung* realisiert die Operationen zur Direktverarbeitung von einzelnen Atomen und den sog. Atomtyp-Scan zur Verarbeitung der homogenen Atommenge eines Atomtyps.
- Die *Zugriffspfadkomponente* ist verantwortlich für die Verwaltung aller Zugriffspfadstrukturen.

- Die *Sortierkomponente* benutzt zur sortiert sequentiellen Verarbeitung eines Atomtyps entweder schon vorhandene (materialisierte) Sortierordnungen oder erzeugt sich bei Bedarf dynamisch neue.

- Die *Atomcluster-Komponente* realisiert die statischen Molekültypen der LDL-Anweisung 'DEFINE STATIC_MOLECULE_TYPE' aus Abschnitt 3.2.3. Es werden alle Atome, die zu Molekülen des definierten statischen Molekültyps gehören, molekülweise und physisch benachbart gespeichert. Innerhalb eines solchen statischen Moleküls (auch physisches Cluster oder hier Atomcluster genannt) können Atome unterschiedlichen Typs zusammengefaßt werden. Die Verarbeitung erfolgt entweder nach Atomclustern oder innerhalb eines Atomclusters atomweise.

- Die *Adressierungskomponente* übernimmt die Abbildung zwischen den "logischen" Adressen der Atome und den "physischen" Adressen der physischen Sätze.

Für eine funktionsfähige Grundversion des Zugriffssystems werden nur die Adressierungskomponente und die Atomverwaltung benötigt. Letztere koordiniert die Verarbeitung in den restlichen Komponenten. Eine in manchen Teilen genauere Beschreibung des Zugriffssystems findet sich in Abschnitt 4.3. Dort wird insbesondere die Funktionalität der Zugriffssystemschnittstelle detailliert aufgezeigt.

Datensystem

Die Schnittstelle des Datensystems bildet - wie bereits angesprochen - das MAD-Modell mit seiner molekülmengen-orientierten Sprache MQL. Das Datensystem übernimmt damit die eigentliche *dynamische Molekülbildung*. Dazu werden die zu einem Molekül gehörenden Atome einzeln beim Zugriffssystem angefordert - entweder direkt oder über entsprechende Scan-Operationen.

Alle MQL-Anweisungen werden zunächst *übersetzt*, auf syntaktische und semantische Korrektheit überprüft und ggf. in eine standardisierte interne Darstellung überführt. Für DDL- und LDL-Anweisungen folgt anschließend sofort deren Ausführung. Für die DML-Anweisungen hingegen schließt sich eine optionale *Optimierungsphase* an, in der die zugehörigen internen Darstellungen so umgeformt werden, daß eine effiziente Abarbeitung erfolgen kann. Da DML-Anweisungen zudem oft mehrmals ausgeführt werden, sind Übersetzung und Optimierung einerseits und Ausführung andererseits voneinander getrennt.

Die *Ausführung von DML-Anweisungen* geschieht durch geeignete Verknüpfung von entsprechenden Aufrufen an das Zugriffssystem. Das Einspeichern, Löschen, Ändern und Modifizieren von Molekülen kann direkt auf entsprechende atomorientierte Zugriffssystem-Operationen abgebildet werden. Hingegen erfordert das Lesen von Molekülen u.U. komplexere Abbildungsmechanismen, da es in MQL viele Sprachklauseln gibt, die dynamisch neue Attributwerte berechnen oder neue Atom- bzw. Molekültypen aufbauen. Im Prinzip wird für jede dieser speziellen Sprachklauseln ein "Operator" als eigene Komponente im Datensystem bereitgestellt. Der grundlegende Operator zur dynamischen Molekülbildung ist dabei der "*Aufbau einfacher Moleküle*". Einfache Moleküle sind im wesentlichen hierarchische Moleküle. Alle anderen Operatoren helfen mit, die sog. komplexen Moleküle aufzubauen. Ihnen zusammen ist in Abb. 4.7 die Komponente "*Aufbau komplexer Moleküle*" zugeordnet, die sich natürlich der Komponente zum Aufbau einfacher Moleküle bedient.

Metadaten

Bei der Abbildung von Molekülen über Atome, physische Sätze und (virtuelle) Seiten auf externe Speichermedien fällt natürlich eine Vielzahl von Beschreibungsdaten an (etwa MAD-Schema-Informationen, eingerichtete Speicherungsstrukturen, benutzte Segmente, Zuordnung von Segment zu Datei etc.), die zum einen schichtübergreifend benutzt werden und zum anderen auch verwaltet werden müssen. Dazu wird eine eigene Komponente verwendet, die direkt auf dem Speichersystem aufsetzt und ihre Daten damit ebenfalls auf Externspeicher ablegt. Dieses *Metadatensystem* [We87] bietet eine Schnittstelle zu den anderen Komponenten, deren Funktionalität in etwa der des Zugriffssystems entspricht. Zusätzlich existiert noch eine Schnittstelle zur Definition und Modifikation des Metaschemas. Damit wird eine wesentliche Voraussetzung zur modularen Erweiterbarkeit von PRIMA geschaffen.

Alle DDL- und LDL-Anweisungen wenden sich entweder direkt oder über die zugehörigen Zugriffssystem-Operationen indirekt an das Metadatensystem, um das jeweilige MAD-Schema gemäß der gegebenen Operation zu verändern. Die DML-Anweisung und alle davon aufgerufenen tieferliegenden Operationen greifen dagegen nur lesend auf die Metadaten des MAD-Schemas zu.

4.2.2 Dynamische Aspekte

In Abb. 4.8 wird beispielhaft die Zerlegung von MQL-Anweisungen in entsprechende Operationen an der Zugriffssystemschnittstelle, an der Dateischnittstelle und in Externspeicherzugriffe aufgezeigt. Für dieses Beispiel wurde die in Abschnitt 2.2.3 beschriebene VLSI-Anwendung Chip-Planning gewählt. Abb. 4.8 verdeutlicht den Kontrollfluß; der zugehörige Datenfluß läßt sich allerdings leicht ergänzen. Die in den Systempuffer eingelesenen (virtuellen) Seiten enthalten die benötigten Atome, die vom Zugriffssystem an seiner atomorientierten Schnittstelle nacheinander, auf Anfrage, bereitgestellt werden. Dazu dient die 'NEXT'-Operation, die vom Datensystem im Sinne eines Abholoperators benutzt wird. Im Datensystem werden dann die Atome zu den gewünschten Molekülen "zusammengebaut" und als Ergebnis der Anfrage zur weiteren Verarbeitung der darüberliegenden Schicht zur Verfügung gestellt.

Die Leistungsfähigkeit des gesamten PRIMA-NDBS (s. Abb. 4.6), bestehend aus dem NDBS-Kern PRIMA und einer anwendungsunterstützenden Schicht (Modellabbildung), ist in entscheidendem Maße von der "Datenmodell-Anbindung" und dem gewählten "Verarbeitungsmodell" abhängig. Es ist festzulegen, wie die Datenmodellobjekte, d.h. die Molekülmengen, der Modellabbildung zur Verfügung gestellt und wie sie dort verarbeitet werden; ferner ist zu klären, wie die Resultate zurückgereicht und durch den NDBS-Kern eingebracht werden. Die Prototypsystem-Analysen aus Kapitel 2 haben deutlich gezeigt, daß eine satzorientierte Verarbeitung in einem reinen Übergabebereich (im konventionellen DBS UDS ist dies die sog. "User-Working-Area") zu nicht akzeptablen Leistungs-kennzahlen führt. Es sind vielmehr Konzepte gefragt, die das Bereitstellen und Verarbeiten von komplex-strukturierten, heterogenen Satzmengen erlauben und die weiterhin durch das Ausnutzen von Verarbeitungslokalität einen minimalen Referenzierungsaufwand garantieren. In der Konzeption des PRIMA-Systems und seiner Modellabbildung wird dazu der Einsatz eines *Objektpuffers* zum Einlagern der Ergebnis-Molekülmenge einer MQL-Anfrage vorgeschlagen. Die Verarbeitung der in diesen Puffer eingetragenen Moleküle wird durch ein angepaßtes Cursor-Konzept innerhalb einer konventionellen Programmiersprache unterstützt. In [HM88, HS88] sind genauere Informationen zu dieser Thematik sowie zur gesamten Objektpufferverwaltung zu finden.

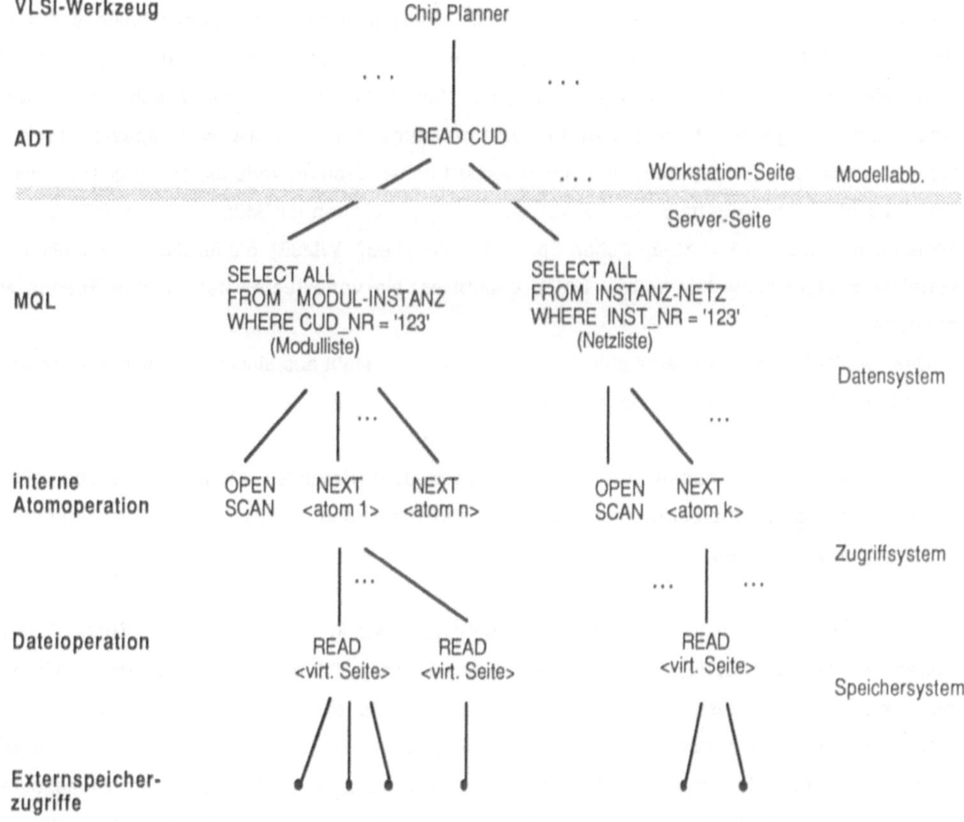

Abb. 4.8: Dynamischer Kontrollfluß von DB-Operationen

Die durch den Objektpuffer ermöglichte Verarbeitungslokalität in Anwendungsnähe führt zu einer erheblichen Reduzierung von Zugriffen auf den NDBS-Kern und kann somit insbesondere vor dem Hintergrund einer Rechnergrenze zwischen Modellabbildung und NDBS-Kern infolge einer arbeitsplatzorientierten Verarbeitung eine deutliche Verbesserung der Leistungsfähigkeit des Gesamtsystems bewirken [HHMM87]. Die Schnittstelle zwischen Modellabbildung und PRIMA ist dafür ausgelegt, als Schnittstelle zur Kopplung eines Servers mit mehreren Arbeitsplatzrechnern zu dienen. Eine mögliche Hardware-Architektur für die Benutzung von PRIMA in einer verteilten bzw. arbeitsplatzorientierten Umgebung ist in Abb. 4.9 dargestellt. Die Zuordnung der Modellabbildung zu den Workstations verspricht u.a. die folgenden Vorteile [De86, Re87]:

- Flexibilität des Gesamtsystems durch inkrementelle Erweiterbarkeit,
- der Aufgabenstellung angepaßte Hardware-Auswahl,
- Autonomie der einzelnen Systemkomponenten und
- Leistungsverbesserung durch Arbeitsteilung unter Ausnutzung des o.g. Objektpuffer-Konzeptes.

Wie in Abschnitt 4.1.4 bereits erwähnt, ist das MAD-Modell für sich genommen anwendungsunabhängig (Neutralitätsforderung an den NDBS-Kern). Eine Spezialisierung auf eine bestimmte Anwendungsklasse wird erst durch die Modellabbildung und durch ihre anwendungs-unterstützende Schnittstelle AUSS erreicht. In dieser Schicht sind dann zugeschnittene Daten-strukturen und Operationen zu realisieren, die eine einfache und adäquate Benutzung durch die darüberliegende Anwendung (Werkzeuge, Graphikschnittstellen etc.) erlauben. Durch Abb. 4.9 wird eine weitere Eigenschaft des PRIMA-Systems aufgezeigt: PRIMA wird speziell für ein Mehrprozessorsystem entwickelt, um einen möglichst hohen Grad an verfügbarer Parallelität sowohl innerhalb als auch außerhalb von PRIMA ausnutzen zu können [HHM85, HHM86]. PRIMA wird implementiert in der PASCAL-ähnlichen Sprache LADY [Ne87, WM85], die für die Implementierung verteilter System entwicklet wurde. LADY erlaubt es, ein verteiltes System in drei Ebenen zu entwerfen:

- Das 'LADY-System' bildet eine ablauffähige Einheit. Es besteht aus einem oder mehreren Teams, die über Nachrichten miteinander kommunizieren.
- 'Teams' sind dabei die Einheiten der Prozessorzuteilung.
- Teams wiederum bestehen aus verschiedenen Moduln (Prozesse, Monitore), die über einen gemeinsamen Speicherbereich kommunizieren. Ein Team kann daher nicht über Rechnergrenzen hinweg verteilt werden.

In Abb. 4.9 ist zugleich eine mögliche LADY-Systemstrukturierung für das PRIMA-System angegeben. Dabei bildet das Dateisystem ein eigenes Team auf dem Prozessor, der direkten Zugriff auf Externspeicher besitzt. Daten-, Zugriffs- und Speichersystem werden in einem Team zusammengefaßt, da zwischen diesen Komponenten sehr viele Daten auszutauschen sind. Dieses Team kann dann in mehreren Ausprägungen (Inkarnationen) verschiedenen Prozessoren zugeordnet werden. Vervollständigt wird das Gesamtsystem durch ein weiteres Team, das die Modellabbildung und die Anwendung umfaßt. Seine Inkarnationen werden im Hinblick auf die arbeitsplatzorientierte Verarbeitung eigenen Prozessoren, den Workstations, zugeordnet.

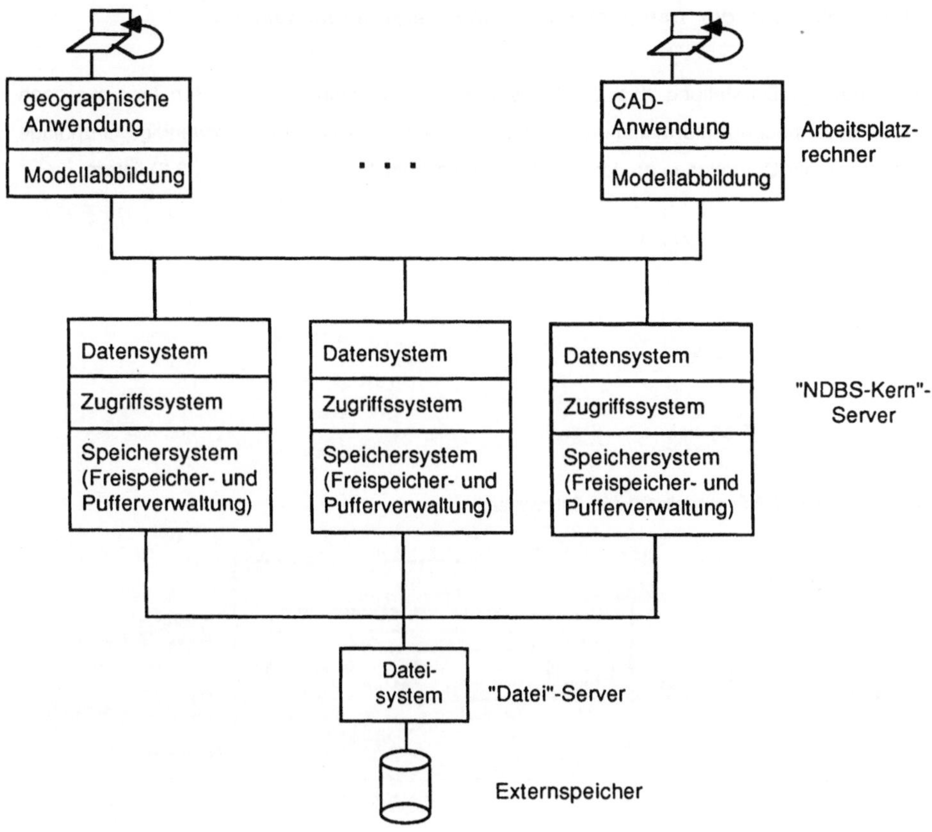

Abb. 4.9:   PRIMA-NDBS als lose gekoppeltes Mehrrechnersystem zur arbeitsplatzorientierten Verarbeitung

Die hier angesprochenen Bereiche der Parallelisierung und der verteilten Verarbeitung sowie die damit verbundenen Aspekte von Transaktionsunterstützung [HHMM88], Synchronisation [Ch87, HR87c] und Logging/Recovery [HR87b] werden für die nachfolgenden Betrachtungen nicht benötigt. Sie sollen hier nur erwähnt werden, um einen Einblick zum einen in die Verwendungsmöglichkeiten des PRIMA-Systems zu geben und zum anderen, um weitere Forschungsbereiche innerhalb der PRIMA-Entwicklung aufzuzeigen.

4.3 Das Zugriffssystem

Um die Abbildungskonzepte des Datensystems in geeigneter Weise beschreiben zu können, ist es notwendig, die wesentlichen Konzepte des Zugriffssystems und seiner Schnittstelle zu kennen. In diesem Sinne soll hier eine entsprechend verfeinerte Beschreibung des Zugriffssystems gegeben werden.

4.3.1 Überblick über die Datenabbildung und Verarbeitungsaspekte

Aufbauend auf der Darstellung des Zugriffssystems in Abschnitt 4.2.1 werden hier nur noch ergänzende Beschreibungsinformationen geliefert, die dann zusammen die notwendige Grundlage zum Verständnis der Operationen an der Zugriffssystemschnittstelle (s. Abschnitt 4.3.2) liefern.

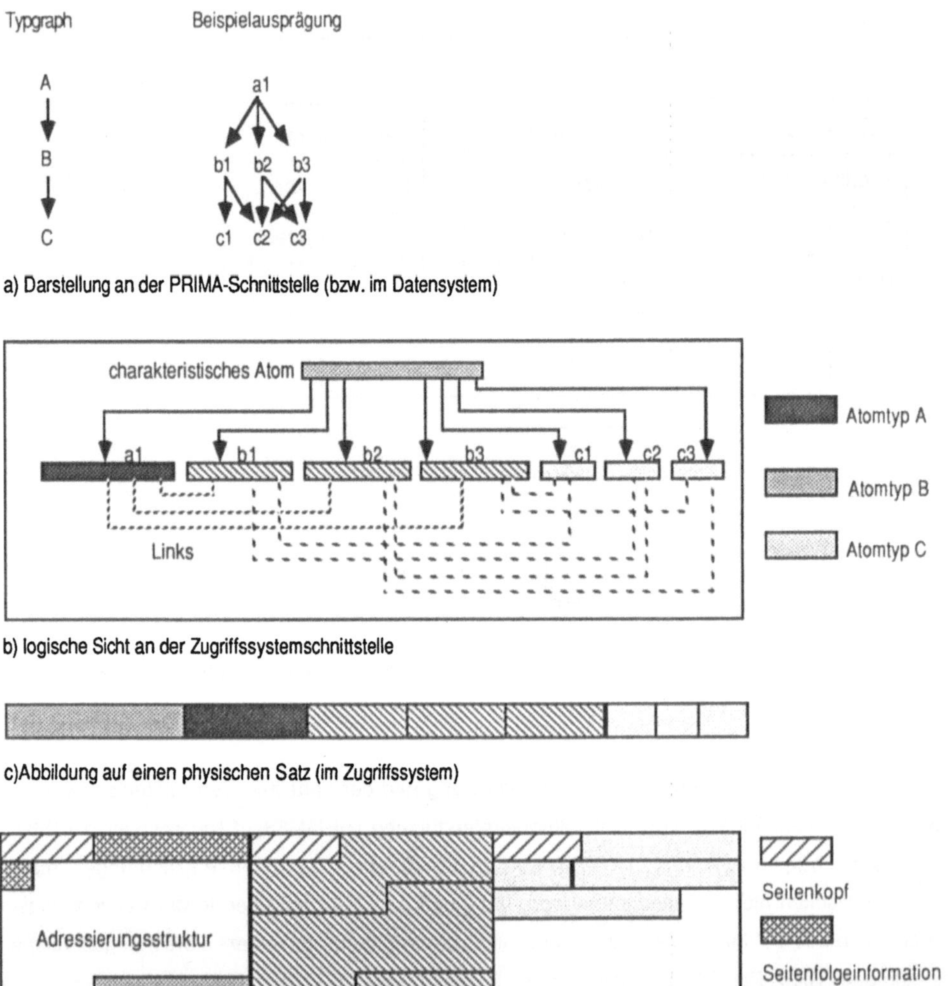

Abb. 4.10: Objektdarstellung in den verschiedenen Schichten des PRIMA-Systems

Abb. 4.10 zeigt alle wesentlichen Objektdarstellungen in den verschiedenen Schichten des PRIMA-Systems am Beispiel eines Atomclusters bzw. statischen Moleküls. Im Prinzip treffen die gleichen Abbildungsschritte auch für Atome bzw. für Atommengen (eines Atomtyps) zu. Auf der

Ebene des Zugriffssystems wird ein Atomcluster durch ein sog. *charakteristisches Atom* definiert. Dieses charakteristische Atom besteht im Prinzip nur aus Verweisen (in Form von Adressen) auf die zum Atomcluster gehörenden Atome. Es stellt damit sozusagen einen Repräsentanten für das gesamte Atomcluster dar und realisiert die obere Ebene einer zweistufigen Darstellungshierarchie. Die untere Ebene dieser Hierarchie wird durch die beteiligten Atome und den dazwischen existierenden Links gebildet, basierend jeweils auf Paaren von REFERENCE-Attributwerten. Diese interne Struktur wird erst im Datensystem in der Komponente "Aufbau einfacher Moleküle" ausgewertet und ist für das Zugriffssystem nur von minderem Interesse. Zur Verarbeitung von Atomclustern werden zwei Scan-Operationen bereitgestellt, die lediglich die sequentielle Verarbeitung aller charakteristischen Atome (und damit auch aller Atomcluster) eines statischen Molekültyps bzw., innerhalb eines Atomclusters, die sequentielle Verarbeitung aller Atome von einem bestimmten Atomtyp erlauben. Durch entsprechende Modifikation des charakteristischen Atoms (im Datensystem) kann das Einfügen neuer Atome in bzw. das Löschen bestimmter Atome aus dem Atomcluster erreicht werden. Das Einspeichern eines neuen charakteristischen Atoms generiert ein neues Atomcluster, das dann aus diesem charakteristischen Atom und allen davon adressierten Atomen besteht. Durch das Löschen eines charakteristischen Atoms wird das gesamte zugehörige Atomcluster mitgelöscht. In Abb. 4.10 ist auch die Abbildung des Atomclusters auf einen physischen Satz und dessen Aufteilung auf die einzelnen Seiten einer virtuellen Seite gezeigt. Zur effizienten Unterstützung der definierten Scan- und Modifikationsoperationen wird in der ersten Seite der virtuellen Seite eine entsprechende Adressierungsstruktur verwaltet. Zur Verarbeitung einer virtuellen Seite sind noch weitere Beschreibungsdaten notwendig, die Informationen über die momentan dazugehörigen Seiten enthalten (Seitenkopf, Seitenfolgeinformation).

Nachdem anhand der Speicherungsstruktur Atomcluster die prinzipielle Abbildung von Atomen, Atommengen und heterogenen Atommengen verdeutlicht wurde (s. Abb. 4.10), kann im folgenden mehr auf die operationalen Aspekte innerhalb des Zugriffssystems eingegangen werden. Viele der unten aufgeführten Merkmale wurden früher schon einmal erwähnt, meistens im Zuge von Beschreibungen zu verschiedenen DML-Anweisungen von MQL (vgl. Abschnitt 3.2).

Ein Atom kann redundant im Datenbestand vorkommen, da es - abhängig von den gerade definierten Speicherungsstrukturen - auf mehrere physische Sätze abgebildet werden kann. Diese Redundanz soll nach außen hin verborgen bleiben. Für die Verarbeitung innerhalb des Zugriffssystems hat dies die folgenden Auswirkungen:
- Bei Modifikationsoperationen ist das Zugriffssystem dafür verantwortlich, daß die Änderungen in allen betroffenen physischen Sätzen durchgeführt werden.
- Beim *Direktzugriff* auf ein Atom kann vom Zugriffssystem derjenige physische Satz ausgewählt werden, dessen Bereitstellung die geringsten Kosten verursacht.

Beim *Einspeichern* eines Atoms eines bestimmten Atomtyps wird zuerst überprüft, ob für alle spezifizierten Schlüsselkandidaten ein Attributwert angegeben ist und ob durch die Hinzunahme dieses Atoms in die zugehörige Atommenge die Schlüsseleigenschaft nicht verletzt wird. Für alle spezifizierten REFERENCE-Attributwerte wird überprüft, ob das referenzierte Atom existiert (referentielle Integrität). Falls eine dieser Bedingungen nicht erfüllt ist, wird die Operation zurückgewiesen. Ansonsten erhält das Atom einen Identifikator (IDENTIFIER-Wert) als logische Adresse (oder Surrogat [ML83]). Ferner wird das Atom in alle für den Atomtyp definierten Speicherungsstrukturen (Zugriffspfade, Sortierordnungen, statische Molekültypen und Partitionen) eingetragen. Zusätzlich wird in allen Atomen, auf die durch die REFERENCE-Attributwerte verwiesen wird, die entsprechende Gegenreferenz gesetzt (Symmetrie der Links). Referenzen und Gegenreferenzen werden durch das Surrogat implementiert. Im Prinzip können alle atombezogenen Operationen an der Zugriffssystemschnittstelle auf die gewünschten Attributtypen bzw. Attributwerte eingeschränkt werden (Attributtypprojektion). Für die INSERT-Operation bedeutet dies, daß alle nicht mit einem Wert belegten Attribute des Atoms einen sog. Nullwert bekommen. Im zugehörigen physischen Satz werden diese Nullwerte sehr effizient und einfach durch das Nicht-Vorhandensein eines Attributwertes an der entsprechenden Stelle im Byte-String "dargestellt".

Das *Löschen* eines Atoms ist gerade die inverse Operation zum Einspeichern eines Atoms. Alle Referenzen auf das betreffende Atom müssen gelöscht werden und das Atom, resp. seine evtl. mehrfach vorhandenen physischen Sätze müssen ebenfalls gelöscht werden.

Beim *Ändern* eines Atoms werden alle Attributwerte übernommen. Es dürfen weder die Attributwerte von Schlüsselkandidaten noch von IDENTIFIER-Attributtypen geändert werden. Für neue REFERENCE-Attributwerte wird, analog zum INSERT, die referentielle Integrität und die Symmetrie der Links garantiert.

Zum *Zugriff auf Atommengen* werden *Scan-Operationen* angeboten. Dabei kann die Atommengenzugehörigkeit durch einfache Suchausdrücke, die über dem jeweiligen Atom entscheidbar sein müssen, entsprechend eingeschränkt werden. Im Falle von Scan-Operationen auf Zugriffspfaden und Sortierordnungen können zusätzlich noch sog. Start- und Stopbedingungen angegeben werden, die zur Vorselektion der zu betrachtenden Atommenge benutzt werden und eine effiziente Abarbeitung versprechen. Eine Scan-Operation bestimmt somit immer eine Atommenge, die durch den an der Zugriffssystemschnittstelle verfügbaren Abholoperator atomweise gelesen und im Datensystem verarbeitet werden kann.

Vom Zugriffssystem werden noch Operationen zum Eintragen bzw. Löschen und Verändern der Speicherungsstrukturen und Atomtypen selbst bereitgestellt. Diese "*Metadatenoperationen*" wenden sich zum einen an das Metadatensystem und aktualisieren dort die betreffenden Metadaten. Zum anderen wird auch der Datenbestand entsprechend manipuliert. Beispielsweise führt das Löschen einer Speicherungsstruktur auch immer zum Löschen aller zugehörigen physischen Sätze.

4.3.2 Die Zugriffssystemschnittstelle

In Abschnitt 4.3.1 wurden bereits alle allgemeinen und für das Verständnis der Zugriffssystem-schnittstelle wesentlichen Aspekte der Verarbeitung innerhalb des Zugriffssystems dargelegt. Deshalb genügt hier jeweils eine kurze Aufgabenskizzierung zur Beschreibung der Operationen an der Zugriffssystemschnittstelle.

4.3.2.1 Metadatenoperationen

Die "Metadatenoperationen" verändern wesentliche Eigenschaften der definierten Speicherungs-strukturen bzw. Atomtypen und wirken sich meistens sowohl auf die Metadaten als auch auf den Datenbestand aus. Alle CREATE-Operationen richten eine neue Speicherungsstruktur ein, indem die entsprechenden Informationen über das Metadatensystem den Metadaten hinzugefügt und zusätzlich noch gewisse Initialisierungen in der Datenbank durchgeführt werden (etwa das Einrichten und Initialisieren eines Segments zur Aufnahme der physischen Sätze von der betreffenden Speicherungsstruktur). Die DELETE-Operationen führen genau die inversen Maßnahmen durch. Alle physischen Sätze der zu löschenden Speicherungsstruktur werden gelöscht unter Beachtung der referentiellen Integrität und der Link-Symmetrie; die zugehörigen Metadaten werden mit Hilfe des Metadatensystems wieder ausgetragen. Auf Atomtypen gibt es noch zwei weitere Metadaten-operationen, die ein Erweitern bzw. Schrumpfen der für den betreffenden Atomtyp definierten Attributtypmenge um die angegebenen Attributtypen erlauben. Temporäre Atomtypen sind ganz spezielle Atomtypen, die nur systemintern benutzt werden können. Meistens dienen sie zur "Zwischenablage" einer Ergebnis- oder Zwischenergebnismenge. Beispielsweise werden dynamisch erzeugte Sortierordnungen in temporären Atomtypen abgelegt. Auf temporären Atomtypen sind keine Änderungen der Attributtypmenge erlaubt. Damit sind die folgenden Metadatenoperationen verfügbar:

- auf Atomtypen

CREATE_ATOM_TYPE	Erzeugen eines Atomtyps
DELETE_ATOM_TYPE	Löschen eines Atomtyps
EXPAND_ATOM_TYPE	Erweitern eines Atomtyps
SHRINK_ATOM_TYPE	Verkleinern eines Atomtyps

- auf temporären Atomtypen

CREATE_TEMP_ATOM_TYPE	Erzeugen eines temporären Atomtyps
DELETE_TEMP_ATOM_TYPE	Löschen eines temporären Atomtyps

- auf statischen Molekültypen

CREATE_MOLECULE_TYPE	Erzeugen eines statischen Molekültyps
DELETE_MOLECULE_TYPE	Löschen eines statischen Molekültyps

* auf Zugriffspfaden

  CREATE_ACCESS_PATH   Erzeugen eines Zugriffspfades
  DELETE_ACCESS_PATH   Löschen eines Zugriffspfades

* auf Partitionen

  CREATE_PARTITION   Erzeugen einer Partition
  DELETE_PARTITION   Löschen einer Partition

* auf Sortierordnungen

  CREATE_SEQUENCE   Erzeugen einer Sortierordnung
  DELETE_SEQUENCE   Löschen einer Sortierordnung.

4.3.2.2 Operationen auf Atomen

In Abschnitt 4.3.1 wurden bereits alle relevanten Aspekte (Attributtypprojektion, referentielle Integrität und Symmetrie der Links) und Maßnahmen im Zusammenhang mit den Atomtypoperationen vorgestellt. Deshalb genügt hier die einfache Auflistung der angebotenen Operationen:

* INSERT_ATOM   Einfügen eines neuen Atoms in die Atommenge des spezifizierten Atomtyps
* DELETE_ATOM   Löschen des spezifizierten Atoms aus der Atommenge des implizit angegebenen Atomtyps
* MODIFY_ATOM   Ändern der angegebenen Attributwerte des spezifizierten Atoms
* READ_ATOM   Lesen der spezifizierten Attributwerte des spezifizierten Atoms.

4.3.2.3 Operationen auf Atommengen

Die prinzipiellen Charakteristika und Parameter der Scan-Operationen wurden schon in Abschnitt 4.3.1 behandelt. Hier werden noch einige organisatorische Aspekte hinzugefügt.

Auf allen definierten Speicherungsstrukturen und natürlich auch auf den definierten Atomtypen sind Scan-Operationen erlaubt. Jede Scan-Operation teilt sich an der Zugriffssystemschnittstelle in drei verschiedene Operationstypen auf:

Der OPEN-Aufruf initialisiert einen Scan und legt die Parameter fest, die die eigentliche Scan-Operation bestimmen. An Parametern sind erlaubt die Attributtypprojektion, der einfache Such-ausdruck (SSA, simple search argument), die Verarbeitungsrichtung (zur Festlegung der Abar-beitungsreihenfolge der zu durchsuchenden Atommenge) sowie Start- bzw. Stopbedingungen. Vom Zugriffssystem wird ein Scan-Identifikator zurückgegeben, der für die weiteren Operationen zur Identifikation benötigt wird, da zu einem Zeitpunkt mehrere Scan-Operationen sozusagen "offen" sein können. Insgesamt sind damit die folgenden OPEN-Aufrufe verfügbar:

- OPEN_ATOM_TYPE_SCAN   Initialisieren eines Atomtyp-Scan
- OPEN_MOLECULE_TYPE_SCAN   Initialisieren eines "statischen Molekültyp"-Scan
- OPEN_MOLECULE_ATOM_TYPE_SCAN   Initialisieren eines Atomcluster-Scan
- OPEN_ACCESS_PATH_SCAN   Initialisieren eines Zugriffspfad-Scan
- OPEN_SORT_SCAN   Initialisieren eines Sort-Scan.

Durch die Initialisierung einer Scan-Operation wird zumindest logisch die zugehörige Atommenge vorbestimmt. Mit Hilfe des Abholoperators READ_NEXT können dann die einzelnen Atome nacheinander an der Zugriffssystemschnittstelle abgerufen werden. Für alle o.g. OPEN-Aufrufe gibt es nur einen Abholoperator. Durch Angabe des Scan-Identifikators muß der gewünschte Scan und damit auch die betreffende Atommenge ausgewählt werden. Ein READ_NEXT-Aufruf liefert dann bezüglich dem eindeutig bestimmten Scan das nächste Atom bzw. das nächste charakteristische Atom des nächsten Atomsclusters (im Falle eines "statischen Molekültyp"-Scan), das die Suchbedingung erfüllt. Dabei wird die gewünschte Atomtypprojektion ausgeführt.

Der CLOSE-Aufruf schließt die über den Scan-Identifikator bestimmte Scan-Operation. Danach ist der Scan-Identifikator nicht mehr definiert, und weitere READ_NEXT-Aufrufe führen zu einer Fehler-situation.

4.4 Das Datensystem

Die Hauptaufgabe des Datensystems ist die dynamische Abbildung der molekülmengen-orientierten MQL-Schnittstelle auf die atomorientierte Zugriffssystemschnittstelle - in Kapitel 3 wurde dies mit dynamischer Molekülbildung bezeichnet. Dazu werden die MQL-Anweisungen in eine auf dem Zugriffssystem ablauffähige Form transformiert, unter Erhaltung der ursprünglichen Anweisungs-semantik. Die jeweils benötigten Atome werden einzeln beim Zugriffssystem angefordert und zum gewünschten Molekül zusammengesetzt. Im folgenden werden die Entwurfskonzepte des Datensystems vorgestellt. Dabei wird auf den Beschreibungen von MQL (s. Abschnitt 3.2) und der Zugriffssystemschnittstelle (s. Abschnitt 4.3) aufgebaut.

Eine wesentliche Rahmenbedingung des Datensystem-Entwurfs ist die Erweiterbarkeit des Systems im Hinblick auf neue Sprachkonzepte (evtl. zugeschnitten auf die konkret vorliegende Anwendungs-umgebung) oder verfeinerte Optimierungstechniken basierend auf neuen Kostenmodellen und neuen Verarbeitungsstrategien. Dies impliziert ein modular aufgebautes Datensystem, bei dem die Abbildung von der externen zur internen Schnittstelle explizit durch "Operatoren" (das sind im Prinzip Transformationsregeln) ausgedrückt wird und sich nicht implizit und verteilt über verschiedene Programme bzw. vermischt in den benutzten Kontrollstrukturen wiederfindet. Die Operatoren arbeiten auf einer flexiblen und erweiterbaren Datenstruktur, die letztendlich die (Semantik der) Anfrage repräsentiert und das Austauschen bzw. Hinzufügen einzelner Operatoren erlaubt.

4.4.1 Verfeinerung der Komponentensicht

Im folgenden wird eine verfeinerte Darstellung der Komponentenaufteilung des Datensystems aufgezeigt. Im Gegensatz zur Beschreibung aus Abschnitt 4.2.1 (Abb. 4.6) sollen hier mehr die operationalen Aspekte Berücksichtigung finden.

Auch in [Fr86] werden 3 Schichten zur Abbildung der externen DML-Schnittstelle des "logischen Datenbankprozessors" auf die interne Schnittstelle des "physischen Datenbankprozessors" unterschieden. Im Vergleich zur bisher benutzten Bezeichnungsweise entspricht der *logische Datenbankprozessor* dem Datensystem und der *physische Datenbankprozessor* dem Zugriffssystem inklusive dem darunterliegenden Speichersystem. Jede MQL-Anweisung wird zunächst auf syntaktische und semantische Korrektheit überprüft und in eine interne Darstellung (Ausführungsplan, in [Fr86] query evaluation plan genannt) überführt. Dieser *Ausführungsplan* enthält vorerst nur "generische" Operationen (etwa "Join", "Scan" etc.). In der sich anschließenden Optimierungsphase werden diese generischen Operationen durch "konkrete" Operationen ersetzt. Dabei wird für jede Operation die zu benutzende Auswertungsstrategie festgelegt (z.B. "Merge-Join" oder "Nested-Loop-Join", Atomtyp-Scan oder Zugriffspfad-Scan etc.). Diese Konkretisierung führt dann zum sog. *optimierten Ausführungsplan.* Für die darauf folgende "Umsetzung" gibt es zwei verschiedene Ansätze:

- *Interpretationsansatz*: der optimierte Ausführungsplan wird als interpretierbarer Code angesehen. Ein Interpreter (Komponente des Datensystems) führt den Ausführungsplan dann aus, unter Verwendung der Operatoren an der Schnittstelle des physischen Datenbankprozessors (hier das Zugriffssystem).
- *Übersetzungsansatz*: der optimierte Ausführungsplan wird als Zwischensprache verstanden und weiterübersetzt in eine Zielsprache, die direkt auf der zugrundeliegenden Maschine ablauffähig ist - natürlich sind dabei Aufrufe an den physischen Datenbankprozessor integriert.

In beiden Ansätzen wird eine Wiederholung der Auswertung ohne erneute Übersetzung ermöglicht: im einen Fall muß der optimierte Ausführungsplan und im anderen Fall der Zielsprachencode aufbewahrt werden. Anfrageübersetzung und Optimierung sind jewils nur genau einmal durchzuführen. Für den Übersetzungsansatz gilt weiter, daß durch die Übersetzung in eine Zielsprache, die Interpretationsphase (des anderen Ansatzes) eingespart wird.

In PRIMA hat man sich u.a. aus den folgenden Gründen für den interpretierenden Ansatz entschieden:

- Erfahrungen mit System R [As76] haben gezeigt, daß der Übersetzungsansatz zu schlecht wart- und erweiterbaren Codeerzeugungsmoduln führt.
- Der Interpretationsansatz ist zwar im allgemeinen nur mit höherem Zeitaufwand ausführbar, allerdings erheblich einfacher und deshalb auch schneller zu implementieren.

Diese Entscheidung erscheint vertretbar, da in PRIMA zunächst das Hauptaugenmerk auf Funktionalität gelegt wird.

Das hier in Anlehnung an [Fr86] skizzierte Abarbeitungskonzept kann nun angewendet werden auf das vorliegende PRIMA-System, d.h. auf die Abbildung von MQL-Anweisungen in Zugriffssystemaufrufe. Unterscheidet man zudem noch zwischen der Bearbeitung von DML-, DDL-, LDL-Anweisungen und den Anweisungen zur Transaktionsdefinition (im folgenden mit TAV-Anweisung abgekürzt; siehe auch DDL- und DML-Transaktionen in Abschnitt 3.2), so ergibt sich eine Strukturierung nach Abb. 4.11. Typischerweise wird ein Programm der Modellabbildung dieselbe MQL-Anweisung mehrmals, u.U. immer mit verschiedenen Daten absetzen. Falls die ausführbare Darstellung der Anweisung (hier ist das der optimierte Ausführungsplan) noch vorliegt, so kann die Übersetzung und auch die Optimierung eingespart werden. Die Hinzunahme dieses leistungsbeeinflussenden Konzeptes wird durch die beiden gepunkteten Kontrollfelder angezeigt. Durch Zusammenfassung verschiedener Kontrollkomponenten gelangt man schließlich zur Abb. 4.12, die für die weiteren Betrachtungen besser geeignet ist.

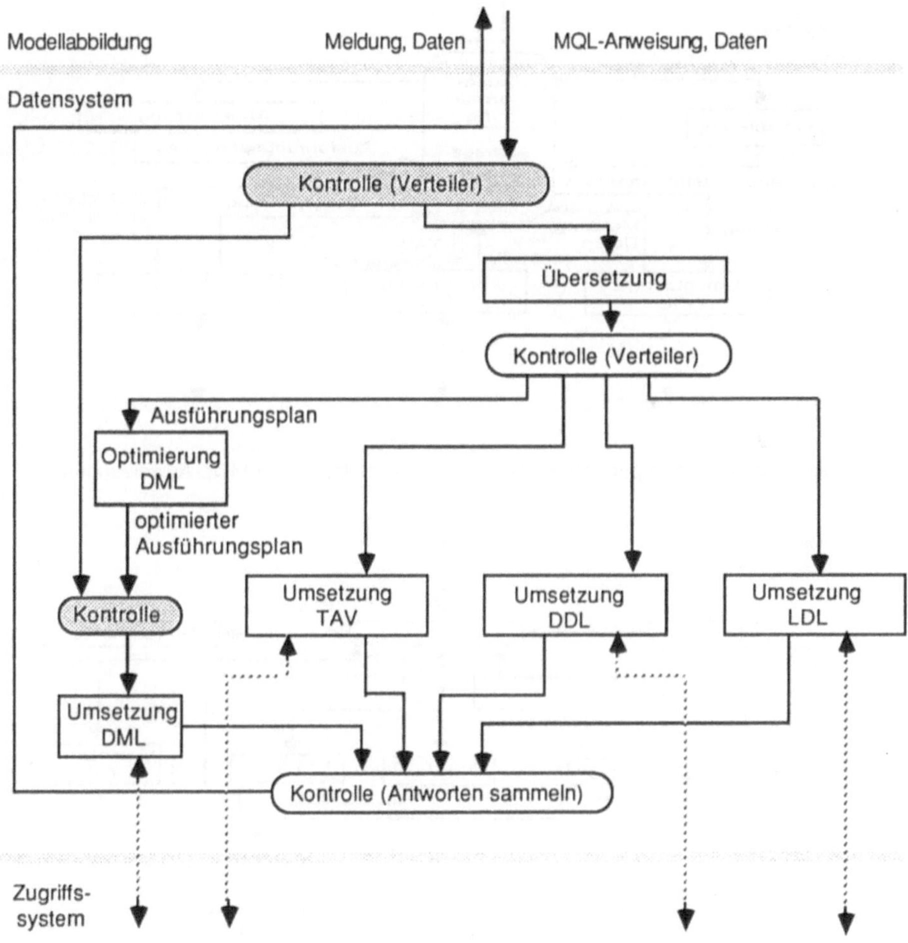

Abb. 4.11: Kontroll- und Datenfluß bei der Abarbeitung von MQL-Anweisungen

Da es fünf im Prinzip voneinander verschiedene Typen von DML-Anweisungen gibt (SELECT, INSERT, DELETE, UPDATE und MODIFY; s. Abschnitt 3.2.2), liegt es nahe - sowohl im Sinne der Modularität als auch der Erweiterbarkeit des Datensystems -, die Bearbeitung der einzelnen Anweisungen in jeweils eigenen Komponenten durchzuführen. Da allen Anweisungen (mit Ausnahme der MODIFY-Anweisung) gemeinsam die drei Basiskonstrukte Projektions-, FROM- und WHERE-Klausel des Anweisungsrumpfes (s. Abschnitt 3.2.2.1) zugrundeliegen, bietet es sich weiterhin an, dafür auch eine gemeinsame Komponente zu verwenden. Diese Komponente verarbeitet natürlich auch alle SELECT-Anweisungen und wird deshalb dann SELECT-Komponente genannt. Die Komponentensicht auf das Datensystem unter besonderer Berücksichtigung der DML-Umsetzung wird in Abb. 4.13 aufgezeigt. Jede Komponente innerhalb der DML-Umsetzung trägt dabei den Namen der DML-Anweisungsklasse, die sie auch verarbeitet.

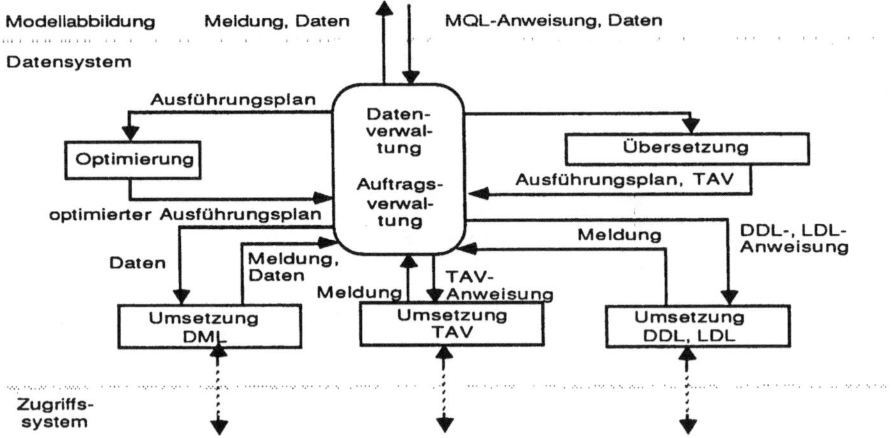

Abb. 4.12: Verfeinerte Komponentensicht bei der Abarbeitung von MQL-Anweisungen

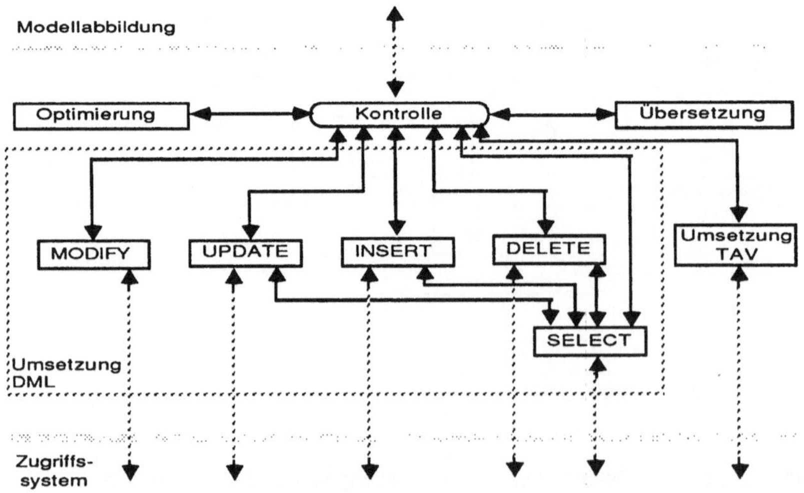

Abb. 4.13: Abarbeitung von DML-Anweisungen

4.4.2 Anweisungsübersetzung

Im folgenden wird zwischen DML-Anweisungen und den restlichen MQL-Anweisungen unterschieden (s. Abb. 4.14), da beide Gruppen in wesentlichen Aspekten verschieden sind und die
Anfrageübersetzung sich deshalb auch in wichtigen Phasen unterscheidet. Gemeinsam ist lediglich
die lexikalische und syntaktische Analyse.

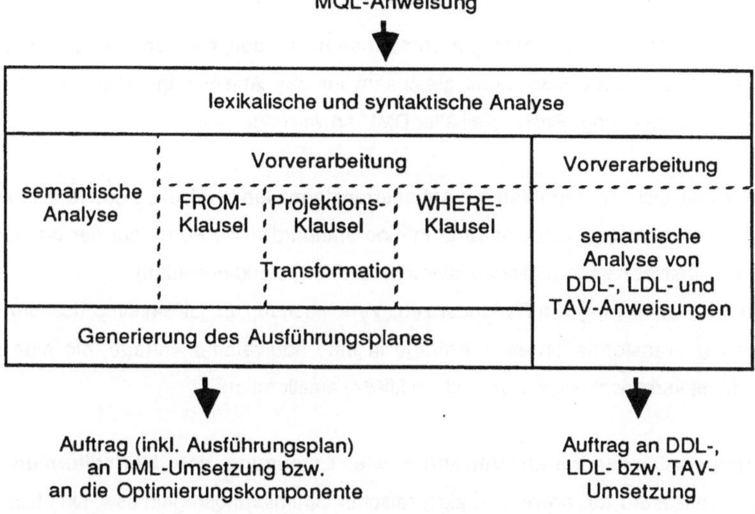

Abb. 4.14: Detailsicht der Übersetzungskomponente

Für die DDL-, LDL- und TAV-Anweisungen kommt nur noch eine recht einfache semantische Analyse
hinzu, die sich im wesentlichen auf die Verträglichkeit der betreffenden Anweisung mit den
gegebenen Metadaten beschränkt. Beispielsweise wird die Existenz von in der Anweisung
benutzten Molekül-, Atom- und Attributtypen oder etwa von bestimmten Speicherungsstrukturen etc.
vorausgesetzt. Bei erfolgreicher semantischer Analyse erfolgt dann die Veranlassung der Ausführung, durch die letztendlich die entsprechenden Operationen an das Zugriffssystem und evtl.
auch an das Metadatensystem festgelegt werden.

Die semantische Analyse von DML-Anweisungen gestaltet sich dagegen um einiges komplexer. Die
Abbildung von Retrievalanweisungen auf Operationen des Zugriffssystems geschieht im wesentlichen durch Transformation in äquivalente, aber einfachere Darstellungen mit anschließender Erzeugung eines Ausführungsplanes und nachfolgender Ausführung, d.h. Interpretation durch die DML-
Umsetzung. Es bietet sich dabei an, von den aktuellen Daten unabhängige Transformationen bereits
in der Übersetzungsphase auszuführen und in dem Ausführungsplan zu merken. Damit kann dann
eine unnötige Wiederholung derselben Transformationsschritte bei Mehrfachausführung der
gleichen Anweisung vermieden werden. Außerdem erlauben diese Transformationen eine gewinnbringende Anfrageoptimierung, die sich meistens in der Übersetzungskomponente am einfachsten
und effektivsten realisieren läßt.

Bevor die einzelnen Schritte der Übersetzung vorgestellt werden, sollen verschiedene Techniken zur Anfragetransformation eingeführt werden, die sich dann in den einzelnen Teilschritten zur Anfrageübersetzung wiederfinden.

4.4.2.1 Techniken der Anfragetransformation

Alle wesentlichen Aspekte zur Anfragetransformation werden hier am Beispiel der SELECT-Anweisung vorgestellt und gelten damit gleichsam für den Anweisungsrumpf, der (zumindest in Teilen s. MODIFY-Anweisung) Bestandteil aller DML-Anweisungen ist.

Nach [JK84] lassen sich die Verfahren zur Anfragetransformation in folgende drei Klassen unterteilen:
- Verfahren zur Umformung einer Anfrage in eine standardisierte Form, auf der die nachfolgende Optimierung aufsetzen kann (*Standardisierung*, in [JK84] standardization)
- Verfahren zur Eliminierung von Redundanzen (*Vereinfachung*, in [JK84] simplification)
- Verfahren zur Transformation einer Anfrage in eine äquivalente Anfrage, die eine effizientere Auswertbarkeit verspricht (*Verbesserung*, in [JK84] amelioration).

Neben allgemein anwendbaren Verfahren wie Erzeugung von Normalformen, Erkennen gemeinsamer Teilausdrücke, Anwenden algebraischer Optimierungsregeln usw. sind hier auch MQL-spezifische Transformationen durch die Übersetzungskomponente durchzuführen. Diese an den Besonderheiten von MQL orientierten Transformationsschritte lassen sich wie folgt den oben vorgestellten Verfahrensklassen zuordnen:
- Standardisierung
    - Metadatenbindung
    - vollständiges Quantifizieren
    - Auflösen von ALL und ALL_BUT in Attributtyplisten
    - Auflösen von Netzstrukturen
    - teilweises Auflösen von Anfrageverschachtelungen
    - teilweises Auflösen komplexer FROM-Klauseln
- Vereinfachung
    - Vereinfachen der Molekültypstruktur
- Verbesserung
    - teilweises Auflösen der qualifizierten Projektion.

Im folgenden werden die Transformationstechniken einzeln erläutert und jeweils anhand eines einfachen Beispiels erklärt. Alle nachfolgenden Angaben sind im wesentlichen aus [MS87] entnommen. Dort sind dann z.T. noch weitere, vertiefende Betrachtungen und zusätzliche Beispiele aufgeführt.

Metadatenbindung

Bei der Metadatenbindung werden die Molekültypnamen in der FROM-Klausel einer MQL-Anweisung durch die entsprechende Molekültypdefinition aus den Metadaten ersetzt. Wurde in der Molekültyp-definition eine Auswahlbedingung spezifiziert, so ist es unter Umständen möglich, die WHERE-Klausel der Anfrage konjunktiv um die Bedingung zu erweitern und damit die Anfrage in eine ein-fachere Form zu bringen.

Anfrage: Molekültypdefinition:

   SELECT A, B, C   DEFINE MOLECULE_TYPE M1: A, B, C, D
   FROM   M1   FROM   A - B -(C, D)
   WHERE B.Att4 > C.Att2;   WHERE D.Att5 = A.Att3;

Ergebnis der Transformation:

1. Schritt: Einsetzen der Molekültypdefinition

   SELECT A, B, C
   FROM

        SELECT   A, B, C, D
        FROM   A - B -(C, D)
        WHERE   D.Att5 = A.Att3
   WHERE B.Att4 > C.Att2;

2. Schritt : Vereinfachen der Anfrage (u.U. nicht möglich, wenn in der Molekültypdefinition eine qualifizierte Projektion enthalten ist, siehe dazu auch "teilweises Auflösen komplexer FROM-Klauseln")

   SELECT A, B, C
   FROM   A - B -(C, D)
   WHERE (B.Att4 > C.Att2) AND (D.Att5 = A.Att3);

Vollständiges Quantifizieren

Diese Transformationstechnik formt die prädikatenlogischen Ausdrücke innerhalb der WHERE-Klausel in äquivalente Ausdrücke ohne freie Variablen um. Diese Umformung ist notwendig, um dem Expression-Evaluator [Be87] die Auswertung von Qualifikationsbedingungen (Semantik einer Qualifi-kationsbedingung: s. Abschnitt 3.2.2.3) zu erleichtern. Der Expression-Evaluator braucht somit weder die Semantik von freien Variablen zu kennen noch einen Ausdruck zur Laufzeit auf das Vorhanden-sein von freien Variablen hin zu untersuchen (Laufzeiteffizienz). Nach [Ma74] kann die Transformation in vollständig quantifizierte Ausdrücke durch die Bildung des existentiellen Abschlusses realisiert werden, d.h., alle freien Variablen werden an einen Existenzquantor gebunden, der dem ursprüng-lichen Ausdruck vorangestellt wird. Weitergehende Transformationen, wie die an gleicher Stelle beschriebene Erzeugung der Klauselform, sind nicht unbedingt erforderlich.

Auflösen von ALL und ALL_BUT in Attributlisten

Die Angabe von ALL und ALL_BUT in der Projektionsklausel einer Anfrage dient lediglich dazu, dem Anwender Schreibarbeit abzunehmen. Da für die Abarbeitung der Anfrage jedoch die explizite Angabe von Attributtypnamen erforderlich ist, müssen diese Klauseln mit Hilfe der Metadaten in die entsprechenden Attributtyplisten umgesetzt werden.

Auflösen von Netzstrukturen

Hierarchische Strukturen sind z.B. hinsichtlich der Molekülbildung sehr viel einfacher zu handhaben als Netzwerke. Daher werden SELECT-Anweisungen mit neztwerkartig strukturierten Molekültypen in äquivalente Anfragen mit hierarchischen Molekültypstrukturen transformiert. Das Problem bei der Umformung einer netzwerkartigen Struktur der Form A-(B-C,F-E)-D-H in die hierarchische Struktur A-(B-C-D-H,F-E) besteht darin, daß aus den hierarchischen Molekülen zunächst solche Teilmoleküle vom Typ D-H wegzuprojizieren sind, die nicht gleichzeitig über einen Link von C und einen Link von E aus erreichbar sind (wegen der Semantik von Netzwerken, s. Abschnitt 3.2.2.2). Erst im Anschluß daran dürfen die Qualifikationen auf D und H ausgewertet werden. Bei umgekehrter Reihenfolge wäre es möglich, daß sich ein Molekül vom Typ A-(B-C-D-H,F-E) qualifiziert, bei der Projektion auf D-H jedoch gerade die Teilmoleküle abgetrennt werden, die dazu geführt haben, daß sich das Moleül überhaupt qualifiziert hat. In einem solchen Fall würde dann ein Molekül zur Treffermenge gehören, das eigentlich die Bedingungen der WHERE-Klausel nicht erfüllt.

Das nachstehende Beispiel führt die Transformation für ein relativ einfaches Netzwerk mit nur einer Masche durch. Bei mehr vermaschten Strukturen wird nach dem gleichen Prinzip verfahren, d.h., für jeden Punkt im gerichteten Strukturgraphen, der einen Eingangsgrad > 1 hat, wird eine eigene qualifizierte Projektion eingeführt. Der Aufbau des äquivalenten, hierarchischen Moleküls in der resultierenden Projektionsklausel muß dabei von dem Ankeratomtyp zu den Blättern hin erfolgen. In genau dieser Reihenfolge müssen dann auch die qualifizierten Projektionen ausgewertet werden. Bei dieser Transformation kann eine zusätzliche Optimierung der Anfrage erzielt werden durch Aufspalten der Qualifikationsbedingung. In dem Beispiel konnte die ursprüngliche Qualifikationsbedingung auf die verschiedenen SELECT-Anweisungen verteilt werden, mit dem Effekt, daß die Kardinalitäten der jeweiligen Zwischenmengen minimal sind. Diese Aufspaltung der Qualifikation ist allerdings keineswegs trivial, wie dies etwa aufgrund des vorgestellten Beispiels den Anschein haben könnte. Da hier aber lediglich ein allgemein gangbarer Weg aufzuzeigen ist, soll im Rahmen dieser Arbeit nicht näher auf die Entwicklung und Verfeinerung entsprechender Algorithmen eingegangen werden.

Anfrage:
```
    SELECT  A, B, C
    FROM    A -( B - C, F - E )- D - H
    WHERE   (D.Att5 > H.Att4) AND (A.Att4 = C.Att3)
            AND (F.Att3 < H.Att1);
```

Ergebnis der Transformation:

    SELECT A, B, C
    FROM
                SELECT   A, B, C, X := (SELECT   D, H
                                         FROM   RESULT
                                         WHERE   D.id ELMT E.Link_D), F, E
                FROM   A -(B - C - D - H, F - E)
                WHERE   (A.Att4 = C.Att3)
    WHERE (D.Att5 > H.Att4) AND (F.Att3 < H.Att1);

Teilweises Auflösen von Anfrageverschachtelungen

Verschachtelte SELECT-Anweisungen, bei denen der innere Block nicht zwingenderweise im "Schubmodus" abgearbeitet werden muß, lassen sich als Molekül-Join formulieren. Dabei werden die Molekültypdefinitionen und die Qualifikationen des inneren Blocks in die FROM- bzw. WHERE-Klausel des äußeren Blocks verschoben (s. Anfrage 1). Anfrage 2 zeigt eine Anfrageverschachtelung, die sich wegen der Verwendung einer "Built-in"-Funktion nicht auflösen läßt:

Anfrage 1:

    SELECT A
    FROM   A -(B, C)
    WHERE A.Att5 ELMT (VALUE (SELECT   D.ATT2
                                 FROM   D - E
                                 WHERE   D.Att3 > 6));

Ergebnis der Transformation:

    SELECT A
    FROM   A -(B, C), D - E
    WHERE (A.Att5 = D.Att2) AND (D.Att3 > 6);

Anfrage 2: (Anfrageverschachtelung nicht auflösbar)

    SELECT A, B
    FROM   A - B
    WHERE A.Att5 = AVG (VALUE (SELECT   C.Att1
                                  FROM   C - D
                                  WHERE   C.Att5 = B.Att4));

Teilweises Auflösen komplexer FROM-Klauseln

Eine FROM-Klausel, in der ein Molekültyp über eine Anfrage definiert ist, läßt sich vereinfachen, wenn diese Anfrage keine (nicht auflösbare) qualifizierte Projektion beinhaltet oder nur qualifizierte Projektionen auf Atomtypen, die samt ihren Nachfolgern (im Strukturgraphen) außerhalb der FROM-Klausel weder qualifiziert noch projiziert werden. Im ersten Beispiel wurde bereits im Rahmen der Metadatenbindung eine solche Transformation durchgeführt. Zur Verdeutlichung folgt eine Anfrage, bei der eine Umformung dieser Art nicht möglich ist:

```
SELECT A, B
FROM
        SELECT A, B_NEU := (SELECT  B, C
                            FROM    RESULT
                            WHERE   B.Att2 = 7)
        FROM    A - B -( C, D)
        WHERE   B.Att5 > C.Att4
WHERE   B.Att4 = A.Att2;
```

Ein etwas anders gearteter Fall liegt vor, wenn innerhalb eines Molekültyps Teilstrukturen über eine Anfrage festgelegt werden, wie dies etwa im nächsten Beispiel der Fall ist. Eine solche Darstellung eines Molekültyps ist semantisch äquivalent zu einer Darstellung mit einer qualifizierten Projektion. Der konzeptionelle Unterschied besteht an der Benutzerschnittstelle lediglich darin, daß es sich in dem einen Fall um eine Molekülstruktur handelt und im anderen Fall um ein "Ausblenden" von Teilkomponenten aus einem Ergebnismolekül:

Anfrage:

```
SELECT A, B
FROM    A -(( SELECT   B, C
             FROM      B - C
             WHERE     B.Att5 > C.Att6), D)
WHERE   D.Att7 > C.Att3;
```

Ergebnis der Transformation:

```
SELECT A, B
FROM
        SELECT  A, B_NEU := ( SELECT   B,C
                             FROM      RESULT
                             WHERE     B.Att5 > C.Att6), D
        FROM    A -( B - C, D)
WHERE   D.Att7 > C.Att3;
```

Vereinfachen der Molekülstruktur

Diese Transformationstechnik eliminiert solche Atomtypen aus der Molekültypstruktur, die nicht zur Bildung der Ergebnis-Molekültypstruktur notwendig sind, d.h., die weder qualifiziert noch projiziert werden und deren Entfernen aus dem Strukturgraphen nicht die Zusammenhangsstruktur des resultierenden Molekültyps verletzt. Im nachstehenden Beispiel trifft dies auf den Atomtyp E aus M1 und auf den Atomtyp G aus M2 zu. Im vorliegenden Fall führt dies auch dazu, daß der rekursive Molekültyp M2 durch den hierachischen Molekültyp F ersetzt werden kann.

Anfrage:

```
SELECT A, B, C
FROM    M1 (A - B -( C, D - E)),
        M2 (F - G) (RECURSIVE: G - F  UNTIL  REC_MAX = 2)
WHERE   (D.Att2 > C.Att4) AND (F.(0).Att4 > A.Att3);
```

Ergebnis der Transformation:

```
SELECT A, B, C
FROM    A - B -( C, D),
        F
WHERE   (D.Att2 > C.Att4) AND (F.Att4 > A.Att3);
```

Teilweises Auflösen der qualifizierten Projektion

Qualifizierte Projektionen, die sich auf den Ankeratomtyp des Ergebnis-Molekültyps beziehen, sind gleichbedeutend mit einer Molekültypqualifikation. Damit lassen sich die in der Projektionsklausel angegebenen Auswahlbedingungen konjunktiv mit den in der WHERE-Klausel spezifizierten Qualifikationen verknüpfen und in die WHERE-Klausel der Anfrage verschieben. Als Ergebnis erhält man eine WHERE-Klausel mit einer erhöhten Selektivität. Diese Transformation wird also dem algebraischen Optimierungsprinzip gerecht, die Teffermenge schon frühzeitig einzuschränken, damit teuere Operationen auf einer möglichst kleinen Anzahl von Objekten durchgeführt werden können [Hä78].

Anfrage:

```
SELECT A_NEU := ( SELECT    A, B, C
                  FROM      RESULT
                  WHERE     A.Att5 = 1)
FROM    A - B -( C, D)
WHERE   C.Att5 > D.Att6;
```

Ergebnis der Transformation:

```
SELECT A, B, C
FROM    A - B -( C, D)
WHERE   (C.Att5 > D.Att6) AND (A.Att5 = 1);
```

4.4.2.2 Überblick über die einzelnen Übersetzungsschritte

Die nun folgende Übersicht über die verschiedenen Schritte zur Anfrageübersetzung orientiert sich hauptsächlich an Abb. 4.14, die eine Detailsicht der Übersetzungskomponente enthält.

Jede MQL-Anweisung durchläuft zuerst die gemeinsame *lexikalische und syntaktische Analyse*. Der LL(1)-Parser für MQL arbeitet mit einer "Top-Down"-Analyse. Durch seine Tabellensteuerung läßt sich recht einfach eine nachträgliche Sprachänderung bzw. Spracherweiterung im Parser realisieren. Zusammen mit der lexikalischen Analyse baut die syntaktische Analyse aus den Charakterfolgen der MQL-Anweisung eine Symbolfolge auf, sofern die Reihenfolge im Sinne der kontextfreien LL(1)-Grammatik korrekt ist.

Der nächste wichtige Übersetzungsschritt ist die *semantische Analyse*. Für die DDL-, LDL- und TAV-Anweisungen wurde schon am Anfang dieses Abschnittes die weitere Verfahrensweise (einfache semantische Analyse - in Abb. 4.14 Vorverarbeitung genannt - und direkte Umsetzung) aufgeführt. Deshalb werden im folgenden nur noch DML-Anweisungen betrachtet.

Zuallererst wird die Symbolfolge in eine interne Baumstruktur, den sog. Syntaxbaum, umgesetzt. Darauf werden dann alle semantischen Analysen durchgeführt. Der erste Teilschritt der semantischen Analyse wird Vorverarbeitung genannt. Dort werden die entsprechenden Metadaten gelesen und alle benötigten Beschreibungsinformationen in der sog. Namensverwaltung bereitgestellt. Für die weitere Verarbeitung, auch in den anderen Komponenten des Datensystems, sind dann keine Meta-datenzugriffe mehr notwendig (Effizienz). Die Vorverarbeitung führt danach die in Abschnitt 4.4.2.1 beschriebene Metadatenbindung durch (also das Ersetzen von Molekültypnamen durch ihre Definitionen).

Als nächstes schließen sich die Analysen der einzelnen Basiskonstrukte an. Zuerst wird die FROM-Klausel überprüft. Aus den einzelnen Elementen dieser Klausel (from_elmt) wird die Molekültyp-struktur des Umgebung-Molekültyps aufgebaut und hinsichtlich ihrer Korrektheit (zusammen-hängend, azyklisch bis auf den rekursionsbildenden gerichteten Linktyp, genau ein Wurzelatomtyp) überprüft. Hierbei wird eine komplexe FROM-Klausel teilweise vereinfacht (s. Abschnitt 4.4.2.1).

Die Analyse der SELECT-Klausel bestimmt die sog. Ergebnis-Molekültypstruktur ausgehend von der zuvor konstruierten Umgebungs-Molekültypstruktur. Alle nicht projizierten Teile werden "wegge-schnitten" und die Korrektheit des resultierenden Strukturgraphen überprüft (s.o.). Zusätzlich werden alle ALL- bzw. ALL_BUT-Konstrukte aufgelöst und die spezifizierten qualifizierten Projektionen hinsichtlich ihrer "Subgraph"-Eigenschaft (s. Abschnitt 3.2.2.4) getestet. Wenn möglich, werden die qualifizierten Projektionen ebenfalls aufgelöst. Ferner werden alle Netzstrukturen aufgelöst und alle unnötigen Projektionsteile entfernt, d.h. die Molekültypstruktur entsprechend vereinfacht. Alle aufgeführten Umformungen sind in Abschnitt 4.4.2.1 beschrieben.

Die Analyse der WHERE-Klausel prüft die verwendeten Namen und zugehörigen (Daten-)Typen, legt die Auswertestrategie fest und erkennt die Join-Bedingungen. Die Ausdrücke werden vollständig quantifiziert durch das Bilden des existentiellen Abschlusses und alle verschachtelten Anfragen werden soweit möglich aufgelöst (s. Abschnitt 4.4.2.1). Als Ergebnis wird ein Auswertungsbaum erzeugt, der vom Expression-Evaluator zur Qualifikation der Ergebnismoleküle benutzt wird. Eine Erweiterung dieses Analyseteils auf das Bilden einer konjunktiven Normalform ist im nachhinein noch möglich und würde zu einer effizienteren Qualifikationsauswertung führen. Eine Erweiterung der

Quantoren auf die Berücksichtigung von Variablen würde die Mächtigkeit der Qualifikationsbedingungen erhöhen und wäre ebenfalls lokal innerhalb dieses Analyseschrittes abzuwickeln.

Die Übersetzung einer DML-Anweisung endet mit der *Generierung des zugehörigen transformierten und teilweise schon optimierten Ausführungsplanes.* Dieser wird dann entweder an die Optimierungskomponente oder an die DML-Umsetzung weitergeleitet.

Für das hier beschriebene PRIMA-System wurden zwar alle notwendigen Maßnahmen zur Benutzung einer Optimierungskomponente vorgesehen, diese Komponente aber nicht realisiert und auch nicht in das Datensystem integriert. Die entscheidenden Gründe für diese Beschränkung waren zum einen der hohe Entwicklungsaufwand und das noch relativ unerforschte Gebiet der Optimierung von Anweisungen auf heterogenen Satzmengen. Erst in jüngster Zeit sind erste Arbeiten zu dieser Thematik erschienen (verschiedene Artikel in [Lo86]). Zum anderen überwiegt in der gesamten PRIMA-Entwicklung das Entwurfsziel Funktionalität gegenüber der Effizienz, die das nächste große Forschungsgebiet darstellt. In diesem Rahmen sind dann auch weitere Aktivitäten bzgl. einer Anfrageoptimierung geplant. In Kapitel 5 wird diese Thematik nochmals aufgegriffen und innerhalb des Ausblicks auf laufende und geplante Arbeiten verwiesen.

4.4.3 Anweisungsausführung

Nach der Übersetzung bzw. Optimierung liegt die betreffende DML-Anweisung in einem semantisch äquivalenten internen "Standardformat" (oben als Ausführungsplan bezeichnet) vor, das durch die einzelnen Transformationstechniken aus Abschnitt 4.4.2.1 festgelegt ist. Für die anschließende Ausführung ist dann die Komponente DML-Umsetzung (s. Abb. 4.12) zuständig. Gemäß Abb. 4.13 läßt sich diese in weitere Komponenten unterteilen, die zusammen die verschiedenen Klassen von DML-Anweisungen widerspiegeln. Auch für die Betrachtung und Beschreibung der Anweisungsausführung in diesem Abschnitt bietet es sich - analog zu Abschnitt 4.4.1 - an, zwischen Lese- und Manipulationsanweisungen zu unterscheiden. Hier wird deshalb nur die Auswertung von Leseanweisungen (SELECT-Anweisung) vorgestellt, allerdings ist dabei eine einfache Übertragbarkeit auf die Manipulationsanweisungen gegeben. Die DML-Umsetzung unterscheidet zwischen dem "Aufbau einfacher Moleküle" und dem "Aufbau komplexer Moleküle" (s. Abschnitt 4.2.1, Abb. 4.7). Innerhalb dieser beiden Bereiche geschieht die Abarbeitung des Ausführungsplanes in einer interpretativen Art und Weise. Es stehen entsprechende *Operatoren* (s.u.) zur Verfügung, die bestimmte Teilaufgaben bearbeiten. Damit wird der anfangs geforderten Modularität und Erweiterbarkeit des Datensystems entsprechend Rechnung getragen.

Im folgenden werden die einzelnen Operatoren eingeführt und beschrieben. Ein einfaches Anfragebeispiel zeigt dann abschließend die Verwendung des vorgestellten Konzeptes zur Anfrageauswertung.

4.4.3.1 Aufbau einfacher Moleküle

Einfache Moleküle - im Sinne des Operators "Aufbau einfacher Moleküle" - sind solche, die zur Molekülmenge eines Ergebnis-Molekültyps gehören, der durch eine Anfrage der folgenden Form definiert ist:

    SELECT P
    FROM   F
    WHERE   Q;

mit: P ist eine Attributmenge und enthält keine qualifizierten Projektionen,

   F ist ein Molekültyp mit hierarchischem, nicht rekursivem Strukturgraph und

   Q ist eine Qualifikationsbedingung über F ohne Unteranfragen.

Der Operator *"Aufbau einfacher Moleküle" (AEM)* führt Anfragen der o.a. Form aus und ermittelt damit die jeweils zugehörige Ergebnis-Molekülmenge, bestehend aus einfachen Molekülen. Seine wesentliche Aufgabe besteht darin, Moleküle *dynamisch* unter Zuhilfenahme der Operationen der Zugriffssystemschnittstelle aus den damit bereitgestellten Atomen zu aggregieren. Dabei wird zwischen zwei sog. Aggregationsstrategien unterschieden. Bei der "top-down"-Strategie wird jedes Molekül vom Ankeratom ausgehend über die entsprechenden Referenzen (die spezifizierten gerichteten Linktypen) zu den "Blätter"-Atomen hin aufgebaut. Die "bottom-up"-Strategie arbeitet anfangs in umgekehrter Richtung. Sie startet mit einer Atomausprägung, die nicht vom Ankeratomtyp ist und ermittelt zunächst über die Gegenreferenzen (der umgekehrt - zur spezifizierten Richtung - gerichteten Linktypen) das Ankeratom des Moleküls. Danach wird analog zur "top-down"-Strategie verfahren; dabei wird schrittweise das resultierende Molekül aufgebaut. Die "bottom-up"-Strategie nutzt die Symmetrie der Links bzw. Linktypen in vorteilhafter Weise aus. Dies ist somit ein Beispiel für die gewinnbringende Verwendung der Link-Symmetrie auch für systeminterne Zwecke. Innerhalb der verschiedenen Strategien können die im Zugriffssystem eingerichteten Speicherungsstrukturen zur Optmierung der Molekülaggregation verwendet werden. Genaueres hierzu ist [MS87] zu entnehmen.

Zur sequentiellen Abarbeitung der durch den Operator aufgebauten Ergebnis-Molekülmenge wird ein Scan auf Molekülebene angeboten. In Analogie zu den Scan-Operationen der Zugriffssystemschnittstelle (s. Abschnitt 4.3) werden hier ebenfalls drei Operationen angeboten:

- OPEN_MOLECULE_SCAN

  Diese Operation eröffnet einen Molekülscan auf der Ergebnis-Molekülmenge, die durch die zugehörige Anfrage bestimmt ist, ordnet einen eindeutigen Scan-Identifkator zu und liefert ggf. das erste Molekül zurück. Ist die "Treffermenge" leer, dann werden der Molekülscan automatisch wieder geschlosen und das Ende des Scan zurückgemeldet (implizite CLOSE-Operation, s.u.).

- READ_NEXT_MOLECULE

  Die Moleküle der Ergebnis-Molekülmenge werden in einer benutzer- bzw. systemdefinierten Reihenfolge nacheinander an die aufrufende Komponente übergeben. Falls alle Moleküle bearbeitet sind, werden der Scan geschlossen und das Ende des Scan zurückgemeldet.

- CLOSE_MOLECULE_SCAN

    Diese Funktion ermöglicht das vorzeitige Schließen des Molekülscan. Dabei werden auch alle zugehörigen und noch "offenen" Scans an der Zugriffssystemschnittstelle ebenfalls geschlossen.

4.4.3.2 Aufbau komplexer Moleküle

Ausgehend von den einfachen Molekülen, die durch den AEM-Operator (s. Abschnitt 4.4.3.1) bereitgestellt werden, müssen nun weitere Maßnahmen durchgeführt werden, um zu den letztendlich gewünschten Ergebnismolekülen zu kommen, die durch den Ausführungsplan (bzw. durch die ursprüngliche Anweisung) definiert sind. Dazu wird, wie in Abschnitt 4.2.1 schon erwähnt, innerhalb der Komponente SELECT (s. Abschnitt 4.4.1, Abb. 4.13) eine Menge von Operatoren zur Verfügung gestellt, die auf die spezifizierbaren Sprachklauseln zugeschnitten sind und damit die speziellen Anfragewünsche entsprechend effizient befriedigen können. In Abb. 4.15 wird die SELECT-Komponente in dieser Operatorensichtweise dargestellt. Dabei wird deutlich, daß "Aufbau einfacher Moleküle" der einzige Operator ist, der die Operationen der Zugriffssystemschnittstelle verwendet. Alle anderen Operatoren arbeiten auf den schon aufgebauten "Zwischenergebnissen" (Molekültypen). Eine Änderung der Zugriffssystemschnittstelle hat deshalb nur Auswirkungen auf den Operator "Aufbau einfacher Moleküle".

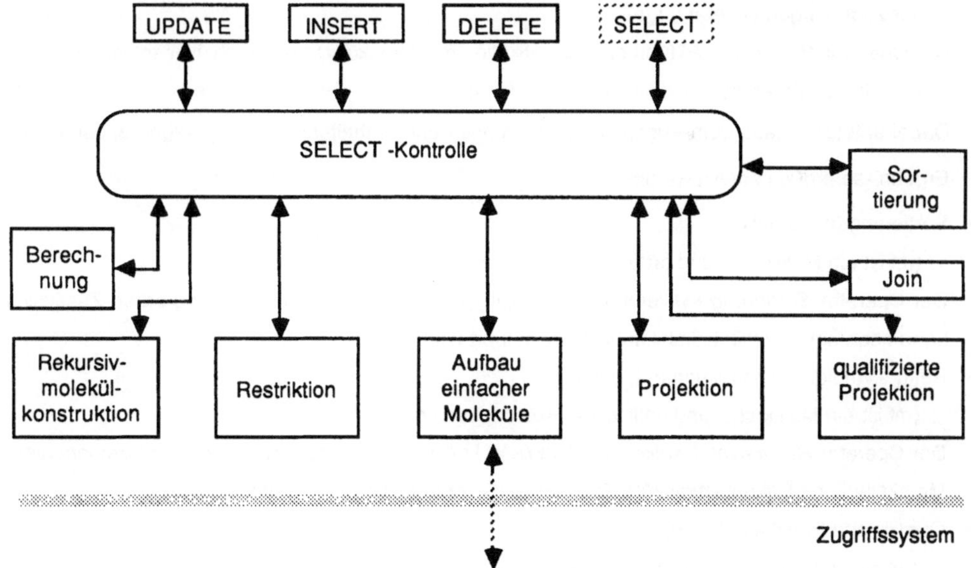

Abb. 4.15: Detailsicht zur SELECT-Komponente

Im folgenden wird die Menge der notwendigen Operatoren zum Aufbau der komplexen Moleküle aufgeführt und kurz erläutert:

- Join (mt, q)

  (Der Parameter mt spezifiziert eine Menge von Molekültypen und q definiert eine Qualifikationsbedingung)

  Der Operator *Join (J)* bildet das kartesische Produkt aller spezifizierten Molekültypen und führt darauf dann eine Restriktion mit der Qualifikationsbedingung q durch.

- Projektion (mt, p)

  (mt ist ein Molekültyp und p ist die zu projizierende Menge von Attributtypen)

  Der Operator *Projektion (P)* führt eine unqualifizierte Attributtypprojektion des angegebenen Molekültyps durch.

- Berechnung (mt, b)

  (mt ist ein Molekültyp und b spezifiziert eine "Built-in"-Funktion)

  Der Operator *Berechnung (B)* berechnet aus der Molekülmenge des angegebenen Molekültyps einen einzigen Wert (Skalar oder Wiederholungsgruppe), unter Verwendung der spezifizierten "Built-in"-Funktion.

- Restriktion (mt, {erg(a_1), ... , erg(a_n)}, a)

  (mt ist ein Molekültyp, a, a_1, ... , a_n sind Ausdrücke, wobei a_1, ... a_n innere (geschachelte) Anfragen sind und a den umgebenden Ausdruck darstellt; erg(a_i) bezeichnet das Ergebnis der zugehörigen Unteranfrage)

  Der Operator *Restriktion (R)* führt eine Qualifikation des Molekültyps mt durch. Nur solche Moleküle werden in die Ergebnis-Molekülmenge übernommen, die die Qualifikationsbedingung a' erfüllen. Dabei entsteht a' aus dem Ausdruck a, indem alle darin enthaltenen Unteranfragen a_i durch ihre Ergebnisse erg(a_i) ersetzt werden.

- Sortierung (mt, order)

  (mt ist ein Molekültyp und order spezifiziert die Sortierordnung)

  Der Operator *Sortierung (S)* liefert den Molekültyp mt sortiert nach der Ordnung order. Zusätzlich kann noch eine Duplikateliminierung durchgeführt werden.

- Rekursivmolekülkonstruktion (mt, until)

  (mt ist ein Molekültyp und until ist die Abbruchbedingung)

  Der Operator *Rekursivmolekülkonstruktion (RM)* konstruiert aus den Molekülen des Komponenten-Molekültyps mt Rekursivmoleküle. Dabei wird die Abbruchbedingung until beachtet.

- Qualifizierte Projektion (mt, q)

  (mt ist ein Molekültyp und q eine qualifizierte Projektion)

  Der Operator *qualifizierte Projektion (QP)* führt auf dem angegebenen Molekültyp die spezifizierte qualifizierte Projektion durch.

Diese Zusammenstellung läßt die MQL-spezifische Operatorenanpassung sehr deutlich erkennen. Die Zuordnung zu den einzelnen Sprachklauseln ist offensichtlich. Auch in bezug auf die Molekültypalgebra (s. Abschnitt 3.3) lassen sich Gemeinsamkeiten aufzeigen. Da in Kapitel 3 sowohl die

Sprache MQL als auch die Molekültypalgebra ausführlich erläutert wurden, kann hier auf eine (nochmalige) Beschreibung der Operatoren verzichtet werden. Detaillierte Angaben über die in den einzelnen Operatoren realisierten Strategien sind [MS87] zu entnehmen.

Basierend auf dieser Operatorenmenge und auf dem AEM-Operator können nun die benötigten komplexen Moleküle aufgebaut werden. Dazu wird der zur ursprünglichen Anweisung äquivlalente Ausführungsplan abgearbeitet, indem die dort enthaltenen Operatoren in der definierten Reihenfolge und unter Benutzung der vorgegebenen Strategie (Abarbeitungsstrategie für den betreffenden Operator) ausgeführt werden. Für eine gegebene Anfrage lassen sich in der Regel mehrere Operatorenreihenfolgen angeben und unabhängig davon natürlich alle vorhandenen Strategien ausnutzen. Es ist die Aufgabe der Optimierungskomponente, unter der Vielzahl der möglichen Ausführungspläne einen hoffentlich optimalen auszuwählen. Dazu werden unter Zuhilfenahme von komplizierten Kostenmodellen und heuristischen Strategien die Kosten der verschiedenen Alternativen ermittelt und die jeweils günstigste ausgewählt. Das nachfolgende Beispiel zeigt dazu ein einfaches Szenarium.

4.4.3.3 Beispiel

Für die nachstehende, schon durch die Anfragetransformationen "standardisierte" Beispielanfrage werden im folgenden verschiedene Ausführungspläne generiert und sowohl in einer Operatornotation als auch in einer graphischen Darstellung angegeben.

```
Beispielanfrage:      SELECT   A, B, C := ( SELECT   C
                                           FROM     RESULT
                                           WHERE    qual_3)
                      FROM     A - B -( C,D), E - F
                      WHERE    qual_1 AND qual_2;
```

qual_1, qual_2 und qual_3 bezeichnen entsprechende Qualifikationsbedingungen. Zur kompakteren Schreibweise seien noch die nachfolgenden "Platzhalter" definiert:

```
     mt_1 ::= ( SELECT   E, F
                FROM     E - F)


     mt_2 ::= ( SELECT   A, B,C
                FROM     A - B -( C,D)
                WHERE    qual_2)


     mt_3 ::= ( SELECT   A, B, C
                FROM     A - B -( C,D) )
```

mt_1, mt_2 und mt_3 bezeichnen einfache Molekültypen, die mit dem Operator "Aufbau einfacher Moleküle" ausgewertet werden können. Mögliche Ausführungspläne in der Operatornotation und Graphdarstellung sind dann

- QP(P(R(J({AEM(mt_1), AEM(mt_3)}, {}), {}, qual_1 AND qual_2), {A, B, C}), C := qual_3)

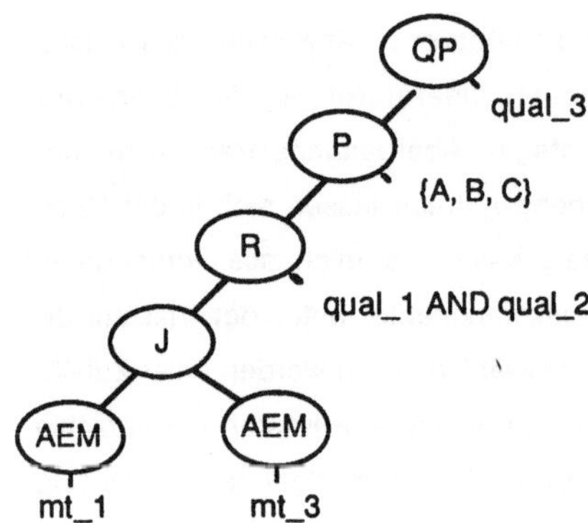

- QP(P(R(J({AEM(mt_1), QEM(mt_3)}, qual_1), {}, qual_2), {A, B, C}, C := qual_3)

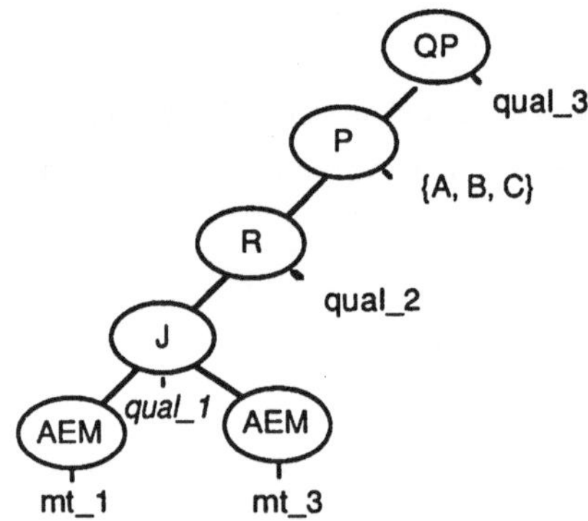

- QP(P(J({AEM(mt_1), AEM(mt_2)}, qual_1), {A, B, C}), C := qual_3)

Insbesondere durch die Operatornotation kommt die Ähnlichkeit zur Molekültypalgebra aus Abschnitt 3.3 nochmals deutlich zum Vorschein. Die Relevanz einer effektiven Optimierung ist ebenfalls ersichtlich. Die Reihenfolge, in der die verschiedenen Ausführungspläne angegeben sind, spiegelt zugleich auch eine schrittweise Verbesserung derselben wider. Besonders durch die graphische Darstellung wird ein weiterer effizienzbestimmender Aspekt angesprochen: Durch die Graphdarstellung werden die Teile des Ausführungsplanes erkennbar, die eine parallele Auswertung gestatten. Die parallele Ausführung von Anfragen ist für die weitere PRIMA-Entwicklung ein sehr wichtiges Gebiet, dem schon in den wesentlichen zugrundeliegenden Implementierungskonzepten Rechnung getragen wurde. Hierzu sei auf die nachstehenden beiden Abschnitte und auch auf den Ausblick in Kapitel 5 verwiesen.

4.4.4 Implementierungsstruktur

Um die Implementierungsstruktur des Datensystems von PRIMA in adäquater Weise aufzeigen zu können, müssen zuerst noch weitere Details (s. Abschnitt 4.2.2) der benutzten Implementierungssprache LADY [Ne87] vorgestellt werden. Unterhalb der System- und Teamebene bietet LADY für die Implementierung von verteilten Systemen die Möglichkeit Prozeß-, Monitor- und Klassentypen sowie auch globale Prozedurtypen zu definieren. Klassen stellen durch die Zusammenfassung von Daten und den darauf definierten Operationen im Prinzip abstrakte Datentypen zur Verfügung. Monitore [Ho74] synchronisieren den Zugriff auf gemeinsam benutzte Daten mehrerer Prozesse und dienen damit der (effizienten) Kommunikation (über Hausptspeicher) innerhalb eines Teams. Teams sind die Zusammenfassung (und Vernetzung) von Prozeß- und Monitorausprägungen. Da Teams die Einheit der Verteilung eines Systems bei der Zuordnung auf Prozessoren sind, geschieht die Kommunikation zwischen Teams ausschließlich über Nachrichten. LADY erlaubt das Anhalten laufender bzw. das Aktivieren wartender Prozesse mittels des Klassentyps 'CONDITION' [Ho74]. Ferner wird ein Fehlerbehandlungskonzept angeboten, das eine Abtrennung der Fehlerbehandlung vom eigentlichen Programm erlaubt: Fehler erzeugen sog. 'EXCEPTIONS', die in eigens definierten Komponenten (EXCEPTION-HANDLER) bearbeitet werden können.

Im folgenden wird die Implementierungsstruktur des Datensystems von PRIMA basierend auf den Konzepten der Sprache LADY vorgestellt. Aufzuzeigen gilt es also die Team-, Prozeß- und Monitorstruktur des Datensystems. Dazu wurde die in Abschnitt 4.4.1, Abb. 4.12 schon entwickelte funktionale Gliederung direkt in eine Prozeßstruktur umgesetzt, wobei die "Kontroll"-Einheiten auf Monitore abgebildet wurden. Ferner wurde das gesamte Datensystem zu einem Team zusammengefaßt, da die einzelnen Prozesse sehr viele Daten gemeinsam benutzen. Die Aufnahme des Zugriffssystems ebenfalls in dieses Team erscheint aus dem gleichen Grund sinnvoll. Die Schnittstelle zum Zugriffssystem ist dabei als Monitor vorgegeben. Die entsprechenden Monitore stellen die Anschlüsse noch "oben" zur Modellabbildung und nach "unten" zum Zugriffssystem dar. Das hieraus resultierende Diagramm ist in Abb. 4.16 enthalten.

Die SELECT-Komponente bekommt den Ausführungsplan im Monitor Auftragsverwaltung bereitgestellt. Für die Übergabe von Zwischenergebnissen während der Bearbeitung eines Auführungsplanes gibt es prinzipiell zwei Möglichkeiten:

- Vollständige Ermittlung des Ergebnisses eines Operatoraufrufes vor der Bearbeitung des nächsten Operatoraufrufes in der durch den Ausführungsplan festgelegten Aufrufhierarchie.

- Bearbeitung des nächsten Operatoraufrufes in der Aufrufhierarchie direkt nach der Erzeugung der entsprechenden Teilergebnisse. Dieses Verfahren wird in [Fr86] auch "Stream"-Verfahren genannt oder allgemein auch als "Pipelining" bezeichnet.

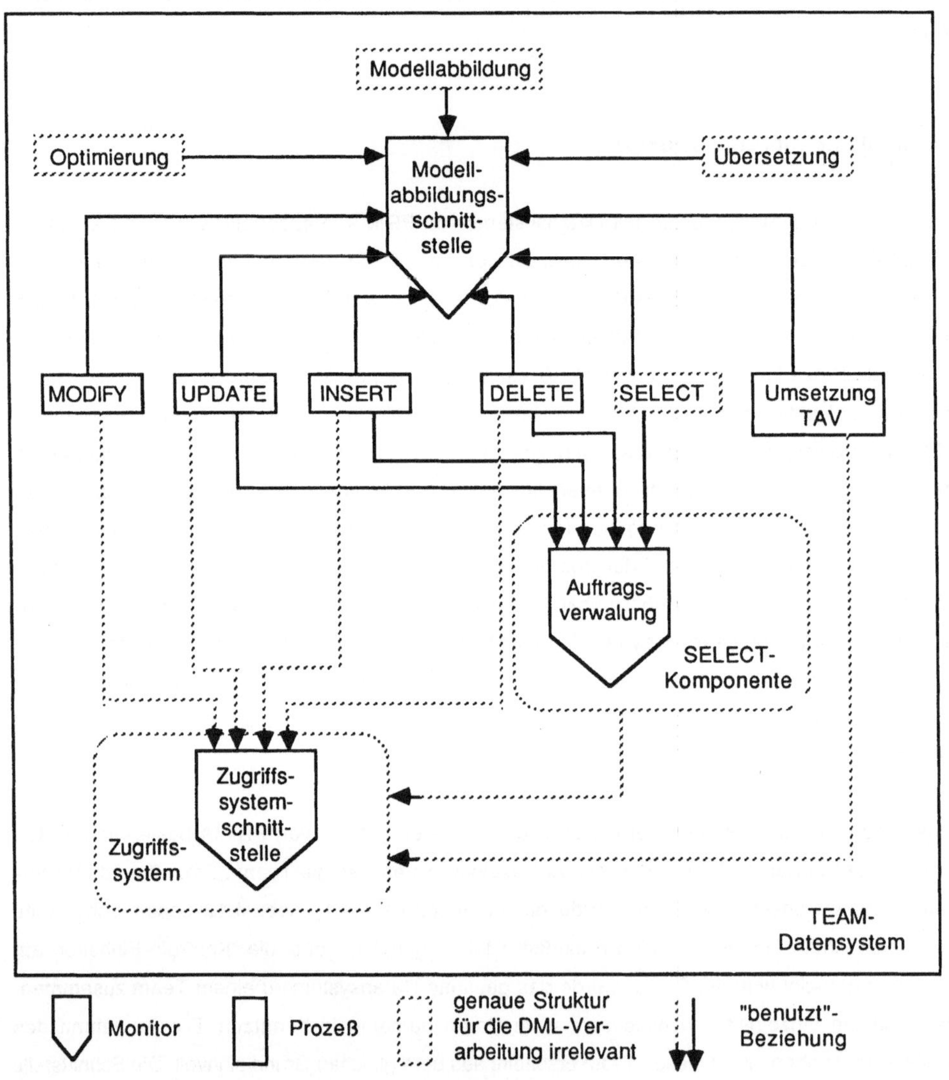

Abb. 4.16: LADY-Struktur des Teams "Datensystem"

Für die SELECT-Bearbeitung wurde die zweite Methode gewählt, da die erste Methode den gewichtigen Nachteil hat, daß u.U. sehr große Zwischenergebnisse gespeichert werden müssen. Jedes Element der Zwischenergebnismenge entspricht einem Molekül, von dem für weitere Bearbeitungsstufen oft nicht alle Teile benötigt werden, während u.U. alle Teile zum Ergebnismolekül gehören. Daher sollen die Ergebnismoleküle stückweise aufgebaut werden können, sobald schon Teile davon vorliegen. Für jeden Operator innerhalb der SELECT-Komponente muß es deshalb möglich sein, Teile der Ergebnismoleküle im Monitor Modellabbildungsschnittstelle abzulegen. Abb. 4.17 reflektiert dies in ihrer verfeinerten LADY-Struktur.

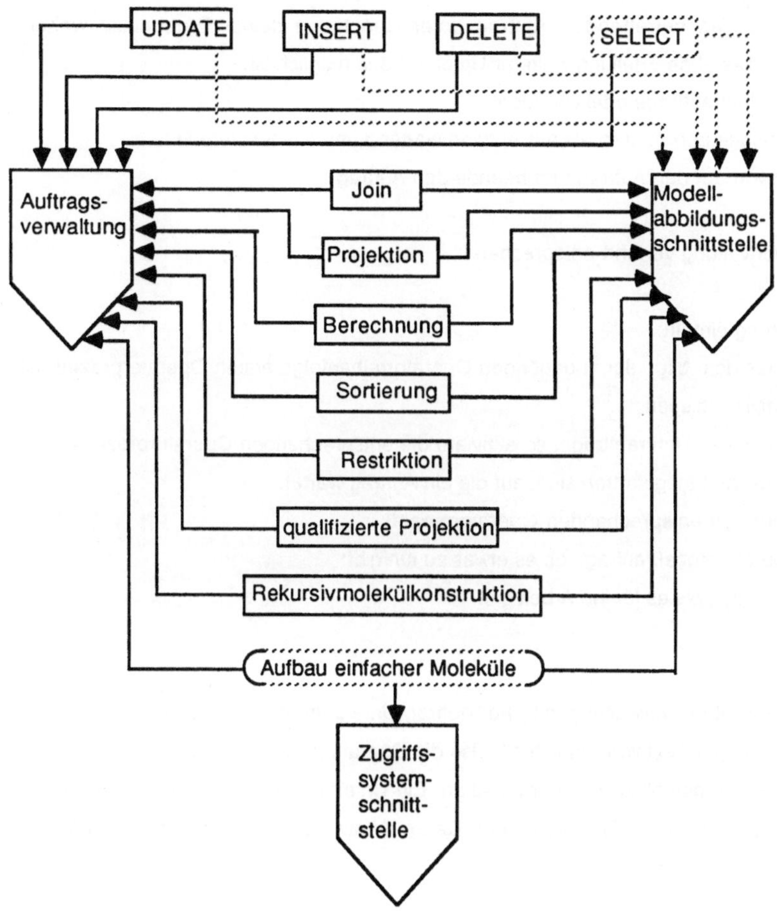

Abb. 4.17: LADY-Struktur der SELECT-Komponente

Aus Abschnitt 4.4.3 geht hervor, daß die dort definierten Operatoren in beliebig tief verschachtelter Rekursion angewendet werden können und daß ein Operator damit gleichzeitig in mehreren Rekursionstiefen aktiv sein kann. In LADY wird allerdings die dynamische Erzeugung von Prozessen nicht unterstützt. Es bleibt aber die Möglichkeit, für dieselbe Aufgabe statisch mehrere gleiche Prozesse vorzusehen (dies wird auch als "single-tasking, multi-process" bezeichnet). Neben anderen Nachteilen ist dabei die Rekursionstiefe beschränkt. Deshalb wurden zur Realisierung der Operatoren "multi-tasking"-fähige Prozesse vorgesehen, die von LADY nicht direkt angeboten werden. Die Struktur eines solchen Operatorprozesses läßt sich wie folgt skizzieren:

```
LOOP
    - Frage Auftragsverwaltung, ob etwas zu tun ist.
    - Wenn ein neuer Auftrag vorliegt:
            Bearbeite ihn, solange dies ohne Erteilung von Unteraufträgen möglich ist.
      Sonst falls es Antwort auf Unteraufträge gab:
            Bearbeite den betreffenden Auftrag unter Benutzung seiner Ergebnisse weiter,
            solange dies ohne Erteilung weiterer Unteraufträge möglich ist.
    - Wenn weitere Unteraufträge erteilt wurden:
            Kennzeichne den Auftrag als auf Antwort wartend und suspendiere ihn.
      Sonst gib Antwort auf den Auftrag und beende den Auftrag.
END LOOP.
```

Der Monitor Auftragsverwaltung verfährt entsprechend:

```
LOOP
    - Wenn ein Auftrag eintrifft:
            Teile dies dem bzgl. der zugehörigen Operatorreihenfolge ersten Operatorprozeß mit
            und aktiviere diesen.
            Erzeugt dieser Unteraufträge, so aktiviere die entsprechenden Operatorprozesse.
    - Wenn alle Antworten eingetroffen sind, auf die ein Auftrag wartet:
            Aktiviere den entsprechenden Operatorprozeß.
    - Wenn ein Operatorprozeß anfragt, ob es etwas zu tun gibt:
            Blockiere ihn, bis es für ihn Arbeit gibt.
END LOOP.
```

Der Monitor Auftragsverwaltung verwaltet sämtliche "Auftrag-Unterauftrag"-Beziehungen und aktiviert bzw. blockiert die zugehörigen "aktiven Einheiten", also die Operatorprozesse. Ein Auftrag entspricht im Prinzip einem "Operatorknoten" im Ausführungsplan. Ein Unterauftrag ist dann die Aufforderung an einen anderen Operator(prozeß), bestimmte Daten (Antworten) bereitzustellen, die zur Auftragsabarbeitung benötigt werden.

Beispielsweise ergibt sich für den Prozeß, der das SELECT repräsentiert, folgende Struktur:

```
LOOP
    - Lies Ausführungsplan aus Monitor Modellabbildungsschnittstelle.
    - Gib Auftrag an Monitor Auftragsverwaltung weiter.
    - Warte auf Antwort (aus Auftragsverwaltung).
    - Gib Antwort an den Monitor Modellabbildungsschnittstelle weiter.
END LOOP.
```

4.4.5 Bewertung

Die Beschreibung des PRIMA-Datensystems in diesem Kapitel konzentrierte sich im wesentlichen auf den Aspekt der statischen Abbildung von der molekülmengen-orientierten MQL-Schnittstelle auf die atomorientierte Zugriffssystemschnittstelle. Dazu wurde die operationale Umsetzung von MQL-Anweisungen durch Übersetzungs- (Optimierungs-) und Ausführungsphase beschrieben und die einzelnen Komponenten dazu genauer betrachtet. Die letztendlich angewandten Entwurfs- und Strukturierungskonzepte orientierten sich an den nachstehenden Leitlinien:

- Funktionalität

  Die externe Schnittstelle des Datensystems sollte die Mächtigkeit von MQL besitzen.

- Modularität

  Aufteilung des Gesamtsystems in Komponenten mit zueinander klar abgegrenzten Aufgaben und Schnittstellen.

- Interpretationsansatz

  Die externe MQL-Schnittstelle wird mittels Operatoren (Transformationsregeln) auf die interne Zugriffssystemschnittstelle abgebildet.

Diese drei Konzepte stellen die Grundlage für die geforderte Erweiterbarkeit (Sprachkonzepte, Optimierung bzw. Optimierungsstrategien sowie interne Verarbeitungsstrategien) des Datensystems dar.

Auf die dynamischen Aspekte der Anweisungsausführung - damit eng verbunden sind Fragen nach der Effizienz - wurde allerdings nur sporadisch eingegangen. Eine genaue Beschreibung der System-dynamik und aller Implementierungsdetails ist in [Be87, BW88, MS87, Sch87, We87] nachzulesen. Hier soll allerdings eine einfache Skizzierung der wesentlichen Eigenschaften genügen.

Die Abarbeitung eines Ausführungsplanes erfolgt durch die entsprechende Verschachtelung von Operatoren bzw. Operatorprozessen, die zueinander asynchron (bzw. parallel) arbeiten können. Durch das "multi-tasking"-Konzept ist es sogar möglich, daß einzelne Operatorprozesse parallel zueinander ablaufen können. Diese "Intra-DML"-Parallelität kann durch entsprechende Erweiterung des AEM-Operators noch zusätzlich gesteigert werden. Durch geringe Änderungen kann erreicht werden, daß einzelne Aufträge parallel an die Zugriffssystemschnittstelle abgesetzt werden. Im Prinzip kann auch der gesamte Aufbau einfacher Moleküle (in hohem Maße) parallel erfolgen. Hierzu wird das Datenflußprinzip ausgenutzt. Dieses algorithmisch aufwendige Verfahren erfordert allerdings größere Änderungen der Implementierung des AEM-Operators. Die Molekülscan-Schnittstelle und die Funktionalität des Operators bleibt davon allerdings unberührt. Durch diese Vorschläge kommt der Nutzen der Modularität im Hinblick auf Erweiterungen nochmals deutlich zum Vorschein.

Bisher erfolgt die Abarbeitung eines Ausführungsplanes nach dem Kontrollflußprinzip. Jeder Operator(prozeß) erzeugt bzw. erteilt entsprechende Unteraufträge und ruft die Antworten bzw. Ergebnisse einzeln und explizit ab. Ein Übergang zum Datenflußprinzip auf dieser "Inter-Operator-Ebene", würde eine weitere Dimension möglicher Parallelisierung eröffnen. Die Integration dieser Parallelisierungsebene würde im wesentlichen lokal innerhalb der SELECT-Komponente erfolgen und eine Anpassung der "Operator-Auftragsverwaltungs"-Schnittstelle bedeuten. Die Semantik der Operatoren hinsichtlich der Verarbeitung des Ausführungsplanes bliebe dabei unverändert.

Eine bislang nicht erwähnte Parallelisierungsebene ist die parallele Abarbeitung mehrerer DML-Anweisungen ("Inter-DML"-Parallelität), die in dem hier vorliegenden Datensystem (und damit auch im PRIMA-System) erlaubt ist. Im Prinzip könnten sogar alle Komponenten des PRIMA-NDBS zueinander parallel bzw. asynchron arbeiten. Die Modellabbildung oberhalb des PRIMA-Systems könnte asynchron zur eigenen Verarbeitung gleich eine Menge von DML-Anweisungen an das PRIMA-Datensystem absetzen und somit zusätzlich noch eine "Inter-DML"-Parallelität erzeugen. Das gleiche Prinzip könnte auch an der Zugriffssystem- und Speichersystem- bzw. Dateisystemschnittstelle angewendet werden. Durch die Monitor-Realisierung der gesamten Schnittstellen ist dies prinzipiell möglich.

Alle hier aufgeführten Parallelisierungskonzepte lassen sich natürlich erst dann effektiv ausnutzen, wenn entsprechende Mehrprozessorsysteme verfügbar sind. Als mögliche Hardware-Architektur des PRIMA-NDBS sei nochmals auf Abbildung 4.9 verwiesen.

Zusammenfassend läßt sich sagen, daß die Entwurfs- und Strukturierungskonzepte des hier beschriebenen Datensystems geeignet erscheinen für nachträgliche Systemerweiterungen, insbesondere auch hinsichtlich der erwähnten Arten von Parallelisierung. Diese speziell auf das Datensystem bezogene Bewertung wird durch das nachfolgende Kapitel 5 noch entsprechend ergänzt und auf das gesamte PRIMA-NDBS ausgedehnt.

5. Zusammenfassung und Ausblick

Ziel der vorliegenden Arbeit war die Erarbeitung und Nutzbarmachung von Datenbankkonzepten für sog. Non-Standard-Anwendungen. Die zentralen Fragestellungen, zu denen hier versucht wurde brauchbare Antworten zu geben, betrafen:

- Anforderungen, die von den Non-Standard-Anwendungen an die Datenhaltung gestellt werden,
- Architekturen und Datenmodelle für NDBS und
- Konzepte zur Implementierung solcher NDBS.

Ausgehend von detaillierten Analysen einiger DB-basierter Prototypen aus verschiedenen Non-Standard-Anwendungsbereichen wurde ein Anforderungskatalog zusammengestellt. Dieser Katalog enthielt konkrete Aussagen über die Datenstrukturen der Anwendungsobjekte und die zugehörigen Charakteristika der Verarbeitung. Er diente im weiteren als Bezugsrahmen und Leitlinie für den Entwurf passender NDBS und war richtungsweisend sowohl für ein adäquates Datenmodell als auch für dessen effiziente Implementierung, basierend auf einem zugeschnittenen Architektur-konzept.

Im folgenden sollen die wesentlichen Ergebnisse dieser Arbeit anhand der geschilderten Vorgehens-weise nochmals zusammenfassend dargestellt werden.

Um angepaßte Konzepte, Schnittstellen und Architekturen entwickeln zu können, mußte aus-reichend Wissen über die Non-Standard-Anwendungen und deren Anforderungen an eine geeignete Datenhaltung vorhanden sein. Durch die Entwicklung verschiedener DB-basierter Prototypsysteme konnten qualitative und auch quantitative Analysen und Bewertungen der Schwachstellen des DBS-Einsatzes gemacht werden; angepaßtere DB-Konzepte konnten erkannt und abgeleitet werden. Untermauert durch die vergleichende Untersuchung der verschiedenen Prototypsysteme, konnten die folgenden Gründe analysiert werden, die ausschlaggebend waren für die insgesamt schwerfällige und daher ineffiziente Objektdarstellung und Objektverarbeitung:

- inadäquate Modellierung und Verarbeitung von häufig auftretenden netzwerkartigen und rekursiven Strukturen,
- schlechtes Ausnutzen vorhandener Verarbeitungslokalität und
- keine Zugriffsunterstützung auf dynamisch spezifizierte Satzmengen heterogenen Typs.

Basierend auf diesen durch empirische Untersuchungen bestätigten Anforderungen wurde das Molekül-Atom-Datenmodell (MAD-Modell) entworfen. Zusammen mit seiner Prototypimplementierung PRIMA bildeten sie den Schwerpunkt der vorliegenden Arbeit.

Das MAD-Modell wurde gleich auf drei verschiedene Arten vorgestellt:

- Die grundlegenden Modellkonzepte wurden als Erweiterung des Relationenmodells entwickelt. Die Elementarbausteine des MAD-Modells werden Atome genannt (sie sind vergleichbar mit den Tupeln im Relationenmodell). Darauf aufbauend wird eine Möglichkeit geschaffen, Atome zu sog.

Molekülen zusammenzufassen. Der Begriff Molekül soll dabei zum Ausdruck bringen, daß Atome dynamisch verschiedene Bindungen eingehen können, je nachdem wie sie zum Aufbau der Moleküle verwendet werden. Weitere Schlüsselkonzepte des MAD-Modells sind die Möglichkeit zur redundanzfreien Modellierung von (n:m)-Beziehungen sowie die symmetrische Darstellung aller definierten Beziehungen zwischen Objekten. Damit wird unmittelbar das Konzept der symmetrischen Verarbeitungseinheiten unterstützt. Netzwerkartige und auch rekursive Strukturen werden nicht statisch vordefiniert, sondern nach Bedarf dynamisch gebildet.

- Durch die detaillierte Beschreibung der Sprache MQL wurden die Modellkonzepte und deren Benutzung verfeinert.

MQL ist eine mächtige Sprache zur Spezifikation von Moleküloperationen. Es wird eine komfortable Molekülverarbeitung basierend auf den Operationen Lesen, Einspeichern, Löschen, Modifizieren und Ändern bereitgestellt. Alle Operationen sind molekülmengen-orientiert und erlauben die zu verarbeitenden Molekülmengen in adäquater Weise zu definieren und auszuwählen. Dazu können jeweils die gleichen Basiskonstrukte der Sprache verwendet werden. Zusätzlich zu diesen DML-Anweisungen gibt es noch DDL-Anweisungen zur Datendefinition und LDL-Anweisungen zur Lastdefinition. Letztere ermöglichen im wesentlichen eine Beschreibung des zu erwartenden Last-aufkommens, und bewirken i.a. direkte Optimierungsmaßnahmen auf internen Systemebenen. Durch MQL werden sowohl eine eingebettete als auch eine eigenständige Sprachversion zur Verfügung gestellt. Dabei ist die erstere für die interaktive Benutzung vorgesehen, und die letztere wird als Programmierschnittstelle verwendet.

- Ein Formalisierungsansatz führte zur "MAD-Algebra".

Damit läßt sich zum einen die Abgeschlossenheit der MAD-Operationen hinsichtlich der "Molekülwelt" zeigen. Zum anderen kann die Semantik der Sprache und damit auch des Modells entsprechend genau beschrieben werden. Während der Entwurfsphase des MAD-Modells und auch während seiner Implementierungsphase konnte die Algebra als zugrundeliegende, exakte Beschreibung gewinnbringend benutzt werden.

Eine Abgrenzung des MAD-Modells gegenüber anderen Datenmodellen hob die MAD-spezifische Eigenschaft der Integration von Netzstrukturen und rekursiven Strukturen aufgrund der dynamischen Molekülbildung nochmals hervor. Der Nutzen dieses Konzeptes zur Objektunterstützung wurde durch verschiedene Fallbeispiele belegt. Zudem konnten in allen Prototypsystemen Schnittstellen identifiziert werden, die in ihrer Mächtigkeit den spezifizierten MQL-Operationen entsprechen.

Die Prototypimplementierung des MAD-Modells (PRIMA) ist eingebettet in die sog. NDBS-Kern-Architektur, deren primäres Ziel es ist, zugeschnittene NDBS für eine möglichst optimale Unter-stützung der Objekte und Operatoren einer Anwendungsklasse zur Verfügung zu stellen. Damit verbunden ist eine Zweiteilung des NDBS in eine anwendungsorientierte Systemebene (Modellab-bildung) und in ein anwendungsunabhängiges Kernsystem (hier PRIMA). Durch angepaßte Objekte und Operationen wird in der Modellabbildung eine entsprechende Anwendungsorientierung erreicht. Im NDBS-Kern lassen sich dazu geeignete und allgemein verwendbare Darstellungs- und Zugriffs-techniken redundanzfrei vereinigen und effizient implementieren. Der NDBS-Kern realisiert dabei ein allgemeines Datenmodell; im Fall von PRIMA ist das dann das MAD-Modell bzw. die Sprache MQL. Durch die im MAD-Modell enthaltenen Konzepte zur Objektunterstützung können die anwendungsbezogenen Objekte und Operationen der Modellabbildung geeignet unterstützt werden. Auf diese Weise kann vom NDBS ein anwendungsbezogenes Modellierungswerkzeug bereitgestellt und ein Laufzeitverhalten erreicht werden, wie es sonst nur von Spezialsystemen erwartet wird.

Ausgangspunkt für die Realisierung von PRIMA war eine hierarchische Schichtenarchitektur, die sich als notwendige Voraussetzung für Datenunabhängigkeit, Modularität und Erweiterbarkeit sowie für flexible Konfigurierbarkeit sowohl des Gesamtsystems als auch einzelner Schichten herausgestellt hat. PRIMA wurde zunächst in drei Schichten zerlegt, die jeweils unterschiedliche Abstraktionsniveaus darstellen und die statische Abbildung von Molekülen über Atome und Seiten auf die Externspeichermedien übernehmen:

- Das Datensystem realisiert an seiner molekülmengen-orientierten Schnittstelle das MAD-Modell, repräsentiert durch die Sprache MQL.
- Die Schnittstelle des Zugriffssystems ist atomorientiert. Neben den Operationen zur Direktverarbeitung von einzelnen Atomen stehen auch verschiedene Scan-Operationen zur Verfügung, die es erlauben, satzweise sowohl homogene als auch heterogene Atommengen geeignet zu verarbeiten.
- Das Speichersystem erlaubt eine virtuelle Adressierung von Seiten und bietet seitenmengen-orientierte Operationen an.

Für die Realisierung des MAD-Modells ist insbesondere das Datensystem zuständig, da dort die eigentliche dynamische Molekülbildung stattfindet. Dazu werden die MQL-Operationen in eine an der Zugriffssystemschnittstelle ablauffähige Form transformiert, unter Erhaltung der ursprünglichen Anweisungssemantik. Die jeweils benötigten Atome werden einzeln beim Zugriffssystem angefordert und zum gewünschten Molekül zusammengesetzt. Das Datensystem wurde zum Zwecke der Erweiterbarkeit modular entworfen. Es wurden eine Reihe von Operatoren bereitgestellt, die die dynamische Molekülbildung durchführen. Alle Operatoren arbeiten auf einer flexiblen und erweiterbaren Datenstruktur, die die Interndarstellung der Anfrage repräsentiert und das Austauschen bzw. Hinzufügen einzelner Operatoren ermöglicht.

In dieser Arbeit wurden hauptsächlich die statischen Aspekte der Anwendungsunterstützung durch den NDBS-Kern PRIMA behandelt. Dabei wurden insbesondere die internen Abbildungen betrachtet, die zur Realisierung der molekülmengen-orientierten MAD-Schnittstelle benötigt wurden. Auf die dynamischen Aspekte und somit auch auf wichtige leistungsdefinierende Merkmale wurde nur an manchen Stellen eingegangen. Auch andere leistungsdefinierende Parameter, wie etwa die "Datenmodell-Anbindung" in die Modellabbildung oder das gewählte "Verarbeitungsmodell" wurden nur sporadisch erwähnt. Deshalb schließt sich im folgenden eine kurze Zusammenstellung von verschiedenen Diskursbereichen an, die es wert sind, im Rahmen von weiterführenden Arbeiten beachtet zu werden:

- Optimierung

  Der Bereich Anfrageoptimierung spielt in allen DBS mit mengenorientierter Schnittstelle eine wichtige Rolle. Hier sind bekannte Optimierungsverfahren im Hinblick auf die Molekülverarbeitung zu erweitern und um neue Verfahren zu ergänzen. Das eigentliche Systemtuning mit der Zielsetzung einer effizienteren Verarbeitung durch PRIMA zählt mit hinzu, ebenso wie die Erweiterung des Zugriffssystems um neue (evtl. an eine bestimmte Anwendung angepaßte) Speicherungsstrukturen.

- Parallelität

  Die wesentlichen Bemerkungen zur Parallelität wurden schon in Abschnitt 4.4.5, im Zusammenhang mit der Bewertung des PRIMA-Datensystems, aufgeführt. Dort wurden verschiedene Ebenen der Parallelisierung vorgeschlagen, die sowohl innerhalb als auch außerhalb des Kernsystems zu finden sind.

- Anwendungsunterstützung

  In diesem Diskursbereich sind Fragen nach der geeigneten Anbindung des MAD-Modells in die Modellabbildung und nach angepaßten Verarbeitungsmodellen zu beantworten. In Abschnitt 4.4.2 wurde dazu ein Objektpuffer-Konzept in Verbindung mit einem angepaßten Cursor-Konzept vorgeschlagen. Der Objektpuffer ermöglicht eine durch die Prototypsystem-Analysen geforderte Verarbeitungslokalität in Anwendungsnähe. Infolge der damit verbundenen erheblichen Reduzierung der Zugriffe auf das PRIMA-System erscheinen die vorgeschlagenen Konzepte auch geeignet für eine arbeitsplatzorientierte Verarbeitung.

Die hier aufgeführte Zusammenstellung erhebt keinen Vollständigkeitsanspruch. Beispielsweise wurden die relevanten Themen Transaktionsunterstützung, Synchronisation und Logging/Recovery hier ausgespart. Es wurden einige offensichtlich im Zusammenhang mit der PRIMA-Entwicklung berührten Bereiche, thematisch sortiert, aufgeführt. Das alle Bereiche verbindende Merkmal ist ihr leistungsdefinierender Bezug. Alle erwähnten Aspekte erhalten durch Abbildung von PRIMA auf ein Mehrprozessorsystem eine neue "Dimension". Insbesondere für die Parallelisierungsaspekte ergeben sich damit neue Freiheitsgrade. Im Zusammenhang mit einem Mehrprozessorsystem und der verteilten Verarbeitung müssen auch die Transaktions-, Synchronisations- und Logging/Recovery-Konzepte der neuen Ablaufumgebung angepaßt werden. Als zusätzliche Diskursbereiche kommen zumindest noch Lastkontrolle und Lastbalancierung hinzu.

Zusammenfassend läßt sich sagen, daß das in dieser Arbeit vorgestellte MAD-Modell und seine Sprache MQL ein brauchbares Maß an Objektunterstützung bereitstellen, das zusammen mit dem hier ebenfalls aufgezeigten PRIMA-System und seiner NDBS-Kern-Architektur einen durchaus interessanten Ansatz darstellen, zu einer geeigneten DB-basierten Anwendungsunterstützung zu gelangen. Diese Bewertung wird durch die anfangs beschriebenen Auswertungen von empirischen Untersuchungen an "realitätsnahen" Prototypsystemen noch entsprechend untermauert. Zudem wurden die Modellierungs- und Verarbeitungsmöglichkeiten des MAD-Modells schon für die Bereiche CAD (BREP-Modellierung [Mi88]), VLSI-Entwurf (Chip-Planning [KMP86]) und Wissensrepräsentation (Frame-Modellierung [HMM87]) erfolgreich getestet. Die geplanten Einsatzziele des PRIMA-

Systems und somit auch des MAD-Modells sind CAD-Anwendungen, VLSI-Entwurfsanwendungen sowie Wissensbankverwaltungssysteme bzw. andere Anwendungen aus dem Gebiet der Wissensverarbeitung.

Abbildungsverzeichnis   Seite

Tabellenverzeichnis   Seite

A Das Meß- und Analysesystem MESASU

Im folgenden wird das zur Bewertung von hierarchisch-strukturierten Software-Systemen entwickelte Meß- und Analysesystem MESASU vorgestellt. Diese Beschreibung orientiert sich weitgehend an [Su87]. Eine ausführlichere Diskussion der System- und auch Implementierungskonzepte ist in [Su86] zu finden. MESASU wurde weitgehend anwendungsneutral konzipiert, so daß es prinzipiell zur Bewertung beliebiger, speziell aber datenbankbasierter Anwendungen verwendet werden kann. Zunächst wird die Grobarchitektur des Systems vorgestellt. Danach wird das zur Analyse der Meßdaten entwickelte Modell vorgestellt und die einen Analyselauf festlegenden Parameter abgeleitet und damit die eigentlichen Analyseverfahren beschrieben. Anschließend findet sich noch ein Vorschlag bzgl. den Verwendungsmöglichkeiten von MESASU sowie zwei vollständige Beispielanalysen des in Abschnitt 2.2.3 vorgestellten DBCHIP-Systems.

A.1 Die Grobarchitektur von MESASU

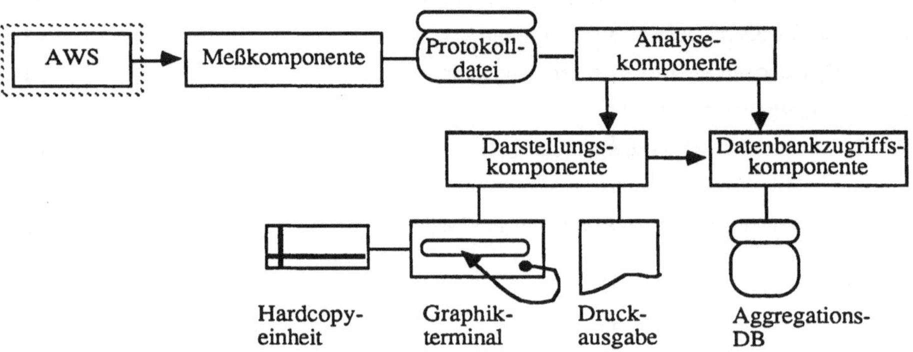

Abb. A.1: Grobarchitektur von MESASU

Das System MESASU setzt sich im wesentlichen aus den in Abb. A.1 aufgeführten Komponenten zusammen. Die Meßkomponente ist als Software-Monitor [EHRS81] realisiert, der in das zu untersuchende Anwendungssystem (AWS) zu integrieren ist. Die während eines Meßlaufs aufgezeichneten Informationen werden in Form von formatierten Meßsätzen in der Protokolldatei abgelegt. Die Analysekomponente verarbeitet die Meßsätze aus dieser Protokolldatei und führt die spezifizierten Analyseverfahren durch. Die Ergebnisse eines Analyselaufs können zur langfristigen Datenhaltung in einer Datenbank, der Aggregations-DB, abgelegt werden. Die Datenbankzugriffs-komponente stellt die zur Verwaltung der Aggregations-DB notwendigen Funktionen zur Verfügung. Die Darstellungskomponente bietet die Möglichkeit, sämtliche Ergebnisse eines Analyselaufs in tabellarischer Aufstellung auszugeben oder die Ergebnisse weiter zu selektieren und an einem Graphikgerät in Form einer Torte, eines Säulen- bzw. Balkendiagramms aufzubereiten oder über eine angeschlossene Hardcopy-Einheit einen Bildschirmabzug anzufertigen. Weiterhin können auch die

Ergebnisse von mehreren in der DB gespeicherter Analseläufe in einer Graphik vergleichend einander gegenübergestellt werden.

A.2   Das Modell zur Analyse der Meßdaten

A.2.1 Voraussetzung und Begriffsbildung

Eine Analyse der internen Systemdynamik, also des Aufwandes in den einzelnen System-komponenten, ist nur sinnvoll, wenn das Anwendungssystem eine hierarchische Gliederung aufweist. Diese läßt sich meist direkt aus dem Aufbau des Systems ableiten. Abb. A.2 zeigt den charakteristischen Aufbau eines hierarchisch-strukturierten, DB-basierten AWS. Damit ein AWS mit MESASU analysiert werden kann, muß die Aufteilung der Schnittstellenfunktionen (synonym Prozeduren) der einzelnen Systemkomponenten in Ebenen eine hierarchische Ordnung ergeben und alle nachstehenden Punkte erfüllen:

- Jede Prozedur ist genau einer Ebene zugeordnet.
- Jede Prozedur darf nur Prozeduren der gleichen oder einer tieferen Ebene aufrufen. Prozeduren, die sich gegenseitig oder zyklisch aufrufen, sind in einer Ebene angeordnet.
- Eine Prozedur muß nicht notwendigerweise Prozeduren der nächsttieferen Ebene aufrufen.
- Setzt das AWS auf eine Datenbank auf, so besteht die unterste Ebene immer aus den Aufrufen an das DBS (DML-Befehle).

Diese Restriktionen sind notwendig, damit überhaupt sinnvolle Systemanalysen durchgeführt werden können. Die Anordnung der Prozeduren des AWS in Ebenen kann entweder vorgegeben oder mit Hilfe eines Analyseprogramms dynamisch aus der aktuellen Protokolldatei abgeleitet werden. Die Ebenenzuordnung ist also unabhängig von einer statischen Anordnung der Prozeduren.

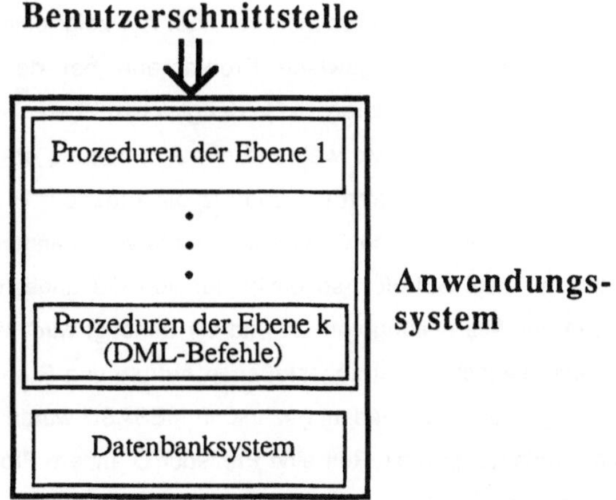

Abb. A.2: Schematischer Aufbau eines DB-basierten Anwendungssystems

Grundlage sämtlicher Analysen sind die von der Meßkomponente aufgezeichneten Prozedur- bzw. DML-Aufrufe. Sie werden in der Protokolldatei abgelegt als eine Sequenz von Logsätzen von DBS-Operationen bzw. von Prozeduranfangs- und Prozedurende-Logsätzen, die jeweils zu Beginn und vor Beendigung einer Prozedur des AWS aufgezeichnet werden. In der Reihenfolge der Protokollsätze spiegelt sich die Schachtelung der Prozeduraufrufe wider. Somit läßt sich die dynamische Aufrufhierarchie (also die Aufrufhierarchie zur Laufzeit) aus der Protokolldatei herleiten (Abb. A.3).

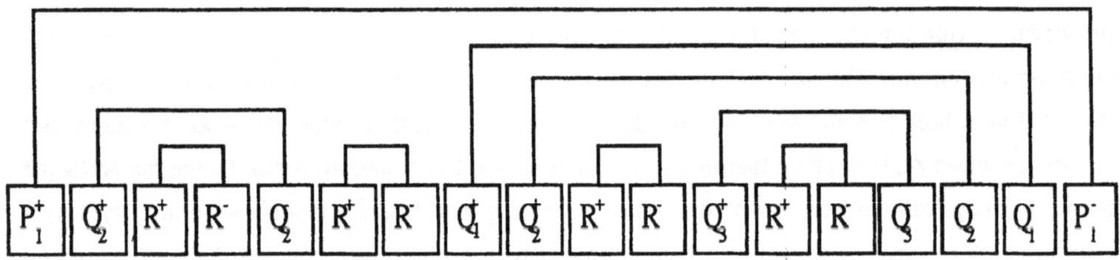

Es bedeuten: +: Prozeduranfangs-Logsatz; -: Prozedurende-Logsatz

Abb. A.3: Beispiel einer Sequenz von Kontrollansätzen

Zur Beschreibung des Analysemodells werden die Begriffe Aufruffolge, Aufrufweg und Aufrufbaum verwendet, die es vorab zu definieren gilt. In einer Aufruffolge werden die Aufrufbeziehungen zwischen Prozeduren durch gerichtete Kanten dargestellt. Jeder Prozeduraufruf wird durch eine eigene Kante und den Namen der aufgerufenen Prozedur abgebildet. Ein Aufrufweg ist eine durch gerichtete Kanten verbundene Folge von Prozedurnamen und beschreibt eine Prozedur-schachtelung. Ein Aufrufbaum zeigt für die betrachtete Prozedur sämtliche in tieferen Ebenen benutzte Prozeduren auf, was rekursiv fortgesetzt wird. Er ist somit ein graphisches Hilfsmittel zur Darstellung hierarchisch geschachtelter Funktionsaufrufe. Abb. A.4 zeigt eine Aufruffolge und den daraus abgeleiteten Aufrufbaum. Eine gewisse Problematik bei der Durchführung der Datenaggregation stellen Aufrufe von Prozeduren, die in der gleichen Ebene liegen, sowie zyklische Aufruffolgen dar. Auf die Frage "Wie oft wird während der Abarbeitung der Prozedur P1 in der Aufruffolge aus Abb. A.4 von den Prozeduren Q1 und Q2 die Prozedur R aufgerufen?" gibt es mehrere denkbare Antworten. Werden Q1 und Q2 nur die Aufrufe von R angerechnet, die sie selbst initiiert haben (also null bzw. zwei Aufrufe), so bleibt der von Q3 angestoßene Aufruf von R unberücksichtigt, obwohl er zur Abarbeitung von Q2 und Q1 benötigt wird. Werden dagegen den Prozeduren Q1 und Q2 auch die nicht direkt angestoßenen Aufrufe von R angerechnet (zwei bzw. drei Aufrufe), so werden einige Aufrufe redundant gezählt. In MESASU wurde daher eine dritte und natürlichere Interpretationsvariante gewählt: Ruft eine Prozedur Q andere Prozeduren der gleichen Ebene oder sich selbst rekursiv auf, so werden diese Aufrufe ignoriert und der gesamte Abarbeitungsaufwand der Prozedur Q angerechnet. In der oben gestellten Frage würden somit Q1 zwei Aufrufe und Q2 ein Aufruf von R angerechnet werden. Dies erklärt auch warum Q3 im Aufrufbaum von Abb. A.4 nicht aufgeführt wird.

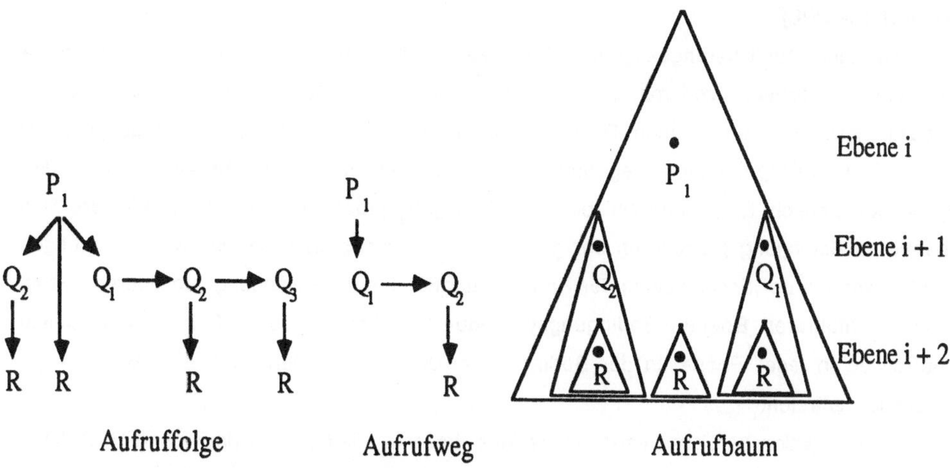

Abb. A.4: Beispiel einer Aufruffolge, eines Aufrufweges und eines Aufrufbaums

A.2.2 Analyseverfahren

Im folgenden sollen alle Analysemöglichkeiten von MESASU kurz vorgestellt werden. Die funktionsspezifische Analyse untersucht die Abbildung einer Funktion auf Prozeduren in tieferen Ebenen. Dazu wird eine statistische Analyse der durch diese Funktion verursachten Aufrufhäufigkeiten durchgeführt. Die objektspezifische Analyse untersucht die während einer Funktionsausführung benutzten Objekte; damit sollen bei der Analyse DB-basierter Systeme die Verarbeitungseinheiten der Funktionen erkannt werden. Der Begriff Verarbeitungseinheit hat eine doppelte Bedeutung. Eine Verarbeitungseinheit im weiteren Sinne ist der Schema-Ausschnitt der Anwendungs-DB, auf dem die DB-Operationen ausgeführt werden. Objekte einer Verarbeitungs-einheit, beispielsweise in einem CODASYL-Datenmodell, sind die Satz- und Beziehungstypen des DB-Schemas. Verarbeitungseinheiten im engeren Sinne sind Einheiten auf Ausprägungsebene, also Sätze und Beziehungen. Verarbeitungseinheiten können also Typ- oder Ausprägungscharakter besitzen.

In Tab. A.1 sind alle Parameter zur Festlegung eines Analyselaufs zusammengestellt und kurz erläutert. Mit Hilfe der Auswahlparameter sind die zu analysierende Funktion sowie zusätzliche Beschränkungen der in die Analyse einzubeziehenden Funktionsaufrufe zu spezifizieren. Über die Aggregationsparameter werden dann die eigentlichen Analyseverfahren und die Form der Datenaggregation festgelegt. Die Verwendung der Auswahlparameter zur Spezifikation einer Analyse wird durch die folgende Aufstellung verdeutlicht:

- Häufig will man nicht sämtliche in einer Protokolldatei aufgezeichneten Aufrufe in die Analyse einbeziehen. Vielmehr soll die Auswertung auf eine zusammenhängende Sequenz von Meßsätzen in der Protokolldatei (definiert durch die angegebene Prozedur) beschränkt werden. Sämtliche weitere Auswahlspezifikationen beziehen sich dann auf diesen vorabdefinierten

Bereich (SCOPE).

- Die zur Auswertung herangezogenen Meßsätze innerhalb eines Bereichs können durch die Angabe zusätzlicher Prozedurnamen weiter beschränkt werden (QUALIFICATIONS, im folgenden Bedingungsprozeduren genannt). Dadurch werden die sog. Aggregationsbereiche festgelegt. Ist keine Bedingungsprozedur angegeben, so erstreckt sich die weitere Auswertung über den gesamten Bereich. Es können beliebig viele Bedingungsprozeduren angegeben werden. Sind sämtliche Bedingungsprozeduren der gleichen Ebene zugeordnet, so sind die Bedingungen erfüllt, wenn in der Schachtelung der Prozeduraufrufe eine der Bedingungsprozeduren auftritt. Sind in mehreren Ebenen Bedingungsprozeduren festgelegt, so muß in dem aktuellen Aufrufweg in jeder Ebene, in der Bedingungsprozeduren definiert sind, eine Bedingungsprozedur auftreten.

- In den Aggregationsbereichen kann eine weitere Prozedur, die Funktionsprozedur (FUNCTION), definiert werden, für die schließlich eine Analyse durchgeführt wird.

1. Auswahlparameter
- Parameter SCOPE (Bereichsdefinition)
  - COMPLETE
    (Der Bereich umfaßt die gesamte Protokolldatei)
  - PROCEDURE
    (Der Bereich wird durch eine Prozedur definiert. Dabei sind zusätzlich der Prozedurname (<proc_name>) sowie das wievielte Vorkommen analysiert werden soll (<k-th_occurence>) anzugeben.)
    - <proc_name>
    - <k-th_occurence>
- Parameter QUALIFICATIONS (zusätzliche Bedingungen)
  - <proc_name>
    (Angabe der Bedingungsprozeduren ((<proc_name>)) in beliebiger Reihenfolge; sind mehrere Bedingungsprozeduren definiert, so ist eine mehrfache Eingabe notwendig.)
  - END
    (Ende der Eingabe der Bedingungsprozeduren)
- Parameter FUNCTION (Funktionsprozedur)
  - <proc_name>
    (Name der Funktionsprozedur)
  - END
    (Ende der Eingabe einer Funktionsprozedur)

2. Aggregationsparameter
- Parameter LEAFLEVEL (Blatt-Ebene)
  - <No>
    (tiefste zu untersuchende Ebene mit der Ebenennummer <No>; beliebige Ebene zwischen TOP- und DML-Ebene)
- Parameter ANALYSIS_METHODS (Analyseverfahren)
  - FUNCTION-ANALYSIS
    (funktionsspezifische Analyse)
  - OBJECT-ANALYSIS
    (objektspezifische Analyse)
- Parameter RESOLUTION_FACTOR (Auflösungsfaktor der Aufrufhierarchie)
  - NULL
    (es wird nur die Blattebene ausgewertet.)
  - COMPRESSED
    (jede Ebene zwischen TOP- und Blatt-Ebene wird ausgewertet.)
  - DETAILED
    (Durchführung einer detaillierten Auswertung)
- Parameter RESOLUTION_DECLARATION (Auflösungsdeklaration in einer Ebene)
  - ALL
    (jeder Prozedurname wird getrennt betrachtet)
  - NULL
    (die Ebene wird nicht berücksichtigt)
  - GROUP-SPECIFICATION
    (Angabe von Gruppen-Spezifikationen, die im Dialog erfragt werden.)
  - STANDARD-GROUPING
    (Auf der DML-Ebene wird eine Standardgruppierung vorgenommen.)

Tab. A.1: Zusammenfassung der Parameter zur Festlegung eines Analyseaufrufs

Werden beispielsweise in dem Aufrufbaum aus Abb. A.4 als Bereich die gesamte Protokolldatei und P1, Q1 und Q2 als Bedingungsprozeduren sowie die Prozedur R als Funktionsprozedur definiert, so werden lediglich der erste und letzte Aufrufbaum von R in die Analysen einbezogen.

Die Aggregationsparameter bestimmen im wesentlichen die Art und Weise der Datenaggregation auf den verschiedenen Systemebenen. Zur Beschreibung dieser Parameter werden die folgenden Bezeichnungsweisen benötigt:

- Die den DML-Befehlen zugeordnete Ebene heißt DML-Ebene.
- Die oberste Ebene, auf der eine Aggregation durchgeführt werden kann, heißt TOP-Ebene. Sie liegt unterhalb der den Funktions- und Bedingungsprozeduren bzw. der Prozedur zur Bereichsdefinition zugeordneten Ebenen.

Im Gegensatz zur TOP-Ebene muß die Blatt-Ebene, durch die die tiefste zu untersuchende Systemebene festgelegt wird, explizit bestimmt werden. Hierzu dient der Parameter LEAFLEVEL. Aufrufe von Prozeduren in tieferen Ebenen werden nicht berücksichtigt.

Für jede in die Datenaggregation einbezogene Ebene (i.a. jede Ebene zwischen TOP- und Blatt-Ebene) kann der Grad der Aggregationsauflösung (RESOLUTION-DECLARATION) einzeln festgelegt werden. Damit können die Prozeduren einer Ebene übersichtlich in Gruppen zusammengefaßt, für die DML-Ebene eine Standardgruppierung vorgenommen oder sämtliche Prozeduren einer Ebene aus der Untersuchung ausgeschlossen werden.

Der Parameter ANALYSIS_METHODS legt die eigentliche Datenaggregation(en) durch Angabe der (des) durchzuführenden Analyseverfahren(s) fest. Es stehen zwei Methoden zur Verfügung, die einzeln oder auch zusammen ausgewählt werden können. Im folgenden werden diese Verfahren inklusive der sie bestimmenden Parameter(belegungen) aufgeführt.

Funktionsspezifische Analyse (Parameterbelegung FUNCTION-ANALYSIS)

Ziel einer funktionsspezifischen Analyse ist die Untersuchung der Systemdynamik, also eine Analyse der Aufrufhäufigkeiten von Prozeduren. Insbesondere interessiert die Komplexitätstransformation, d.h. das durch eine Funktionsprozedur verursachte Lastaufkommen auf den darunterliegenden Ebenen. Dazu müssen Häufigkeiten und Dauer von Prozeduraufrufen, die zur Abarbeitung der Funktionsprozedur notwendig sind, analysiert werden. Für die einzelnen Systemebenen und für jede Prozedur getrennt werden die unten aufgeführten Größen bestimmt (die mit Stern gekennzeichneten Größen werden nur für Prozeduren berechnet):

NAME	Name der Prozedur bzw. Ebenennummer
TOTAL	Gesamtzahl der Aufrufe
DIFFERENT	Anzahl der Funktionsprozeduren (falls keine definiert, Anzahl der Aggregationsbereiche), in denen die Prozedur (Prozeduren der Ebene) aufgerufen wird.
* RELATIVE	Relativer Anteil der Aufrufe der Prozedur an den gesamten Aufrufen in der Ebene
MAX MIN	Maximale bzw. minimale Zahl der Aufrufe in einer Funktionsprozedur (oder innerhalb der Aggregationsbereiche)
AVERAGE, STANDARD-DERIVATION	Durchschnittliche Anzahl (Streuung) der Prozeduraufrufe in den wie oben festgelegten Ausschnitten der Meßdatei
* LENGTH OF TIME (AVERAGE, STANDARD-DERIVATION)	Durchschnittliche Zeitdauer (Streuung) der Prozedurabarbeitung.

Durch den Parameter RESOLUTION_FACTOR werden drei Verfeinerungsstufen angeboten, die sich insbesondere durch den Grad der Datenaggregation unterscheiden:

- Die einfachste Variante (Parameterbelegung NULL) betrachtet nur den Aufwand in der Blatt-Ebene.
- Bei der komprimierten Variante (Parameterbelegung COMPRESSED) werden die Aufrufhäufigkeiten von Prozeduren für jede Ebene zwischen TOP- und Blatt-Ebene unabhängig voneinander bestimmt. Die Angaben über maximale, minimale und durchschnittliche Aufrufhäufigkeit beziehen sich wie bisher auf die Funktionsprozedur.
- Die detaillierte Variante (Parameterbelegung DETAILED) bestimmt nicht mehr ausschließlich Aufrufhäufigkeiten einer Funktionsprozedur, sondern fächert die Verteilung der Aufrufhäufigkeiten nach den unterschiedlichen Aufrufwegen in den Ebenen zwischen TOP- und Blatt-Ebene auf. Damit läßt sich der von einer Funktion auf der Blatt-Ebene verursachte Aufwand den benutzten Aufrufwegen zuordnen. Die Angaben zu den Prozeduren der Blatt-Ebene sowie zur Blatt-Ebene selbst beziehen sich jetzt auf die einzelnen Aufrufwege. Der Wert DIFFERENT gibt hier an, in wieviel verschiedenen Abarbeitungen der im Aufrufweg übergeordneten Prozedur die betreffende Prozedur aufgerufen wird. Der Wert RELATIVE gibt wieder den relativen Anteil von Prozeduraufrufen an sämtlichen Aufrufen in der Ebene an.

In Abb. A.5 sind die Ergebnisse einer komprimierten und einer detaillierten funktionsspezifischen Analyse, angewendet auf die dort skizzierte Aufruffolge, vereinfacht aufgelistet. Die Ergebnisse einer einfachen Analyse umfassen nur die zur betr. Funktionsprozedur (oberste Zeile der komprimierten Analyse) und die zur Blatt-Ebene (unterste Zeile) gehörende Information der zugehörigen komprimierten Analyse. In Abb. A.5 ist R als Funktionsprozedur definiert, die über den gesamten Bereich analysiert werden soll. Die Ebene i+2 ist als Blatt-Ebene festgelegt. In der detaillierten Analyse wird der Aufwand der Blatt-Ebene nach den unterschiedlichen Aufrufwegen S1T1, S1T2 und S2T1 zusammengestellt.

Objektspezifische Analyse (Parameterbelegung OBJECT-ANALYSIS)
Ziel der objektspezifischen Analyse ist das Erkennen von Verarbeitungseinheiten auf dem DB-Schema. Sie ordnet daher die DML-Operationen den Objekten des DB-Schemas zu, auf denen sie ausgeführt werden. Diese Analyseart ist vom verwendeten Datenmodell und der zugehörigen Manipulationssprache abhängig. Eine objektspezifische Analyse ist nur möglich, wenn die DML-Ebene als Blatt-Ebene definiert ist. Im Falle einer detaillierten Analyse werden die objektspezifischen Ergebnisse für jeden Aufrufweg getrennt dargestellt. Die durchgeführten Datenaggregationen entsprechen weitgehend denen der funktionsspezifischen Analyse. Für jedes Schemaobjekt werden die nachstehenden Größen bestimmt:

NAME	Name des Objekts
FCT_CODE	Name des DML-Befehls
TOTAL	Gesamtzahl der Ausführungen dieses DML-Befehls (s. FCT_CODE) auf dem Objekt (s. NAME)
DIFFERENT	analog zur funktionsspezifischen Analyse
MAX	"
MIN	"
AVERAGE	"
DERIVATION	"

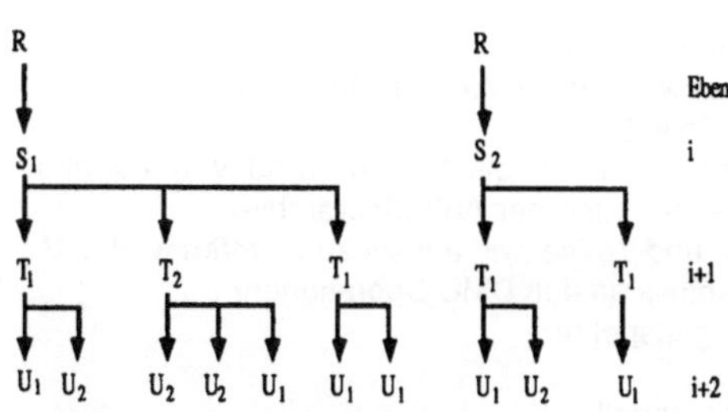

Aufruffolge für nebenstehende Analysen

NAME	TOTAL	DIFFERENT	MAX	MIN	AVERAGE
Funktions-prozeudur R	2	1	2	2	2.00
EBENE: i	2	2	1	1	1.00
S_1	1	1	1	1	1.00
S_2	1	1	1	1	1.00
EBENE: i+1	5	2	3	2	2.50
T_1	4	2	2	2	2.00
T_2	1	1	1	1	1.00
EBENE: i+2	10	2	7	3	5.00
U_1	6	2	4	2	3.00
U_2	4	2	3	1	2.00

komprimierte funktionsspezifische Analyse

NAME	TOTAL	DIFFERENT	MAX	MIN	AVERAGE
S_1	1	1	1	1	1.00
T_1	2	1	2	2	2.00
EBENE: i+2	4	2	2	2	2.00
U_1	3	2	2	1	1.50
U_2	1	1	1	1	1.00

NAME	TOTAL	DIFFERENT	MAX	MIN	AVERAGE
S_1	1	1	1	1	1.00
T_2	1	1	1	1	1.00
EBENE: i+2	3	1	3	3	3.00
U_1	1	1	1	1	1.00
U_2	2	1	2	2	2.00

NAME	TOTAL	DIFFERENT	MAX	MIN	AVERAGE
S_2	1	1	1	1	1.00
T_1	2	1	2	2	2.00
EBENE: i+2	3	2	2	1	1.50
U_1	2	2	1	1	1.00
U_2	1	1	1	1	1.00

detaillierte funktionsspezifische Analyse

Abb. A.5: Beispiel einer komprimierten und funktionsspezifischen Analyse (vereinfacht)

Da alle mit MESASU analysierten AWS auf einem netzwerkorientierten DBS [UDS86] basieren, sind die oben erwähnten Objekte die Satz- und Beziehungstypen des konkreten DB-Schemas. Die DML-Operationen werden möglichst genau den Objekten zugeordnet, auf die sie sich beziehen. Im vorliegenden Fall kann es passieren, daß Operationen (im wesentlichen die Navigationsoperationen) sowohl einem Satz- als auch einem Beziehungstyp angerechnet werden könnten. In solch einer Situation wird stets die zweite Alternative gewählt.

A.3 Verwendungsmöglichkeiten von MESASU

Zur vergleichenden Bewertung verschiedener AWS muß die Korrelierbarkeit der einzelnen Analysen gegeben sein. Durch eine vereinheitlichte Vorgehensweise kann dies sehr erleichtert werden. Es wird daher die folgende Analysemethodik (bezogen auf DB-basierte AWS) vorgeschlagen:

- Analyse der internen Systemdynamik (Komplexitätstransformation)
  - Bestimmung des Aufwandes in den Systemebenen
  - Häufigkeiten von Funktionsaufrufen an den unterschiedlichen Systemebenen
  - Aufgliederung des DB-Aufwandes nach den internen Prozeduren
  - Untersuchung der durch die Ebenenbildung erreichten Komplexitätsreduktion

- Analyse der DB-seitigen Last
  - Bestimmen der DML-Häufigkeitsverteilung auf dem Schema
  - Begründung von Schemaausschnitten mit hoher bzw. geringer Zugriffshäufigkeit
  - Verfeinerung nach DML-Typen auf den Schema-Objekten
  - Erkennen von Objektgruppen, die Verarbeitungseinheiten bilden (aufgrund von Zugriffshäufigkeiten, nach der Verarbeitungsrichtung bzw. aufgrund der Aufrufhierarchie)
  - Charakterisierung der Objektgruppen nach der Art und Weise, wie auf sie zugegriffen wird (z.B.: durch das Verhältnis des Update- und Retrieval-Anteils an den DML-Operationen)
  - Lastabhängige Verfeinerung obiger Untersuchungsaspekte

- Übergang zu einem anderen (semantischeren) Datenmodell
  - mögliche Schemaänderung und Auswirkungen auf den operationalen DB-Aufwand
  - semantischeres Datenmodell und Auswirkungen auf die DB-Objekte und DB-Operationen.

Die aufgeführten Bewertungsschritte können durch die sehr variablen Analysemöglichkeiten von MESASU in adäquater Weise unterstützt werden.

A.4 Beispielanalysen

Zur Veranschaulichung der verschiedenen Analyseverfahren von MESASU und deren Informatinsgehalt werden im folgenden die Druckausgaben zweier MESASU-Analysen aufgeführt. Das hier untersuchte AWS ist das in Abschnitt 2.2.3 vorgestellte DBCHIP-System. Beispiel 1 zeigt eine komprimierte funktions- und objektspezifische Analyse. Der benutzte Analysebereich (Auswahlparameter SCOPE) umfaßt dabei die Sequenz aller Meßsätze der Protokolldatei. Beispiel 2 enthält die Ergebnisse einer detaillierten funktionsspezifischen Analyse. Der Analysebereich ist auf die Prozedur HAUPT eingeschränkt und betrachtet daraus nur die Prozeduraufrufe von BILDE_TB. Es wird eine Analyse der DML-Operationen, nach unterschiedlichen Primitivfunktionen getrennt, aufgeführt. Die Primitivfunktionen (Ebene 4) werden dabei in drei Gruppen zusammengefaßt.

```
**************************************************************************
*******                                                           *******
******* M E S A S U   V 1.0  -  MEASURE- AND ANALYSIS-SYSTEM      *******
*******                                                           *******
******* RESULT - LISTING OF THE AGGREGATION - RUN                 *******
*******                                                           *******
******* DATE: 03/01/88    TIME:    22:19:37                       *******
*******                                                           *******
**************************************************************************
```

DESCRIPTION OF THE LOGGING FILE:

```
MEASURE FROM:          13/10/86        : 2:04
DESCRIPTION:           MESSUNG 01
                       PARAMETER: 12 MODULE; 4 NETZE; 3 PINS; BELEG 4
```

DESCRIPTION OF THE ANALYSIS

----- SELECT - SPECIFICATIONS:

```
SCOPE:                 COMPLETE
QUALIFICATIONS:        NONE GIVEN
CONSIDERED FUNCTION:   NONE GIVEN
```

----- AGGREGATION - SPECIFICATIONS:

```
RESOLUTION - FACTOR    COMPRESSED
LEAFLEVEL:                  5
ANALYSIS_METHODS:

                       FUNCTION-SPECIFIC
                       OBJECT-SPECIFIC
```

M E S A S U   V1.0   FUNCTION-ANALYSIS-REPORT   03/01/88   22:19:37   PAGE   2

| NAME | TOTAL | DIFFERENT | RELATIVE | PROCEDURE CALLS | | AVERAGE | STREWING | LENGTH OF TIME (MS) | |
				MAX	MIN			AVERAGE	STREWING
LEVEL: 1	1	1	1.00	1	1	1.00	0.00	0.00	0.00
HAUPT	1	1	1.00	1	1	1.00	0.00	113219.00	0.00

M E S A S U   V1.0   FUNCTION-ANALYSIS-REPORT   03/01/88   22:19:37   PAGE   3

| NAME | TOTAL | DIFFERENT | RELATIVE | PROCEDURE CALLS | | AVERAGE | STREWING | LENGTH OF TIME (MS) | |
				MAX	MIN			AVERAGE	STREWING
LEVEL: 2	27	1	1.00	27	27	27.00	0.00	0.00	0.00
ACT-TREE	2	1	0.07	2	2	2.00	0.00	2221.00	821.00
BILDE-TB	10	1	0.37	10	10	10.00	0.00	2288.80	118.95
G-N-Z-M	12	1	0.44	12	12	12.00	0.00	128.58	18.94
EIN-MODL	1	1	0.03	1	1	1.00	0.00	9619.00	0.00
EIN-NETZ	1	1	0.03	1	1	1.00	0.00	5637.00	0.00
G-MODLST	1	1	0.03	1	1	1.00	0.00	442.00	0.00

M E S A S U   V1.0   FUNCTION-ANALYSIS-REPORT   03/01/88   22:19:37   PAGE   4

| NAME | TOTAL | DIFFERENT | RELATIVE | PROCEDURE CALLS | | AVERAGE | STREWING | LENGTH OF TIME (MS) | |
				MAX	MIN			AVERAGE	STREWING
LEVEL: 3	4	1	1.00	4	4	4.00	0.00	0.00	0.00
G-TREE	2	1	0.50	2	2	2.00	0.00	1152.50	436.50
ST-TREE	2	1	0.50	2	2	2.00	0.00	935.00	413.00

NAME	TOTAL	DIFFERENT	RELATIVE	PROCEDURE CALLS			STREWING	LENGTH OF TIME (MS)	
				MAX	MIN	AVERAGE		AVERAGE	STREWING
LEVEL: 4	673	1	1.00	673	673	673.00	0.00	0.00	0.00
CH-V-MOD	2	1	0.00	2	2	2.00	0.00	26.50	0.50
CH-V-KN	46	1	0.06	46	46	46.00	0.00	16.52	3.52
G-KN	10	1	0.01	10	10	10.00	0.00	24.80	0.87
G-MODUL	65	1	0.09	65	65	65.00	0.00	32.20	13.74
G-PPS	244	1	0.36	244	244	244.00	0.00	26.08	5.86
G-NEXT-N	26	1	0.03	26	26	26.00	0.00	37.61	5.70
G-WURZEL	24	1	0.03	24	24	24.00	0.00	14.87	2.39
MODI-HIE	12	1	0.01	12	12	12.00	0.00	82.58	6.84
MODI-TOP	25	1	0.03	25	25	25.00	0.00	241.12	219.28
MODI-I-N	14	1	0.02	14	14	14.00	0.00	78.78	13.77
MODI-VER	117	1	0.17	117	117	117.00	0.00	148.98	58.71
ST-KN	23	1	0.03	23	23	23.00	0.00	60.08	8.11
ST-MOD	13	1	0.01	13	13	13.00	0.00	69.76	102.62
ST-NETZ	4	1	0.00	4	4	4.00	0.00	65.00	51.43
ST-PIN	48	1	0.07	48	48	48.00	0.00	66.66	25.48

NAME	TOTAL	DIFFERENT	RELATIVE	PROCEDURE CALLS			STREWING	LENGTH OF TIME (MS)	
				MAX	MIN	AVERAGE		AVERAGE	STREWING
LEVEL: 5	4123	1	1.00	4123	4123	4123.00	0.00	0.00	0.00
CONNEC	185	1	0.04	185	185	185.00	0.00	12.79	2.23
ERASEC	68	1	0.01	68	68	68.00	0.00	26.70	6.42
FINISC	1	1	0.00	1	1	1.00	0.00	1295.00	0.00
IFC	264	1	0.06	264	264	264.00	0.00	5.37	1.98
MODIF	48	1	0.01	48	48	48.00	0.00	9.43	3.87
READYC	1	1	0.00	1	1	1.00	0.00	50736.00	0.00
STORE	238	1	0.05	238	238	238.00	0.00	28.74	27.19
FIND4	6	1	0.00	6	6	6.00	0.00	27.00	26.38
FIND5	52	1	0.01	52	52	52.00	0.00	5.28	1.39
FTCH4	1191	1	0.28	1191	1191	1191.00	0.00	6.22	2.04
FTCH5	1114	1	0.27	1114	1114	1114.00	0.00	5.96	4.09
FTCH6	445	1	0.10	445	445	445.00	0.00	7.66	2.12
FTCH7A	510	1	0.12	510	510	510.00	0.00	9.82	8.27

NAME	FCT-CODE	TOTAL	DIFFERENT	OPERATION STATISTIC			
				MAX	MIN	AVERAGE	STREWING
GARBAGE	FINISC	1	1	1	1	1.00	0.00
	READYC	1	1	1	1	1.00	0.00
	ALL DML-OP	2	0	0	0	0.00	0.00
MOD-REC	MODIF	2	1	2	2	2.00	0.00
	STORE	13	1	13	13	13.00	0.00
	FTCH/FIND4	2	1	2	2	2.00	0.00
	FTCH/FIND5	279	1	279	279	279.00	0.00
	FTCH/FIND7	133	1	133	133	133.00	0.00
	ALL DML-OP	429	0	0	0	0.00	0.00
INSTANZ	STORE	12	1	12	12	12.00	0.00
	FTCH/FIND4	2	1	2	2	2.00	0.00
	FTCH/FIND5	173	1	173	173	173.00	0.00
	ALL DML-OP	187	0	0	0	0.00	0.00
GRAPH-KN	MODIF	46	1	46	46	46.00	0.00
	STORE	35	1	35	35	35.00	0.00
	FTCH/FIND4	2	1	2	2	2.00	0.00
	FTCH/FIND5	512	1	512	512	512.00	0.00
	FTCH/FIND7	204	1	204	204	204.00	0.00
	ALL DML-OP	799	0	0	0	0.00	0.00
VERBUNDE	ERASEC	68	1	68	68	68.00	0.00
	STORE	112	1	112	112	112.00	0.00
	FTCH/FIND4	59	1	59	59	59.00	0.00
	FTCH/FIND5	160	1	160	160	160.00	0.00
	ALL DML-OP	399	0	0	0	0.00	0.00
PIN-INST	STORE	42	1	42	42	42.00	0.00
	ALL DML-OP	42	0	0	0	0.00	0.00
PIN-TYP	STORE	6	1	6	6	6.00	0.00
	ALL DML-OP	6	0	0	0	0.00	0.00
NETZ	STORE	4	1	4	4	4.00	0.00
	FTCH/FIND5	14	1	14	14	14.00	0.00
	FTCH/FIND7	52	1	52	52	52.00	0.00
	ALL DML-OP	70	0	0	0	0.00	0.00
IN-NETZ-	STORE	14	1	14	14	14.00	0.00
	FTCH/FIND5	28	1	28	28	28.00	0.00
	ALL DML-OP	42	0	0	0	0.00	0.00
WURZEL-S	FTCH/FIND4	39	1	39	39	39.00	0.00
	CONNEC	13	1	13	13	13.00	0.00
	ALL DML-OP	52	0	0	0	0.00	0.00
ENTHAELT	IFC	1	1	1	1	1.00	0.00
	FTCH/FIND4	13	1	13	13	13.00	0.00

| NAME | FCT-CODE | TOTAL | DIFFERENT | OPERATION STATISTIC | | | |
				MAX	MIN	AVERAGE	STREWING
	FTCH/FIND7	107	1	107	107	107.00	0.00
	ALL DML-OP	121	0	0	0	0.00	0.00
BLATT-SE	FTCH/FIND4	37	1	37	37	37.00	0.00
	CONNEC	12	1	12	12	12.00	0.00
	ALL DML-OP	49	0	0	0	0.00	0.00
VON-SET	IFC	203	1	203	203	203.00	0.00
	FTCH/FIND4	817	1	817	817	817.00	0.00
	FTCH/FIND6	59	1	59	59	59.00	0.00
	ALL DML-OP	1079	0	0	0	0.00	0.00
NACH-SET	IFC	60	1	60	60	60.00	0.00
	FTCH/FIND4	200	1	200	200	200.00	0.00
	FTCH/FIND6	372	1	372	372	372.00	0.00
	CONNEC	112	1	112	112	112.00	0.00
	ALL DML-OP	744	0	0	0	0.00	0.00
IN-NET-S	FTCH/FIND4	26	1	26	26	26.00	0.00
	FTCH/FIND7	14	1	14	14	14.00	0.00
	ALL DML-OP	40	0	0	0	0.00	0.00
N-VERBIN	FTCH/FIND6	14	1	14	14	14.00	0.00
	ALL DML-OP	14	0	0	0	0.00	0.00
N-INSTAN	CONNEC	42	1	42	42	42.00	0.00
	ALL DML-OP	42	0	0	0	0.00	0.00
N-AUSSEN	CONNEC	6	1	6	6	6.00	0.00
	ALL DML-OP	6	0	0	0	0.00	0.00

```
*********************************************************************
*******                                                       *******
******   M E S A S U   V 1.0   -   MEASURE- AND ANALYSIS-SYSTEM  ******
*******                                                       *******
******   RESULT - LISTING OF THE AGGREGATION - RUN             *******
*******                                                       *******
******   DATE: 16/12/87   TIME:   11:37:03                     *******
*******                                                       *******
*********************************************************************
```

DESCRIPTION OF THE LOGGING FILE:

MEASURE FROM: 13/10/86   06:42:04
DESCRIPTION: MESSUNG D1
                         PARAMETER: 12 MODULE; 4 NETZE; 3 PINS; BELEG 4
DESCRIPTION OF THE ANALYSIS

----- SELECT - SPECIFICATIONS: "!
SCOPE: HAUPT
QUALIFICATIONS: NONE GIVEN
CONSIDERED FUNCTION: BILDE-TB
----- AGGREGATION - SPECIFICATIONS:
RESOLUTION - FACTOR   DETAILED
LEAFLEVEL: 5
ANALYSIS_METHODS:
                         FUNCTION-SPECIFIC

| NAME | TOTAL | DIFFERENT | RELATIVE | PROCEDURE CALLS | | AVERAGE | STREWING | LENGTH OF TIME (MS) | |
				MAX	MIN			AVERAGE	STREWING
BILDE-TB	10	1	1.00	10	10	10.00	0.00	22888.00	1740.38

| NAME | TOTAL | DIFFERENT | RELATIVE | PROCEDURE CALLS | | AVERAGE | STREWING | LENGTH OF TIME (MS) | |
				MAX	MIN			AVERAGE	STREWING
G-PPS 4	112	10	0.38	25	5	11.20	5.96	26.68	6.73
LEVEL: 5	404	112	1.00	5	3	3.60	0.85	0.00	0.00
FTCH4	183	112	0.45	3	1	1.63	0.85	6.15	1.83
FTCH5	112	112	0.27	1	1	1.00	0.00	5.42	1.36
FTCH6	109	109	0.26	1	1	1.00	0.00	7.32	1.96

| NAME | TOTAL | DIFFERENT | RELATIVE | PROCEDURE CALLS | | AVERAGE | STREWING | LENGTH OF TIME (MS) | |
				MAX	MIN			AVERAGE	STREWING
KN-ZUGR 4	167	10	0.57	17	16	16.70	0.45	112.85	74.77
LEVEL: 5	1856	167	1.00	27	2	11.11	8.04	0.00	0.00
CONNEC	77	77	0.04	1	1	1.00	0.00	12.77	1.43
ERASEC	57	40	0.03	2	1	1.42	0.50	27.14	6.83
IFC	239	117	0.12	10	1	2.04	2.05	5.20	1.95
MODIF	10	10	0.00	1	1	1.00	0.00	11.80	1.83
STORE	87	87	0.04	1	1	1.00	0.00	27.19	9.55
FTCH4	613	129	0.33	12	1	4.75	3.93	6.17	2.06
FTCH5	354	167	0.19	4	1	2.11	0.88	5.44	1.36
FTCH6	171	77	0.09	3	1	2.22	0.97	7.70	2.21
FTCH7A	248	114	0.13	4	1	2.17	1.26	9.92	2.39

| NAME | TOTAL | DIFFERENT | RELATIVE | PROCEDURE CALLS | | AVERAGE | STREUING | LENGTH OF TIME (MS) | |
				MAX	MIN			AVERAGE	STREUING
RMAINDER 4	10	10	0.03	1	1	1.00	0.00	49.80	3.86
LEVEL: 5	10	10	1.00	1	1	1.00	0.00	0.00	0.00
FTCH5	10	10	1.00	1	1	1.00	0.00	43.50	3.50

B MQL-Sprachsyntax

```
mql_stmt            ::= ldl_stmt;
                      / dml_stmt;
                      / ctrl_stmt •

ctrl_stmt           ::= bodd_stmt [ddl_stmt;]↓ {eodd_stmt / abdd_stmt}
                      / bot_stmt [dml_stmt;]↓ {eot_stmt / abort_stmt} •

abdd_stmt           ::= ABORT_DATA_DEFINITION •

bodd_stmt           ::= BEGIN_OF_DATA_DEFINITION •

eodd_stmt           ::= END_OF_DATA_DEFINITION •

bot_stmt            ::= BEGIN_OF_TRANSACTION •

eot_stmt            ::= END_OF_TRANSACTION •

abort_stmt          ::= ABORT_TRANSACTION •

ldl_stmt            ::= d_smol_type / r_smol_type
                      / d_partition / r_partition
                      / d_access   / r_access
                      / d_sequence / r_sequence •

d_smol_type         ::= DEFINE STATIC_MOLECULE_TYPE s_mol_name:
                          sel_mol
                          FROM from_elmt_list
                          [where_clause] •

r_smol_type         ::= RELEASE STATIC_MOLECULE_TYPE
                          s_mol_name •

d_partition         ::= DEFINE PARTITION ON att_name
                          AS [(field_name_list)]↓ •

r_partition         ::= RELEASE PARTITION ON att_name •

d_access            ::= DEFINE ACCESS acc_name ON att_name
                          FOR (field_name_list)
                          [USING acc_path_type]
                          [{DUPLICATES / NODUPLICATES}]
                          [{DIRECT / INDIRECT}] •

acc_path_type       ::= B_TREE
                      / HASHING
                      / R_TREE
                      / GRID_FILE •

r_access            ::= RELEASE ACCESS acc_name ON att_name •

d_sequence          ::= DEFINE SEQUENCE seq_name ON att_name
                          USING (sort_list) •

sort_list           ::= field_name {ASC / DSC}
                      / field_name {ASC / DSC}, sort_list •
```

r_sequence   ::= **RELEASE SEQUENCE** seq_name ON
                        att_name •

ddl_stmt   ::= c_atom_type   / drop_atom_type
                        / d_mol_type   / r_mol_type
                        / expand_stmt / shrink_stmt
                        / rename_stmt •

d_mol_type   ::= **DEFINE MOLECULE_TYPE** mol_name:
                        sel_mol
                        FROM from_elmt_list
                        [where_clause] •

r_mol_type   ::= **RELEASE MOLECULE_TYPE** mol_name •

expand_stmt   ::= **EXPAND ATOM_TYPE** att_name
                        BY field_defn_list •

shrink_stmt   ::= **SHRINK ATOM_TYPE** att_name
                        BY field_name_list •

rename_stmt   ::= **RENAME** old_name, new_name •

old_name   ::= mol_name
                        / att_name [. field_name] •

new_name   ::= mol_name / field_name •

drop_atom_type   ::= **DROP ATOM_TYPE** att_name •

c_atom_type   ::= **CREATE ATOM_TYPE** att_name att_def •

att_def   ::= (id_name : IDENTIFIER, field_defn_list)
                        [KEYS_ARE [(field_name_list)]↓] •

field_name_list   ::= field_name
                        / field_name_list, field_name •

field_defn_list   ::= field_defn
                        / field_defn_list, field_defn •

field_defn   ::= field_name : type_defn •

type_defn   ::= struc_type
                        / spec_type
                        / rep_type •

struc_type   ::= simple_type
                        / record_type
                        / array_type •

simple_type   ::= basic_type
                        / HULL_DIM (pos_int)
                        / TIME [(pos_int)]
                        / enum_type
                        / range_type •

```
basic_type          ::= BOOLEAN
                      / CHAR [(pos_int)]
                      / BYTE [(pos_int )]
                      / BIT [(pos_int )]
                      / LONGINT
                      / INTEGER
                      / REAL •

enum_type           ::= (ident_list) •

ident_list          ::= ident
                      / ident_list, ident •

ident               ::= prim_const •                          (* beschränkt auf Typ type_sel *)

range_type          ::= (low_const .. high_const) •

low_const           ::= prim_const •                          (* vom Typ type_sel *)

high_const          ::= prim_const •                          (* vom Typ type_sel *)

record_type         ::= RECORD comp_list END •

comp_list           ::= fixed_part
                      / fixed_part, variant_part
                      / variant_part •

fixed_part          ::= comp_defn_list •

comp_defn_list      ::= comp_defn
                      / comp_defn_list, comp_defn •

comp_defn           ::= comp_name [, comp_name]↑ : struc_type •

variant_part        ::= CASE selection_var : selection_type OF
                            variant_list
                            [ELSE : (comp_defn_list)] END •

selection _type     ::= type_sel •

variant_list        ::= variant_defn
                      / variant_list, variant_defn •

variant_defn        ::= condition : (comp_defn_list) •

condition           ::= prim_const [, prim_const]↑
                      / prim_const .. prim_const •

array_type          ::= ARRAY index_def OF struc_type •

index_def           ::= range_type
                      / enum_type •
```

```
type_sel            ::= BOOLEAN
                      / CHAR [(pos_int)]
                      / BIT [(pos_int)]
                      / BYTE [(pos_int)]
                      / INTEGER
                      / LONGINT
                      / TIME [(pos_int)]
                      / range_type
                      / enum_type •

spec_type           ::= ref_type
                      / CHAR_VAR
                      / BYTE_VAR
                      / CODE •

ref_type            ::= REF_TO (att_name [. field_name]) •

rep_type            ::= set_type [card_restr]
                      / list_type [card_restr] •

card_restr          ::= (min, max) •

set_type            ::= SET_OF (elmt_type) •

list_type           ::= LIST_OF (struc_type) •

elmt_type           ::= struc_type
                      / ref_type •

dml_stmt            ::= mol_query
                      / mol_ins
                      / mol_del
                      / mol_upd
                      / mol_mod •

mol_ins             ::= INSERT mol_set: ins_type
                        FROM from_elmt
                        [where_clause] •

mol_del             ::= DELETE proj_mol
                        FROM from_elmt
                        [where_clause] •

mol_upd             ::= UPDATE mol_elmt: proj_mol
                        FROM from_elmt
                        [where_clause] •

mol_mod             ::= MODIFY mol_set
                        FROM from_elmt •

ins_type            ::= ins_type_comp_list
                      / ALL
                      / ALL_BUT (ins_type_comp_list) •

ins_type_comp_list  ::= ins_type_comp
                      / ins_type_comp_list, ins_type_comp •

ins_type_comp       ::= mol_name_spec [(ins_type_comp_list)] •

mol_set             ::= mol_elmt [, mol_elmt]↑
                      / mol_set _var •
```

```
mol_elmt              ::= mol_comp_list •

mol_comp_list         ::= mol_comp
                        / mol_comp_list, mol_comp •

mol_comp              ::= field_spec := expr
                        / mol_name_spec(mol_comp_list) •              (* mol_name_spec  immer att_name *)

mol_set_var           ::= @ name • (* Programmvariable  zur  Datenübergabe  bei  Verwendung  von
                                MAD  als Programmschnittstelle;  die  durch  die Programmva-
                                riable adressierten Daten sind syntaktisch äquivalent zur explizit
                                angegebenen Molekülmenge in der mol_set-Klausel *)

proj_mol              ::= proj_elmt_list
                        / ALL
                        / ALL_BUT (proj_elmt_list) •

proj_elmt_list        ::= proj_elmt
                        / proj_elmt_list, proj_elmt •

proj_elmt             ::= mol_name_spec [(proj_elmt_list)]
                        / [mol_name_spec :=] (mol_query) •                    (* qualifizierte Projektion *)

mol_query             ::= query_expr •

query_expr            ::= query_primitive
                        / query_expr rel_op query_primitive •

rel_op                ::= INTERSECT/ UNION/ MINUS •

query_primitive       ::= SELECT sel_mol [order_clause]
                          FROM {from_elmt_list, RESULT}
                          [where_clause] •

order_clause          ::= ORDER_BY (sort_list) [UNIQUE] •

sel_mol               ::= sel_elmt_list
                        / ALL
                        / ALL_BUT (sel_elmt_list) •

sel_elmt_list         ::= sel_elmt
                        / sel_elmt_list, sel_elmt •

sel_elmt              ::= mol_name_spec [(([sel_elmt_list])]
                        / [mol_name_spec:= ] (mol_query)                      (* qualifizierte Projektion *)
                        / field_spec [:= expr] •                              (* Wertzuweisung *)

from_elmt_list        ::= from_elmt
                        / from_elmt_list, from_elmt •

from_elmt             ::= mol_type
                        / mol_name := mol_query •          (* Molekültypdefinition durch eine Anfrage *)

mol_type              ::= mol_query
                        / root_type [comp_part] •

root_type             ::= mol_name                                (* vordef. Molekül- bzw. Atomtypen *)
                        / mol_name (mol_type) [(recursive_clause)] • (* ad-hoc definierter  Molekültyp *)

comp_part             ::= hierarchical_comp
                        / non_hier_comp •
```

```
hierarchical_comp    ::= assoz_op1 mol_type •

non_hier_comp        ::= assoz_op2 alternative [,alternative]↓ {assoz_op5 / assoz_op6 mol_type} •

alternative          ::= assoz_op3 mol_type                              (* hierarchical alternatives*)
                       / [assoz_op3 mol_type] assoz_op4
                       / non_hier_comp [assoz_op4] •                     (* non_hier. alternatives*)

assoz_op1            ::= [.field_name] - •

assoz_op2           ::= -( •

assoz_op3           ::= .field_name - •

assoz_op4           ::= .field_name •

assoz_op5           ::= ) •

assoz_op6           ::= )- •

recursive_clause    ::= RECURSIVE : att_name assoz_op1 att_name [until_clause] •

until_clause        ::= UNTIL (until_qual) •

until_qual          ::= bool_expr •

where_clause        ::= WHERE bool_expr •

bool_expr           ::= expr •

expr                ::= s_expr
                      / s_expr comparison s_expr •

comparison          ::= equi_op
                      / comp_op
                      / set_op
                      / range_op •

equi_op             ::= = / < > •

comp_op             ::= < / > / <= / >= •

set_op              ::= INCL / EXCL / ELMT •

range_op            ::= INSD / OUSD / ISCT •

s_expr              ::= [sign] term [{add_op / OR} term]↑ •

add_op              ::= + / - •

term                ::= factor [{mul_op / AND} factor]↑ •

mul_op              ::= * / : / DIV / MOD •
```

```
factor              ::= prim_const
                      / set_const
                      / list_const
                      / apply_fct
                      / field_spec
                      / (expr)
                      / predicate
                      / NOT factor
                      / quantor_prefix [: (expr)]
                      / prog_var •

prog_var            ::= $ name • (* Programmvariable zur Wertübergabe bei Verwendung von MAD
                                    als Programmschnittstelle *)

field_spec          ::= [mol_name_spec.] field_name [comp_spec] •

mol_name_spec       ::= [mol_name.]↓ [level_spec] •

level_spec          ::= (int_const / ALL) •

comp_spec           ::= [{.comp_name / [index_expr]}]↓ • (* Ansprechen von  RECORD-Komponen-
                                                            ten und ARRAY-Elementen *)

index_expr          ::= expr •                                        (* vom Typ type_sel *)

apply_fct           ::= built_in_fct
                      / list_fct
                      / set_fct
                      / value_fct
                      / mol_agg
                      / null_fct •

value_fct           ::= VALUE (query_expr) •                          (* Typkonvertierung *)

mol_agg             ::= MOL_AGG (field_spec) •                        (* Molekül-Aggregationsfkt. *)

null_fct            ::= IS_NULL ([mol_name_spec.] field_name) •   (* Testfunktion für Nullwerte *)

list_fct            ::= ADD_LIST (expr, pos, expr)
                      / DEL_LIST (length, pos, expr)
                      / NUM_LIST (expr)
                      / LIST_ELMT (pos, expr)
                      / SUB_LIST ( length, pos, expr)
                      / POS_LIST (expr, expr)
                      / CHANGE_LIST ( expr, pos, expr)
                      / GEN_LIST (expr)
                      / MAKE_LIST (expr) •

set_fct             ::= NUM_SET (expr)
                      / UNION (expr, expr)
                      / MINUS (expr, expr)
                      / INTERSECT (expr, expr)
                      / GEN_SET (expr)
                      / MAKE_SET (expr) •

built_in_fct        ::= SUM (expr)
                      / AVG (expr)
                      / MIN (expr)
                      / MAX (expr) •

quantor_prefix      ::= [quantor mol_name_spec]↓ •
```

```
quantor              ::= FOR_ALL
                      / EXISTS
                      / EXISTS_EXACTLY (int_const)
                      / EXISTS_AT_LEAST (int_const)
                      / EXISTS_AT_MOST (int_const) •

predicate            ::= rec_count •

rec_count            ::= REC_MAX = int_expr •            (* nur innerhalb der until_clause verwendbar *)

int_expr             ::= expr •                                        (* vom Typ integer *)

prim_const           ::= bool_const
                      / int_const
                      / lint_const
                      / char_const
                      / byte_const
                      / bit_const
                      / real_const
                      / identifier_const
                      / code_const
                      / hull_const
                      / time_const
                      / record_const
                      / array_const •

bool_const           ::= TRUE
                      / FALSE •

time_const           ::= NOW
                      / T'[digit]4 [digit digit [digit digit [digit digit
                          [digit digit [digit digit ]]]]]'T •

int_const            ::= integer •

lint_const           ::= integer •

char_const           ::= C' [char]↓ 'C •

byte_const           ::= X' [byte]↓ 'X •

bit_const            ::= B' [bit]↓ 'B •

real_const           ::= [sign] digit . [digit]↓8 E [sign] [digit]↓4 •

identifier_const     ::= I' [byte]5 'I •

code_const           ::= O' [byte]↓ 'O •

record_const         ::= R' [prim_const]↓ 'R •

array_const          ::= A' [prim_const]↓ 'A •

hull_const           ::= H' [prim_const]↓ 'H •

set_const            ::= S' elmt_const [, elmt_const]↑ 'S
                      / EMPTY •

list_const           ::= L' elmt_const [, elmt_const]↑ 'L
                      / EMPTY •
```

elmt_const	::= prim_const •
s_mol_name	::= name •
mol_name	::= name / att_name •
att_name	::= name •
acc_name	::= name •
seq_name	::= name •
id_name	::= name •
comp_name	::= name •
field_name	::= name •
selection_var	::= name •
name	::= letter [{letter, digit, underline}]$\uparrow$ •
min, max	::= pos_int / VAR •
integer	::= [sign] digit [digit]$\uparrow$ •
pos	::= pos_int •
pos_int	::= digit [digit]$\uparrow$ •
length	::= integer •
letter	::= a/b/ . . . /z/A/B/ ... /Z •
char	::= letter / digit / s_char •
s_char	::= underline / blank / ! / " / # / § / % / & / (/) / + / - / , / ; / . / quer / : / < / > / = / ? / [/] / { / } / | •
byte	::= 00 / 01 / ... / FF •
digit	::= 1 / ... / 9 / 0 •
bit	::= 0 / 1 •
sign	::= + / - •
blank	::= " " •
quer	::= "/" •
underline	::= "_" •

Legende: Beschreibung der Metasymbole

/	Aufzählung
[,]	schließen optionale Klauseln ein
{ , }	schließen Alternativen ein
[,] $\uparrow$ n	schließen Klauseln ein, die 0 bis n-mal wiederholt werden können; wird n nicht angegeben, so ist die Anzahl der Wiederholungen unspezifiziert
[,] $\downarrow$ n	schließen Klauseln ein, die 1 bis n-mal wiederholt werden können; wird n nicht angegeben, so ist die Anzahl der Wiederholungen unspezifiziert
[,] n	schließen Klauseln ein, die genau n-mal wiederholt werden
•	schließt eine Definition ab

fettgedruckte Großbuchstaben und Zeichen sowie alle in "..." eingeschlossenen Zeichen stellen Schlüsselworte der Sprache dar.

C Hilfsdefinitionen zur Molekültypalgebra

Im folgenden wird eine Reihe von Hilfsdefinitionen angegeben, die in Abschnitt 3.3.2 zur Beschreibung der Molekültypalgebra benötigt werden. Hierbei handelt es sich im wesentlichen um Funktionen zur Handhabung der durch die Molekültypbildung aufgebauten Graphstrukturen.

Definition H.1

Das 2-Tupel $G=<V,E>$ mit einer nicht-leeren Menge V von sog. Knotenelementen und einer Folge E von Kantenelementen der Form $<ename,n_1,n_2>$ mit $ename \in N$ heißt *gerichteter (directed) Graph* gdw. das Prädikat dg gilt, welches wie folgt definiert ist:

$$dg(G) \quad \Leftrightarrow \quad (1) \text{ (gerichtet, directed)}$$

Jedes Tupel $<ename,n_1,n_2> \in E$ ist ein geordnetes Tripel und

(2) (wohldefiniert, well-defined)

Die beiden hinteren Komponenten n_1 und n_2 jedes Tupels kommen auch als Elemente in V vor, d.h. $\forall <ename,n_1,n_2> \in E: n_1,n_2 \in V$ ∇

Definition H.2

Sei $DG=<V,E>$ ein gerichteter Graph. Das Prädikat path entscheidet, ob p ein *Weg im Graphen* ist; path ist wie folgt definiert:

$$path(p,DG) \quad \Leftrightarrow \quad p \subseteq E \text{ und für } i=1, \ldots ,n=card(p) \; \exists \; v_i \in V, edge_i \in E: edge_i=<e_i,v_{i-1},v_i> \in p$$

Der Knoten $v_0 \equiv beg(p)$ heißt der *Startknoten* und $v_n \equiv end(p)$ heißt der *Zielknoten* des Weges p. Die Knotenmenge $\{v_1, \ldots ,v_{n-1}\} \equiv in\_between(p)$ heißt in bezug auf den Weg p "*innenliegend*" ∇

Basierend auf diesen Definitionen kann die nachstehende Generierungsfunktion all_paths und das Prädikat path_ex definiert werden:

- $all\_paths(v_i,v_j,DG) \quad = \quad \{p \mid path(p,DG) \text{ und } beg(p)=v_i \text{ und } end(p)=v_j\}$
- $path\_ex(v_i,v_j,DG) \quad \Leftrightarrow \quad card(all\_paths(v_i,v_j,DG)) \geq 1$

Die Funktion all_paths generiert alle Wege im Graphen DG, die von Knoten v_i zum Knoten v_j gehen. Das Prädikat path_ex entscheidet, ob es einen solchen Weg im Graphen überhaupt gibt.

Definition H.3

Sei $DG=<V,E>$ ein gerichteter Graph. Die *Wurzeln* in DG seien dann wie folgt definiert:

$$dgroot(DG) \quad = \quad \{v \mid v \in V \wedge \forall <ename,v_i,v_j> \in E: v_j \neq v\}$$

In DG gibt es nur *genau eine Wurzel* gdw. das nachstehende Prädikat gilt:

$$oneroot(DG) \quad \Leftrightarrow \quad card(dgroot(DG))=1 \; \nabla$$

Definition H.4

Sei DG=<V,E> ein gerichteter Graph. DG heißt *zusammenhängend (coherent)* gdw. das nachstehende Prädikat gilt:

$$\text{coherent(DG)} \quad \Leftrightarrow \quad \forall v \in (V\text{-dgroot(DG)}): \forall r \in \text{dgroot(DG)}: \text{path\_ex}(r,v,DG) \; \nabla$$

Definition H.5

Sei DG=<V,E> ein gerichteter Graph.

DG heißt *azyklisch (acyclic)* gdw. das nachstehende Prädikat gilt:

$$\text{acyclic(DG)} \quad \Leftrightarrow \quad \forall v \in V: \neg\text{path\_ex}(v,v,DG) \; \nabla$$

Definition H.6

Sei der Graph G=<V,E> gegeben. Das Prädikat md_graph attestiert dem betreffenden Graphen die folgenden Eigenschaften:

gerichtet,

zusammenhängend,

azyklisch,

genau eine Wurzel und

ist wie folgt definiert:

$$\text{md\_graph(G)} \quad \Leftrightarrow \quad \text{dg(G)} \wedge$$
$$\text{coherent(G)} \wedge$$
$$\text{acyclic(G)} \wedge$$
$$\text{oneroot(G)} \; \nabla$$

Definition H.7

Gegeben sei das 2-Tupel G=<V,E> mit einer nicht-leeren Menge V von Knotenelementen und einer Folge E von Kantenelementen der Form <ename,n_1,n_2> mit ename $\in$ N. Um die *"Wohldefiniertheit"* dieses 2-Tupels im Sinne der Graph-Definition (vgl. Def. H.1) zu gewährleisten, wird die nachstehende Funktion benötigt:

$$\text{compress(G)}=\langle V,E'\rangle$$

wobei E'={e | e=<ename,v_i,v_j> $\in$ E mit v_i,$v_j \in$ V} ∇

Die Funktion compress geht davon aus, daß die Knotenmenge schon vorbestimmt ist. Ausgehend von dieser Knotenmenge werden nur solche Kanten übernommen, deren Start- und Zielknoten in dieser Knotenmenge liegen.

Definition H.8

Seien $G_s=<V_s,E_s>$ und $G=<V,E>$ zwei Graphen mit md_graph(G_s) und md_graph(G) . Das

nachstehend definierte Prädikat testet die "Teilgraph"-Eigenschaft von G_s bzgl. G:

$$\text{subgraph}(G_s,G) \quad\Leftrightarrow\quad V_s\subseteq V \text{ und } E_s\subseteq E$$

Aufbauend auf subgraph seien noch zwei weitere Prädikate definiert:

$$\text{rb\_subgraph}(G_s,G) \quad\Leftrightarrow\quad \text{subgraph}(G_s,G) \text{ und dgroot}(G_s)=\text{dgroot}(G)$$

G_s heißt dann auch *wurzel-basierter Subgraph* von G.

$$\text{pft\_subgraph}(G_s,G) \quad\Leftrightarrow\quad \text{subgraph}(G_s,G) \text{ und } \forall v\in V_n \text{ mit } V_n =V-V_s \text{ und}$$

$$\text{compress}(<V_n,E>)=<V_n,E_n>: \text{path\_ex}(\text{dgroot}(G),v,<V_n,E_n>)$$

G_s heißt *perfekter Subgraph* von G gdw. alle Knoten, die nicht in G_s liegen, über einen Weg,

ausgehend von der Wurzel und vollständig außerhalb von G_s verlaufend, erreichbar sind ∇

Definition H.9

Seien $G_1=<V_1,E_1>$ und $G_2=<V_2,E_2>$ zwei Graphen mit md_graph(G_1) und md_graph(G_2) .

G_1 und G_2 heißen *kongruent* (congruent) gdw. das folgende Prädikat gilt:

$$\text{congruent}(G_1,G_2) \quad\Leftrightarrow (\text{card}(V_1)=\text{card}(V_2)) \wedge (\text{card}(E_1)=\text{card}(E_2)) \wedge$$

$$(\forall v_1\in V_1, \exists \text{ genau ein } v_2\in V_2: \text{pendant}(v_1,v_2)) \wedge$$

$$(\forall v_2\in V_2, \exists \text{ genau ein } v_1\in V_1: \text{pendant}(v_2,v_1))$$

wobei das Prädikat pendant wie folgt definiert ist:

$$\text{pendant}(v_1,v_2) \quad\Leftrightarrow (v_1\in \text{dgroot}(G_1) \wedge v_2\in \text{dgroot}(G_2)) \vee$$

$$((\forall p\in \text{all\_paths}(v_{r1},v_1,G_1), \exists \text{ genau ein } q\in \text{all\_paths}(v_{r2},v_2,G_2):$$

$$\forall v_i\in \text{in\_between}(p) \,\exists v_j\in \text{in\_between}(q): \text{pendant}(v_i,v_j)) \wedge$$

$$(v_{r1}\in \text{dgroot}(G_1) \text{ und } v_{r2}\in \text{dgroot}(G_2))) \nabla$$

Literaturverzeichnis

AF83   Adams, M., Ferkinghoff, B., et al.: Datenhaltungssysteme in der Prozeßdaten-verarbeitung: Ein Anforderungsprofil, Universität Karlsruhe, Fakultät für Infomatik, Interner Bericht 16/83, April 1983.

Ap85   Appelrath, H.-J.: Von Datenbanken zu Expertensystemen, IFB 102, Springer-Verlag, 1985.

As76   Astrahan, M.M., et al.: System R: Relational Approach to Database Management, in: ACM TODS, Vol. 1, No. 2, June 1976, pp. 97-137.

Ba81   Baumann, R. (Hrsg.): Fachtagung Prozeßrechner 81, IFB 39, Springer-Verlag, 1981.

BB84   Batory, D.S., Buchmann, A.P.: Molecular Objects, Abstract Data Types and Data Models: A Framework, in: Proc. 10th VLDB Conf., Singapore, 1984, pp. 172-184.

Be86   Benn, W.: Dynamische nicht-normalisierte Relationen und symbolische Bildbe-schreibung, IFB 128, Springer-Verlag, 1986.

Be87   Bergsträßer, A.: Interpretation und Auswertung von Ausdrücken für PRIMA, Diplomarbeit, Fachbereich Informatik, Universität Kaiserslautern, Dez. 1987.

BM86   Brodie, M.L., Mylopoulos, J. (eds.): On Knowledge Base Management Systems (Integrating Artificial Intelligence and Database Technologies), Topics in Information Systems, Springer-Verlag, 1986.

BMS84   Brodie, M.L., Mylopoulos, J., Schmidt, J.W. (eds.): On Conceptual Modelling (Perspectives from Artificial Intelligence, Databases, and Programming Languages), Topics in Information Systems, Springer-Verlag, 1984.

BMW82   Beetem, A., Milton, J., Wiederhold, G.: Performance of Database Management Systems in VLSI Design, in: IEEE Database Engineering, Vol. 5, No. 2, June 1982, pp. 15-20.

BN77   Bergmann, E., Noll, H.: Mathematische Logik mit Informatik-Anwendungen, Heidelberger Taschenbücher Bd. 187, Springer-Verlag, 1977.

Br84   Brodie, M.L.: On the Development of Data Models, in: [BMS84].

BR85   Brauer, W., Radig, B. (Hrsg.): Wissensbasierte Systeme (GI-Kongreß 1985), IFB 112, Springer-Verlag, 1985.

BS83   Bobrow, D., Stefik, M.: The LOOPS Manual, Palo Alto, California, Xerox, 1983.

BS85   Brachman, R.J., Schmolze, J.G.: An Overview of the KL-ONE Knowledge Representation System, Cognitive Science, Vol. 9, 1985.

BW88   Becker, C., Wetzel, B.: Anfrageübersetzung in PRIMA, Diplomarbeit, Fachbereich Informatik, Universität Kaiserslautern, März 1988.

Ch87   Christmann, P.: Ein Algorithmus zur Systempufferverwaltung und Synchronisation in einem lose gekoppelten Mehrrechner-Datenbanksystem, in: Proc. GI/ITG-Tagung "Kommunikation in verteilten Systemen", Aachen, Feb. 1987, S. 412-425.

CHMS87 Christmann, P., Härder, T., Meyer-Wegener, K., Sikeler, A.: Which Kinds of OS Mechanisms Should Be Provided for Database Management?, in: Proc. Experiences in Distributed Systems, Int. Workshop Kaiserslautern, Sept. 1987.

Co79   Codd, E.F.: Extending the Database Relational Model to Capture More Meaning, in: ACM TODS, Vol. 4, No. 4, 1979, pp. 397-434.

CODA73   Codasyl DDL Journal of Development, June 73 Report, erhältlich bei IFIP Administrative Data Processing Group, 40 Paulus Potterstraat, Amsterdam.

Da81   Date, C.J.: An Introduction to Database Systems, Vol. I and Vol. II, in: The Systems Programming Series, Addison-Wesley Publishing Company, 1981.

Da86   Dadam, P., et al.: A DBMS Prototype to Support Extended NF^2-Relations: An Integrated View on Flat Tables and Hierarchies, in: Proc. ACM SIGMOD Conf., Washington, D.C., 1986, pp. 356-367.

DBE84   IEEE Database Engineering, Vol. 7, No. 1, March 1984.

De86   Deppisch, U., et al.: Überlegungen zur Datenbankkooperation zwischen Server und Workstation, in: Proc. 16. GI-Jahrestagung, IFB 126, Springer-Verlag, 1986, S. 565-580.

DKM86   Dittrich, K., Kotz, A., Mülle, J.: Database Support for VLSI Design: The DAMASCUS System, in: CAD interfaces and data transfer formats in electronics, Springer-Verlag, 1986.

DKML84   Dittrich, K.R., Kotz, A.M., Mülle, J.A., Lockemann, P.C.: Datenbankkonzepte für Ingenieuranwendungen: Eine Übersicht über den Stand der Entwicklung, in: Proc. 14. GI-Jahrestagung, IFB 88, Springer-Verlag, 1984, S. 175-192.

DKML85   Dittrich, K.R., Kotz, A.M., Mülle, J.A., Lockemann, P.C.: Datenbankunterstützung für den ingenieurwissenschaftlichen Entwurf, in: Informatik-Spektrum, Bd. 8, Heft 3, Springer-Verlag, 1985, S. 113-125.

Ea80   Eastman, C.M.: System Facilities for CAD-Databases, in: Proc. 17th Design Automation Conf., Minneapolis, 1980, pp. 50-56.

Eb84   Eberlein, W.: Architektur technischer Datenbanken für integrierte Ingenieursysteme, Dissertation, Arbeitsberichte des IMMD, Bd. 17, Nr. 1, Universität Erlangen, 1984.

Ef87   Effelsberg, W.: Datenbankzugriff in Rechnernetzen, in: [Hä87], S. 140-152.

EHRS81   Effelsberg, W., Härder, T., Reuter, A., Schultze-Bohl, J.: Leistungsmessung von Datenbanksystemen - Meßmethoden und Meßumgebung, in: GI-Tagungsband "Messung, Modellierung und Bewertung von Rechensystemen, IFB41, Springer-Verlag.

EN80   Ellis, C.A., Nutt, G.J.: Office Information Systems and Computer Science, in: ACM Computing Surveys, Vol. 12, No. 1, March 1980, pp. 27-60.

Fi83   Fischer, W.E.: Datenbanksystem für CAD-Arbeitsplätze, IFB 70, Springer-Verlag, 1983.

FK85   Fikes, R., Kehler, T.: The Role of Frame-based Representation in Reasoning, in: Communications of the ACM, Vol. 28, No. 9, Sept. 1985, pp. 904-920.

Fr83   Frank, A.: Datenstrukturen für Landinformationssysteme - semantische, topologische und räumliche Beziehungen in Daten der Geo-Wissenschaften, Dissertation, ETH Zürich, 1983.

Fr86   Freytag, J.C.: A Rule-Based View of Query Optimization, IBM Almaden Research Center, San Jose, CA, 1986.

FWA85   Fox, M., Wright, J., Adam, D.: Experience with SRL: an analysis of a frame-based knowledge representation, Technical Report CMU-CS-81-135, Carnegie-Mellon University, 1985.

GKS82   International Standard Organization (ISO): Graphical Kernel System (GKS) Version 7.2, Doc.-No. ISO/DIS 7942, New York, 1982.

Gr81 Gray, J.: The Transaction Concept: Virtues and Limitations, in: Proc. 7th Int. Conf. on VLDB, Cannes, 1981, pp. 144-154.

GS82 Guttman, A., Stonebraker, M.: Using a Relational Database Management System for Computer Aided Design Data, in: IEEE Database Engineering, Vol. 5, No. 2, June 1982, pp. 21-28.

Gü83 Günther, D.K.: Database Requirements of Computer-aided Office-Procedures, GMD-Arbeitspapier Nr. 54, 1983.

GWCRM86 Groß, E., Walter, J., Christaller, T., Rome, E., Müller, B.S.: Softwareentwurf und Realisierung des Expertensystemwerkzeugs BABYLON mit Hilfe objektorientierter Programmierung, in: Proc. 16. GI-Jahrestagung, IFB 126, Springer-Verlag, 1986, S. 180-194.

Ha81 Haynie, M.N.: The Relational/Network Hybrid Data Model for Design Automation Databases, in: Proc. 18th Design Automation Conf. (IEEE), June 1981, pp. 646-652.

Hä78 Härder, T.: Implementierung von Datenbanksystemen, Hanser Verlag, München, Wien, 1978.

Hä84 Härder, T.: Überlegungen zur Modellierung und Integration der Zeit in temporalen Datenbanksystemen, Forschungsbericht, SFB 124, Nr. 19/84, Universität Kaiserslautern, 1984.

Hä85 Härder, T.: Realisierung von operationalen Schnittstellen, in: [LS87], S. 167-342.

Hä87 Härder, T. (Gastherausgeber): Informationstechnik, 29. Jahrgang, Heft 3, Schwerpunktthema: Datenbanken, Oldenbourg-Verlag, 1987.

HHLM87 Härder, T., Hübel, C., Langenfeld, S., Mitschang, B.: KUNICAD - ein datenbankgestütztes geometrisches Modellierungssystem für Werkstücke, in: Informatik - Forschung und Entwicklung, Bd. 2, Heft 1, Springer-Verlag, 1987, S. 1-18.

HHM85 Härder, T., Hübel, Ch., Mitschang, B.: Decomposition and Parallel Execution of Complex Database Operations, Bericht Nr. 25/85, SFB 124, Universität Kaiserslautern, Dez. 1985.

HHM86 Härder, T., Hübel, C., Mitschang, B.: Use of Inherent Parallelism in Database Operations, in: Proc. Conf. on Algorithms and Hardware for Parallel Processing (CONPAR, Aachen, Sept. 1986), Springer-Verlag, Lecture Notes in Computer Science Vol. 237, Berlin Heidelberg New York Tokyo 1986, S. 385-392.

HHMM87 Härder, T., Hübel, Ch., Meyer-Wegener, K., Mitschang, B.: Coupling Engineering Workstations to a Database Server, in: Proc. Conf. on Data and Knowledge Systems for Engineering and Manufacturing, Hartford, Connecticut, Oct. 1987.

HHMM88 Härder, T., Hübel, Ch., Meyer-Wegener, K., Mitschang, B.: Processing and Transaction Concepts for Cooperation of Engineering Workstations and a Database Server, in: Data and Knowledge Engineering, 1988.

HKMSZ85 Härder, T., Keller, W., Mitschang, B., Siepmann, E., Zimmermann, G.: Datenstrukturen und Datenmodelle für den VLSI-Entwurf, Forschungsbericht Nr. 26/85, SFB 124, Universität Kaiserslautern.

HL82 Haskin, R.L., Lorie, R.A.: On Extending the Functions of a Relational Database System, in: Proc. ACM SIGMOD Conf., Orlando, Fl., 1982.

HM88 Hübel, Ch., Mitschang, B.: DB-Schnittstellen für arbeitsplatzorientierte Ingenieuranwendungen, in: Proc. der Magdeburger Hochschultage "Erneuerung von Prozessen und Erzeugnissen durch Schlüsseltechnologien", Magdeburg, 1988.

HMM87   Härder, T., Mattos, N., Mitschang, B.: Abbildung von Frames auf neuere Datenmodelle, in: Proc. 'German Workshop on Artificial Intelligence' GWAI'87, IFB 152, Springer-Verlag, 1987, S. 396-405.

HMP87   Härder, T., Mattos, N., Puppe, F.: Zur Kopplung von Datenbank- und Expertensystemen, in: State of the Art, Oldenbourg-Verlag, No. 3, 1987, S. 23-34.

Ho74   Hoare, C.A.R.: Monitors: An Operating System Structuring Concept, in: CACM, Vol. 17, No. 10, Oct. 1974, pp. 549-557.

HR83a   Härder, T., Reuter, A.: Concepts for Implementing a Centralized Database Management System, in: Proc. of the International Computing Symposium 1983 on Application Systems Development, Teubner-Verlag, 1983, pp. 28-59.

HR83b   Härder, T., Reuter, A.: Database Systems for Non-Standard Applications, in: Proc. of the International Computing Symposium 1983 on Application Systems Development, Teubner-Verlag, pp. 452-466.

HR85   Härder, T., Reuter, A.: Architektur von Datenbanksystemen für Non-Standard-Anwendungen, in: Proc. GI-Fachtagung Datenbanksysteme für Büro, Technik und Wissenschaft, IFB 94, Springer-Verlag, 1985, S. 253-286 (eingeladener Vortrag).

HR87a   Härder, T., Rahm, E.: Hochleistungs-Datenbanksysteme - Vergleich und Bewertung aktueller Architekturen und ihrer Implementierungen, in: [Hä87], S. 127-139.

HR87b   Härder, T., Rothermel, K.: Concepts for Transaction Recovery in Nested Transactions, IBM Research Report RJ 5534, Almaden Research Center, San Jose, Calif., März 1987, in: Proc. ACM SIGMOD'87 Conf., San Francisco, May 1987, pp. 239-248.

HR87c   Härder, T., Rothermel, K.: Concurrency Control Issues in Nested Transactions, IBM Research Report RJ 5803, Almaden Research Center, San Jose, Calif. Aug. 1987.

HS88   Hübel, Ch., Sutter, B.: Experiences in Supporting an Engineering Application by PRIMA, Research Report, SFB 124, University Kaiserslautern, (forthcoming), 1988.

Hü86   Hübel, C.: Ein datenbankbasierter 3D-Bauteilmodellierer als Anwendung eines Nicht-Standard-Datenbanksystems - Ansätze zur quantitativen Systemanalyse, Technischer Bericht, Universität Kaiserslautern, 1985.

IGES83   Initial Graphics Exchange Specification (IGES), Version 2.0, U.S. Department of Commerce, NDBS, Washington, DC 20234, USA, Feb. 1983.

JK84   Jarke, M., Koch, J.: Query Optimization in Database Systems, in: ACM Computing Surveys, Vol. 16, No. 2, June 1974, pp. 111-152.

Ka82   Katz, R.N.: A Database Approach for Managing VLSI Design Data, in: Proc. 19th Design Automation Conf., June 1982.

Ka85   Katz, R.H.: Information Management for Engineering Design, Surveys in Computer Science, Springer-Verlag, 1985.

KLMP84   Kim, W., Lorie, R., McNabb, D., Plouffe, W.: Nested Transactions for Engineering Design Databases, in: Proc. 10th VLDB Conf., Sinpagore, 1984, pp. 355-362.

KMP86   Käfer, W., Mitschang, B., Profit, M.: PROTON - ein Prototyp zur Komplexobjekt-Verwaltung, Bericht Nr. 30/86, SFB 124, Universität Kaiserslautern, Dez. 1986.

La85   Lamersdorf, W.: Semantische Repräsentation komplexer Objektstrukturen, IFB 100, Springer-Verlag, 1985.

LB85   Lüke, B., Bever, M: Ein prozedurorientiertes Datenmodell für CAD-Anwendungen und seine Realisierung mittels konventioneller Datenbanksoftware und Ada, in: Proc. GI-Fachtagung "Datenbanksysteme in Büro, Technik und Wissenschaft", IFB 94, Springer-Verlag, S. 127-146.

LH81   Lockemann, P.C., Härder, T.: Datenhaltung in Echtzeitsystemen, in: [Ba81].

Li87   Lienert, D.: Die Konfigurierung modular aufgebauter Datenbanksysteme, IFB 137, Springer-Verlag, 1987.

LK84   Lorie, R., Kim, W., et al.: Supporting Complex Objects in a Relational System for Engineering Databases, IBM Research Laboratory, San Jose, CA, 1984.

Lo81   Lorie, R.A.: Issues in Databases for Design Applications, in: Proc. IFIP Conf. on CAD Data Bases, File Structures and Data Bases for CAD, Encarnacao, J. and Krause, F.L. (eds.), North-Holland Publ. Comp., 1981, pp. 214-222.

Lo83   Lohman, G., et al.: Remotely-Sensed Geophysical Databases: Experience and Implications for Generalized DBMS, in: Proc. of the SIGMOD Conf., San Jose, 1983, pp. 146-160.

Lo85   Lockemann, P.C., et al.: Anforderungen technischer Anwendungen an Datenbanksysteme, in: Proc. GI-Fachtagung "Datenbanksysteme für Büro, Technik und Wissenschaft", IFB 94, Springer Verlag, 1985, S. 1-26.

Lo86   Lohman, G. (ed): Special issue on recent advances in query optimization, IEEE Database Engineering, Vol. 9, No. 4, 1986.

LP81   Lacroix, M., Pirotte, A.: Data Structures for CAD-Object Description, in: Proc. 18th IEEE Design Automation Conf., 1981, pp. 653-659.

LS83   Lum, V., Schek, H.-J.: Position Paper, in: Proc. 9th Int. Conf. on VLDB, Florence, 1983, Panels, pp. 12-16.

LS87   Lockemann, P.C., Schmidt, J.W. (Hrsg.): Datenbank-Handbuch, in: Informatik-Handbücher, Springer-Verlag, 1987.

Ma74   Manna, Z.: Mathematical Theory of Computation, McGraw-Hill Computer Science Series, McGraw-Hill Kogakusha, Ltd., 1974.

Ma85   Marwedel, P.: The MIMOLA Design System: A Design System Which Spans Several Levels, in: Giloi, W.K., Shriver, B.D. (eds.): Methodologies for Computer System Design, North-Holland, 1985, pp. 223-237.

Ma88   Mattos, N.M.: KRISYS - A Multi-layered Prototype KBMS Supporting Knowledge Independence, technical report, University Kaiserslautern, 1988.

Mc77   McGee, W.C.: The Information Management System IMS/VS, in: IBM Systems Journal, Vol. 16, No. 2, 1977, pp. 84-168.

ML83a   Meier, A., Lorie, R.: A Surrogate Concept for Engineering Databases, in: Proc. 9th VLDB Conf., Florenz, 1983, pp. 30-32.

ML83b   Meier, A., Lorie, R.: Implicit Hierarchical Joins for Complex Objects, IBM Res. Report RJ3775, San Jose, 1983.

Mi75   Minsky, M.: A Framework for Representing Knowledge, in: The Psychology of Computer Vision (editor: Winston, P.), McGraw-Hill Book Company, 1975.

Mi84   Mitschang, B.: Überlegungen zur Architektur von Datenbanksystemen für Ingenieuranwendungen, in: Proc. 14. GI-Jahrestagung, IFB 88, Springer-Verlag, 1984, S. 318-334.

Mi85   Mitschang, B.: Charakteristika des Komplex-Objekt-Begriffs und Ansätze zu dessen Realisierung, in: Proc. GI-Fachtagung "Datenbanksysteme in Büro, Technik und Wissenschaft", IFB 94, Springer-Verlag, S. 382-400.

Mi86   Mitschang, B.: MAD - ein Datenmodell zur Verwaltung von komplexen Objekten, Bericht Nr. 20/85, SFB 124, Universität Kaiserslautern, überarbeitet im Sommer 1986.

Mi87   Mitschang, B.: MAD - ein Datenmodell für den Kern eines Non-Standard-Datenbanksystems, in: Proc. GI-Fachtagung "Datenbanken in Büro, Technik und Wissenschaft, IFB 136, Springer-Verlag, S. 180-195.

Mi88   Mitschang, B.: Towards a unified view to design data and knowledge representation, in: Proc. Second Int. Conf. on Expert Database Systems, 1988, further publication by the Benjamin/Cummings Publishing Co.

Mo82   Moss, J.E.B.: Nested Transactions and Reliable Distributed Computing, in: Proc. of the 2nd Conf. on Reliability of Distributed Software and Database Sytems, 1982, pp. 33-39.

Mö86   Möller, J.: Konzeption einer regelbasierten Planungskomponente für die Optimierung von Datenbankanfragen in einer SEQUEL-artigen Sprache, Diplomarbeit, Technische Hochschule Darmstadt, 1986.

MS87   Müller, Th., Schöning, H.: Entwurf und Implementierung des Datensystems von PRIMA, Diplomarbeit, Fachbereich Informatik, Universität Kaiserslautern, Juni 1987.

MW86   Meyer-Wegener, K.: Transaktionssysteme - eine Untersuchung des Funktionsumfangs, der Realisierungsmöglichkeiten und des Leistungsverhaltens, Dissertation, Fachbereich Informatik, Universität Kaiserslautern, 1986 (erschienen in: Leitfäden der angewandten Informatik, B.G. Teubner, Stuttgart, 1988).

MW87   Meyer-Wegener, K.: Transaktionssysteme - verteilte Verarbeitung und verteilte Datenhaltung, in: [Hä87], S. 120-126.

Ne87   Nehmer, J., et al.: Key Concepts of the INCAS Multicomputer Project, in: IEEE Transactions of Software Engineering, Vol. SE-13, No. 8, Aug. 1987, pp. 913-923.

NH82   Neumann, T., Hornung, C.: Consistency and Transactions in CAD Databases, in: Proc. 8th Conf. on VLDB, New Mexico, 1982.

Ni82   Nilsson, N.: Principles of Artificial Intelligence, Springer-Verlag, 1985.

PSSWD87 Paul, H.-B., Schek, H.-J., Scholl, M.H., Weikum, G., Deppisch, U.: Architecture and Implementation of the Darmstadt Database Kernel System, in: Proc. ACM SIGMOD Conf., San Francisco, 1987.

Pu83   Puppe, F.: MED1 - ein heuristisches Diagnosesystem mit effizienter Kontrollstruktur, Interner Bericht 71/83, Fachbereich Informatik, Universität Kaiserslautern, 1983.

Pu85   Puppe, F.: Erfahrungen aus 3 Anwendungsprojekten mit MED1, in: [BR85], S. 234-245.

Pu86a   Puppe, F.: Expertensysteme - Übersicht und Exemplarische Einführung, in: Informatik Spektrum, Bd. 9, Heft 1, Springer-Verlag, 1986, S. 1-13.

Pu86b   Puppe, F.: Assoziatives Diagnostisches Problemlösen mit dem Expertensystemshell MED2, Dissertation, Universität Kaiserslautern, Fachbereich Informatik, 1986.

Ra82   Raulefs, P.: Expertensysteme, in: Künstliche Intelligenz Frühjahrsschule, Teisendorf, März 1982, S. 61-98.

Re87   Reuter, A., et al.: Anforderungen an ein arbeitsplatzorientiertes Datenhaltungssystem, in: Proc. GI-Fachtagung "Datenbanksysteme in Büro, Technik und Wissenschaft," IFB 136, Springer-Verlag, S. 391-404.

RKB85   Roth, M.A., Korth, H.F., Batory, D.S.: SQL/NF: A Query Language for ¬1NF Relational Databases, Deptm. Comp. Sciences, University of Texas at Austin, TR-85-19, 1985.

RS86   Reuter, J., Schulz, M.: DBGEO - ein datenbankbasiertes Kernsystem eines geographischen Informationssystems, Diplomarbeit, Fachbereich Informatik, Universität Kaiserslautern, 1986.

RV82   Requicha, A.A.G., Voelcker, H.B.: Solid modeling: A historical summary and contemporary assessment, IEEE Computer Graphics Appl., Vol. 2, 1982, pp. 9-24.

SA77   Schank, R.C., Abelson, R.P.: Scripts, Plans, Goals and Understanding, Erlbaum Assoc., 1977.

SAHR84   Stonebraker, M., Anderson, E., Hanson, E., Rubenstein, B.: QUEL as a Data Type, in: Proc. ACM SIGMOD, Conf., pp. 208-214.

Sch84   Scheer, A.-W.: Schnittstellen zwischen betriebswirtschaftlicher und technischer Datenverarbeitung in der Fabrik der Zukunft, 14. GI-Jahrestagung, IFB 88, Springer-Verlag, 1984, S. 56-79.

Sch87   Schürmann, C.: Entwurf und Implementierung eines Compilers für die Teilsprachen MQL-DDL und MQL-LDL, Diplomarbeit, Fachbereich Informatik, Universität Kaiserslautern, Aug. 1987.

Si80   Sidle, T.W.: Weakness of Commercial Data Base Management Systems in Engineering Application, in: Proc. 17th Design Automation Conf., Minneapolis, 1980, pp. 57-61.

Si87   Sikeler, A.: Untersuchung von Verfahren zur Adreßabbildung von PRIMA, in: Angewandte Informatik, Heft 8/9, Sept. 1987, S. 358-368.

Si88a   Sikeler, A.: Buffer-Management in a Non-Standard Database System, SFB-Bericht, Universität Kaiserslautern, 1988, in Vorbereitung.

Si88b   Sikeler, A.: VAR-PAGE LRU - A Buffer Replacement Algorithm Supporting Different Page Sizes, in: Proc. Int. Conf. on Extending Data Base Technology, Venice, Lecture Notes in Computer Science, Springer-Verlag, 1988.

So85   Sottong, W.: Datenstrukturen im VLSI-Schaltungsentwurf, Diplomarbeit, Fachbereich Informatik, Universität Kaiserslautern, 1985.

SOW84   Shoshani, A., Olken, F., Wong, H.K.T.: Characteristics of Scientific Databases, in: Proc. 10th VLDB Conf., Singapore, 1984, pp. 147-159.

SP82   Schek, H.-J., Pistor, P.: Data Structures for an Integrated Data Base Management and Information Retrieval System, in: Proc. of the 8th Conf. on VLDB, Mexico, 1982.

SRG83   Stonebraker, M., Rubenstein, B., Guttman, A.: Application of Abstract Data Types and Abstract Indices to CAD Data Bases, in: Proc. 1983 Data Base Week: Engineering Design Applications, San Jose, 1983, pp. 107-113.

SR84   Stonebraker, M.R., Rowe, L.A.: Database Portals - A New Application Program Interface, in: Proc. 10th Int. Conf. on VLDB, Singapore, 1984, pp. 3-13.

SS77   Smith, J.M., Smith, D.P.C.: Database Abstractions: Aggregation and Generalization, in: ACM TODS, Vol. 2, No. 2, June 1977, pp. 105-133.

SS86   Schek, H.-J., Scholl, M.H.: The Relational Model with Reation-Valued Attributes, in: Information Systems, Vol. 11, No. 2, 1986, pp. 137-147.

STW84   Schrefl, M., Tjoa, A.M., Wagner, R.R.: Comparison-Criteria for Semantic Data Models, in: Proc. of 1st Int. Conf. on Data Engineering, Los Angeles, 1984, pp. 120-125.

Su86   Sutter, B.: Konzeption und Implementierung eines Systems zur Messung und Analyse von Häufigkeiten in Basisanwendungen, Diplomarbeit, Fachbereich Informatik, Universität Kaiserslautern, 1986.

Su87   Sutter, B.: MESASU - Ein Meß- und Analysesystem zur Untersuchung von datenbankbasierten Anwendungssystemen, Interner Bericht des Zentrums für Rechnergestützte Ingenieursysteme, Nr. 3/87, Universität Kaiserslautern, April 1987.

SWKH76   Stonebraker, M., Wong, E., Kreps, P., Held, G.: The Design and Implementation of INGRES, in: ACM TODS, Vol. 1, No. 3, 1976, pp. 189-222.

TL76   Tsichritzis, D.C., Lochovsky, F.H.: Hierachical Data-Base Management: A Survey , in: ACM Computing Surveys, Vol. 8, No. 1, March 1976, pp. 105-123.

UDS86   UDS - Universelles Datenbanksystem, Benutzerhandbücher zur Version 5.0, Siemens AG, München, 1986.

Ul80   Ullman, J.D.: Principles of Database Systems, Pitman Publishing Limited, 1980.

VRT82   Vinek, G., Rennert, P.F., Tjoa, A.M.: Datenmodellierung: Theorie und Praxis des Datenbankentwurfs, Physica-Verlag, Würzburg, Wien, 1982.

We87   Weber, B.: Entwurf und Implementierung des Verwaltungssystems für die Metadaten des NDBS PRIMA, Diplomarbeit, Fachbereich Informatik, Universität Kaiserslautern, Juli 1987.

WH79   Waterman, D., Hayes-Roth, F. (eds): Pattern-Directed Inference Systems, Academic Press, 1979.

Wi84   Williams, C.: ART the advanced reasoning tools - conceptual overview, Inference Corporation, 5300 W. Century Blv., 3rd Floor, Los Angeles, CA 90045.

WM85   Wybranietz, D., Massar, R.: An Overview of LADY- A Language for the Implementation of Distributed Operating Systems, Research Report, No. 12/85, SFB 124, University Kaiserslautern, 1985.

WKS86   Verschiedene Handbücher und technische Unterlagen zum Graphiksystem SIGMEX 6161, Sigmex GmbH, München, 1986.

X3H286   SQL Addendum-2, Doc. ISO/TC97/SC21/WG3 N143, ANSI X3 H2-86-61, 1986.

Zi84   Zimmermann, G.: Entwurfsalgorithmen für integrierte Schaltungen, Vorlesung an der Universität Kaiserslautern, gehalten im Sommersemester 1984.

Band 146: W. Damm, Entwurf und Verifikation mikroprogrammierter Rechnerarchitekturen. VIII, 327 Seiten. 1987.

Band 147: F. Belli, W. Görke (Hrsg.), Fehlertolerierende Rechensysteme / Fault-Tolerant Computing Systems. 3. Internationale GI/ITG/GMA-Fachtagung, Bremerhaven, September 1987. Proceedings. XI, 389 Seiten. 1987.

Band 148: F. Puppe, Diagnostisches Problemlösen mit Expertensystemen. IX, 257 Seiten. 1987.

Band 149: E. Paulus (Hrsg.), Mustererkennung 1987. 9. DAGM-Symposium, Braunschweig, Sept./Okt. 1987. Proceedings. XVII, 324 Seiten. 1987.

Band 150: J. Halin (Hrsg.), Simulationstechnik. 4. Symposium, Zürich, September 1987. Proceedings. XIV, 690 Seiten. 1987.

Band 151: E. Buchberger, J. Retti (Hrsg.), 3. Österreichische Artificial-Intelligence-Tagung. Wien, September 1987. Proceedings. VIII, 181 Seiten. 1987.

Band 152: K. Morik (Ed.), GWAI-87. 11th German Workshop on Artificial Intelligence. Geseke, Sept./Okt. 1987. Proceedings. XI, 405 Seiten. 1987.

Band 153: D. Meyer-Ebrecht (Hrsg.), ASST'87. 6. Aachener Symposium für Signaltheorie. Aachen, September 1987. Proceedings. XII, 390 Seiten. 1987.

Band 154: U. Herzog, M. Paterok (Hrsg.), Messung, Modellierung und Bewertung von Rechensystemen. 4. GI/ITG-Fachtagung, Erlangen, Sept./Okt. 1987. Proceedings. XI, 388 Seiten. 1987.

Band 155: W. Brauer, W. Wahlster (Hrsg.), Wissensbasierte Systeme. 2. Internationaler GI-Kongreß, München, Oktober 1987. XIV, 432 Seiten. 1987.

Band 156: M. Paul (Hrsg.), GI – 17. Jahrestagung. Computerintegrierter Arbeitsplatz im Büro. München, Oktober 1987. Proceedings. XIII, 934 Seiten. 1987.

Band 157: U. Mahn, Attributierte Grammatiken und Attributierungsalgorithmen. IX, 272 Seiten. 1988.

Band 158: G. Cyranek, A. Kachru, H. Kaiser (Hrsg.), Informatik und „Dritte Welt". X, 302 Seiten. 1988.

Band 159: Th. Christaller, H.-W. Hein, M. M. Richter (Hrsg.), Künstliche Intelligenz. Frühjahrsschulen, Dassel, 1985 und 1986. VII, 342 Seiten. 1988.

Band 160: H. Mäncher, Fehlertolerante dezentrale Prozeßautomatisierung. XVI, 243 Seiten. 1987.

Band 161: P. Peinl, Synchronisation in zentralisierten Datenbanksystemen. XII, 227 Seiten. 1987.

Band 162: H. Stoyan (Hrsg.), Begründungsverwaltung. Proceedings, 1986. VII, 153 Seiten. 1988.

Band 163: H. Müller, Realistische Computergraphik. VII, 146 Seiten. 1988.

Band 164: M. Eulenstein, Generierung portabler Compiler. X, 235 Seiten. 1988.

Band 165: H.-U. Heiß, Überlast in Rechensystemen. IX, 176 Seiten. 1988.

Band 166: K. Hörmann, Kollisionsfreie Bahnen für Industrieroboter. XII, 157 Seiten. 1988.

Band 167: R. Lauber (Hrsg.), Prozeßrechensysteme '88. Stuttgart, März 1988. Proceedings. XIV, 799 Seiten. 1988.

Band 168: U. Kastens, F. J. Rammig (Hrsg.), Architektur und Betrieb von Rechensystemen. 10. GI/ITG-Fachtagung, Paderborn, März 1988. Proceedings. IX, 405 Seiten. 1988.

Band 169: G. Heyer, J. Krems, G. Görz (Hrsg.), Wissensarten und ihre Darstellung. VIII, 292 Seiten. 1988.

Band 170: A. Jaeschke, B. Page (Hrsg.), Informatikanwendungen im Umweltbereich. 2. Symposium, Karlsruhe, 1987. Proceedings. X, 201 Seiten. 1988.

Band 171: H. Lutterbach (Hrsg.), Non-Standard Datenbanken für Anwendungen der Graphischen Datenverarbeitung. GI-Fachgespräch, Dortmund, März 1988, Proceedings. VII, 183 Seiten. 1988.

Band 172: G. Rahmstorf (Hrsg.), Wissensrepräsentation in Expertensystemen. Workshop, Herrenberg, März 1987. Proceedings. VII, 189 Seiten. 1988.

Band 173: M. H. Schulz, Testmustergenerierung und Fehlersimulation in digitalen Schaltungen mit hoher Komplexität. IX, 165 Seiten. 1988.

Band 174: A. Endrös, Rechtsprechung und Computer in den neunziger Jahren. XIX, 129 Seiten. 1988.

Band 175: J. Hülsemann, Funktioneller Test der Auflösung von Zugriffskonflikten in Mehrrechnersystemen. X, 179 Seiten. 1988.

Band 176: H. Trost (Hrsg.), 4. Österreichische Artificial-Intelligence-Tagung. Wien, August 1988. Proceedings. VIII, 207 Seiten. 1988.

Band 177: J. Pliquett, L. Voelkel, Signaturanalyse. 224 Seiten. 1988.

Band 178: H. Göttler, Graphgrammatiken in der Softwaretechnik. VIII, 244 Seiten. 1988.

Band 179: W. Ameling (Hrsg.), Simulationstechnik. 5. Symposium. Aachen, September 1988. Proceedings. XIV, 538 Seiten. 1988.

Band 180: H. Bunke, O. Kübler, P. Stucki (Hrsg.), Mustererkennung 1988. 10. DAGM-Symposium, Zürich, September 1988. Proceedings. XV, 361 Seiten. 1988.

Band 181: W. Hoeppner (Hrsg.), Künstliche Intelligenz. GWAI-88, 12. Jahrestagung. Eringerfeld, September 1988. Proceedings. XII, 333 Seiten. 1988.

Band 182: W. Barth (Hrsg.), Visualisierungstechniken und Algorithmen. Fachgespräch, Wien, September 1988. Proceedings. VIII, 247 Seiten. 1988.

Band 183: A. Clauer, W. Purgathofer (Hrsg.), AUSTROGRAPHICS '88. Fachtagung, Wien, September 1988. Proceedings. VIII, 267 Seiten. 1988.

Band 184: B. Gollan, W. Paul, A. Schmitt (Hrsg.), Innovative Informations-Infrastrukturen. I. I. I. – Forum, Saarbrücken, Oktober 1988. Proceedings. VIII, 291 Seiten. 1988.

Band 185: B. Mitschang, Ein Molekül-Atom-Datenmodell für Non-Standard-Anwendungen. XI, 230 Seiten. 1988.

Band 186: E. Rahm, Synchronisation in Mehrrechner-Datenbanksystemen. IX, 272 Seiten. 1988.

Band 187: R. Valk (Hrsg.), GI – 18. Jahrestagung I. Vernetzte und komplexe Informatik-Systeme. Hamburg, Oktober 1988. Proceedings. XVI, 776 Seiten.

Band 188: R. Valk (Hrsg.), GI – 18. Jahrestagung II. Vernetzte und komplexe Informatik-Systeme. Hamburg, Oktober 1988. Proceedings. XVI, 704 Seiten.

Band 189: B. Wolfinger (Hrsg.), Vernetzte und komplexe Informatik-Systeme. Industrieprogramm zur 18. Jahrestagung der GI, Hamburg, Oktober 1988. Proceedings. X, 229 Seiten. 1988.